总 主 编　李红权　朱宪
本卷主编　李红权　朱宪

近代蒙古文献大系

概览卷

◇ 第四册 ◇

中华书局

目　录

热　河

[日] 北条太洋　著　　黄履初　林定平　译

译者附言　著者系日人北条太洋，在我国东北任领事前后十有余年，其间驻在赤峰六年，对于热河事情，非常详细。此书系民国二十二年八月出版，其中侮辱中国、颂扬日本、离间汉蒙处，皆虚构捏造之词，帝国主义国民用心之所在，吾人自当了然。惟书中记述热河之位置、地势、气候、风俗、习惯、宗教、政治、教育、矿产、农工、商业、牧畜等等，比较任何地理详尽，故译之以为留心边事者之参考。

第一章　绪言

四面被山围绕，境内到处多山河之热河，为东部内蒙古之一部分，由中国全面积言之，热河不过其一小部分，然与日本比较之，热河约等于北海道、九州岛、四国及台湾之和。回顾昔日，热河为蒙古人适当之游牧地，后因汉族侵入，蒙古人遂感不安，于是清朝屡次禁止汉族入境开垦，而汉族违禁越境，耕种蒙地者，逐年增加，因之，不出百年，热河之大部分，遂变为耕地，不变为耕地者，仅东北之一部分而已。

耕种多山河之土地，须树木调节雨量，固不待言。乃汉族所到之处，即采伐树木以施耕种，因之树木繁茂之热河，忽然变为秃山矣。秃山被风雨侵削，其土壤渐次流失，地表逐年恶化，山骨露出，岩石亦风化变为砂砾而流下，遂归于荒废之状态矣。有时降雨过多，固害农业，有时雨量过少，亦妨收获。加之苛敛诛求，匪贼横行，人民欲不疲弊，其可得乎。先年冬季，予（著者自称，下仿此）旅行六十余日，未曾见一新筑房屋，其人民之穷苦，可想而知，所幸今日为新兴“满洲国”之一部分，名实完全具备，暴官既去，今后剿灭匪贼，维持治安，施设得宜，使居民讴歌王道政治之恩泽，自非难事。

热河为席卷欧、亚之快〔怪〕杰成吉斯汗的出生地，名胜古迹，所在皆是，如避署〔暑〕山庄、八大寺庙、兴安岭麓之龙眉宫、大凌河边之和龙宫、老哈河上流之中京，不一而足。且其埋藏丰富，土地大可改良，森林遗迹，随处有之，对于中国，为国防之要害，对于日本，为西进第一步之地域，回忆昔时，兴感今朝，努力热河之复兴，非我日本国民之天赋义务乎！

附记　热河之起源

热河为古之武列河，发源于北方茅荆坝之连山，南流过承德市而注于滦河。该河沿岸温泉甚多，热度颇高，鱼类不能生息，故有热河之名。茅荆坝麓涌出之温泉，至今温度尚高，不能进手，数分钟间，即能煮熟鸡卵。日本之热海、中国之热河，固有河海之分，而其名称之原因，皆在温泉。以一小溪水之名称，代表地名，且冠于离宫之名，并为广大特别行政区之名称，又为省名，岂不妙哉！距今二百余年前，清康熙帝欲怀柔蒙古王公，于离北京较近之塞外，物色适当之地筑一离宫，费二十余年光阴，认为热河适当，遂兴筑焉。该地富于天然风景，固不待言，离宫规模之宏大，轮奂之美丽，真是想像所不及！今日何如？只见颓废之迹，无论何人，皆不胜荣枯盛衰之感！

第二章 位置与地势

热河北境，一则兴安岭由东北向西南走而接于察哈尔之锡林郭勒盟，一则兴安岭之支脉向东南走而接于辽宁省之哲理木盟。西境则以阴山系之支脉为热河与察哈尔之界，东境则以边栅等接于辽宁省。“满洲国”建国当时即称境内为东五省，热河省之北部西剌木伦河以北，即东西札鲁特、阿鲁科尔沁旗、巴林两旗及克什克腾旗，合称为兴安南分省，嗣后又划该部分为西分省。今后之热河省，只限于西剌木伦河以南，然依“满洲国”之宣言，以长城为国境，则在长城外之河北省土地，当然属于热河省。

境内到处多山，最高者为北境之兴安岭，其次为阴山系在围场县内之塞行坝。平泉县内之茅荆坝及朝阳县内之松岭，又其次也。山岳最多之地方，为西南部之赤峰、围场、降〔隆〕化、丰宁、滦平、承德、平泉七县，其次为东南部之建平、凌源、朝阳、阜新四县。西北部之林西、经棚二县，又其次也。东北部之绥东、开鲁二县，则山岳较少。

河川之最大者，为西剌木伦河，此河为辽河之上流，称为西辽河或潢河者，即此河也。削〔西〕剌木伦河，为热河境内之大动脉，其本支流，灌溉全境十之七八。其次为滦河，该河本支流之流域，为山岳最多之地。又其次为大凌河，该河本支流灌溉之区域，平地较多。

高原地带，则属围场县内及北境兴安岭，平原最广者，则为西剌木伦河之沿岸，其中又以敖汉、奈曼两旗及开鲁县内为最。但该地域内，砂地颇多，称为东戈壁沙漠者，即在该地域内。其次之广平原，如英金河流域之赤峰平原，老哈河流域之平泉县大明城平原及建平县黑水地方，大凌河流域之朝阳平原，及其支流细河——西河——流域之阜新平原。

西剌木伦河以南，几乎全部已开垦，以北如经棚、林西已开垦至兴安岭麓为耕地。其他如小巴林、阿鲁科尔沁、东西札鲁特，自鲁北、天山、林东三设治局设立以后，已渐次开垦，以目下之形势视之，今后不出十年，必开垦其大部分。惟北方之气候寒冷，土地僻远，故发展不易。但现在铁道虽仅达通辽即白音太拉，而“满洲国”之方针，在从速开拓该方面。

无须展阅历史，仅观各地现有之松柏，亦不难推测，昔日境内到处树木繁茂。树木繁茂，则禽兽繁殖，自不待言，今则各处山岳，仅留其片影而已。

留至最近之森林，惟围场一处，然不出二三十年，已采伐过半，所残余者之运命，亦可想而知矣。森林既伐，则禽兽之影亦薄，清康熙、乾隆时所捕之虎、熊等猛兽，固不能复见，即其他普通禽兽，亦不再见矣。不特此也，木兰围场所产之名鹿称为哨鹿者，今亦罕闻该种鹿鸣矣，惟避暑山庄之庭园，保有其少数而已。

山岳之树木既伐去，四季之雨量较多，因之年年洗去土壤，砂质土壤多处，降大雨时，则忽然发生地隙，一旦地隙发生，则流失壤土，倍觉容易，其最甚者，一年之间，即变为砂原，亦不稀奇。上述情形，溪谷之土地如是，河川沿岸亦如是，若然，则各处现出砂原，桑田变为沙地之迅速，全属想像所不及。若是，则已开垦之地方，将来亦必遭逢该种运命，乃属自明之理。不但此也，家畜四时放出，野草为之食尽，故今后讲求治水之设备与灌溉之便利，奖励造林，改良农业，乃系急务。

附记　长城与边墙，均属有名，并为热河一部分之境界，故附记其概要。

（一）柳边城

柳边城，称曰边墙，亦称边栅，明朝建筑之目的，全为攻守，清朝建筑之目的，一在树立满蒙之境界，一则用于防御，二者皆以山海关为起点，向关外东北筑造，其筑法、延长及区域等，自有差异。清朝之边墙，由山海关至东北开原，更向东北渡松花江而至亮子山，此乃当时满、蒙之境界。该边墙之筑法，系掘土造壕，以所掘之土筑墙，上殖〔植〕以杨柳，故有柳条边墙之名。该墙今日颓废已尽，惟在重要地点所筑边门之名称尚存而已。兹将存于热境之边门名称，由山海关列记之。

明山塘小门　在山海关之正北，锦州之西南二百九〇里，系清康熙十八年造。

白石嘴门　在锦州之西南二百一十里，在绥中北方，清康熙十六年筑造。

梨树沟小门　在锦州之西南一百三十里，兴城原为宁远之北西，清康熙十八年筑造。

新台门　在锦州之西一百二十里，兴城西北，清康熙之十六年筑造。

长岭山门　在锦州之西北九十里，锦西之西北，筑造后已废去。

松岭子门　在锦州西北九十里，清康熙十四年筑造。

九官台门　在义州之西北三十里，清康熙十五年筑造。

清河门　在义州之东北五十里，清康熙十五年筑造。

白土厂门　在义州之东北一百三十里，清康熙十五年筑造（以上系热河与辽宁之境界）。

彰武台门　在新民之北六十五里，清康熙二十六年筑造。

法库门　在新民之北一百四十公里，清康熙元年筑造。

以上十一门，原系奉天将军管辖。

（二）万里长城

万里长城为秦始皇所筑，世人皆知，但此种大工程，实非始皇一代之工作，乃各时代均有增筑修造，筑造之目的在防御北狄诸胡，然至清朝，蒙古种族，被其柔怀或被其征服，故该城已无修筑之必要，任其自然颓废。

由山海关向北西，经喜峰口、古北口、独石口、张家口、杀虎口等而达甘肃之嘉谷〔峪〕关者，为外长城。有居庸、紫荆、雁门诸关者为内长城。此外尚有由热河之西部北上而越兴安岭之古城趾。兹将属于热河境内之长城出入口列举如下：义院口、界岭口、桃林口、冷口、董家口、喜峰口、潘家口、罗文谷〔峪〕、大营口、马兰关、古北口、白马关、海子沟口、河口、独石口等，其中之喜峰口、古北口及独石口，为清朝时代之有名关门。

长城之筑法，因地属要害与否，自有精粗之别，大概言之，西部粗而东部精。长城之材料系土、石、瓦三种，城壁多建于险隘处，其基础，幅约二十五尺，上层约十五尺，高十五尺至三十尺。各处设有望台、墩台、守备及州镇。

长城以外，称为塞外，以山海关为界，辽宁省侧为关外，河北省侧为关内，山海关又称榆关，喜峰口又称松亭关，古北口又称虎北口。

第三章　地质

热河境内之地质，大概为黄土与第四纪层，次于此者，为花岗石、玄武岌〔岩〕、石灰岩、砉〔硅〕质石灰等。

（一）土质

土质系砂土地带、腐蚀土地带、壤土地带三种。

砂土地带呈黄褐色，缺乏吸水力与保水力，乃劣等土壤，十中八九为此种土质。

腐蚀土地带呈黑色，含有多量有机物，富于保水力及吸水力，且传导温热之力甚强，此种土壤区域最少。

壤土地带为砂质壤土与植质壤土二种。前者之吸水力稍弱，然宜于透通空气水分，故适于耕耘。后者富张养分，吸水保水之力最强，为优良土壤。

（二）地层

太古代层　变成岩——片麻岩，角闪片岩——结晶片岩，均胚胎含金石英脉，此种地层在热河境内最广。

古生代古期层　粘板岩，砂炭互层——下部硅岩、硅质石灰岩。粘板岩为暗褐色，砂岩为淡灰绿色。

角岩　粘板岩互层——石灰岩、变质粘板岩。粘板岩为暗灰色或暗褐色，其质软弱。变质粘板岩为暗色或青灰色，其质坚密。

石灰岩　上部石灰岩，板色或暗灰色，亦有呈红色者，但甚少耳，其质大概致密。

古生代新期层　下部含炭层——下部凝灰岩、砾岩，多露出于热河及古北口。花岗岩及石英斑岩——上部砂岩、花岗岩。

中生代层　玢岩，玢岩凝灰岩——砂岩，砂岩有暗灰、暗绿、暗褐、赤褐等种，石理为斑状，其质致密。

上部含炭层　沙岩，有白色、淡灰、绿色、黄色、赤色等种。半粒岩，其质粗粒。下部页岩，其色灰或黑。

新生代层　赭色岩层，受造山力之最新地层。

石英粗面岩　该岩呈紫褐、褐灰、褐赤等色。

安山岩及玄武岩　安山岩呈灰色，玄武岩呈暗灰、绿色、黑色，其质致密。

黄土层　该地层为黄褐色，占热河全境之大半。

冲积层　该地层最新，凡大小河岸，到处皆是。

地表层　在草地、砂丘、盐湖等处。

喷出岩　花岗岩、闪绿岩、斑粝岩——飞白岩、花岗斑岩、石英斑岩、玢岩、黑曜岩、凝灰岩、粘土岩。

第四章　山河与湖沼

第一节　河川

热河省系山地，山岳、丘陵固甚多，河川亦不少。凡山岳、丘陵皆无树木，故降雨期间之发水状态，系奔流山间溪谷，减水迅速。一至冬季，广大砂原之细流，结冰如带敷地，否则或系砂道，或系干河，皆表示曾受水害之惨状。

（一）西剌木伦河

西剌木伦河，译之则为黄河，亦称潢河或湟水，亦书为锡剌穆楞、匕里没里、舍喇母林、舍利漠河等。盖蒙古语，锡喇为黄色，穆楞为江或河。该河为辽河之上流，所以书为潢河者，恐与黄河混同也。

西剌木伦河，发源于克什克腾旗胡萨贝诺尔西南五里沙丘地带之一小水泡子，集合东、南诸水，经过沙岭河，又并合由东、南来之诸川，而达大布苏营子——札木苏营子——之东又并合由经棚来之碧落河，又集合白岔——拜察——苇里河等，横断沙地带，经过巴林桥，于是察罕木伦河由北方来会，少冷河由南方来会，东流而达开鲁之西，于是分为二流，在北者称为新河，经过达尔汉王府之北方，在南者会合老哈河、教练河等，经过卓里克图王府之南白音太拉——通辽——之北，于郑家屯——辽源——之西北，二流相会而为西辽河，达三江口而与东辽河相会，于是达营口而注于渤海湾。流长三千五百里，其支流灌溉热河及南满洲之大部分。

老哈河，系西剌木伦河之一支流，古称乐河或老河。其上流称老母林，系古之土河——途河——滥真水——托纥臣水——吐护真河，发源于喀喇沁右旗南方一百九十里之永安山，并合十数小河，东北流而经大宁故城——大明城——于是北流而入赤峰县内，并合英金河，达木叶山而注于潢河。

英金河，系古之饶乐河——弱洛水、洛环水——发源于围场之都呼岱山，出英格棚而名英格河，流入赤峰境，于赤峰之东南一百四十里，会合锡尔哈河，东流八十里而入建平县，与老哈河相会。

锡尔哈河，亦称舍利噶河或西路嘎河，发源于围场而注于英金河。

锡伯河，发源于喀喇沁右旗之西方一百里，而注于锡尔哈河。

以上之支流，皆发源于西剌木伦河之南部，灌溉热河省之中部——以赤峰为中心之围场、平泉、建平之大部分——北流而注西剌木伦河。

察罕木伦河——查干莫伦河——原系喀喇穆楞——哈喇母林——之讹音。该河系辽代之黑河，又称为乌龙江，发源于巴林西北境之宋吉纳山，并合诸小河，又并合歌尔歌台河——古鲁古台河——而注于西剌木伦河，该河乃由北方向南流者也。

（二）滦河

滦河系古之濡水，发源于独石口东北一百里之巴颜屯图固尔山，山中涌出四泉，故亦称为都尔本诺尔（以下之数字系距里）。

滦河——一〇〇——茂罕和硕——八〇——察罕格尔——俗名西凉亭——乌兰河屯，上都店——多伦界——一〇——淖海和硕——二五〇——喀喇乌苏河于库尔图巴属噶逊海屯，注于滦河——三〇——察罕诺尔于上都川屯由北来注——六〇——东克伊绷河于察罕鄂博由东北来注——一八——额尔德尼布拉克于磴口由西来注——一二——图尔根伊札尔河于大河口由东北来注——七——沙岱布拉克由西来注——二——霍络图布拉克由东来注——九——海拉苏台河由西来注——一——搜集布拉克由东来注——一——浑齐拉克由东来注——一〇——察罕郭勒由西来注——一一——什巴尔台河由东北来注——西为围场界——八——克筹布尔克由西来注——一七——哈丹和硕由西来注——一七——半壁山——五八——头道河由西来注——二——罗密塔子由西来注——三二——木厂——二四——菲菜梁——九五——摩霍尔河与尔善涌出之温泉于小辽东由南来注——二七——库尔奇勒河于凤凰山由北来注——库尔奇勒河俗名小滦河，发源于围场之兴安岭阳，并合诸小河，经过半壁山，热水沟之温泉，注于该河于郭家屯之东北，注于滦河——二七——郭家屯——四六——大对山——八〇——兴隆庄——五九——五道河——四九——张博湾，于张博湾，兴州河由西北来注——兴州河一名锡喇塔拉川，因在古之宜兴州，故有此名。兴州河发源于丰宁之沙尔呼山，经过赫山、金钩屯等而注于滦河——一〇——伊逊河于喀喇河屯由北来注。伊逊河系古之索头水，又有伊松河、衣素河、宜孙河、仆粟河、以逊河等名。伊逊系蒙古语之九，即九转之意，故又有羊肠河之名。该河发源于围场之伊逊色钦，并合诸小河，曲流经石片子、张三营、坡赖村等处而注于滦河。伊逊河于流途中并合伊玛图河。伊玛图河又有曦玛图河与伊马吐河之名，发源于围场，经过什巴尔台而注于伊逊河——三四——石门

——承德界——四七——于凤凰岭，固都尔呼河由东北来注，四三——前白河——乾白河——由西来注。庄窠浴达上板城之东南，即达白河口而注于滦河。柴河发源于遵化之马兰关外云灵山，达柴河口而注于前白河——三三——老牛河由东北来注，该河系古之五渡水，发源于丁原山，经四沟、五沟、六沟等，达下板城而注于滦河——三三——滴水崖，于滴水崖，二河由东来注——一〇——柳河由西来注，该河发源于马兰关外之云灵山，经板谷岭达柳河口而注于滦河——六——车河由西来注，该河发源于边外山中，达柳河口之南而注于滦河——三〇——门子哨，于该处，黄花川由西来注，该河发源于遵化之边外，达门子哨之西而注于滦河——三二——清河由东来注，该亦河称奶儿河——白马川，发源于平泉之西境，入迁安县界，达清河口而注于滦河——九——豹河由东北来注，该河亦名瀑河或柳河，系古之高石水，发源于平泉境之密云沟黄土梁，并合涧水，达古之会州城东，名为察罕河、屯河，达宽城又名宽河，达冰窖而入迁安界，流经一百五十里而注于滦河。豹河之上流，称为托津图河，乌拉林河发源于平泉之北东，合于托津图河。济伯格河亦称锤子河，下流称为老嶂子河，合于豹河。锡尔哈河合于济伯格河——二〇——滦河滩——二一——潘家口——一〇——走马哨——二四——于撒河桥，撒河由西来注，撒河发源于平泉之西南境的乾山，入龙井关而注于湾河——七〇——于白布店，恒河由西北来注——一〇——煤峪口，于煤峪口，长河由东北来注——七三——平崖子，于平崖子，清河——与前述之清河不同——由东北来注——二〇——峡口，于峡口，蛤螺河由东来注——二九——迁安县之西的黄台山——二三——三里河由东来注——二〇——孤竹城——永平县界——三五——合河口，于合河口，青龙河由东北来注，该河亦名固沁河，发源于喀喇沁右旗之东南二百里，达列山梁，出桃林口而注于滦河。汤图河由平泉流出，达石柱子而合于青龙河，什巴尔台河——湾河或凉水泉发源于平泉之东南境而合于青龙河——一一——雪峰寺——二一——武山，于武山，西横河由西来注——三——偏凉汀——滦州界——五六——定流河——乐亭县——三六——老河口——滦河之故道——二〇——小河崖，于小河崖，清河由西来注——七——石家坨滦——于是名为高密河，由比分岐——五〇——新桥口，于新桥口注于渤海湾。全长二千零八十八里。

该河原来可溯航至上都即多伦，今日则虽溯航至丰宁，亦属困难。今后若奖励植林，增加水源，则可为热河省内最便于水运之河道。

热河系古之武列水。西溪名为西藏水，并合沈泉水，东藏水注于西藏水。东溪名为东藏水，与中藏水相合。中溪名为中藏水，合于东藏水，又与龙泉会合，又并合龙刍水，于是为武列水，经石挺下而注于滦河。

西源发源于围场之东南，固都古尔伦之南，名为西藏水。中源发源于喀喇沁右旗之西境的玳瑁沟，该处有温泉二，与默沁河相合，入承德境而名为茅沟河，合于固都古尔河，此为中藏水。东源发源于喀喇沁右旗之西南境的三道沟，名为赛音河，入承德境有温泉注于该河，此为东藏水。止三河合流入承德市，并合龙泉（系温泉），达下营子而注于滦河。

（三）大凌河

大凌河又名灵河或凌河，蒙古名为傲穆楞。该河有三源，皆发源于凌源县境，一源发于该县东南之土心塔，一源发于该县北方之三官营，一源发于西北之水泉子，三水相会于三台小营，此为古之白狼水。于是向东北流入朝阳境，过木头营子，达朝阳，出九关台门，达义州，注于渤海湾。水长五百里，夏季水量增加时，可由河口溯航二百里。注于大凌河之支流，有二十四，其中之清河，古名翁格勒库河及麝香河，发源于土默特之东方八十里的翁格勒库山，向东南流出清河门，更向东南流而注于大凌河。

（四）小凌河

小凌河在朝阳之东南境，蒙古名为明安河，发源于土默特右旗之西南二百二十里的明安喀喇山，三泉合为一河，上流名为穆垒河，向东北流，名为明安河，流至南境松岭子门之西方四里，入锦州境，名为锦水又小露河，系古之参柳河。支流有女儿河。小凌河由锦州以下，夏时可通舟楫。

第二节　名山

清朝建设之热河避暑山庄及八大寺庙，观其颓废之现状，则不得不谓：境内各处名山之施设，已全归烟〔湮〕没者，盖属当然之事也。著者欲借温故而知新，以复兴历史之微意。记述其概要如左。

五指山在承德东南四十里，五峰形似仙人掌，土人呼之曰鸡冠山，盖自侧面观之，五峰累累耸立，形如鸡冠故也。山上有灵峰禅寺，有元僧所撰《五指山大轮章碑》。

敌楼山一名观音山，在承德东南百六十里白马川之南。元至元二十六年——一二八九——僧显月撰《天宫禅院碑》，所谓天宫之殿堂，内置观音大士像，故是山又名“观音山”。显月曾重修天宫，谓如来正法，东流震旦，分为教、禅二者，教以轨指为义，禅以了性为宗，致用虽殊，其揆一也，达此理者，惟霭公禅师。霭公禅师即慧霭，江淮楚之人也，住居于此。

半壁山在承德东南八里，山势圆穹，形如半壁，横嶂千刃，临流峻削，山腹有摩崖，刻“文明福地”四字，及隶刻“半壁山”三字，左侧更有阿弥碑，字迹模糊莫可辨，不知其为何人书。

会龙山在承德东南八里余，上有海云寺，山麓有炮元庙，陆元焿诗云："叠巘出松顶，悬崖飞鸟投。寺门黄叶晚，僧磬白云秋。远色归樵担，斜阳上佛楼。居看塞门雁，嘹唳各呼俦。"

青云山在承德南二十里，山临白河，林木翳蔚，泉流潺潺，出于丛薄之间，上有云风寺。

汤山有二，其一，在承德东北八十里，山上涌泉，流入赛音河，清圣祖尝驻辇此间，敕建龙尊王佛庙，中有御制碑。其他在丰宁县境内，复有同名之二山，一在郭家北三十五里，山上有温泉，东南流入小滦河，他则在大阁儿西南四十里，山上亦有温泉，洪汤寺在其侧，土人呼此地为汤山。

磬锤峰在承德东北十六里，其形下锐上广，俗称棒锤峰，山名为清圣祖所赐，热河三十六景中，有锤峰落照之句，每当夕阳西下，万壑苍然秀耸，有亭亭倚天之观。

僧冠峰在承德南二十六里，旧名僧冠帽山，山名为清高宗所赐。峰形如昆卢之顶，土人因此山云气之聚散，借以占晴雨。

滴水崖一名珍珠崖，在承德东南三十里，滦河临流其下，山势盘旋数十里，松柏郁苍成积翠屏，临河石壁削立，山腹有堂，有流泉珠玑迸出之观。

朝阳洞有二，其一在承德南三十七里，石窦嵌空横贯山腹，深二十余丈，广二丈有奇，其东高丈许，西半当晓日初生，光射漏罅，可隔山而见之，洞之内外，有小祠各一。其他在滦平之西北，洞口石门，宛如双阕，中有天文百子庙，不知其为何时代所建，每当云气往来，数日内必有雨降。

广仁岭古称墨斗岭，又称度云岭，在承德西十一里与滦平交界处，为经古北口通北平之要道，岭上有碑，刻有清高宗雨中乘舆过此所作之诗："云幕山头雨后旅，路经横岭引闲思。身先策马恒却昔，年长乘舆亦顺时。瀑响千严奔滭瀄，烟迷万树幻离奇。仆臣跋涉胥勤职，行赏旌劳例有之。"又仁宗诗："广仁朝度薄言归，诹吉山庄启六飞。峻岭霞光翻玉宇，平泉林影逗初晖。”又宋彭汝砺诗：“有鸟羽毛非子规，向人如道不如归。使轺不用君多劝，未到归心已似飞。”

狮子岭在承德西北九十里，山势奇伟，如狻猊俯听，帖依莲座，故名岭下为狮子园，岭东地势闳敞，名狮子沟，普陀、宗乘诸巨刹皆在焉。

兴安岭北界兴安大岭，为阴山之西脉，左右层峦巘山皆分岐，兴安岭高出云际，西来白昆都伦，东接长白山，查慎行诗云：“崇岗斗起沓难攀，翠千〔罕〕华旌岁往还。六合一家宁恃险，九边三面总无关。龙沙展势堤〔提〕卦〔封〕外，鸟道盘空霄汉间。诏许重登峰顶望，始知高出番〔万〕层山。忽开眼界向层巅，指掌图成立马前。东走陪京山委浪，北逾瀚海地黏天。牛羊白散千屯雪，草木青回万灶烟。四十九蕃〔藩〕齐望幸，呼荞〔嵩〕声彻半空传。甲帐辰旗紫逻长，极天晴色辨微茫。黄榆不断度〔庭〕方路，向日能消冰雪光。猎骑嘶风争北向，野鹰随雁亦南翔。西山苍霭遥相接，直似登临在常〔帝〕乡。舆图远辟右〔古〕兴安，风舞龙回气郁蟠。半岭出云铺大漠，乔松落叶倚高寒。丹青不数东南秀，俯仰方知覆载宽。万里乾坤千里目，欣从奇险得奇观。”

双塔山在滦平北八里，大小二峰矗立，高百余丈，如窣堵波，高下相继，其一峰中间有三孔，表里相通，双塔之顶，宽约一亩半，东塔之巅有古庙，不详其为何人所建，旁有小碑，镌“玉催”二字，清高宗诗云：“双峰耸翠肖浮图，鹿宛〔苑〕当年了不殊。人影东西照滦水，插云南北拟明潮〔湖〕。”

云台山在滦平西六十里，自山麓至顶，约八里许，上有福寿山寺，内有石碑一方，文为刘统勋所撰。

偏岭在滦平西百里，在鞍匠屯之南者，为前偏岭，过偏岭四十里，即卧如来馆，王曾之《行程录》中曾记之，卧如来馆有洞，洞中有石刻佛。

十八盘岭有大小二岭，大十八盘岭在滦平西南百十里，其南四里许，有小十八盘岭，磴道回盘，王曾《行程录》中所谓德胜岭者，俗称思想〔乡〕岭，又称望云岭，彭汝砺诗云：“人臣思国似思亲，忠孝从来不可分。更与诸君聊秣马，请登高处望尧云。”

黄土梁在滦平西南八十里，常内峪在其西南十里，吴锡麟诗云：“斜日照行容，一鞭归镫敲。陂陀望若平，寒云注虚拗〔坳〕。石骨陷其里，周以积土包。荷荒俫真虎，惨惨横瘦蛟。登顿亦已疲，暧然见衡茅。年丰毕婚嫁，小妇方垂髫。晴担理针线，念将新岁交。感我劳者唱，讵免居者潮〔嘲〕。”

青石梁在滦平西南九十里，与黄土梁地势相连，由两间房至常山峪，群峰绵亘，中以青石梁为最高，耸立诸山之上。青石梁东南数百里，有雾灵山，称海喇汗，圣地也。青石梁为古北口第一岭，清高宗诗云：“石机〔栈〕隆崇云里盘，北来屈指最高峦。昨朝细雨不成阵，今日晴空过〔迥〕觉宽。过岭东西异流水，策骢上下一征鞍。划循岁久涂〔滦〕臻坦，可复谁歌行程〔路〕难。”又查慎行诗云：“天豁新开岭，鸾旗晓向东。古藤攀石度，绝壁过云通。鸟啄槐花雨，蝉嘶檞叶风。林峦行不尽，长在画图中。”

八宝山在丰宁之东，蜿蜒崎岖，高不可陟，上有古洞，时见有飞鹤往来，传为羽客栖真之所。

白云洞在大阁儿东南七十里，又称朝阳洞，有双瀑，飞流树杪，洞内有神像，悬额曰“宝华台”，外种山桃百余株，春时霏红掩映，尤增胜致。

僧机图达巴罕在大阁儿北二百十里，即今之森吉图，达巴罕者，岭之义也。渡滦河北过岭，数十里间无村落，真有天似穹庐盖四野、风吹草庭〔低〕见牛羊之景象。

玲珑峰在隆化东六十里，当中关行宫东十五里，旧名兴隆山，有洞西向，深十六丈许，乾隆十九年秋，清高宗过此，始名之曰“玲珑峰”，高宗诗云：“朝催行骑缘谷东，新程逐处咨民风。沿冈度涧凡几重，路右遥见凌云峰。巍乎气象迥不同，群山拱伏孰与京。”

云光洞在隆化南之四十里，山势幽邃，石间涌清泉，东南流入因都尔河，山麓有洞，寺为清康熙六十一年所建，清圣祖赐额“白云宝珠光”，云光之名因以来。

瑙璃山在平泉东方三十里，山阳有石洞，构堂其中，祀泰山神。有二泉，一由高岩下注，一由山麓涌出，流绕山下。

福峰山在平泉北百里，山半有石洞五，洞中刻石佛，其巅有一井，涓涓碧流，壁上镌“福峰山”三大字。

七金山蒙古称和尔搏勒津山，在喀喇沁石〔右〕旗东百二十里，清〔辽〕圣宗过七金山，至土河之滨，见南方有云气，望之若郛郭楼阁之状，致有建都之议，事载辽史。金史载：“中京大定府有七金山”，“北京大定府有七金山”。元史载：“七金山在大宁县北十五里，东西十里，南北五里，山有七峰，辽时建三觉寺。”又谓：“七金山在大宁卫之东南，中多长松，一望郁然，北人皆牧畜于此，卫境之大山也，今之大明城，即中京大定府之所在处。”

永安山又称马盂〔盂〕山，在喀喇沁右旗之南方九十里，地产砂铅，老哈河发源于此。元史载：“马盂〔盂〕山在大宁县西方〔六〕十里，中有一峰，形似马盂〔盂〕故名。”宋之王曾《行程录》中谓：“望富谷馆东方马云山，材木郁然，中多禽兽，国主常围猎于此。”所谓马云者，或即马盂〔盂〕之转音也。

遮盖山又名阿圭山，在翁牛特右旗之南方三十里，入山十余里处，有山洞，宽二丈，高丈余，土人呼之为大碾洞，中有石佛及阿难迦叶之像，两崖石壁上，亦凿成佛像，金之皇统三年——一一四三——刘孟初撰《遮盖山灵峰院千佛洞碑》。元史载：“遮盖山在松州东南二十里，有古寺、有石洞，洞中有石佛。”［赤峰］承德之药王庙——隔赤峰五十里——之西十里，称洞山庙者，即是也。

大松山蒙古称伊克纳喇苏台山，在翁牛特左旗南二十里，富弼《行程录》中谓：“中京之正北九十里，为松山馆。”金之赵秉文诗云：“松漠三百里，瓢〔飘〕然一日中。山长云不断，地回〔迥〕雪无穷。远岭贪残照，深林贮晚风。烟村一回首，独鹤下晴空。”

茅荆坝在赤峰西南二百余里之承德街道，坝上有连阴寨，昔日秋冬积雪不消，另有一石梁，广丈余，名曰阎王鼻，登临望之，深涧绝险，轮蹄过此，必留意焉，俗呼之为茅荆大坝。

月华山在凌源东北八十里，山上有石窦，东西相通，高一丈五尺，广倍之，土人称为穹窿山。山上有林泉寺，元大德中，僧无际撰《月华山林泉寺碑》。

长寿山在凌源东北六十里之大城子西，山上有元之云峰真人康太真墓碑，又距山约四百步处，有玉观旧趾〔址〕，元至元二十四年——一二八七——李察撰之《利州长寿山玉京观碑》。

瑞云山在喀喇沁左旗之南七十里，山上有五洞，其一广二丈五尺，高一丈五尺，中立佛像，石罅玲珑，五色互映，雕绘所不及，旁一窦，自壁而上，为白色，秉烛视之，有种种草木禽兽之形态。其二广五尺，高三尺，中有四窦，二窦为坠石所塞，他二窦皆深丈余，石带黄金色，呈人物之形态。其三无他异。其四及其五，皆广丈五尺，内外相通，如房屋。洞南坡下，泉水清冽，东流入搜济河。泉南二里有一洞，内生石笋，如人之脊骨，虽有各种形态，然悉属天成。山上有云溪观旧址，有元至正七年——一三四七——张道中撰之《瑞州海乡固家庄云溪观之碑》。

天泉山在凌源西南四十里，上有卧牛石二，小窦泉自其间涌出。

三塔山在朝阳之西方，山上有三塔故名，以此朝阳旧称三座塔。蒙古人呼之为古尔班苏巴尔罕山，古尔班者，三之义，苏巴尔罕者，塔之义。

古槐山在朝阳之南六十里，山上有朝阳洞，又名槐树洞，洞高二丈，广五尺，石罅贯穿如蜂巢，中有石佛像。

昂吉山在朝阳西方五十里，周山三十余里，上有卧佛寺，石佛高八尺有余，中有辽应历七年——九五七——之《石憧记》。

麝香山蒙古名翁额勒库山，在土默特右旗东方八十里，同名之河发源于此山，《辽史》载："兴中府——今之朝阳——有麝香山。"闻古有授皇帝之刻石，今则无存。

凤凰山在朝阳东南二十里，群峰连亘，周围九十里，山椒一塔耸峙，诸峰拱抱之，如翠凤昂首张翼之形态，故有此名。山上有朝阳洞，洞中有卧佛像，塔侧一里之小洞，中有铜佛，土人称为麒麟山，西方山腹有三洞，夜半有木鱼声，故名仙洞，古之龙山也。幕容皝在柳城北，以龙山之西为福地，筑龙城，称和龙宫。

柏山在土默特右旗东方七十里，又名峰台山，山有十六峰，盘郁四十余里，山上有辽之安德州城故址，山半有辽之灵岩旧迹，清乾隆八年耶律邵之碑尚存。

栗山蒙古称为呼什哈图哈喇山，在土默特右旗西北百八十里，上有四塔。

狼山又名绰诸图山，在土默特右旗北方百十里，山有右古塔，半圮〔圮〕，山麓有金之三学寺旧址，有大定五年——一一六五——韩长嗣撰之《三觉寺碑》。

千佛洞在朝阳南方八十里，距古槐山朝阳洞二十里，山半有洞，洞径二十余丈，入内数步，路歧三分，一出东方，径十丈，深三丈余，中有大小二石佛，刻工精巧，洞外有断碑，镌大悲院多罗尼咒，辽统和二十三年——一〇〇五——所建。

青鸾岭在土默特右旗西北八十里，岭上有巨石，纵横险峻，元代所开凿，有元元统三年兴中州平治道涂碑，由今之朝阳通建平之青沟梁即此，梁上达鲁噶齐公之平治道涂碑尚存。

第三节　湖泉沼池

黑龙潭在承德北百八十里之唐三营，山麓有洞，窈然涌清流，洞中之深莫能测。

和尔图泉在察哈尔〈镶〉白旗西北五十里。

大红泉，元名伊克乌兰泉，在丰宁县镶黄旗西南百二十里。

苦水泉，元名噶顺泉，在丰宁县镶黄旗西方七十里。

小红泉，元名巴噶乌兰泉，在丰宁县镶黄旗北方百二十里。

盐泉，元名辽布逊，在丰宁县镶黄旗东北百二十里。

红盐池，蒙古名乌兰池，在丰宁县镶白旗西北七十五里。

魁苏池在丰宁县〈镶〉白旗西北百二十里。

锡尔哈池在丰宁县镶白旗北方九十里。

呼伦穆索和池在丰宁县正蓝旗东方四十里。

锡勒图池在丰宁县正蓝旗东南十二里。

浑图池在丰宁县正蓝旗南方三十五里。

哈希穆克池在丰宁县正蓝旗西南十五里。

固尔斑乌默赫池在丰宁县正蓝旗东北二十里。

黑伦木图池在丰宁县正蓝旗东北百里。

翁衮泊在丰宁县正白旗西北百四十里。

黑水滦，元名喀喇乌兰，在丰宁县正白旗西北百四十里。

蒙古泉在喀喇沁右旗西北七十里。

烘郭尔泉在喀喇沁右旗南方七十里。

温冷特泉在喀喇沁右旗南方二百里。

努黑图泉在喀喇沁右旗北方三十里。

摩该泉在赤峰东北境，发源于翁牛特［特］右旗东南百二十里，东流入老哈河。

布林池发源于翁牛特右旗西北四十里，东流入潢河。

博多克图泉在翁牛特右旗西方九十五里。

阿鲁布拉克池在翁牛特右旗东北五十里。

在鲁特池在翁牛特右旗西方五里。

七金泊，元名和尔博勒津泊，翁牛特右旗西南八十里。

横黑水，元名昆都楞喀喇泉，在敖汉东北九十里，南流入老哈河。

卧牛石泉，元名乌克尔齐老泉，发源于土默特左旗东方二十五里，西南流入苏尔哲河。

釜泉，又名黑锡泉，元名喀喇托欢泉，发源于土默特右旗西方六十里之喀喇托欢山，东南流入固都河。

冷泉，元名奎腾泉，发源于土默特右旗西北二十五里，南流入凉水河。

固尔斑和尔图泉，发源于奈曼西南六十里，三泉岔涌，会合东南流，入图尔根河。

七金泉，元名和尔博勒津泉，在土默特左旗东方七十里。

百湖，元名称兆布拉克，在土默特左旗东方六十里。

白水滦，元名察罕诺尔，在奈曼旗东南六十里。

黑水滦，元名察罕诺尔，在喀尔喀左旗南六十里。

察罕他来诺尔，亦称哈尔诺尔，又称根沁庙泡，在奈曼王府西方六七里，东西约四五里，南北约五六里，多鱼类。

大鱼滦，元名伊克察喀苏台，俗称大拉罕诺尔，在西札鲁特王府南方七十里，多鱼类。

巴汉札哈苏台在西札鲁特王府北方十里。

捕鱼儿海，蒙古名达里诺尔，俗名鱼泡子，在克什克腾旗西方六十里，属察哈尔省，周围三百余里，野猪川公姑尔河及其他二河注于此，多鱼类，湖之西南有应昌府之古迹，大王庙湖之东南，在经棚西方百六十里。

附记（温泉） 龙泉涌自热河山庄内之池中，自德汇门东流，会固都尔呼河入热河。

头沟门之温泉在由承德通赤峰街之营房东三十里，即在承德东北八十余里，清康熙每至山庄，必驻辇于此，有清圣祖御制之汤山龙尊王佛庙。

茅荆霸之温泉在承德北方百三十五里，即在茅荆霸南方四十五里，现在有浴房二，及个人经营浴室二。人家不过二三百户。入浴者多为附近村落之住民，春夏人数较多。由最低处涌出之温泉热度甚高，手不敢入，鸡卵数分钟即能煮熟。

平泉之温泉在平泉西百五十里，五十家子西北四十里，八里罕西北三十里。

凌源之温泉在凌源北方三十五里之通赤峰道途中，浴房甚多，春夏入浴者不少，温热之程度不一。

经棚之温泉在经棚及林西各约六十里之中间道途中，其间无居民，在沟叠石作温水池，夏季往〔任〕行人自由入俗〔浴〕而已。

围场之温泉在赤峰西方二百四十里英金河之上流，二道沟在东南二十里，新秡〔拨〕在西南二十里。

建平之温泉在建平东南六十里。

丰宁之温泉有二，其一在郭家屯北方三十五里之山上，其他在大阁儿西南四十里之山中。

备考 一、喷火口迹在赤峰通凌源之途中，即赤峰南方约二百三十里之王官学子与沟朱儿梁——老哈河与大凌河支流之分水岭——之中间。一、最近学者谓东北、蒙古及西伯利亚之大部分，曾为大冰河，及大喷火所埋没。一、康熙十一年——一六七二——九月二日及雍正九年——一七三一——十一月三十日直隶有大地震，死伤以万计。

本篇原为黄履初君担任翻译，兹因黄君任职他去，自后由定平继续负责，特此声明。

第五章　气候

热河境内多山岳，地势高低之差悬殊，且面积跨占北纬约四十度有半，故各地寒暖不一，承德与赤峰，寒暑约有半月之差，赤峰与林西亦同。然因气候干燥，不仅三伏之暑热相同，即在严冬，无风当阳处，恒如十月气候，常见孩童赤足露股，嬉戏于户外；反之一朝风起，即在盛夏，亦必骤感清凉，夜半寒气尤甚，故夜间无须长时纳凉于户外，此乃境内中心地赤峰之气候也。而所谓三寒四温，反复于春秋两季者，乃境内一般之气候也。因风位与空气湿度之关系，昼夜气温，常有十度乃至三十余度之差异，而此种现象，尤以春秋两季为最多。夏季雷鸣激烈，冬季降雨较少，然降雨之度数虽少，而雨量较多。风多起于春初，致春间常有秋夜之感。在兴安岭附近，盛夏之时，常降冰雹，在赤峰则属稀有。

地势既如前述，全境积雪之程度，亦不相同，赤峰积雪，较境内各地为少。至若所谓蒙古风袭来时，天地为之暗黑，其使人发生不快之感，殊非言语所能形容，然此种天候，每年亦不过数回耳。平时天朗气清，在无特殊风物可观之热河，而其气候，有自然卫生之效果，实属唯一天赐之福祉也。在冰冻及地下数尺之极寒时期，蒙古孩童，夜间犹能赤足出户便解，青年夫妇，因让外客之住宿，而自宿屋（蒙古包）外冰冻之地上，此种情况，决非吾人想象所能及。此虽属蒙古人之生活状况，汉民族之下层者，亦能仅以棉衣一件，越此严冬。

林西地方之气温，自五月至九月之间，最高达华氏百度以上，最低亦三十度乃至六十度，自九月至翌年三四月间，最高九十度，最低达摄氏零下一度乃至三十度。赤峰自五月至九月之温度，最高百二十度，最低四十度，然自十月至翌年三月，最高八十度，最低零下二十三度。赤峰降雪，自九月至翌年四月间，每月一次乃至五次，然降雨次数较多，自五月至九月间，平均每月四次乃至十四次，至若昙天，每月平均不过十二次，此系六年间之统计概数也。

重要河流结冰与解冰期，南北稍有迟早之差，然一般河流之结冰期，在十月初旬至下旬之间，其解冰期，则在三月初旬至中旬之间。

著者最初自南美转菲律宾，最后至华北，移住满蒙各地，对于所历热带及寒带地方之所感，略记数语，以供读者诸君之参考。今以寒热两带互相比校，寒冷比之炎热，于健康上似觉有莫大之幸福。富者姑置例外，兹就一般人生活上观之，炎热身体易于虚弱，寒冷足以增进健康，且寒冷时期，适于户外运动，有益身心。自然炎热之出汗，与自己运动之出汗，其快与不快，殆不可同日而语也。在寒地运动锻炼的身心之快感，乃自然的恩泽与自己的努力之所赐，决非热带地方人民所能领略者。热带地方，对于吾人唯一之天惠，盖仅游泳已耳。人生幸福，未有比甚于健康，维护及增进吾人之健康，实有一生继续努力之必要。然凡百事务，皆有过不及之弊，运动亦然，是以执其中道而行之，尤有特别注意之必要。对于寒暑孰适于健康，及人生不病而死之结论，著者具有深切之信仰。故现在行年六十有余，酷嗜运动，每日殆已成为日课，务使不缺，虽居此严寒之地域，亦未尝着皮衣，穿毛袜，所使用毛皮者，唯唯一之皮帽子而已。希望人生最大之幸福者，决不可不努力保持健康，从事于却病延年之事业，故对于国民运动——由青年至老年的运动——计议适当之方法，实为目前之急务，同时以医药为国家之事业，亦属保持国民健康最良之方案。今者当兹主张移民满蒙之时期，当局者首应顾虑此点，务使其衣、食、住三者无不快之感，对于房屋之建筑，更须与以周到之注意。

第六章 森林

境内之官有地，于清同治九年——一八七〇——至清光绪二十八年——一九〇二——之间，多已开禁招领，唯围场县，因有木兰围场在，以至久未开放。然盗伐者多，复为马贼之根据地，且政府财政穷乏，以开发该地，有一举两得之利益，最初指定边墙以南之南围（即吉布汰森林，在锥子山南约十六里，树龄在百年内外）、东围（即锥子山，又名天宝山）以东，因在清光绪二十八年以前，即已开放，故树木采伐已尽，唯山顶稍存少许耳。西围于清光绪三十二年——一九〇六——设植木局，从事开垦，所有树木，采伐殆尽。今仅北围以北，约存三十余里之森林地带而已。

数年前，为采伐枕木，其所调查之结果，大要如左（单位用方丈）。

用语

一、柁料　作梁、椽子、檩子之用。

二、平料　两端尺度相同。斜材，一端大、他端小之角材。

三、板之三、四、五者，谓棺材厚薄及其长短宽度相同两根之称也。

四、墩子　筒子之称。

五、径　树之直径，量木材以径为标准。

六、六、八之对者，六尺与八尺二根之称。

七、杂木　榆、桦、杨、菜树①、椴木。

备考　一、牛车一台之载量，约二启罗米突，或三启罗米突。一人可带领二三头曳引之牛车五六台。二、三四十台为一组，遇难路时，互相协助，以夜行为主，昼间放牧。三、一年之收入，约三四万元。

量材法

甲

一、植木局，长十尺为百方寸。

二、承德，长七尺为七十方寸。

三、林西，长七尺二寸为七十五方寸。

四、赤峰，长七尺二寸为七十二方寸。

五、经棚与赤峰同。

六、多伦，长十尺为八十方寸。

上记各地，各有不同，然普通以七尺二寸为七十二方寸。

乙

一、植木局尺，等于日本曲尺一尺一寸。

二、林西尺，等于日本曲尺一尺三寸。

三、经棚尺，等于日本曲尺一尺五寸。

四、多伦尺，等于日本曲尺一尺五寸。

五、赤峰尺及承德尺，等于日本曲尺一尺四寸。

丙

一、墩子，植木局谓之末口。

二、赤峰，有末口、中央之二种。

丁

棺盖长七尺四寸，上部宽二尺一寸，下部宽一尺七寸，板厚四

① 原文如此。——整理者注

寸。棺底长五尺五寸，上部宽二尺，下部宽一尺二寸，板厚二寸。棺之两侧，上部长六尺五寸，下部长五尺五寸，头部高二尺五寸，足部高一尺四寸，板厚三寸。头部档板，下部宽二尺，上部宽一尺六寸，高二尺五寸，板厚三寸。足部之下部宽一尺二寸，上部宽一尺一寸，高一尺四寸，板厚三寸。

第七章　动植物

第一节　动物

昔热河在树木繁茂时代，禽兽栖息甚多之事实，不待征之文献，吾人想象亦可推知，然在全境化为秃山之今日，动物之种类，当亦不如昔日之多也。兹记其大概，以供读者诸君之参考。

（一）鸟类

宾鸿　即大雁，有黑色杂色之分，间亦有红色者。

捞鱼鹳　灰色，身大，腿长，嘴尖长，好食鱼。

地鹔　灰白色，高三尺，身长二尺有余，日本称山七面鸟，肉味甚美。

山雕　即黑灰色之鹫，有数种。

鹞鹰　黑黄色，类隼，在北为鹰，在南为鹞，前者大而后者小。

笼鹰　又名鹘，黑黄色，属鹰类，好捕兔、雁及天鹅而食。

雀鹰　黑黄色。

水鸭　即普通所谓鸭者，身体大小不一，有多数之变种。家鸭谓之鹜，野鸭谓之凫，凫较鸭小。

天鹅　白色，属鹅类。

老鸹　即普通之鸟，常立豚背捕虱为食，为豚之好友。

乌鸦　黑色，似老鸹而较小。

白脖老鱼　即白喉黑身之鸟。

红嘴鸦　嘴赤色，全身黑色。

鹊雀　白黑色，又名喜鹊。

鸳鸯　与日本之鸳鸯同。

夜猫　身有黑灰色之斑点，属枭类。

猫头　称为鸮，枭之大者。

鹌鹑　土黄色，类百鸽〔鸰〕而尾短，能斗。

沙鸡子　称为半翅或半痴，白灰色，翱翔力甚强，脚小如鼠脚，后趾未分歧，爪有毛，其肉味甚美，身体较鹌鹑稍大。

嘎嘎鸡　羽毛类雉，嘴脚均为红色，嘎嘎而鸣，故名。

沙燕　即黑色之野燕，胸有黑斑，声大。亦名胡燕。

燕雀　灰黑色，胸带紫色，形颇小，即普通之燕，或称越燕。

家雀　即普通之麻雀，常栖息于檐瓦之间，又称瓦雀，老而有斑者，谓之麻雀，小而黄口者，谓之黄雀。

河溜　灰黑色。

红甸科　灰色，喉有红点，大如麻雀。

蓝甸科　灰色，喉有蓝点。

夜燕　即蝙蝠。

树串　灰青色，嘴长，好食蠓虫，属啄木鸟之类。

锛倒木鸟　遍体为黑白色之斑点，头赤色，嘴长，好食树身之虫，或即啄木鸟。

搅嘴　亦名交啄鸟。

黑老婆鸟　即黑色之麻雀。

白翎　即白翎雀，灰黄色，日本称为云雀，但其体较日本之云雀稍大，热河境内颇多，该地住民，多捕其雏而饲养之，以供输出，盖因其啼声甚美，中国多爱饲之。

元马祖常诗云："乌桓城下雨初晴，紫菊金莲漫地生。最爱多情白翎鸟，一双飞近马边鸣。"①

又元乃贤《塞上曲》云："乌桓城下白翎雀，雌雄相呼以为乐。平沙无树托营巢，八月雪深黄草薄。君不见旧时飞燕在昭阳，沉沉宫殿镇〔锁〕鸳鸯。芙容〔蓉〕露冷秋宵永，芍药风暄春昼长。"②

窝鴽　白翎雀之类。

野鸡　即雉子，间有白色者，《尔雅释》：雉有十四种。

鹤　有灰色、白色二种，山庄内甚多。

鹳　类鸿而大，营巢于树上，与鹄相似者，谓之白鹳，色黑而颈曲者，谓之乌鹳。

鹂　亦名黄鸟，当地人呼之为黄鹂。

鸠　种类甚多，当地人呼之为斑鸠，亦称野鸽。

山画眉　善鸣，卵小如莲子，色绿，亦有白色及褐色之斑点者。

铁脚　该地人呼之曰铁雀。

（二）兽类

昔多虎、豹、熊、野猪之类，文献中有皇帝狩猎之际，射获野兽之记事，其中以鹿为最多，现因树木采伐殆尽，而兽类亦因之稀少，唯热河山庄内饲养者尚多。

围场为帝制时代皇帝之狩猎场，常置卫士守护，于森林中各要所，围以多数之木栅，皇帝狩猎时，于此栅内猎取禽兽。每当皇帝狩猎时，必召蒙古王公，张设盛晏，为每年例行之事，盖亦怀柔政策之意也。

---

① 出自元代诗人乃贤的《塞上曲》。——整理者注

② 此诗是元代诗人虞集的《白翎雀歌》。——整理者注

狼　蒙古语谓之绰诺，青白色，似狗，高二三尺，青色者善走，能逐取野兽而食。

狐狸　淡黄色，形似山猫，高一尺，身长三尺有余。

狸子　黑色白花，形似猫，高六寸，身长二尺有余。

猞子　红黑色，形似小猫，高七八寸，身长约一尺五寸。

貉子　黄灰色，其形似狐。

刺尾　青色，亦称猬鼠。

山鼠　青灰色，高二寸，身长五寸许，称〔种〕类甚多。

松鼠　青灰色。

水鼠　青灰色，高二寸，身长约三寸五分。

黄鼠郎子　黄色。

穿山甲　青色，高一二寸，身长约四寸，可作药用。

山猫　黄黑色，高六寸，身长二尺五寸。

山兔子　蒙古语谓之洮赖，有褐色及灰色数种，高七寸，身长一尺二三寸。

跳兔子　又名蹶鼠，黑灰色，前脚长二寸，后脚长六寸，身长七寸，似兔，一跃数尺，立则蹶倒，故名。

黄羊子　青黄色，高二三尺，身长约四尺。

青羊　高二尺五寸，身长约三尺五寸。

草豹　草白色，高二三尺，身长四尺余。

金钱豹　遍体有金钱花，形同草豹，有金钱纹者为最上，艾叶纹次之。

香樟〔獐〕子　高二尺，身长约五尺。

鹿　有花鹿、马鹿、獐麝、狍、不像子之分。

狐　蒙古语谓之乌纳格，有火狐、草狐——毛长色黄——芝麻花狐、沙狐——毛短有黇——飞狐、白狐之别。

狍　形似獐，角似鹿而短，角仅有一二叉，蒙古人呼之为殊尔。

麋　形似鹿，有梅花斑点，为数甚少。

飞狐　尖头张口，耳小尾长，毛带深褐色，四足生翅，其翅如鳖裙，前有三爪，后有五爪，飞不能逾丈。

飞鼠　首尾类鼠，其翅与飞狐同。

虎　蒙古语谓之巴尔，《元史》载："松州知州布萨图格，前后射虎以万数"，但今则罕见矣。

熊　依其形状之不同，有猪熊、马熊、狗熊、人熊之别。

麝　俗称香獐，往昔虽有，今则无矣。

野猪　蒙古语谓之噶海，宋王曾《行程录》中，谓契丹多黄豕，即所谓野猪也。

貛　即猪豚，大者曰猪貛，小者曰狗貛。

獭　似狐而小，青黑色，有山獭、水獭二种，生于蒙古地方者为山獭，当地人呼之为旱獭。

鼦　与貂为同一物，银貂为最贵重，老则变为黄色。文献中，有乌桓献貂豹皮，契丹主服之事实。大定府为鼦鼠之产地。

黄鼠　多产于沙漠之野地，常穴居，秋季采聚黍、菽、草木之实，以作冬季之粮，其肉味甚美，元朝常以为玉食，故官府禁止人民不能自由捕取。契丹国产大鼠，称曰貔狸，足短体肥，以供国王膳，公卿以下皆不得食。元萨天锡《滦阳纳钵即事诗》云："荞麦花深野韭肥，乌桓城下容〔客〕不〔行〕稀。小儿堀〔掘〕地得黄鼠，日暮骑羊齐唱归。"①

夜猴　又称地猴，蜀人谓之乌鬼，善捕黄鼠。

（三）虫类

长虫　即蛇之俗称，长一尺乃至一丈，其中有有毒者。

① 出自元代贡师泰的《和胡士恭滦阳纳钵即事韵》。——整理者注

狗蝇　与日本之狗蝇相同。

蚰蜒　又名吐舌，长一寸二三分，灰黄色，生长于湿地，若有人野宿时，由鼻及肛门潜入体内，致人于死。

刀能虫　亦名鬼虫，色黑，长二三寸。

珠落锅虫　长约二寸，灰白色，能飞。

地黄虫　生于土中，长二寸二三分，淡黄色。

山草驴虫　生于草中，长约二寸，黑绿色。

水流虫　生于水地，长一寸二三分，色黑。

蠓子虫　生于水边湿地，长五六分，黑黄色。

江虫　长寸许，色黄。以草木之叶为食。

兽虫　长五六分，红白色。

毛虫　以草木、谷类为食，种类甚多。

湿湿虫　俗名草鞋虫。

屎可螂虫　亦名屎蜣螂，长五六分，色黑，能飞，好食牛马粪。

蛤蟆虫　即虾蟆。

马蟑虫　长一寸五六分，有青色及灰色二种。

油呼鲁虫　亦名促织，长一寸二三分，灰色，食蔬菜之根。

螂蝈虫　长一寸二三分，青色。

茱虫　长一分，黑色，黄昏时，常扑人之面。

菜虫　长约一寸，青色，食蔬菜。

章可螂虫　亦名张大螂虫，长五分，赤黄色。

拉拉古虫　亦名蝼蛄，长一寸五六分，赤黑色，生长于土中。

尿虫　长四五寸，白色，寄生人体内。

姑骨乌虫　生于土中，长约一寸，色黑，老化为蝶。

花花燕虫　者〔长〕一寸二三分，赤黄色，蝶之一种。

钱串虫　亦名百足虫，长二三寸，灰色。

马赊子虫　长三四寸，灰色。

螳螂虫　长二三寸，绿色。

蟾蟾勾虫　长约三寸。

蠹虫

蛀虫　长二三分，有白色及黄色二种，食木材。

瘦虫　即条虫。

蜗牛虫　俗名凸凸虫。

撒大虫　长二三寸，灰黑色，食禾苗、菜蔬之叶，飞行有声。

鱼食子虫　即孑孓。

花大姐虫　长约二分，赤身黑点。

米虫　长五六分，红白色。

麦虫　生于麦中。

马舌虫　长二三寸，浅黑色，生于粟中。

麻蜷虫　长五六分，白灰色，生于麻杆中。

地藏虫　长寸许，灰青色，食烟叶之根。

曲曲虫　即蚯蚓。

蜂虫　亦名蜻蛉。

蚂蜂　即土蜂，亦名马蜂。

蚂蚱　即螽斯，长约一寸五分，绿色，生于粟及高粱中。

聒聒　亦名纺丝〔织〕娘，长约二寸。绿色，发美声。

扑灯蛾

螺丝　蜗牛之一种。

蝴蝶儿　亦名野蛾，黑色青斑。

蛆子　即蛆。

虮子　即虱卵。

鸡毙子　即鸢虱。

山乘乘　长二寸余，绿色，似聒聒有尾。

长足蜘蛛　即黑色蜘蛛。

七星蜘蛛　黑色白斑之蜘蛛。

绿豆蝇　即粪蝇。

蚂蚁　即蚁之俗名。

曲乎子　生于酒曲中。

趣趣　即蟋蟀之俗名。

吃蚤

虱子

苍蝇　蒙古地方蝇较少，或因日中放牧家畜之故也。

牛蝇　亦名鹿虻，蒙古地方甚多，有害于牛马。

马蝇　亦名马虻，如牛蝇，有害于牲畜。

牛虱　有八脚子、狗豆子、羊毙子等名称。

蚊子　蒙古地方甚少。

瞎虻　种类甚多。

臭虫　蒙古地方甚多，但蒙古包内甚少，因其不易藏身故也。

蝎子　多生于中国式之房屋，为药用品。

白蛉　皮肤被螫即肿，夏季生于树木繁茂处。

蜩　蒙古语谓之绰尔齐，当地人呼之为螂，《尔雅·释〈虫〉》：蜩有七种，皆蝉之属也。清高宗《寒蝉诗》云：“寒〔塞〕榆雨霁流繁响，静听啁嘹亦自嘉。蒙古不知虚礼〔体〕物，指声真〔直〕谓是胡茄。”

络纬　即莎，形如蝗，有斑点，黑身，赤头，红翅，夏季振翅飞行，索索有声。

榛蜩　俗谓之叫蝈蝈，络纬、蟋蟀之类。清高宗《榛蜩诗》云：“啾啾榛蜩抱烟鸣，亘野黄云入望平。雅似长安铜雀噪，一般农候报西成〔风〕。”

萤　黑色，形较大。

查慎行《山庄杂咏诗》云："煜煜苍苍尾角蟠，小星如沸闹林端。乍惊三尺飞光度，萤火大于金弹丸。"

蜥蜴 长四尺许，头以下为翡翠色，有纹如鱼鳞，尾带黄金色，吐气为云，当地人称之为云虎。

蟆虫 身体微小，肉眼难见，常飞入眼中产卵，孵化为幼虫，惹起角膜炎及结膜炎等症。

（四）鱼类

在川河最多之中国，嗜食河鱼，自属当然之趋势，故中国烹调，亦以河鱼为最适当。普通不喜食细鳞及无鳞鱼类，故鳗鱼、鲇鱼等，为一般人所厌恶。称龟类为王八（不伦者），北方人深恶之。南方人呼鳖为团鱼，为一般人所爱食。

热河境内，川河及湖沼亦多，鱼类理应繁殖，但因滦河及大凌河之涨落激烈，鱼类已不若往昔之多，支流更不待言矣。唯西剌木伦河之本流及支流，鱼类颇多，尤以支流繁殖为最盛，盖因蒙古人不知渔利故也。湖沼中，以经棚〔棚〕西方二百里之达里诺尔（俗呼之为鱼泡子）鱼类为最丰富，因其地远隔不便，捕鱼须在结冰期前，冬季以冻鱼输出各地。在奈曼王府西方约十里，有称为昆穹庙泡子之湖中，鱼类亦多。开鲁北六七十里之达喇汗诺尔中，鱼类亦多。

在结冰期内，多由松花江及黑龙江输入冻鱼。十二月间由大连运到冰冻之海鱼，即在赤峰地方，至翌年四月上旬，尚能以生鱼保存而供食用。

热河境内鱼类之种类大要如次：

鲫鱼 有大小数种，产于滦河之上流者为最佳。

鲇鱼 无鳞鱼。

鳝鱼 形似鳗，黄色。

滑子鱼 脊带青黑色，腹白色，形扁平。

细鳞鱼　鳞细鱼类之总称。

白鳔鱼　脊青腹白，大者谓之大石头鱼。

螃蟹　不如南方所产者之佳。

箬漠薛　产于塞外之溪涧中，形似鲈，细鳞复唇，身有黑斑，伊逊河产生甚多，蒙古呼之曰集伯格。查慎行《山庄杂咏诗》云："滦水清流北漆沮，霁潭泼泼漾菰蒲。细鳞拓绿皆堪脍，不数红鳃巨口鲈。"

鲤鱼　产于各地之湖沼。滦河产者味最美。查慎行《赐鲜鲤恭纪诗》云："雪光晶晶山棱棱，千山映雪朝日升。滦河之水暖不冰，刳舟剡楫凌空去。三尺黄龙帝亲御，川后前驱风伯助。峡形渐东坡愈清，潜鳞帖帖何敢惊。人声不闻闻水声，须臾船重皇情乐。衔尾骈头来绎络，八纮一张鱼载跃。鲦鲿鰋鲤旨且多，义不尽取收网罗。满渠新涨余天波，词臣拜恩已无算。复赐红鳞长尺半，马上携归万人看。"

柳根赤　因其好食柳根，故名。

鲇　产于塞外之溪中，有斑无鳞。

拓绿鱼　淡绿色，细鳞，产于滦河。

滑子鱼①　产于平泉之山溪中。

虫鱼　又名尖口鱼，长尺余，尖口细鳞，产于平泉之冰窖山溪中。

小虾

鼋　即龟，普通称之曰八王，与日本人之呼马鹿同。

鳖　俗称团鱼，热河山庄之池中甚多。

渔具有拉网、剜网、叉手网、悬网、招网、钓钩、渔罩及挡梁子等物。

---

① 原文如此。有两处"滑子鱼"。——整理者注

第二节 植物

（一）树木

热河境内，树木种类，与东北各地所生者，大略相同，然以地域关系，名称间亦有异。松柏种类甚多，例如公爷府龙泉寺境内，仅二十余株之松树，其叶形之不同者七种，若经专门家之调查，或有相当价值，亦未可知。

油松 一名黑松，多松脂，可用作潮湿处之建筑材料。

仟松 有二种，一为落叶之柏松，一为常青之赤松，可作板材及筒子之用。

榆 树上生榆瘿〔瘿〕者，谓疙榆，可作车轴、家具之材料。

槐 又称菜木，有青槐、石槐二种，可作车轴之材料。

桦木 可作农具及家具，皮曰煖皮，可作刀靶及弓矢之材料。

椴 叶大如团扇，皮可作线以制鱼网，其材可作家具。

杨柳 随地皆生，然乏良材。生于热河境内者，可作家具、棺材及建筑材料，有白杨、青杨之二种。

杞柳 即柳条子，可作筐、篓、水斗子等，用途甚广。

凤尾松 叶如凤尾，清乾隆乙未年，由山庄之梅坛林移植者。

枫 似白杨，叶圆分歧，秋成红色，山庄内之北岭甚多。

椋 枫之类，树质坚致，可作器具。

桧 似落叶松而非者。

桑 《十六国春秋·前燕录》中，载有慕容皝巡视郡县、劝农种桑之记事。《后燕录》中，亦载有冯跋令民种桑之记事。是为塞外种桑之始。

柘 即山桑，其材可制弓及车辕。

槫椤 即波罗树，可放饲野蚕，产于默特山中，凌源县内，多用以放蚕。

杉　蒙古谓之楚古尔苏，生于围场。

柏　原生于惠州。

梓　原生于大宁路之和众县。

栎　似樗，其实谓之橡。

晒树　花黄色，生于滦平山中。

六道木　干有纹六道，故名。

明开夜合　结实累累，色红，花如秋海棠，晨开暮萎，木色甚白，可作装饰器皿之材料。

夜亮木

（二）草类

油草　有乌拉草、牛草、洮儿草、油包草等别名，丛生湿地，冬季贫人编入乌拉鞋中，以作保温之用，故名乌拉草。油坊榨油之际，用以包豆粕，故名油草。

玉草　蒙古谓之妥若斯，光滑强韧，可用以盖房屋，并可作制造绳子、帽子、团扇之材料。

苇　丛生河边及池沼中，可供饲料、燃料、盖房屋及制席子等用。

蒿　即艾，种类甚多。可作印泥及药用，丛生山间，香气袭人。

黄白草　似茅，叶细有节，与茅同时为蒙古包建造之材料。

箒草　叶茎皆细长强韧，当地人用以制箒，故名。

蒲草　亦名香蒲，花粉可作药用，叶可制草包，穗可作绵之代用。

芦　蒙古谓之呼鲁稣。

赤芝　生于松根落叶之间，色近紫，山庄有之。查慎行《山庄杂咏诗》云："松盖山庄深雨露，茯苓琥珀化应迟。太平是物争呈瑞，枯柄先看出紫芝。"

地椒　蔓生赤峰附近。茎叶甚细，花小呈紫色。诗有地椒生处乳羊肥之句。

元许有壬《上京十咏·地椒》诗云："冻雨吹〔催〕花紫，难

〔轻〕风散野香。刺沙尖叶细，敷地乱条长。楚客收成里，奚童撷满筐。行厨供草具，调鼎尔非良。”

野茴香　产生什巴尔台之北。

茅　春芽谓之茅针，夏开白花，秋则枯死，可作盖墙及房屋之材料。

莎　皮光滑坚致，可制笠，多生于山庄。

红姑娘　一名酸浆草，丛生山谷，开花结实，四瓣如铃，中含丹实，大如龙眼，妇女常反卷其苞而为簪。

蝎子草　蒙古谓之哈拉垓，高四五尺，丛生乱草间，叶有毒，人误触之即红肿，马亦不敢近，唯骆驼能食之。

押不卢草　饮其汁，可立死，解以他药，亦可复苏。

息鸡草　美而大，马食之，亦不能过十根，产于塞外。

蕨　丛生山谷，当地人采其嫩芽，输入关内以供食用，滦平县有蕨菜沟，有似蕨而叶细者，谓之野鸡膀子。

蔓菁　又名九英蔓菁或九英菘，蒙古人谓之沙吉木尔。

山葱　又名茖葱，元周伯琦《上都扈从诗注》云：“什巴尔台之北，遍地生葱，谓之冬〔茖〕葱。”

山韭　亦名藿，遍生山中。

山蒜　亦名荤菜，有山蒜、泽蒜、石蒜之别，蒙古人呼蒜苗为哈里雅尔，围场中，有称哈里雅尔之地。

萝卜　一名芦菔，有白、紫、红三种。胡萝卜元代传来边塞，山萝卜大如指，有节，黄白色，可供食用。金幼孜《北征咏沙萝卜（原芦菔）诗》云：“性质宜沙地，栽培属夏畦。熟登甘似芋，生荐脆如梨。老病消凝滞，奇功直品题。故园长尺许，青叶夏堪齑。”①

---

①　原文如此。这首诗是元代诗人许有壬《上京十咏》之一。——整理者注

蘑菇　又名口蘑，有营盘蘑菇、沙菌及猴头蘑菇之分，产于屯营粪壤肥沃地者味最美。咏沙蘑诗云：“牛羊膏润足，物产借英华。帐脚骈遮地，钉头怒戴沙。斋厨供玉食，毳索出毡车。其〔莫〕作垂涎想，家园有莫邪。”

榆耳　产独石口外，能补中气，八月采之，当地人谓之黑菜。生于榆上者，谓之榆肉，味最美。

明李自〔日〕华《六研斋笔记》云：“古北口产榆肉，属菌类，如蘑菇稍大，煮熟时倍之，其味甚美。”

地螺　形如小螺，俗谓之地枇杷，盐渍而食。

壁蓝　一名芥蓝，叶较菘大，根较芥台大，苗较白芥大，子较蔓菁大，叶为蓝色，乃厨中之妙品。

（三）药草

薏苡　种子为白色，俗称薏米，亦可供食用。

东墙　亦作东蔷，青黑色，粒似葵子，十一月成熟，宜于乌桓东墙之地，能造白酒。

人参　产于北山（即丰宁之西境外）之诸山。清圣宗《诗序》云：“热河产人参，虽不及辽南所生者，然枝叶皆同。命翰林蒋廷锡画图，戏以七言集句云：‘旧传补气为神草，近日庸医误地精。五叶五枝成洛数，顺时当作〔用〕在权行〔衡〕。’”

黄蓍　产于独石口外之好来沟。

五味子　产大定府。

枸杞　炼汁为膏，其味鲜美。

塞外药甚多，据《元一统志》，尚有左列各种：苍术、麻黄、黄苓、桔梗、紫胡、防风、白芷、骨皮、瞿麦、扁筑、远志、荆芥、泽泻、白苓、白蔹、藜芦、地黄、三棱、知母、红花、甘草、白藓皮、乌头荆、白附子等。

（四）花卉

金莲花　产山西之五台山，塞外亦多，花带黄金色，七瓣两层，花心黄色，叶绿色，其形尖，长者有五尖乃至七尖。清圣祖《金莲诗》云：“沼〔迢〕递从沙漠，孤根待品题。清香拂槛入，正色与心齐。磊落安山北，参差鹫岭西。炎风曾避暑，高洁少小〔人〕跻。”

荷　产于敖汉者，较关内特佳，由此移植山庄。塞外之地寒冷，草木多早凋落，独荷至深秋，尚艳开如木兰。

蓼　种类甚多，多生水边，故又名水荭花，山庄之湖中亦有。红蓼产于塞外洼地。

菊　塞外所产者数种，唯滦京有紫菊。

翠雀花　形如麻雀，体、翼、尾具备，有黄心，如两目。

翦秋罗　一名汉宫秋，花瓣分数歧，深红色，八月盛开，尖峭可爱。

鸡冠　有深紫、残红、纯白、残黄等五色，高自五六尺乃至数丈。

牵牛　黑色野生者多，蔓绕篱墙，花不分瓣。

蓝菊　花蓝色，单瓣形小，萼黄色。清高宗《蓝〔蓝〕菊诗》云：“萼承露叶受风斜，那识东篱处士家。虽是此花名冒菊，可知还有出蓝花。”

万寿菊　正黄色，八月盛开，产于山庄，茎甚高，瓣最大。

老少年　一名雁来红，兼有红、紫、黄、绿各色者，谓之十样锦，有叶无花，初生嫩绿，经霜变为黄色。

秋海棠　一名八月春草，秋季开花，叶绿色，花粉红色。

丁香　塞外有紫、白二种，间有一株二色者，当地人称之为鸳鸯丁香。

木槿　有深红、粉红、白色、紫色数种，五月开花，朝开暮萎。

栀子　夏季开白色之花，其形如杯，中有黄蕊，有三种。

合欢　又名夜合或青棠，五月开花。

玉簪　一名白萼，为宿根植物，六七月于丛生中出一茎，上有细叶十余，每叶生花一朵，长二三寸，附生于茎之端，较小，未开时如簪形，色白如玉，故名玉簪。

楝花　一名苦楝，花紫红色。

金丝桃　塞外遍地丛生，六七月开花，五瓣如桃，但较桃花稍长，鹅黄色，心微绿，由一花分出五花，开时五花齐开。

芍药　有红、白二种，生山谷中。

大芙蓉　一名拒霜花，有数种，八九月次第开谢，最能耐寒。

芙蓉　有淡紫色及黄色二种，黄色者花形稍小。

月季　即蔷薇，有红、白、淡红三色，四季常开。

凌霄花　多生山中，蔓延数丈，其花一枝十余朵，赪黄色，深秋更红。

山丹　又名卷丹，蒙古称之萨喇纳，高四五尺，花大如碗，红斑黑点，瓣俱反卷，一叶生一子。

鹿葱　色似萱，鹿喜食故名。

萱　花未开时，谓之白果，采而食之，其味甚美。花半开时，谓之枇杷，其味稍次于白果。花全开者谓之黄花菜。

金盏　一名长春花，所谓金盏者，以其花形，所谓长春者，以其耐久也。

金灯　茎如金杆。

石竹　青翠纤细，花有五色。

秋葵　一名侧金笺，茎高六七尺，叶如芙蓉，六月开花，大如碗，鹅黄色，六瓣紫心。

蜀葵　即葥戎葵，原产塞外。

紫茉莉　一名胭脂花，俗称状元红，有紫、红、黄、白各色，更有一花数色者，红花可作胭脂，实可制粉。

马蹄兰　塞外最多，杂生草间，叶如建兰，坚韧不易断，花翠色可爱，秋季结苞，中含种子。

黄花　一朵四瓣，合抱如金盏，鹅黄色，产于罕特木尔岭北，每茎一朵，经霜愈鲜。

晚香玉　茎高二三尺，一苞数朵，次第开花，色白如玉，晚放香气。

金雀梅　花形如雀，黄色，野生，茎似枸杞有刺，花可供食用。

绣球梅　白花丛开如球，野生。

山海棠　青叶红梗，花色粉红，状如垂丝，野生。

珍珠花　白花丛开，其形如珠。

千穗壳　形如鸡冠，长为细花，红紫色，一株结实数十条。

青囊花　似金灯，近蓝色。

千佛头　花未开时，每朵含蕊，数千攒聚一蒂，有紫红色及淡红色二种，开花时成白色，美丽可爱。

长十八　花叶似玉簪而小，花紫色。元乃贤《金台集·寒〔塞〕土〔上〕曲》云："双鬟小女玉娟娟，自卷毡帘出帐前。忽见一枝长十八，折来簪在帽檐边。"又贡师泰《滦河曲》云："白沙罔〔冈〕头齐下马，为拾阏氏八宝鞭。忽见草间长十八，众人分插帽檐前。"

备考　热河境内之土壤，因微含盐质，故忌盐分之花草，若非将土用水洗过，则不能发芽。又因空气干燥，即在春季，若不浇以多量之水，发芽者甚少。若自外来不耐寒气之花草种子，播种开花后，即行枯死。

（五）果实

杏　遍生于境内各处，南部所产者之实，较北方稍大，杏仁可供药用及食用，又可榨油。

山楂　土名山里红，落叶灌木，种类甚多，多产于南部，枝有刺，叶有锯齿，开小白花。

沙果　俗名花红或花果，形色俱类苹果，花为淡红色，味甚酸，稍带涩味。

苹①果　亦名苹果，境内少良品。

槟子　为苹果之一种，似沙果，诗之所谓甘棠，沙棠、甘棠皆属同一物也。

桃　昔时移植平泉、凌源、丰宁之各名山中，不脱核者谓之山桃。

海棠果　即海棠实，形似沙果稍小。

楸子　似海棠果稍小。

山胁红　酷类楸子。

李子　所谓郁李仁或郁李棣，皆同一物也。

樱桃　又名楔荆桃或含桃，花似桃花稍小，密生数朵，有红白二种，生于平泉县公爷府等山。

八里香梨

红消梨　带红色。

枣　蒙古谓之齐巴噶，野生于古北口内外。

栗　蒙古谓之呼什哈，多产生于滦河沿岸。

榛　产生于承德平泉山中，味极美。

葡萄　有栽培者及野生者之分，栽培者冬期埋没土中，春间掘出灌水，因气候干燥，结果良好。有紫葡萄、水晶葡萄、马乳葡萄、山葡萄等种类。当汉武帝时，派遣使节于西部各地之际，传张骞使大宛地方（今之土耳其斯坦之东方）携葡萄种回。一说谓僧黑云初由贝丘地方带得葡种来。

奇石密食　即无核之绿葡萄，平定西域之后，由回回部移植者。回回部于数千年前，由布哈尔得来，布哈尔在叶尔羌之西方

---

① 原文为“蘋”，即“苹”的繁体字。——整理者注

数千里。奇石密食者，回回语也。

草荔枝　丛生，味甘，形似普盘，无子。

普盘　一名悬钩子，木本丛生，味甘酸，似杨梅。树高四五尺，茎白色有倒刺，叶有细齿，似樱桃狭长。又有似地棠花之叶者，四月开小白花，实红色而味酸。

樱额　丛生结实，形似黑葡萄稍小，至秋成熟，味甘涩。

倒吊果　俗称吊搭果，形似梨稍小，花实下垂，故名。

北天竺　丛生，深秋结实，赤色。

乌沙尔齐　生于塞外，秋结红实，一枝累累千百颗，高数尺，实似樱桃稍小，味酸苦。

梨　蒙古语谓之阿里玛。生于山中者谓之槆、樾，似梨〈而〉小，酸不可食。

核桃　一名胡桃，塞外甚多。

松子　即松结之实，中原所产者不及塞外。

柿　经霜即熟，软柿实小而形长，谓之牛奶柿。

安石榴　多盆栽以供玩赏。

菱　产山庄内之澄湖。

乌喇柰　一名欧李子，当地人呼之为酸丁，即塞外之红果，实似樱桃较大，甘酸不可食。

莲　即荷实——藕之种子。

第八章　沿革

（一）以县为标准之沿革

热河在昔渔业时代，虽不详悉其沿革，然自渔业时代进化至牧畜时代以后——周、秦以后，次第为山戎、东胡、匈奴、乌桓、鲜卑之所属，至晋为慕容氏所有，即至北燕、北魏之后，为库莫奚、契丹、奚地等，而及唐代，辽时耶律阿保〈机〉始为契丹主（九〇七），其后建都于临潢——潢河——北方之高丽城，号称上京，以大定为中京，即今平泉北方之大明城址，以辽阳为东京，今以县为标准，而考辽代以上之变迁，大体如左表所示：

时代	承德	滦平	丰宁	平泉	赤峰	凌源	朝阳
辽	中京道 泽州 北安州 滦河县	中京道 奚王府 北安州	中京道 奚王府 北安州 利民县	中京 大定府 大定县 长兴县 劝农县 富庶县 天定县 升平县 归化县 金源县 恩州 恩化县 泽州 神山县	中京道 高州 三韩县 上京道 松山州 松山县 饶州 长乐县 临河县 安民县 上京 临潢县 定霸县 保和县 潞县 宣化县	中京道 利州 阜俗县 泽州 龙山县 榆州 和众县 永和县 隰州 海滨县 惠州 惠和县 高州 三韩县	中京道 兴中府 兴中县 营丘县 象雷县 闾山县 建州 永霸县 永康县 安县 安德县 川州 威康县 宏理县 宜民县 武安州 武安县 成州 同昌县 宜州 安政县 大定县 神水县 来州

续表

时代	承德	滦平	丰宁	平泉	赤峰	凌源	朝阳
金	北京路 兴州 兴化县 宣兴县 大定府 神山县	北京路 兴州 兴化县 宣兴县	北京路 兴州 兴化县 宣兴县 西京道 桓州	北京路 大定府 大定县 长兴县 富庶县 金源县 神山县	北京路 大定府 三韩县 松山县 静封县 全州 安封县 临潢府 临潢县 芦州县	北京路 利州 阜俗县 龙山县 大定县 和众县 隰州 海滨县 惠和县 三韩县	北京路 兴中州 兴中县 建州 永霸县 永德县 宜民县 大定府 武平县 义州 宏政县 同昌县
元	上都路 兴州 兴安县 宣兴县 大宁路 惠州	上都路 兴州 兴安县 宣兴县	上都路 兴州 兴安县 宣兴县 开平府 开平县	北京 大宁路 大定县 大宁县 富庶县 金源县 惠州	大宁路 高州 上都路 松州 全宁路 全宁县 晋王分地	大宁路 和众县 龙山县 利州 瑞州 惠州 惠和县	大宁路 兴中州 建州 川州 武平县 义州 懿州 晋王分地
明	兴州卫 诺因卫	兴州卫 诺音卫	兴州卫 开平卫 诺音卫	大宁卫 新城卫 富田峪卫 诺音卫	大宁卫 诺音卫 金宁卫	营州卫 泰宁卫	营州卫 泰宁卫

（二）以旗为标准之沿革

盟	旗	县	唐	辽	金	元	明
卓索图盟	喀喇沁旗	凌源	饶乐	中京	北京	辽阳行省	大宁路
			奚				
		平泉	都督府	大定府	大定府	大宁府	兀良哈
	土默特旗	阜新	营州	中京	中京	辽阳行省	大宁路
			奚				
		朝阳	都督府	兴中府	兴中府	大宁路	兀良哈
昭乌达盟	敖汉旗	建平	营州 奚 都督府	中京 兴中府	中京 兴中府	辽王分地	大宁路 兀良哈
	奈曼旗	绥东	营州 奚 都督府	中京 兴中府	中京 兴中府	——	大宁路 兀良哈
	翁牛特旗	赤峰	饶乐 都督府	上京 饶州 匡义军	北京路	鲁王分地	全宁卫 兀良哈
	札鲁特旗	开鲁、鲁北	营州 奚 都督府	上京 临潢府	北京路	上都路	全宁卫 兀良哈
	阿鲁科尔沁旗	天山、开鲁、鲁北	——	上京 临潢府	大定府 北京路	辽王分地	全宁卫 兀良哈
	巴林旗	林西、林东	契丹	上京 临潢府	北京路	鲁王分地	全宁卫 兀良哈
	克什克腾旗	经棚	——	——	北京路	上都路 应昌路	蒙古
	喀尔喀左旗	阜新	营州 奚 都督府	上京道 南境	北京路	上都路 应昌路	蒙古

备考：括弧内为旗地所在地之县名

（三）以种族为标准之沿革

东胡　北有犬戎、山戎、发、息慎等族，东有长岛夷，部族之中，有鲜卑、乌桓、慕容、拓跋、宇文、库莫奚等。

匈奴　系夏后氏之后裔，称淯〔淳〕维，殷时出奔北方，后与獯粥、荤粥、猃狁〔狁〕等族合，始称匈奴。

乌桓——乌丸　出于东胡，东胡灭亡时，其遗类退保乌桓山，故名。

鲜卑　亦东胡种，为匈奴之冒顿所破，退据鲜卑山，故名。

慕容　为汉末鲜卑之大人物慕〔莫〕护跋率部众入塞外，讨伐居辽西——锦州——南方之公孙渊有功，拜率义王，赐姓慕容。吐谷浑为慕容所出。

拓跋　出自鲜卑之索头部，世世居北方，不与南夏通，其族以索辫头发，故有此名，其酋长称可汗，与汉代之单于同。

宇文　与鲜卑同种的别族。

柔然　属东胡苗裔，魏人称之为蠕蠕，其在漠北称可汗者，约百五十年。

突厥　匈奴之别种。

回鹘　系匈奴之后裔，当元魏之时，又号高车，役属于突厥，或称敕勒及铁勒，所谓回子、回鹘、回讫、韦讫、畏吾儿，皆同一义也。

契丹　出自鲜卑，元魏之时，始号契丹。

奚　元属东胡部，乃鲜卑之别种，元魏时，自称库莫奚。

次记前后兴亡变迁大略如左：

前燕　慕容廆入冠（二八五），自号大单于，其子皝称燕王（三三七），〈其孙〉儁乃称帝，至暐四主八十六年（三七〇）而亡。

西燕　慕容泓所建（三八五），三主十年（三九四）而亡。

后燕　慕容垂创霸业（三八四），高云弑其君而自立（四〇七），五主二十六年（四〇九）而亡。

南燕　慕容垂之弟德所建（三九八），二主十三年（四一〇）而亡。

北燕　冯跋（四〇九）所建，二主二十八年（四三六）而亡。

辽　契丹之耶律阿保机——安巴坚——称帝（九〇七），号神册，神册三年（九一八）筑皇城于临潢，称东丹国，即林西东北之高丽城，天显元年（九二九）灭亡①。会同元年改契丹为辽（九三七〔八〕），乾亨四年复改辽为契丹（九八二），统和二十五年，契丹筑中京于西辽（一〇〇七），即平泉北方之大明城，开义〔泰〕三年改应天府为南京（一〇一四），重熙十二〔三〕年始定五京（一〇四四），咸雍二年复改国号曰辽（一〇六六），天会三年辽为金亡（一一二五），凡九主二百十〈八〉年。

金　天庆四年女真破辽军于浑同江，翌年称帝，国号金，于是取辽之黄龙府（一一一五），太祖阿骨打之祖先，居完颜部仆干水之涯，故号种〔称〕完颜氏，后移住按出虎水之侧，所谓按出虎者，爱新之转讹，金之称也，故国号金。金灭〈辽〉后（一一二五），于天眷元年，移都临安②，皇统六年（一一四七〔六〕）与蒙古构和，大定四年以女真文字翻译经史（一一六四），十三年令禁女真改称汉人姓氏，二十七年更禁着汉服，天与〔兴〕三年（一二三四）为蒙古所灭，凡十主百二十年。

西辽　天会三年耶律大石建西辽国（一一三五），大石死后（一一三六），为乃蛮所灭（一二〇一），凡三主七十七年③。

元　金之泰和六年，蒙古之铁木真，号称成吉思汗（一二〇六），于太祖十四年，征伐西域诸国，十七年灭回回国，进迫印度，二十二年六月灭夏，十二月没于六盘山。太宗元年，窝阔台

① 原文如此，疑有遗漏。——整理者注

② 原文如此。——整理者注

③ 原文如此。——整理者注

汗立，七年称〔筑〕和林——西库伦（Kara Korum），都大库伦西方数千里①。宪宗立，使忽必烈总管漠南——戈壁沙漠之南，及忽必烈即位，以八思巴为国师（一二六〇年），中统三年，任用回鹘人之阿合玛（一二六二），至元六年，行使八思巴制作之新字（一二六九），七年筑城于万山，翌年改国号曰元。至元十八年七月举兵征日本（一二八一），大德三年遣僧一山至日本。洪武二年，元帝奔和林，凡十主一百〇九年，自铁木真至元灭亡，凡十五主百六十三年。

明　濠人朱元璋，二十五岁时，起兵滁州，仅十有五年而成帝业，号称吴王，奉郭林儿为主，林儿死后，遂自称皇帝（一三六八），凡二十主二百九十四年而亡。

清　自奴儿哈赤称皇帝（一六一六）至宣统，至凡十一〔二〕主二百九十七年而亡。

中华民国　此段原文，系记民国成立历任总统、执政、大元帅次第继任之概略，及国民政府成立之经过，九一八事变勃发之事实，《塘沽协定》之缔结与其条文，译者走笔至此，不禁掩卷流涕，悲愤填膺，东北沦陷，已历数载，抵抗日本之声渐息，收复失地之举无闻。堂堂华胄，将臣妾于倭奴，锦绣河山，已藩属于三岛，伤心哉！有如是也！余友郭君东史，与余东渡考察，将及两载，深有心得，近读余所译《热河》，有感怀诗二首寄余，兹录于后，是国人同有雪耻报国之心，俱抱无路请缨之痛。

柳城从古号汤池，河决林焚事可悲。
紫极阁来隔岸火，黄龙府卓别家旗。
三屯营外风云黯，万里城边甲马驰。
天帝醉中开口笑，割秦鹑首岂无私。

① 原文如此。——整理者注

相斗年年蜗一角，弥天风雨此何时。
无端豪夺珠源寺，未可争锋木屐儿。
群盗潢池匪旦暮，元戎专阃系安危。
画图留得河山在，还我胭脂总是疑。

备考　其他沿革中，关于土地者，记述于开放事情之章，关于政治者，记述于官公署之章，关于蒙古王公者，记述于蒙古王公之章。

第九章　面积与户口

第一节　面积

热河之面积，因未经实际之测量，故不能以正确之数字表示之，是以由地图上算出者居多，除卓索图、昭和〔乌〕达二盟之面积有确数可考外，原属热河之部分，多付缺如，即以县别计算者中，有将未开放地算入者，有将未开地除外者，区域分划复杂，判别其正确与否，殊非易事。此等数字之综合，热河之全面积，约合日本一万二千方里，殆与日本北海道（五〇七五方里）、九州（二三一二方里）、台湾（二三一九方里）、四国（一一五一方里）各地面积之和相等，然自伪国出现，分设兴安省，于是东四省变而为东五省。更分札赍〔赉〕图旗，科尔沁六旗（即图王——科尔沁左翼前旗，达尔漠——科左中旗，博王——科左后旗，札萨克图王——科尔沁右翼前旗，图什业图王——科右中旗，苏鄂公——科右后旗），热河省昭乌达盟之六旗（即西剌木伦河以北）为兴安省之南分省（兴安省区分为东、北、南三分省），同时更侵占热河南部长城以外之土地（即新设之兴隆、青龙二县，从来属于河北省管辖）。兴安南分省于一九三三年五月更分为二，属于热河者为西分省，以县言之，则包含开鲁、林西、经棚三县，及林东、鲁北、天山三设治局，以旗言之，则包含昭乌达盟之札鲁特两旗、阿尔科鲁沁旗、巴林两旗、克什克腾旗等。

译者附注　普通日本一里，约合中国六里，是日本一方里，约合中国三十六方里，但本书著者声明面积计算之里程，以日本一里合中国八里，是日本一方里，约合中国六十四方里。

（一）县别（日本里程）

县别	四年民政	五年满蒙	五年满铁	六年中华	旗别	三年关东陆	东西	南北
赤峰	一，一三三	一，二三〇	一，二三三	一，四四四	东翁牛特 西翁牛特	三四一 五五五	五〇	二七
建平	一，一一一	一，一一五	五六八	一，四六一	敖汉	二五四	二七	四七
绥东	二七八	一三〇	八八一	一，五〇〇	奈曼 小库伦喇嘛	一七六 四二	一六	三七
开鲁	六二	一〇〇	一一一	二〇三	札鲁特 阿鲁科尔沁	四八〇 三六四	二一 二二	七七 七〇
林西	九九〇	九九〇	一二六	三五一	巴林	六二〇	四二	二九
经棚	一，一八〇	一，一八〇	五七〇	二〇	克什克腾	七九九	五六	六〇
阜新	五〇〇	四四〇	四八八	九七七	喀喇沁左旗 东土默特	六〇 一八七	二一	三八
朝阳	六一五	六一五	五八〇	一，〇五五	西土默特	四八九	七七	五二
凌源	六五三	六五三	五四三	七八八	喀喇沁	七九九	八三	七五
平泉	七八〇	三七八	七六三	一，〇五五				
承德	七〇〇	三三〇	二五三	一，五一〇				
滦平	三二〇	三二〇	二七八	八一三	热河地方	二，六三〇		
丰宁	三九〇	六三〇	四〇六	二六六				
隆化	六二〇	三九〇	三八二	二一九				
围场	六〇〇	六〇〇	五一二	七七二				
合计	九，九三二	九，一〇一	九，六九四	一二，四三五		七，七九六		
其他	五，二八九	九，一〇一	一〇,一六八			五，二八九 四，六二四		
林东	二六，〇〇〇顷				巴林旗			
鲁北	二六，〇〇〇顷	计七二，八〇〇顷			札鲁特旗			
天山	一七，八〇〇顷				阿鲁科尔沁旗			

备考　一、表中“四年民政”即民国四年日本关东都督府民政部之调查。“五年满蒙”即《满蒙产业志》之调查。“六年中华”即民国六年中华官厅之调查。“三年关东陆”即民国三年日本关东都督府陆军部之调查。均以日本方里计算。

二、中华官厅之面积计算，多系依据东西南北之里程，故日本一里，约合中华八里。

三、东西南北之里程，日本一里，约合中华六里。

四、林西、鲁北、天山三处，近年置设治局。一顷约百亩，五百四十亩为一方里。

五、以热河之北部为兴安省西分署〔省〕以后，除新设兴隆、青龙二县外，于凌源之南方增设凌南，于大明城增设宁城，于乌丹城增设全宁各设治局。

（二）县界（中华里程）

县别	东境	西境	南境	北境	东西距离	南北距离	面积
赤峰	六大分	白山吐	唐房营子	巴林桥	二八〇	三三〇	九二，四〇〇
承德	杨树沟梁	广仁岭	尖帽山	中关	一一〇	一三〇	九六，六四三
滦平	石门子	大树沟	古北口	石灰窑	一三〇	九〇	五二，〇〇〇
丰宁	四道湾	邓家棚子	波罗诺梁	森吉图	一七〇	一〇〇	一七，〇〇〇
隆化	荒地梁	燕子窝梁	冷水头	石片子	一六〇	一四〇	一四，〇〇〇
围场	赤峰	多伦	隆化	林西	三〇〇	四〇〇	四九，四〇四
平泉	三十家子	六沟	冰窖	老爷岭	一六〇		六七，五〇〇
凌源	朝阳、兴城、绥中	平泉	临榆、迁安	建平	三〇〇		六〇，四二〇
朝阳	阜新	建平	锦县	绥中	一八〇	二二〇	六七，五〇〇
阜新	彰武	朝阳	北镇	绥东	二五〇	二〇〇	六，一〇〇
建平	青沟梁	老哈河	牛录河	哈水	九〇	一五〇	九三，六〇〇
绥东	彰武、元宝吐	下洼	控阿子	拉莫荒	二〇〇	九〇	一〇，〇〇〇
开鲁	通辽	赤峰	绥东	老山	一〇〇	七〇	一二，〇〇〇
林西	开鲁	经棚	赤峰	乌珠穆沁	一〇〇	二五〇	二，〇〇〇
经棚	赤峰	多伦	隆化	浩济特	四〇〇	三〇〇	一，二一〇

（三）王公之领地（日本里程）

热河原以蒙古王公之领地为最多，因其在长城之外，谓之塞外，与东三省接境处设有柳条栅，故又称栅外。热河境内之蒙古王公，多属卓索图、昭乌达二盟，兹列举其旗名及面积如左：

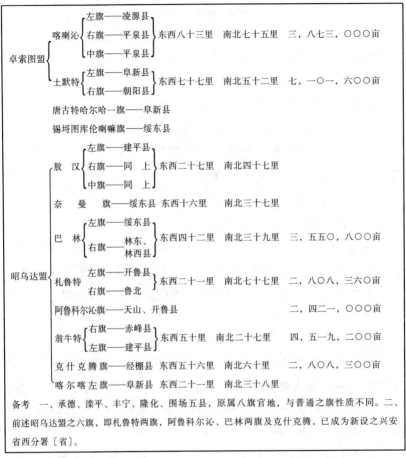

盟	部	旗——县	东西	南北	面积
卓索图盟	喀喇沁	左旗——凌源县 右旗——平泉县 中旗——平泉县	东西八十三里	南北七十五里	三，八七三，〇〇〇亩
	土默特	左旗——阜新县 右旗——朝阳县	东西七十七里	南北五十二里	七，一〇一，六〇〇亩
	唐古特哈尔哈一旗——阜新县				
	锡埒图库伦喇嘛旗——绥东县				
昭乌达盟	敖　汉	左旗——建平县 右旗——同　上 中旗——同　上	东西二十七里	南北四十七里	
	奈　曼　旗——绥东县		东西十六里	南北三十七里	
	巴　林	左旗——绥东县 右旗——林东、林西县	东西四十二里	南北三十九里	三，五五〇，八〇〇亩
	札鲁特	左旗——开鲁县 右旗——鲁北	东西二十一里	南北七十七里	二，八〇八，三六〇亩
	阿鲁科尔沁旗——天山、开鲁县				二，四二一，〇〇〇亩
	翁牛特	右旗——赤峰县 左旗——建平县	东西五十里	南北二十七里	四，五一九，二〇〇亩
	克什克腾旗——经棚县		东西五十六里	南北六十里	二，八〇八，三〇〇亩
	喀尔喀左旗——阜新县		东西二十一里	南北三十八里	

备考　一、承德、滦平、丰宁、隆化、围场五县，原属八旗官地，与普通之旗性质不同。二、前述昭乌达盟之六旗，即札鲁特两旗，阿鲁科尔沁、巴林两旗及克什克腾，已成为新设之兴安省西分署〔省〕。

清初严禁汉民移入东北，对于热河，亦同称〔样〕禁止一般汉人越境垦殖，但汉人多避王公、官史〔吏〕之耳目，巧妙潜入，从事开垦，致有今日汉蒙势力颠倒之状态，树木伐采殆尽，土地多归汉人之所有。盖因王公等屡入北京，耽醉佳美之享乐，以致负债山积，遂不能不变卖土地以资挹注，加之民国成立，五族共和，汉、满、蒙、回、藏之区别取消，汉人更得自由进入之机会，遂养成今日根深蒂固之势力。

（四）各省之比较

列举各方面调查之热河面积如左（单位中华里）：

热河各县之调查　六八一，一〇〇

中国舆地新学社之调查　五九〇，〇〇〇

热河省民政厅之调查　五八〇，〇〇〇

日本满蒙调查会之调查　五六五，〇〇〇

如上示热河之面积，皆不一致，取其平均数观之，则舆地新社之调查，较近实际，中华官厅用之。

兹将东北各省之统计表示如左，以作参考之资料：

热河省　五九〇，〇〇〇

黑龙江省　二，二九二，一五三　民国十一年及十九年调查

辽宁省　一，一五四，〇七三　民国十九年八月调查

吉林省　一，三一八，六五〇　民国十九年八月调查

合计　五，三五四，八七六

全中国　三二，九四八，五二六

如前述东北四省之改为五省者（伪国），系分割广大不便之黑龙江省一部，加入热河省一部，新设兴安省，更区分为东、西、南、北分四省，对于伪国全体面积，毫无增减之事实，不过热河面积，稍形缩小耳。

次依中国之调查，东北之失地如左，此虽与本著无重大关系，亦可作为参考之资料：

（一）额尔古纳以北

石勒格河下流，贝加尔湖以南各地，及茂明安旗之牧地——后贝加尔州，面积百万方里。

清康熙二十八年——一六八九年——清廷遣索阿图缔结《尼布楚条约》——中俄国境协定，清雍正五年——一七二七年——即由三十八年后《恰克图条约》之再订，额尔克〔古〕纳以北，遂完

全属俄国之所有。

（二）库页岛

面积三十万方里。

清乾隆初年——一七三六——俄人侵占此岛，清光绪初年——一八七五年——俄国以千岛与日本交换，日本明治八年五月，日俄缔结千岛、桦太（即库页岛）交换条约。

（三）黑龙江以北之地——黑龙洲

面积二百四十万五百七十方里。

清咸丰八年——一八五八年——缔结《瑷珲条约》，遂归俄国所有，当时清廷命奕山为全权大臣，与俄国再三交涉结此条约。

（四）乌苏里河以东之地——沿海州

面积百三十万方里。

清咸丰十年——一八六〇——缔结《北京条约》，遂归俄国所有，当时俄人以调停英法联军之役有功，要求该地以作报酬之物。

（五）江东六十四屯

面积二万四千方里

《瑷珲条约》成立后，黑龙江以东，精奇里河以南，尚属中国之领地，光绪二十六年——一九〇〇——庚子之役，俄国屠杀该地居民而占领其地。

（六）旅顺、大连及附近地方

面积七千八十四方里。

清光绪二十一年——一八九五年——以二十五年为期租与俄国，后因日俄战争之结果，遂转租日本，日本更以二十一条强迫延期为九十九年。

以上六地之面积，合计五百三万二千四百五十四方里，与现伪国之全面积相较，约有三十万方里之差。

第二节　户口

热河如前所述，静的面积，各方面之调查尚不能一致，无正确数字之统计，至于动的户口，其无正确数字之统计，则更不待言矣。从来热河之人口，号称四百五十万，据最近伪国之调查，谓为百七十万，尤以省境变更，分割北部为兴安省西分署〔省〕，南部新设兴隆、青龙二县，故正确之数字，须待今后精确之调查。

（一）县别

依民国十九年之调查，各县之户数及人口列举如左：

县别	户数	男	女	计
承德	三九，二三四	八六，七六八	八九，五六二	一五六，三三〇
朝阳	一〇九，〇〇〇	三二三，一九二	三三一，〇〇七	六五四，一九九
赤峰	不详	九四，三六四	七一，一三六	一六五，五〇〇
滦平	二六，〇七七	六六，七一四	五四，三九二	一二一，一〇六
平泉	七三，四八九	一五七，二〇五	九二，二五二	二五二，四五七
凌源	八九，八二四	二〇二，一〇四	一五七，一九二	三五九，二九六
阜新	不详	八八，三二七	七〇，四〇四	一五八，七三一
林西	不详	二〇，四二八	一四，四七七	三四，九〇五
经棚	七，三一六	二〇，五二五	一五，〇二三	三五，五四八
围场	三一，六一二	六二，〇九〇	四八，〇八九	一〇，一七九
建平	不详	一二六，〇〇〇	八四，〇〇〇	二一〇，〇〇〇
绥东	九，三八六	一一一，〇二八	七四，〇一九	一八五，〇四七
鲁北	二，三五四	七，七二二	五，九八六	一三，七〇八
天山	四，九九五	五，六九〇	三，五一〇	九，二〇〇
合计	四〇三，二八七	一，三七二，一五七	一，〇九四，〇四九	二，四六六，二〇六
备考　开鲁、隆化、丰宁、林西四县不详。				

（二）各省人口比较

省别	民国七八年中华续办委员调查	民国十七年中国邮政统计	民国十七年各种比较	民国十九年省政府调查
热河	八，三一八，〇〇〇	四，五一五，〇〇〇	四，五一五，〇〇〇	三，四九五，四七八
辽宁	一二，四八八，〇〇〇	一三，七七五，〇〇〇	一四，九九九，〇〇〇	一六，二六六，一七五
吉林	五，五一一，〇〇〇	六，七六四，〇〇〇	六，七六四，〇〇〇	七，三三九，九四四
黑龙江	二，〇四〇，〇〇〇	三，五〇一，〇〇〇	三，五〇一，〇〇〇	三，六五五，五九〇
合计	二八，三五七，〇〇〇	二八，五五五，〇〇〇	二九，七七九，〇〇〇	三〇，八六七，一八七
备考　一、民国十九年内政部发表之人口为六，五〇九，四〇〇，然同年省政府调查之统计人口为三，四九五，四七八，户数为五八四，五三九。二、一方里内人口之平均密度为五人一分				

（三）人种别

县别	县乡别	汉人	满人	蒙古人	回人	计
赤峰	县城	六六，八七八	——	二八	二，七四九	六三，六五二
	四乡	五八五，九四八	——	一六，六〇〇	——	六〇二，五四八
承德	县城	八七，〇七五	——	——	一，九二五	八九，〇〇〇
	四乡	五五四，五九一	——	——	三〇九	五五四，九〇〇
滦平	县城	四，九二五	五八二	——	一二〇	五，六二七
	四乡	七八，一五六	四〇，六六五	——	四四一	一一九，二六二
丰宁	县城	五，四三九	——	——	四七〇	五，九〇九
	四乡	一二九，一七八	——	——	六，七九八	一三五，九七六

续表

县别	县乡别	汉人	满人	蒙古人	回人	计
隆化	县城	六，五一五	六五三	六七三	一，〇七六	八，七一七
	四乡	一八三，一六〇	三三，四五一	三一，七七七	二七，二三四	二七五，六二二
围场	县城	二七八	六二	——	一一	二，八六一
	四乡	三四四，〇八二	一〇五，五七〇	三七，三三六	——	五八六，九八八
平泉	县城	一二，六六二	——	三，三九一	一，八八七	一七，九四〇
	四乡	二九九，三四二	——	八三，二一六	四〇，九五二	四二三，五一〇
凌源	县城	一七，四三七	——	——	三，四四〇	二〇，八七七
	四乡	一，一二〇，九一七	——	八一，〇九六	一二，八一〇	一，二一四，八二三
朝阳	县城	二二，二七一	——	四三九	八三	二二，七九三
	四乡	六五一，〇三〇	三八，五一六	四七，二〇〇	三二五	七三七，〇七一
阜新	县城	一一，六三八	——	五，六九三	五九	一七，三九〇
	四乡	四三，六六〇	——	一三五，四四八	一，一五一	一八〇，二五九
建平	县城	二，三三二	——	八	八	二，二四八
	四乡	五一一，五六五	——	一六，二〇八	一七九	三二七，七五二
绥东	县城	四，七五二	——	——	二，〇三三	六，七八五
	四乡	一三，六三四	——	七，八〇九	——	二一，四四三
开鲁	县城	一二，二〇〇	——	七〇〇	一〇〇	一三，〇〇〇
	四乡	一九二，八〇〇	——	六七，二〇〇	——	二六〇，〇〇〇
林西	县城	三，八六八	二八	——	五八	三，九五四
	四乡	七，三一一	——	三五	二〇	七，三六六
经棚	县城	九，八三〇	——	五〇〇	六八七	一一，〇一七
	四乡	三四，七九二	——	九，八八〇	一，二三六	四五，九〇八

续表

县别	县乡别	汉人	满人	蒙古人	回人	计
合计	县城	二六四，五一〇	一，三二五	一一，四三一	一四，七〇三	二九，九七〇
	四乡	四，六四九，九六六	三一八，二〇二	五三三，八〇五	六一，四五五	五，五九三，四二八
总计		四，六一四，四七六	三一九，五二七	五四五，二三七	一〇六，一五八	五，八八五，三九八
备考　此系民国十年调查，汉人遍居各地，满人仅居滦平、隆化、围场、朝阳、林西等县，其居住县城者甚少，此亦本来关系之表现。承德、滦平、丰宁各地，全无蒙古人之住户，此亦足为历史之佐证。回民人数虽少，与汉人同样遍居各地，盖因彼等以屠牛认作自己优先之权利，但承德及丰宁之汉人中包含满人。						

（四）清乾隆与道光年间之户口

	乾隆四十七年（一七八二）		道光七年（一八二七）	
县别	户数	人口	户数	人口
承德	八，九七九	四一，四九六	一六，三三九	一一〇，一七一
滦平	五，一三〇	一〇六，六三〇	六，九一四	四五，七六九
丰宁	二〇，八七一	七二，〇七九	二二，一九八	一一五，九七三
平泉	二九，三一五	一五四，三〇八	二〇，四四九	一五八，〇五五
建昌（凌源）	二三，七五〇	九九，二九三	三一，九九六	一六三，八七五
赤峰	六，三二四	二二，三七八	一四，九九九	一一二，六〇四
朝阳	一五，三五六	一一，二二〇	三一，七五一	七七，四三二
合计	一〇九，八〇五	五五七，一〇四	一四四，六四六	七八三，八七九

第十章　衣食住

第一节　衣服

中国四百余州，而有统一之形态者，其为服装乎。不分南北，不论都鄙，五族共通点之最显著者，中国衣服也。革命当时，“不着洋装而不饮洋酒者，非真正革命家”之口号，一时轰动都鄙（然译者未之闻也），终因气候关系，住宅环境，而惯服华服之华人，忽易以洋装，殊深感其拘束之难堪，即彼重纪律而崇威仪之军人，亦时欲着彼宽阔舒畅之国服，其一般人之不好着洋服者，无宁为当然之事实也。加之中国服装，较日本服装便利远甚，且制衣之材料丰富，故中国人服用洋服之风，绝不如日本人之发生急遽变化也。

（一）中国服

马褂　马褂儿与日本之羽织（Haori）相当，夏衣单马褂或纱马褂，春秋衣夹马褂，冬衣棉马褂或皮马褂。

袄　袄子与日本之着物（Kimono）相当，有夹袄、棉袄、皮袄之分。大袄即袍子，小袄即小棉袄。

小夹袄　与日本之袷（Awase）相当。

衫　即单衣，与日本之襦袢（Jiban）相当，通例单衣之下，不再着他衣，近年亦有着卫生衣者。大衫与日本之长单衣（Hitoye）相当。

袍　袍子有皮袍子、絮袍子、棉大袄、棉袍、棉袄之分。

袍套　前清时代之外套。

裤子　有单裤、夹裤、棉裤、皮裤之分。

卫生衣　欧西传来之紧身衣。

汗衬　汗衬儿又名汗榻儿，为无袖之短单衣。

背心　又名坎肩或坎肩儿，有单背心、夹背心、棉背心及皮背心之分。

腿带子　用于靴之上部与裤之下部之间，以紧系裤脚及袜子也。

袜子　有皮袜、棉袜、夹袜、单袜之分。

（注）以上之名称男女所用者相同。

裙　女人用，与日本女人之裤（Hakama）相当。

风领　即冬季之帽子，上冠于头而下垂于背，其形似日本之风除（Kazeyoke）。

耳套儿　寒时覆耳者。

靴　短者谓之鞋，长者谓之靴。

备考

迩来着洋服者，其外套与靴，皆使用依西式制成之物。然在下层社会，一般人仅上着小棉袄，下穿棉裤子，腰束腰带，此外无他物。冬季就寝之际，于炕上以身寄藏于叠作袋形之寝具内，其上覆以所着之衣服，抱膝而眠者居多。

（译者附注）普通服之名称及尺寸从略。

春秋两季之衣服　于小夹裤、套裤、大夹袄、夹坎肩、夹马褂之内再穿一二件。

冬季之衣服　棉袄、棉裤子、棉套裤、棉袍子、棉马褂、棉坎肩等。

衣服之称〔种〕类　虽不因贫富而异，然因贫者为贫而不能服用者，及因气候寒暖、都鄙及贫富之差等，有能服用者与不能服用者之区别，其材料有良否之分，固不待言。

（译者附注）材料之名称从略。

颜色　夏季尚白、灰、黄及其他浅色，秋冬尚蓝色及深蓝色，普通商人好用黑色。

绸缎之颜色　尚天青、深茶、酱、铁等色。呢绒尚醤、灰、淡黄等色。

妇女　喜着紫赤、桃红、萌黄等色之裤子。

腰带子　束于裤子上之腰带，其材料有绢及棉布之分。

帽子　有礼帽、便帽之分，蒙古人则戴官帽。中国帽用缎子、羽缎、纱及马尾等材料制成。冬季则用覆耳之帽。

靴　中国鞋用黑色缎子、羽缎、天鹤绒或皮制成，洋式靴子则用油布、毡子或皮制成，其外有乌拉鞋，系用乌拉草制成。一般妇人均能制造美丽之中国鞋，妇女喜用桃色、绯色及水色等。

回民之服装　与一般汉人所服用者无异。

（二）蒙古服

蒙古人在已开垦之地方，及与汉人杂居者，皆服中国服，唯在纯蒙古地带居住者，服装微有区别。普通衣服材料，为棉布与毛皮，夏用棉布服，冬用毛皮服，春秋殆无区别。

毛皮　为缅〔绵〕羊皮，贫为〔者〕不用衣面，直接以毛皮作上身服，下着裤子而已。四季男女均穿皮制之长靴，在包内则常赤其足。

衣服之裁缝法　尺寸宽大，毛皮服尤长，夜以之作寝具，尽〔昼〕以带高束于腰间。

带　以木棉或绢制之腰带，束于腰间，其两端下垂五寸许。

颜色　普通用红、黄、绿、天青等色，喇嘛用红色或黄色，大喇嘛则仅用黄色。但王公之富者，多与汉人无异。

携带品　刺绣之鼻烟袋插于带之前面，右侧佩食箸及插小刀之刀插，左侧佩烟袋及烟管，烟管亦有插于长靴之中者，后方佩燧石，胸前佩金属制成之牙签、挖耳及须梳，颈挂佛像及念珠。佛像为佛画或铜佛，以之置于铜制之小函，前面插以玻璃，盛于紫色之袋中。

头常戴帽，或裹以手巾，官帽则用前清时代之物，贫者戴单毛皮帽，覆耳颊及项，以纽系于颚际。北方非狐狸毛皮，不足以御寒。夏日则用布缠头。

妇人服装　多似满洲妇人所着之服装，唯宽长小袖，袖端饰以羔羊皮，及胸部饰以刺绣之差耳。其外腰以银链或细纽系纪念章，附以键，表示其为正妻。足穿刺绣之长靴，夏日以布缠头。

第二节　食物

住居东北之人民，多以高粱为食物，居住热河者，则以小米——粟——为常食，因地理上之关系，东北多高粱，而热河产白粟。普通每日二餐，劳动者在劳动季节中每日三餐乃至四餐。然马车夫及驮子业者，则年中每日仅二餐，盖以途中休息及时间关系之所至也。

境内之住民，有汉、满、蒙、回四族，汉人皆自关内移居者，习惯虽有多少之差异，然大致则相同也。今举其大要如左。

（一）汉人

下层社会　夏日之早餐，为小米干饭，以咸菜、咸菜汤、甜面酱、芝麻酱、生葱等为副食物，食黄瓜者，则为相当之资产阶级。

午餐　以早餐之残饭浸以水，谓之水饭，其副食物与早餐无异。

晚餐　以小米所制之软饼包咸菜、葱、甜面酱等并茶而食。

虽贫困之家，亦必有炕，为冬季暖房之装置，同时亦为每日造饭不可缺少之设备，但夏季无暖房之必要，则仅作造饭之用。炕在夏季，亦必时升以火，否则易于损坏也。

小米饭面，为小米与黄米粉之所作，加曹达而蒸之，形似鸡蛋糕，夏日劳动者多食之。

冬季　午前则食小米粥，其中加以豇豆或绿豆。又有粉浆粥，副食物为咸菜，冬日除劳动者外，每日概属二餐。午后则食粟饭，以马铃薯和羊血豆腐所作之地蛋为副食物，麦粉或荞面殊不易得，七八日间或能得一次，即廉价之牛肉，每月亦不过一二次耳。

中等社会　夏日之早餐为小米干饭，副食物为蔬菜、羊杂汤、咸菜、葱、黄瓜等。有以大果子及切糕代早餐者，大果子系以麦粉为材料之油炸物，切糕则系黄米粉和豆泥及枣泥蒸制而成者。

午餐　以荞麦、葫芦为主要食物，副食物为打炉子，所谓打炉子者，为荚豆、角瓜（冬瓜）加少量肉类所作之汤，及食面条子与馄饨时之汤之称也。食米饭或小米饭时，则用汤及咸菜。

晚餐　食麦粉制之煎饼或老饼，副食物为荚豆、冬瓜、胡瓜及咸菜、葱、蒜等。

冬日之早餐　为和绿豆之小米粥及烧饼或小米饭，副食物为酸白菜、豆腐及肉类，或食以豆腐、葱、香油和制之粉浆粥。

午后虽仍食面条子及打炉子，亦间有食牛肉饺子及咸菜者。

上流社会　夏日之早餐为大米干饭，或食老饼、绿豆米粥及小米、高粱等，副食物为黄瓜之凉菜、炒肉丝、芹菜、荚豆及咸菜等。

午后　以大米饭、面条子、馒头为正食物，副食物为炒肉、荚豆、芹菜、角瓜及胡瓜之凉菜。其他有羊肉或豚肉制之麦粉包子或饺子，其副食物为凉菜及熟菜。

晚　食茶点。

冬日之早餐　食馅儿饼（老饼之和肉者）、粥或米饭，副食物为蔬菜类、肉类、马铃薯、酸白菜、豆腐、蛋等所作之菜及汤。

晚餐　食饺子，若食米饭时，则以酸菜、白菜、豆腐、鱼、肉、胡萝葡等为副食物。

上等社会之家庭，炕之外另设有厨房，并雇有厨子，非若中下等社会家庭主妇之自己操作也。

（译者附注）关于招待客人发请帖之手续及菜名从略。

（二）回人食物

回教徒绝对忌豚肉，且忌称豚之名，呼之曰黑猫子。是以不但不食用豚油或豚肉所作之菜，且不与汉人共食器，不与汉人共宿泊，不与汉人通婚姻。夏日食羊肉，冬日食牛肉，以屠牛业视作彼等之专业，随时随地可以宰杀，无所忌避。日本之日莲宗教徒，素称顽固，不易与他宗之教徒相融洽，称之片法华，而回教徒对此点尤有甚焉。不但不与异己者共寝处，且不与之共器具，但迩来回教徒之家庭，招待教徒以外之宾客时，亦有用汉人之菜者，然主人仍绝对避席而不与客同饮食也。

（三）蒙古人食物

蒙古人与汉人杂居者，衣食住皆与汉人无异，此处所记蒙古人之食物，则指纯蒙古人之食物而言。至若介在汉蒙中间之中间生活者，其衣食住亦有其中间之物也。

纯蒙古人为游牧之民族，彼等之生命财产，一系于家畜，以乳、肉维系其生命，以牲畜及皮毛为其衣食之资，故蒙古人多饮乳，衣羊皮，营其最简单之生活。乳之对于彼等，犹米麦之对于吾人。然乳制造之各种食品，因贫富阶级之关系，不能作为一般人之常食。

乳以自春草萌芽之后三四个月间为最多，故在此时期，不得不制造一年中使用之乳制食品以贮藏之，由榨乳至成制品，全属妇女之工作，故蒙古妇女之事务较男子繁忙。自秋后三四月间，出乳量约减少三分之一，其他期间出乳甚少。蒙古人多不饮生乳，盖以其易于惹起下痢也。乳制品之制造方法，因地方各有差异，其大要如左：

酸奶　有二种，其一先以牛乳盛桶中，使其蛋白质凝结如豆腐，脂肪与水分两相分离，此种凝结物即酸乳，分离之水分谓之乳浆，发酵后有酸味，两者均和以黄油或茶为日常饮料，且能用作调味料，时加生乳以补足之。其他于夏日将生乳取黄油或奶豆腐后之残酱盛入桶中，时时搅拌，使之发酵，酸化为醋，混和其他食品以供食用。

奶豆腐　将煮生乳至沸腾后而取黄油或奶皮子之残浆盛入桶中，使其水分上浮，凝结物下沉，注入锅中加热，更使水分离散，置之板上或木制之模型中冷却之物，即谓之奶豆腐，然后切成小块以供食用，或加炒米和茶而食，且为佛前之供物，飨客之上品，其干燥者，可以供冬日及旅行之食用，味甘酸，富于滋养分，多在夏季生乳丰富时制造之。

黄油　以生乳盛容器中放置数日，即有物凝结于上层，以此凝结物置锅中加热搅拌之，使水分蒸发后即为黄油，或称牛酪，用以调味，或供灯火之用。有盛于羊之胃囊中携至市场贩卖者，在夏季牛乳最多之时制造之。

奶酒　于取奶豆腐或酸奶之乳浆中加以少量生乳，时时用捧〔棒〕搅拌之，经一月左右，使之充分发酵，然后注入锅中蒸溜之，即为奶酒，无色透明，味微苦酸，其中酒精成分虽少，然过量饮之，亦能昏醉，在夏季乳量丰富时制造之，一般人皆制造之而不常饮。若用生乳制造，酒精成分当然较多，但决不使用生乳。在严寒地方，蒙古男女殊爱饮酒，醉则男拉胡琴，女歌胡歌。行商人多贩卖混水之烧酒，旅行者若携烧酒以赠之，则主人当特别欢迎也。

奶皮子　注生乳于锅中，加热后冷却之，上层即凝结脂肪混蛋白质之薄皮，取而干之，即为奶皮子，夏日易生霉，多于冬季制造之，为乳制品中之最上品，普通人不得入诸口。粗密厚薄不一，薄而密者为上品。

奶饼　久煮生乳，取其上层凝结物而干燥之，其形扁平如薄饼，故称之为奶饼，若不充分使之干燥，易生霉菌，裹以蒲包，悬于梁上而贮藏之，供旅行时及筵客之用，为上等之食品。

白油　为牛乳之脂肪成分，作为调味料，色白有酸味。

奶果子　奶豆腐在干固以前，加以砂糖、麦粉、荞麦，盛模型中押〔压〕制之，稍带酸味，风味绝佳，王公等以之盛于杨木制之小匣中，作为赠礼之用，为前清时代之贡品。

肉类　蒙古人以乳为常食，生活简单，乳制品较多，其他甚少。在宗教上绝对不食鱼肉，鸡肉仅食干肉，唯于羊则食鲜肉。煮全羊以飨客，为欢筵上宾之佳肴。

炒米　以游牧为最上业务之蒙古人，有贱视农业之风，然炒米则为彼等之必要食品，故多仰给于汉人。炒米以糜子捣白之黄米用焙炉炒之，然后置木臼中，以杵捣之即成。或携带以作旅行之食品，或以之飨客，和乳制品注茶而食，或以牛乳煮之而食，但贫者不得常食也。炒米和牛奶及茶煮之即成粥。

馄饨　富者贮麦粉，时作馄饨以飨客。

茶　蒙古人好饮茶，并好用砖茶，盖因其日常不食蔬菜之故也。

小米　即粟米之捣白者，略用与炒米同样之方法，再加以残肉、肉汁、羊骨或脂肪、麦粉、黄油、砂糖等压制成饼，以便携带。

食器　上自王公，下至庶人，其胸部必藏木碗，且携带小刀及箸，以小刀及箸纳于特制之鞘中，并以黄色之纽系于腰际，更附以黄绿色之绪。

第三节　房屋

兴安岭山中，西刺木伦河沿岸，到处散在〔有〕石器时代房屋之构造，虽不知其详，然热河境内，至今尚有穴居者。蒙古人由〔有〕移转式包（蒙古人之住宅）、固定式包（暂住居于汉蒙折中包）及城廓的房屋，汉人则住窝棚，或窝铺、土屋、草房、砖瓦屋等，其他有西藏式之寺庙、西洋式之店铺，殆有石器时代至近世之房屋展览会之观。然热河境内之蒙古包，于过去三百年间，已减少大半，且发生多少之变化，同时汉人之房屋，亦有相当之变化。宋王曾《上契丹书》，有如下之记事："自过古北口，居人草庵板屋，今土产茅多，有以此覆盖墙屋者，团蕉如笠，颇有古风焉。"今则绝不见如斯之房屋矣。兹记载现在房屋之构造概况于后。

房屋之构造，可区别为汉人及蒙古人之二者，汉人更分为瓦房、草房、土房三种，蒙古人则分纯蒙古包、移转式包、固定式包、中国式等，喇嘛庙有西藏式、中国式、汉藏折中式之区别。

（一）汉人房屋

汉人之房屋，其屋顶有用瓦、茅、土盖之三种，故有瓦房、茅房、土房之分，以其屋顶之形状言，又可分为二平式与穹窿式之二种，二平式为河北、山东式，穹窿式则为奉天式，在辽宁接壤之朝阳、阜新、绥东地方，奉天式之房屋为多，其外概属二平式。瓦房外面有四壁用砖造者，有前后两面或左右两侧用砖造者，即外部全用砖造者，前面与四方之角部，其壁厚至多亦仅一口半砖。普通用实砖砌墙，仅于重要部分，其他三面称为工字型，以砖一口平置，其次以一口侧立，再次以一口侧立而现其面，顺次如斯封置，是为通例。外部全体用砖造成者，除寺庙之外，殆不多见，但无论何种构造，其础石之上，外部使用砖五六口，内部使用砖三四口，盖所以防湿气也。瓦房以外之房屋，使用火砖者甚少，即属瓦房，除前记方法之外，使用所谓土坯或坯子之土砖，其形稍小于火砖，使用火砖时用石灰，使用土砖的用黄土泥填补砖间之间隙。

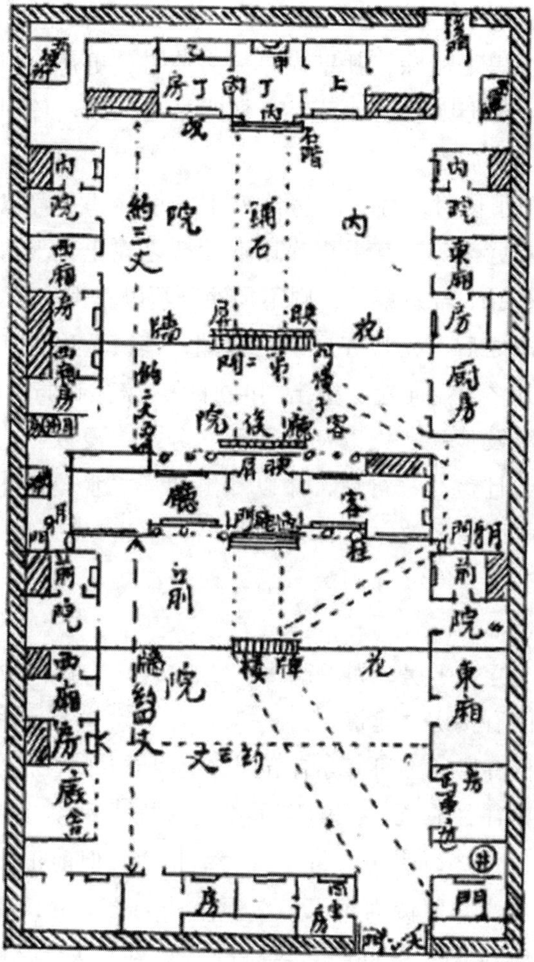

中国式上流房屋之构造

“甲”神龛，“乙”炕，“丙”入口，“丁”无地板房、火砖、地板，“戊”窗。“上房”主人及妇女子之居室，“内院东厢房”家族室，“内院西厢房”家族或下婢之室，“客厅后西厢房”家族室，“前院东厢房”客室，收拾房同“西厢房”亲族，廊舍，“门房”使用人室及井，“墙壁”高一丈二三尺，厚尺余。

外围壁厚坯子二口乃至二口半，屋内墙壁概为一口，坯子上下两面涂以混和壁草之泥，壁有白壁、黑壁之分，白壁为石灰所涂，黑壁为石灰加黑烟所涂，凡壁先厚涂之使平，更薄涂以壁土，同时涂成白壁。黄土则和以寸莎、麦杆或枯草，涂白壁时，则用石灰加麻刀（即麻屑）。

川子多用小杨树，每一间房约需十八根，其上覆以席或柳条笆、高粱杆及劈柴等，其上更涂以混寸莎之泥土，土房则更于其上加涂泥土一层。若系草房，则不加涂，覆以草束，再押以泥土。瓦屋则于涂泥之后，先整齐屋顶之两端，其次造屋脊，屋脊完成后，始由右方之一端向左置壁土同时加瓦，盖瓦脆弱，易于破损，故先自一端渐及他端。先以瓦之面积三分之二浸以石灰水，以防雨水之浸润，且盖二三行后，涂以和黑烟子之水胶，此乃使瓦色变黑，且有防雨漏之效。此种瓦质脆弱，不出二三年，多有漏雨者，即新筑房屋，继续降雨数日后，而不漏雨者极稀，故瓦下多垫以石灰。

房屋多为弄式平房，如承德、平泉、凌源、朝阳等处偏于南方之都市，亦间有楼房之建筑。

普通一栋有房子三间，亦有五间、七间或九间者，二间一栋之房屋，围场内往往有之，三间房子以上一栋之房屋，其中一间作出入之通路，称之曰明房，与左右两室相通，但前记围场境内一栋二间之房屋，则由侧面出入。在下等社会之家庭，即以明房为厨房，小旅店则取明房与其相邻一间之壁，作一大间之厨房。

客厅之明房，可与四方相通，若系正房，其后壁设神龛，明房以外之各房必有炕，以明房为厨房之家庭，即以造饭时之余焰暖炕。

正面之前门有木门及半格门之二重，室与室间亦有门，且不仅为木门，间有纸裱之半格门。

窗户与房子之幅相等，中央之大部分为一扇或上下二扇可以开闭之纸裱格门，而下部之中央钳〔嵌〕以玻璃，即在严寒中，亦仅一重之纸格门而已，但窗户多向南，其他三面不设牖。家族之寝室必设炕，炕常设于窗下，间亦有设于窗之反面者，寝室中有收藏重要物品及衣服之柜，柜上陈列镜子、花瓶及化妆品等。

天花板称之曰天棚，不但美观，且有防寒避暑之效能，然不顾此而无天棚之房屋亦不少。一重纸格门而无天棚之房屋，在极寒时之寒气，殆有使人难堪者，往往于睡眠中而须髯上结白霜者。即坐于炕上感觉寒气之时，苟能将炕烧热，就寝后仍温暖不感寒气，斯时使用纸或相当材料所制之蚊帐，殊称适宜，若在日本式之房屋内，使用如斯种类之物以代屏风，当比较温暖，且甚适合于卫生。

热河境内无地震，且降雨之时期较短，虽用坯子建筑之房屋，若有相当注意之保护，亦能维持数十年。建筑较大之房屋，必于前年中准备材料，其中尤以木材为最重要，砖瓦与石灰亦必有准备，已不待言。

今将建筑之顺序略记如下。木材之重要者为柱，大柁——梁——二柁、小柁、檩子、川子等，其他为门片、窗户、客厅板壁之材料等，地板上多铺垫火砖，若铺木板，其材料与屋顶所用之材料相等。大柁之两端各立一柱，大柁之上更载以二柁，然后以檩子连络柁子之间，中央稍有缓和之勾配，以为盖屋之便利。

基础工事则依房屋之大小而异，大概于地下掘宽一尺乃至三尺、深一尺乃至五尺之沟，两人交互以鸡蛋辊子筑固地盘，然后铺以碎石，积叠至地上一尺乃至五尺，立柱之处直〔植〕以平面之石墩，他处则仅用石块铺平，更于其上涂以混和寸莎之壁土，务使各处高低相等，全面再铺火砖一层。于是建二柱而载大柁于其上，重添建支柱，使其相依不倒，木匠将全部柱柁建立后，泥水匠即开始涂壁，将柱全部包藏于壁里，最后始盖屋顶。壁之内部裱以瓦甲纸或窝花纸及腊花纸等，天棚大概以高粱杆作骨子，其上敷以瓦甲纸，于瓦甲纸之上，更裱以与壁纸同称〔种〕之纸。普通之房屋，其建筑材料殆有一定，故在代采木材之山中，即已制成与用途相当之材料。譬如柱长八尺乃至一丈二尺，大柁有一丈四尺、一丈六尺、一丈八尺三种，二柁一丈乃至一丈二尺，檩子一丈乃至一丈一尺，板材长七尺二寸，川子一丈二尺，或一丈四尺。

普通房屋之正面，家族居住之房间，谓之正房，较其他之建筑物，其地盘约高二尺乃至五尺。正房中央之室称曰明房，正面设供桌，上置香炉、蜡烛等物，桌上置镜瓶，其两侧配列花瓶。明房之左右称暗房，又称稍房，为主人及其家族居住之处。离正房南方左右四尺乃至一丈之两侧，各设厢房，较正房进身约狭一尺乃至三尺，以此为客室及厨房。与厢房相接者有耳房，为畜舍及车马房。正房正面之建筑物称大门洞，自右第二间为大门，此处门扉称曰三带门，门上用横木三根，建造特别坚固。其左右二室称两稍，向大门有出入口，为使用人所居之房间。商家之大门洞建筑特大，以作店铺，更将厢房扩大以作卧房。

以上为普通房屋之构造，较此稍大之房屋，前记正房所在之处建筑客厅，客厅与大门洞之中央造楼门，其前后左右各设厢房，客厅之后方建造正房，两者之中央立花门，正房与花门中间之左右各设厢房，此处为姨太太之卧室。

地盘之碎石积叠至地上一尺乃至五尺时，碎石之接触处涂以添喰，谓之虎皮石，盖以其外面似虎皮也。房屋前面两端直至轩下，特以火砖一口半砌出，其上部之前方斜置所谓盘炼之大形四角火砖，其上常刻“靖、祥、福、禄”等文字之一字，称之曰五盘头。于屋上之两端相近处，覆以半圆形或普通之瓦，作穹窿形之线二条或三条，谓此为单撒瓦。因该地房屋无破风，由下方积叠之火砖或坯子，一直线直达屋上，故不得不有此单撒瓦以覆之。

若为上等房屋，五间房子中间之三间，其前约狭四尺许，使其左右两端之房间宽大，换言之，其前面作凹字形，入口之柱悬以对联，大门之上悬以扁额，客厅亦与此相同，此种对联及扁额，上为木雕贴金之文字，多系官民及其他知名之士所赠送。

土房不掘地盘，仅将地筑固，于其上套以厚约二三尺，宽一尺乃至一尺五寸，长七尺之墙板，其中盛以稍带湿气之土，用鸡蛋辊子筑固，于其上铺以壁草，渐次如此筑之，代砖之壁成矣。

无论何种房屋，其周围必筑有自卫之土墙，此种土墙，以前记建造土房墙壁同样之方法造成。

粮食店虽有贮藏粮食于屋内者，普通多囤积于庭园中，所谓囤者，以席子作圆筒形，顶上覆盖如笠状，但农家之外廓为壁，顶上盖以苇，为固定之物。

（二）蒙古包

汉人称蒙古人之房屋曰蒙古包，又称蒙古棚棚，因蒙古人之房屋外为毡子所包，其外形如包。所谓毡幕者，为毡子所造之帐幕也。蒙古房屋可区别为左列六种。

蒙古格　此为纯蒙古之房屋，有固定式及移动式之区别。

满清格　即中国式之房屋。

乌布生格　蒙古式之房屋，其屋顶及周围均用草建造者。

本布库格　蒙古式之房屋，以草为上盖，周围作圆形或方形，有墙壁，上有一二窗户，内设炕，即固定式包，又称托古尔格，其形近于汉人之房屋。

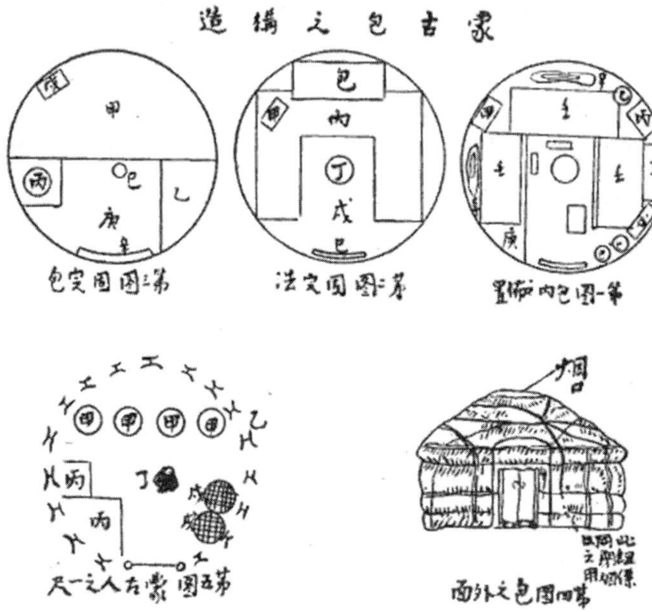

【一】（甲）神龛；（乙）木制酒壶；（丙）衣服、食料品之容器；（丁）碗橱；（戊）茶器及榨乳器；（己）水桶兼常用牛乳之容器；（庚）空房，作养牛羊幼儿之用，或放置杂用器具；（辛）放不洁之卧具及衣服；（壬）铺垫，因贫富不同，先垫牛羊之生皮或绒毡其上，更铺以长方形或方形之被毡。【二】（甲）神龛；（乙）主人之寝台，常较地板高一段；（丙）高四五寸之地板；（丁）灶；（戊）无地板处；（己）入口。【三】（甲）炕；（乙）收拾房；（丙）灶；（丁）窗；（戊）神龛；（己）框柱；（庚）无地板处；（辛）入口。【四】蒙古包之外观。【五】（甲）一家族之蒙古包；（乙）以车轮作围墙；（丙）牧牛、仔羊之圈；（丁）饮料水；（戊）燃料牛粪；（己）系马处。

塔包　其形如圆锥，殆若伏笠，全部以草造成，无窗户，仅一方有出入口，为最贫者之住宅，热河境内殆不多见。

卖房　为汉人行商携带之帐幕，中立二柱，上覆以布制之帐幕，张作圆形，一面有出入口，现在蒙古人亦有使用者，以其移动便利也。材料为蓝布，不另用防水材料。

（译者附注）以上六种名称为音译或兼意译者。

包之尺寸　中国式房屋之大小构造，仅有微细之差异，兹从略。蒙古包周围高约四尺，屋顶之中央高约十三四尺，其直径大小不一，小者九尺，中者一丈二三尺，大者约达二丈。

构造　以直径一寸内外之柳、榆、桦各种树枝，编成宽约四尺、长约七八尺之网形，重要处系以皮纽，使其能伸缩自如。小包用四面围于四周，中包用六面，大包则用十二面围作笠形，上覆以草，更以毡子覆之，虽有全部使用毡子者，其周围则相同无异也。然后以骆驼毛所制之绳于屋顶上纵横紧缚之，以保包之安全。

入口面东南，设高约四尺、宽三尺五寸之框，再附以木制之扉二面，其上更挂毡子所制之垂帘，垂帘为蒙古妇女之手制品。

包之周围除涂壁之外，夏日去毡子，易以草，冬日则去草，易以毡子，然所用毡子，因寒暖而有加减，但乌珠穆沁地方，夏季尚有寒冷之时，故无如上之更易。

窗　普通包之尖头部有天窗，固定式之包，其窗则设于周围，天窗必钳〔嵌〕以木框，上以毡子覆之，用二条之纽，得依风位自由开闭，借以取光出烟。

毡子　造包使用之毡子，厚约一寸，有买自汉人者，如阿鲁科尔沁及乌珠穆沁地方，则于夏季雇用汉人自造之，富者每年一易，新者呈白色，故称富者为白房子，贫者为黑房子，依其房子之颜色，成为贫富阶级之代名词。

每一包仅供夫妇及其子女之起居，其子娶妻后，即另设新包。

大包为王公富者所使用，王公之包，其屋顶为红色，福晋——王公配偶者之包为绿色。

小包及中包不用柱，大包中央立一柱，固定式之包，中央亦立柱。

普通包外之周围设沟，包内填以土，较外面之地盘稍高，盖所以防雨水也。喇嘛庙亦有一定设包之处所，多以石积叠为基础，夏季起卧于庙内以乘凉，冬季特设包以取暖。即居住中国式房屋者，富者亦必设一二包，冬季起卧于其内。逐水草常移转者，于春夏秋冬四季，其移转之地方略有一定，夏季选低地，冬季选丘陵，以选当阳之地为常例。

包之移转甚易，每一包二三时间即能解体或合成，如一户有二包者，有牛车七辆，以二个之屋盖及周围之屋台，分载半〔牛〕车四辆，二辆载家具，其余一辆作妇女子之乘用，覆以毡子，形如轿车。男子骑马携犬逐家畜而行。

与汉人杂居而住中国式房屋之蒙古人，门柱贴以记载经文之纸片，或树经文及画马之小旗于屋顶或墙壁之上，周围设乱栅。在杂居地蒙古人之富者，周围设大土壁，园庭内植树木，宛然一小城廓，一见即知其为蒙古人之住宅。

包内之中央设炉，径一尺乃至一尺五寸，置高一尺乃至一尺五寸之铁三脚架，焚兽粪造饭兼取暖。区划房间以框，高约五六寸，铺以木板，其上更铺以毡子，正面为主人之坐位兼寝台，左方及正面为上坐。神龛安置于正面稍偏左方，其次置衣柜，正面之右方置食粮及食器等，其次为造饭处，然常移转者，代板以牛羊皮。

备考　移居之自由，仅限于所居之旗内，不能移居他旗，但因天灾地变而经许可者不在此限。移居全为牧草之关系，降雪后放牧不便之时，一月间有移居二三回者，普通每月一回而已。在积雪尺余之地，马能以前蹄，牛羊能以鼻，除雪寻草而食，冰冻时则感困难。包之移转，居住于一部落者同时举行，仅移转一个者，殆无其事。移居距离，大约为二十里乃至五十里之间，在移居频繁之时，收藏重要品之柜放置车上而不卸者为常例，故彼等除在生活上必要之物品以外，绝对不添置其他不急之物。满人与回人所居之房屋，与汉人所居之房屋无甚差异。寺庙之构造，汉、蒙、回三者之间，有显著之特征。

第十一章　风俗习惯

第一节　冠婚葬祭

人之生也，喜而庆之，达于丁年，贺而祝之，及其死也，哀而祭之，古今东西，皆有一定之式。然其礼之废也久矣，今则举行丁年之仪式者无之，即对于死者之祭祀，亦徒为掩饰世态之故事耳。

（一）结婚——结亲

（甲）汉满人之结婚，男女达相当年龄，所谓“男大当婚，女大当嫁，男迎媳妇，女嫁他人”，皆需父母之命，媒妁之言。父母为其子女，常以代择配偶为念，男女之选定，依父母之同意以决。若有可作相当之配偶者，即请媒人——冰翁——说合，此之谓缔亲。

于卫生观念薄弱地方，不甚注意于血统关系，且调查亦属困难，故顾虑及此者少，惟无恶行而身体强健者，大致即可决定。结婚日期，多依占卜算命者之言。结婚年龄，男女均须在十三岁以上，富者早婚，贫者晚婚，为一般习俗。因娶媳妇需相当之娉〔聘〕金，故一生独身者多。男子年小者，则必娶年长者之媳妇。

许嫁或谓之定亲，年幼者由父母举行，但中间须有媒人。双方承诺后，选定吉日，男家赠送首饰、手镯、布、帛等物于女家，待十岁以上时，即交换龙凤帖（即结婚证书）。

婚约成立后，选定吉日，举行纳采，纳采之赠品为银圆、衣服、手镯、首饰，或米、麦、面、豚、酒等物，依门第而有差异。但多为银圆，中流社会约二百圆。若赠衣服时，于纳采之日试服为常例。而纳采之际，由双方交换证书，即所谓龙凤帖。此之谓传笺。若笺内不记男女出生年月日者，则另附送庚帖。

纳彩之日，媒人及男家之父母或伯叔父母等，携礼物、龙凤帖、庚帖等至女家，男家之母对女亲挂耳环，谓之挂坠，此式曰换媒婚姻。娶妾时，一般仪式从略，纳采概以现金。

婚礼之日，男家选定吉日良辰，通知女家，当日称曰双喜，以“喜”字二字并书于红纸上，贴之门首，并以红纸书对联，遍贴房舍内外。当日燃鸣爆竹，门外设吹鼓楼，雇吹鼓手，合奏笙、笛、胡琴、竹管子之类。新郎乘官轿，以花轿往迎新妇，此之谓亲迎。新妇衣红衣，乘花轿，与新郎同至男家，铺红毡子，践立其上。新妇至新郎家，而内庭所设之祭坛，共拜天地及祖先之灵位，谓之对叩。庭内设盛高粱之方斗，内立三矢，其上载以弓，后方插以秤，挂圆镜于钩上以避恶魔，当日新妇携带装奁至男家。自婚礼之当日起，设宴三日，以招待亲戚朋友，或更演戏以助兴，彼等皆夜饮至深更。三四日后，夫妇同道至女家，但仍即日回至男家，谓之回门。

结婚送礼为障〔幛〕、花瓶、金钱、装饰品、家具等物。

（乙）回回教徒之结婚，因其不同教民以外者通婚姻，故不得悉其详，普通与汉人之结婚无大异，然结婚之当日之男家内外不施种种设备，男家亲戚之妇人，以普通马车迎新妇至家时，老师傅即开始诵经，教徒以外者，任何人不得列席。祝宴及赠送礼物，与汉人无大异。

（丙）蒙古人在开垦地方，已早同化于汉人，故其结婚，与汉人无甚差异，次将纯蒙古地方之结婚记载如次。

结婚年龄，男子自十六岁乃至十八岁，女子自十五岁乃至二十岁，有同年者，亦有年长者，贫者概属晚婚。

结婚依父母之意见而定，男女达相当之年龄，父母代求良缘，征求对方之意见，研究干支之善恶，然后请托媒人，赠送奶酒及烧酒，得其承诺。婚约成立，则请喇嘛选择结采之黄道吉日，通告女家。

结采由男家赠送牛、马、羊、奶酒、银锭等物，羊则自九头（一九）始，或三九、五九、七九之数，有赠牛、马各一头与羊数头者，亦有赠送牛马各十头以上者，普通银锭之外，羊六、牛三、马二，合计为十一头，若系美人，并为富者之请求时，男家负担一切费用，已不待言，富者不但仅赠附鞍之良马，有犊之乳牛，更附赠婢仆。结采由男家父亲与媒人带同从者七人或九人，携带礼物至女家，赠送哈达与纳采礼物，双方于神前礼拜后，共进酒食，其后女家亦至男家答礼。

婚礼举行，皆在白日，新郎至女家亲迎新妇，媒人与亲戚亦同往，路遥者则携包以行，并带弓箭至女家，此时新妇之戚友立于包前，三次拒绝新郎入包后，始启户应入，全体入包后，新郎出酒及哈达，新妇之父母受之，供于佛前，于是同进酒食。若距离近者，新郎即带新妇归家，不然，则于自己包内一宿，翌日同道以归。新妇辞家时，骑马绕家三周，与父母作别后，并辔起程，及近新郎之家，新郎先进，然后出迎新妇。此时新妇拒绝入包之仪式，亦与前同。新妇由新郎引导入包，即以水洗面、理发之后，先拜佛坛祖先，顺次拜天、灶、喇嘛，然后拜见父母及亲戚朋友。此时喇嘛念经，祈祷彼等之幸福，对于设宴飨客，富者飨宴有及三日者。大抵以红纸包钱为贺仪，戚友亦有送家畜者，酒宴时，出奏蒙古唯一之乐器，新郎对客劝酒，新妇向客进烟。

新妇之携带品，上流者为锅、枕、包、箱、衣服、首饰等物，普通则为衣服、首饰而已。

离婚手续简单，再婚亦属容易。兄死，嫂可作弟妻，弟死，兄不可娶弟妇。已作喇嘛而还俗者，不能娶兄之妇作妻。

备考

一、王公同姓者不婚。

二、哈达为宽九寸、长约二尺之绢或布片，赠物及表谢意时，必用哈达。普通为白色，有颜色者亦可，绢为汉人特制之物，粗疏不能作他用，旅行者可以他物代之。

三、婚礼使用西藏制造称为“铺儿”之毛毡。

四、蒙古人喜奇数。

五、妾与正妻同居，形若主从，妾之子未经王公许可者，不得继承家产。

（二）出生

（甲）汉、满人

汉、满人之妊娠，有带身子、身不方便、四眼人、双身子等称呼，妊娠至三月，戒乘车、登高、持重物，并禁止食蟹、兔。流产称小月，预防法即服安胎药，临月则准备黑砂糖、白砂糖、鸡卵、安息香、粟及其他产妇与产儿之必要品，产婆俗称接生婆或收生婆及稳婆。婴儿出生后，产妇即饮白砂糖制之定心汤，室内燃安息香，第二日对婴儿饮以胡桃及大黄水，使通便后，然后给乳。

普通祝贺品为砂糖、胡桃、粟粥等，第三日始招待外客，此日正午号称洗三，用产汤与婴儿沐浴，产汤为桑皮及槐枝所煎制，使用红色手巾，妇人客以匙注水于产汤，同时投古制钱，以示祝福前途。洗毕后，于神前燃蜡上香。更有以鸡蛋染赤色之红黄喜果及龙眼、荔枝、胡桃、花、首饰等饰物，并备梳子、肥皂，若系女儿，则备胭脂粉，招待亲戚朋友，盛张喜宴。产后十二日，由外祖赠与胡桃及面等，产妇则食饽饽。经过一月，即庆祝满月，仍张宴飨客，礼品为馒头、烧猪、烧鸭、果品、茶叶、点心等，对于婴儿，则赠以衣帽、鞋袜、首饰、手镯、铃铛、寿星帽子、八仙项圈及金钱等。对产妇则赠挂面五斤、糯米五合、红砂糖二斤、鸡卵三十乃至五十，尚偶数。

生后百日之祝，非如三日及满月之祝，满一年之日，举行抓周，于炕上陈弓、矢、刀、矛、白粉、赌具、酒器、算盘等物，使幼儿自取其一，以测其终身前途。

小名即乳名，系其父母或祖父母之命名，至七八岁时，由父母或学校先生所命之名为大名，普通所用之号，由先生或戚友赠送，亦有由父母命名者。身份低者，以记号之名片与身份高者，则为失礼。

诞生日谓之寿诞、诞辰或生辰，男子达五十，普通皆祝贺寿诞，非贵族、富豪或有身份者，则不每年举行。子女对于父母，谓之拜寿，戚友谓之祝寿，行叩头礼。送礼品，普通为寿桃、寿面、长寿饼、寿肉，中流以上者，送寿蜡、寿酒、寿幛，其他依其人之身份，更有隆重之礼品。

庆贺诞辰，曾有一时中断之势，迩来武人势力抬头，其本人固不待论，对其父母之诞辰，常举行盛大之庆祝会，其收受礼物之多，殊足有使人惊异不置者。能不忘其上官之寿辰，而不缺礼物，实为一般人荣进之必要条件。以文字国之中国，若以诗文书画祝寿，借为复兴文字之一助，殊为有意义之事业。中国人五十称曰知名或艾，六十称曰花甲、耳顺或耆，七十称曰古稀或耄，八十及九十称曰耄耋，百岁称曰期颐。日本人七十七曰喜寿，八十八曰米寿，九十九曰白寿。

（乙）蒙古人

蒙古人之出生，临分娩时，则另立一包，中铺白砂，分娩于砂上。其时戚友及邻近之老妇人于包内燃灯于佛坛，焚火于炉中，使妊妇蹲踞于砂上念经，产婆按摩腹部，使之分娩。脐带以马尾缚之，使之自中间切断，产妇分娩后，即仰卧床上，以布包婴儿，翌日始受乳，如产妇无乳时，则饮以曾经煎沸之牛羊乳。于柳条制之筐中，内置草袋，其上铺以布，使婴儿裸卧其上，更以布包温砂置腹部。

其所生子为男儿，即以树枝制造之弓矢，缠以白布，揭扬于包外，若属女儿，则系以红布，以示安产。第三日招待戚友，张盛宴，由妇家送相当之礼物为通例。

（三）葬丧

（甲）汉人

病人呼吸将绝时，即与之易装老衣——寿衣，同时移死体于榻上。入棺后，贴以黄表纸，上书“三元总录”之符，庭内造灵棚，并设置灵位。寿衣以蓝、青无纹二色之绸缎制成，不用扣而代以带，妇女则用绫制，靴帽尚黑、白、蓝三色。

棺称寿器，头部较足部稍大，为中国特制之物，富者对其高龄父母，每事先备置棺材，棺之外部涂以漆，头部外面雕刻寿字，其周围画蝙蝠五，称曰五福捧寿。足部绘莲花，左右亦有绘画者，盖上则不书画何物。

入棺谓之成殓。将死者面部、头部剃净，使〈死〉者左手（妇女右手）握七饼，谓之打狗饼。棺底盛以灰，上覆以纸，置制钱七，配列如七星，上铺被褥，使死体仰卧其上，覆以白布，以线香及木炭填塞空间，然后盖棺，用漆封口。此由遗族及亲族行之，入棺之晚，谓之到头事，烧纸制之车于门前，悬门幡于门外，男左女右，其数与死者之年龄同，又贴白纸于门外，书蓝色之“丧对手”三字，并以纸制人马、花草、狮子为饰，称之为纸草。死者之近亲，服丧服之孝衫，并以麻带束腰际，携带米粉制或麦粉制之浆水至土地庙，撒于庙之内外，以报不幸，谓之报庙或送浆水，去时不哭，归时恸哭，一日举行三回。

第二日早朝，送门幡于庙，午后参诣之际，丧主曳之归，盛于衣兜，载之祭坛，供献生前之嗜好物后，与纸同时烧于十字路口，此时丧主指西方行止吊式，贴白纸于门，书“闭灵止吊”四字，贫者一日，富者三日，另选吉日出棺。贫者死后，特别招僧侣诵经之事甚少，富者死后，虽不招请僧侣，僧侣自来诵经，更有特别多请僧侣及喇嘛举行盛大之葬仪者，并雇吹鼓手，鸣爆竹，吹鼓手以笛子一人、喇叭二人、钵一人、锣一人、胡琴一人、笙一人、管子一人合奏，但不招请僧侣者，仍雇吹鼓手。

丧主在举行葬式中，对于吊客，一一行叩头礼答拜，房屋窄狭者，于庭前另设客棚，饰以蓝色、白色之布，谓之彩棚，赠礼中有谓之官吊者，其礼物为黄褐色之纸、香、蜡烛、供果、纸扎之人马、衣服及车辆等，对贫者多赠金钱，谓之助丧。

发引即出棺，贫者死后二三日行之，富者三日间举行仪式，然后定日出棺，对于父母之葬仪，百日举行者为通例，决定出棺之日，即发讣闻报丧，讣闻列记死者之略历，及血族关系等，当出棺之前三日，对于远近吊客，每日供二回之酒食，出棺当日，招地方绅士，谓之大宾，行点主礼，有以针刺丧主之指头，以其血涂于位牌。

出棺之前夜行家奠，丧主跪献酒肴于灵前，出棺之日，对于会葬者，各给二三尺之白布一方，谓之孝服。

棺载于二木杠所造之台上，棺上盖以长方形之棺罩。棺最少以八人抬之，最多至四十八人，途中行列，有上书“清道”二字之四角旗，其他旗伞丧幛、挽联、牌匾、纸扎人马，及上书诗句之纸牌，以四人各持竹板，保护行列，而家内之饰物，悉行持出，鸣爆竹，吹鼓手奏乐，特使死者之孙或年幼者，捧位牌，乘四人轿。在棺之前又有执引魂幡者，行列中之血族，恸哭不已，到墓前卸棺，丧主钉桃形之寿钉于棺盖，男左女右，于是移棺于穴中，其下置馒头，最后丧主以土一握掩棺，然后以土埋之，掩土至棺不见时，家族皆伏地恸哭，此时将所携来之纸扎人马烧弃后，即返家。掩埋后三日，血族者往墓前烧香纸，筑墓地成圆形，谓之圆坟。

死后七日，谓之头七，家族行家祭，五七日（死后三十五日）招亲戚朋友等，七七日复行家祭，百日、周年、二周年、三周年，招亲戚朋友作追悼会，其他每年三月十九日（清明节）、七月十五日（盂兰盆）、十月一日（寒夜节）皆烧香纸于墓前，行叩头礼。

父母死后，百日不食荤，不剃头，在父母丧中，名片之右侧加一“制”字，伯叔父母则加一“期”字，人子对于父母之丧，着白布之孝服，戴孝帽，腰束麻绳，谓之披麻戴孝。人子于其儿〔父〕母死后结婚者，第二日即至父母墓前叩头，留红纸于墓上，对于祖先，则以三生〔牲〕祭之。（以下从略）

（乙）回人

回教人民，凡事多秘密，关于丧事，亦难知其详，今举其大要如次。

回民死后，即请老师傅来洗尸体，剃去全身之毛发，包以白布，不纳之于棺，死者若系妇女，则由女老师傅处理，其法如前。

棺台备置于清真寺内，将运来之尸体载其上，其上更覆以箱，送之于荒野地方，置于豫定之穴上，抽取棺台之底板，尸体落于穴中，再以土覆之，成长方形，头部如马首。

棺不另设灵台，即于死亡之翌日埋葬之，抬棺者务须教民，不欢迎他教者送葬，丧主着白衣，戴圆帽，送葬者颇形简单。赠物为馒头、烧饼、面粉及香油等物。

死后不举行三日、七日、五七日、七七日、一周年、三周年等之祭祀，父母之丧二年半，孝子着白衣，每日诣寺叩头，其期间为七日，或四十日，或百日间，对伯叔父服丧一年，每日不至寺内参拜，妇对其夫，亦服一年之丧，丧服用黑色及蓝色，帽子用白色，有用草帽者，带用白色，鞋亦用白色。

（丙）蒙古人

人死后，其尸体有遗弃、石压、火葬三法。遗弃是弃之于荒野之地，委之为禽兽之食品。石压系埋葬之后，其上以马踏之，再覆以小石。火葬之后，以其灰造喇嘛之佛像，供之自家之佛坛，或纳之庙内，或纳之于五台山。然纯蒙古地方，则皆委弃于山野，任禽兽之啄食。

贫者病笃，已知不起，于其绝命之前，即置之包外，绝命之后，即弃之于山野，然后请喇嘛诵经，此点似与汉人无异。有病人，则请喇嘛祈祷病之平愈。惟富者有病时，则收容于另外之包内，死后遗族用水洗尸体，覆以白布，其上更盖以铁片，请喇嘛读经五六日，佛前点明灯、烧香，戚友相集，通宵恸哭，以牛车载尸体，运至山野，请喇嘛诵经，脱去死者之衣，仅于阴部覆以白布，送葬者然后归家。经过二三日后，往视该处，若其尸体仍然存在，则信其生前之不德，再请喇嘛诵经。王公之尸体多用火葬，故于蒙古地方，不见其有坟墓也。

第二节　年中行事

本节记载汉、蒙、回人民关于敬神、祭祀、季节之事例，兹从略。惟其附记关于马贼之情形，兹译记如次。

东北所称马贼，如文字所示，骑马结队行劫，出没无常。间岛地方，呼之为红胡子，乃为有红胡子须盗贼，多系俄国人。热河境内，常呼之为马达子，缘汉、满人呼蒙古人为蛮子，蒙古人则呼汉、满人为达子，乃彼此恶言相称之混合名词。马达子以数人为一队，必有头目统率之，称头目为杆子头、垫把的，或当家的，其部下则谓之为贴杆子的。

境内之马贼，以东南部之朝阳及阜新地方为最多，其次如下述之顺序，皆有马贼跳梁，即中央部之建平及赤峰地方，南部之平泉及凌源地方，西部之围场地方，北部之经棚及林西地，东北部之开鲁及绥东地方，但往时殆无绑票之事，近年亦渐次增加，为生活所迫，农民中亦有作马贼者，且其数亦不少。据该地旅店业者言，官吏姑置不论，至于军警，多不给宿食费，其横暴之状，有非言语所能形容者。反之为马贼，除正当宿食费之外，尚另给小费，故边僻地方之旅店业者，完全无恐惧马贼之意，反认彼等为最上之顾客。军队如何迫压人民，现〔见〕屡次官方之布告，即可思〔知〕过半矣。兹举一例，民国十一年一月十八日热河都统兼陆军第二十八师长汲金纯所发之布告云：

> 大部队之行军住宿，规定营舍，实因时势之不得已，故特用之。查近日军警官兵之行动，往往不投旅店，尽宿商家，强索食物，横加怒骂，而该当驻屯军警，动辄向商民要求种种供给。商民出费养兵，兵却借端扰民，自思恐亦不忍。前以给养不足为口实，欲掩饰非法行为，该当长官，亦默视不问，本都统莅任之初，屡有所闻，早经令行该当长官，严加禁止，乃近来各地驻屯军队，仍有不改前非者，殊堪痛憾。兹重申前令，仰各属陆军巡防主客各军官兵警吏，速改前非，不得秋毫扰民，若有故意违犯者，该商民等，可诉之于就近官署，事实明白后，当依法严罚，而该当长官，如有曲庇，查明事实，一律严惩。商民人等，亦不得徒生事端，自干罪戾，本都统令出必行，各自凛遵无违。

第十二章　宗教

热河境内，有佛教、回教、喇嘛教、耶苏〔稣〕教、道教、在理教、萨满教等宗教，但考各古寺庙之记录，得知往时佛教之隆盛。然今已颓废不堪，殆已不见其形影矣。

回教 回教教徒虽属少数，然彼等遍布各地，仍不脱其顽迷之旧习，汉人谓此仅为回民之宗教。

喇嘛教 喇嘛教在热河地方，仅为蒙古人奉行之宗教，殆有与其他种族无关系之概，因此蒙古之势力日趋衰微，而喇嘛教之权威，亦随之而衰微。况喇嘛教，自入蒙古以来，数百年间，不仅以宗教之权威欺压愚民，榨取财物，且无向上发展之观念，喇嘛每日饱食暖衣，恣意妄行，紊乱风纪，日趋腐化，以致今日衰微之局。在纯蒙古地方，彼等之日课究属如何?① 其居都市者，仅赖其领有地为生活，与普通中国人无异。

可谓为汉人宗教之关帝、财神、娘娘、火神、药王等，到处皆有其庙宇之存在，但均［有］为发财与治病祈祷之工具。然独耶苏〔稣〕教则大有不然者，其中犹以天主教为甚，努力开拓荒地，扶植教民之势力，多年努力奋斗之结果，其势力实有不可侮者，故有特别记述其情况之必要。

在理教 在理教为白莲教之一派，原出自佛教，以禁酒、禁烟、孝敬为宗旨，奉行观音菩萨，主宰者称大爷，信者为汉人之一部分。

萨满教 萨满教往时为北方唯一崇拜之宗教，今已寂寞无声，仅为占卜吉凶之具，独北部札鲁特、阿鲁旗内一部蒙古人奉行之。

道教 道教原出自老子《道德经》，后世混合佛教，祀玉皇，配祀老子，以天、地、水为三官，合祀关帝、财神、龙王、娘娘、火神、马王、牛王、药王、帝尧、神农等，其中前四者，各处皆

---

① 原文如此。——整理者注

有，合天地神祇而建城隍庙。关帝俗称老爷庙，祀汉之关羽，汉人居住之处多有之，故至关帝庙，即可知该地简单之历史。道教仅为汉人之宗教，道士剃发者不娶妻室，娶妻室者蓄发为常例，道士之居处称之曰观。

第一节　喇嘛教

喇嘛教乃由唐代西藏——吐蕃——原有之彭卜教与印度佛教调和后发生之宗教。喇嘛者，“无上”之意也，世人误称之为教名。喇嘛之传入蒙古，在蒙古勃兴时代，即自宪宗时，招聘西藏名僧八思巴始，世祖即位（一二六〇），即尊八思巴为国师，使制定蒙古文字，以便宣布喇嘛教。其后元末之顺帝，明之阿勒担——谙达，皆热心奉行，遂至风靡全蒙。初喇嘛称为红教，衣冠为红色，许娶妻室，衣钵传之其子孙，但渐生弊端，深为世害。有宗喀巴者，出现于甘肃省之西宁府（一四一五年生一四七五年死），受教西藏，奋然兴起，首倡改革，脱去红衣，代以黄衣，禁带妻室，传衣钵与呼毕勒罕，此乃黄教之鼻祖。

四大活佛　其一为西藏拉萨之呼图克图；次为后藏札什伦布之呼图克图；第三为外蒙库伦之呼图克图；第四为多伦善因寺之呼图克图。

自元、明以迄前清，对蒙古皆采怀柔政策，遍建喇嘛庙，以为缓和人心之计，以多伦善因寺为四大活佛之一者，皆亦本此宗旨也，其他如多伦之汇宗寺，热河之八大庙，皆不无此种关系，建立庙宇，采取悦服蒙古人民之政策，然清朝亡后，蒙古亦不振，喇嘛之势力，亦因之同时衰颓矣。

- 喇嘛
  - 红教娶妻衣钵传之子孙
  - 黄教
    - 不娶妻　传呼毕勒罕
      本名罗布藏札克巴
    - 教主宗喀巴文
      殊师利之化身
    - 第一弟子　达赖喇嘛
      - 观音之化身
      - 前藏拉萨之教主（一）
      - 握政教两权
    - 第二弟子　班禅喇嘛
      - 金刚之化身
      - 后藏札什伦布之教主（二）
    - 第三弟子　苏尔第其
      - 哲布尊丹巴呼图克图
      - 库伦之教主（三）
    - 第四弟子　罗布藏札木苏
      - 第一弟子章嘉呼图克图
        初为多伦汇宗寺后为善
        因寺之教主（四）
      - 第二弟子敏珠尔呼图克图
        多伦汇宗寺之教主

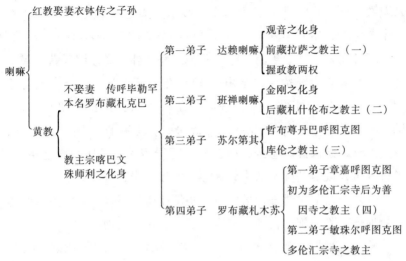

备考　一、表中（一）（二）（三）（四）称为四大活佛，（四）原为敕建寺领之外，其下无属寺，无权能，势力亦微弱。二、（一）总管西藏；（二）总管后藏；（三）总管外蒙古；（四）总管内蒙古。三、汇宗寺为清康熙三十六年，帝亲征准噶尔之际，在多伦建立此寺以作纪念，迎西藏之高僧章嘉呼图克图为教主。四、善因寺于雍正九年以国币十万两所建立，移章嘉呼图克图于此寺，汇宗寺则迎敏珠尔呼图克图为教主。

现状　喇嘛庙之宏大，比之矮小之蒙古包，不啻有天壤之别，大喇嘛之威力，固不待论，至于衣食，亦凌驾王公，其小者，亦不劣于普通人。在物质上，已为普通人所不可及，况深信能往上界之蒙古人，故希望作喇嘛，其深信喇嘛为无上之幸福，亦非完全无理也。蒙古人之信喇嘛，为吾人想象所不可及，彼等尊崇喇嘛之念，较尊崇王公为甚，故谓其毫无国家观念，亦不为过。其一生之志望，为参诣拉萨，即不然，亦须至五台山。蒙古人得男子之继承者后，其他之男子，竞相作喇嘛之结果，故喇嘛之数，殆占人口之半数，有喇嘛庙之地方，因其寺庙之大小，拥有数十乃至数百之僧房，常形成大部落，反之，普通人民之部落，能有数十个包者，殆亦罕见。

新进喇嘛于六七年间，除学西藏之经文外，尚须服采薪、汲水之劳，其间衣食等费用，须由俗家支给。新进当时，依本人之希望，一月乃至二月得返俗家一回。在杂居地方，农忙期则归家，助理家事及农事，亦所常见。在僧房时，除一日二回之勤作外，依其阶级，绘佛像、念经、投医药、行祈祷，受一切职僧之指挥，各行其事，彼等共同生活中，尚能守礼仪，奉行规律。

收入　在杂居地方，虽可由寺庙领地得相当之收入，然在纯粹游牧地方，除布施、喜舍、家畜三者外，则无其他收入。

佛像　喇嘛之佛像，其种类甚多，未能一一列举佛名，有佛画，有佛像，佛像以铜佛为最多，其他有砖佛、有漆佛、有木佛，间亦有石佛，但此种艺术皆不甚巧妙，惟热河大庙之佛像，较为精工，皆雕刻有佛名及年号，其中良者已运往北平，且以前失去者亦不少，其残余者中，殊无足观者，唯五百罗汉与大佛尚存，两者皆为木造，大佛恐为世界有独无偶之上品。

在杂居地方之喇嘛庙，似尚未被掠夺，但在西剌木伦河以北各地之喇嘛庙，于民国二年与五年讨伐蒙匪之际，多为兵士所破坏，在最近将来，恐无恢复之希望，且其被掠夺者，不仅为寺庙，维持人民生命之主要财产——家畜——亦被掠夺以去，其苦痛可胜言哉！兵士所掠夺佛像之内，余（本书著者）在赤峰领事任内所收藏者，计达百七十有三尊，于大正十二年（民国十二年）曾献之摄政王，其后下赐于帝室博物馆，现尚保存于上野（日本东京市内）博物馆中。

安置阿弥陀佛或释迦牟尼佛于正面，左方安置地藏菩萨，右方安置观音菩萨，而以教祖宗喀巴、弥勒菩萨、千手观音、罗汉等为附属佛，其他尚有摩诃罗神（三面六臂、大忿怒之像），赤大焱佛（火焰佛），四头十二手观音，狗面、马面、牛面人身怪像，恶摩神，牛、羊、狮、象等物，将人类、禽兽、怪物等踏于足下者，披人皮兽皮蛇皮者，欢喜佛，白陀佛（唐文成公主），尼泊尔国王女，不动尊，仁王，三眼八臂，牛头，马头，罗刹，四手观音，三面六臂，三面八臂，四面十二臂，抱佛，十一面八臂，五面二十四臂、六臂象头等。

活佛　呼图克图——活佛——之选定，依“降神”或巫女等之指示，选定为其化身呼毕勒罕数人，然后以抽签法确定之。

（一）年中行事

正月十四日、十五日举行供养，二十四日以后八日间亦为供养，但其最终日行打鬼式。

二月十一日至三月十一日大庙举行经文之讲义。

二月二十二日举行释迦涅槃会。

四月八日举行灌佛会，十五日举行释迦成佛会。

六月十四日以后三日间举行供养，其最终日行打鬼式。

七月十五日举行于〔盂〕兰盆会。

九月二十五日为释迦降天。

十月二十二日供养教祖宗喀巴。

十二月八日举行腊八供养，十五日举行洗佛，二十四日行打鬼式。

（二）打鬼——跳鬼

尼利汗：为文殊之化身，戴牛面。嘛知：为文殊之护法神。嘛哈噶喇：为观音之化身，最放异彩。喇嘛：观音之化身。戚叉哈喇、滋那咪喳、著嗟阿拉喳、冬琨著熬、生合冬柬、出孙冬柬等，皆为观音之护法神。熬拉尼及摸黑：亦皆为观音之护法神，戴鹿面。

其外尚有以喇嘛十人，扮作十地菩萨，衣锦衣，戴花帽，手持头盖骨之碗，捧杆彩缕等物，口诵南无阿弥陀佛。

清徐兰所作《打鬼歌》，兹录记如次。

番僧最尊者，呼心〔必〕辣吉，能悟前身，人称之曰胡土克图，华言再来人也。次朝尔吉、次匀敖、次喇木占巴、次噶卜处、次温则忒、次德穆齐、次合楞、次合丝规、次合嗉尔、次斑第、次合由巴、次戳由邑〔巴〕、次骨捻尔、次颤马。女僧为尺巴甘赤，有室家者，男为吴巴什，女为吴巴三气，总名之曰喇嘛。打鬼者，楚言部匀，是日佛殿上，燃灯千盏，建大旗于殿四隔〔隅〕，旗绘四天王像，戳由巴鸣金傅〔传〕，执事者齐集，设胡土克图坐于殿之东，胡尔吉以下俱列坐，一僧名茶勃勒气，散净水于象〔众〕僧掌中，无常职斑第为之，凡〔几〕上陈胡朗叭令——以醍醐拌面，作人兽形，盖鬼食也——二甲士左占〔右〕立，以帛束口，恐人气触之，鬼不食也。斑第扮二小鬼对舞，一夜叉睨其旁，向内一呼，即潜入人丛中，撒面以眯人目，殿内吹钢冻——西番乐器，骱骨为之——诸乐随之以奏，谷〔合〕嗉甬〔尔〕十二人，戴假面，扮马哈刺佛，备极殊怪，双双跳舞而出，其一曰叉尼利汗文殊化身，二曰作嘛知文殊护法神，三曰嘛哈噶喇，四曰喇嘛，皆观音化身，五曰戚叉哈喇，六曰滋那咪喳，七曰著基阿拉喳，八曰冬琨著敖，九曰生合冬柬，十曰出孙东柬，十一曰敖拉瓦，十二曰模黑，皆观音之护法神，惟尼利汗、敖拉瓦，为牛、鹿扮面，余皆不可辨。合楞十人，扮楞十人，扮十地菩萨，锦衣花帽，继之而出，手执脑骨碗、枯髅棒、叉杵、彩缕等物，旁立番僧数百人，人持鼓与钹，鼓钹之除〔徐〕疾，随其跳舞之节奏，赤巴耳出，吴巴什夫妇，执香环绕，温则忒宣开经偈，众僧朗诵秘密神咒，叫声如雷，铃声如雨，喇木占巴以胡朗八令掷于地，于是牛、鹿二假而〔面〕

持刀砍地，作杀鬼状，复有一僧曰乃冲，戒〔戎〕装执戟，吐火吞刀，神附于身，观者皆膜拜，奉盖单——细巾——于佛，以问休咎。跳舞毕，合由巴以糖一钵候于户，抹众僧之口，而佛事终焉。余询之，译者云：乌斯藏有碉房，为邪祟所据，白昼攫人饮食，喇嘛乃扮假鬼饮食于房中以诱真鬼，因扮诸佛，排闼以入而打之，故名之曰打鬼，今京师番僧寺，上元、除夕亦为之，盖犹周礼师百隶，以时傩之意也。

正殿　庙之构造宏大，于正殿安置多数佛像，垂缨络，设纵列之坐席，无容纳信者之余地，就此点观之，正殿似专为读经及礼拜之用。

备考　一、信者行至喇嘛之前，喇嘛手持长一尺四五寸之棒，棒端系一绢制之袋，以押信者之头，此时信者将喜舍投于袋中。二、喇嘛称喇嘛以外之人曰黑人，故鳏夫剃发居家信奉佛者，谓之哈拉喇嘛。三、通知勤行时，擂鼓、吹法螺。

（三）乐器

鼓　Hengerge

锣　Heranga

笙筝　Baklaksan bisikur or sheng

箫笺　Silogon bisikur

笛笳　Hundelen bisikur or tis

管角　Hunjin un horesu

喇叭　Gandong

号筒　Bora

法螺　Tong

九音钟　Jsum teoli or gsum taila.

木鱼　鱼鼓　Takshor

铙钵　钹　Chang

（四）经班 班次 衔名

第一班 东土默特——班第达默尔根堪布、呼毕勒罕、罗布桑伊什、丹巴札拉散。

第二班 东土默特——法慧普灵迈达哩、呼图克图、布产齐古勒干。

第三班 东土默特——呼毕勒罕。那木济勒固尔——圆寂。

第四班 锡埒图库伦——扎萨克达喇嘛、布桑林沁。

第五班 西土默特——普顺寺、额尔德呢、默尔根、呼图克图、宝音勒济。

巴林旗——巴克什堪布呼图克图、罗布桑丹桑埒布齐。

呼图克图之所在地：

卓索图盟

一、土默特左旗——瑞应寺——札萨克喇嘛，通称喇嘛庙，商卓特巴呼图克图。

二、土默特中旗——普安寺——札萨克喇嘛。

三、土默特右旗——普顺寺——札萨克喇嘛，额尔德尼、莫尔根呼图克图。

四、土默特贝勒旗——未详，普应如真、察罕殿齐呼图克图。

五、喀尔喀旗——寿因寺——迈达哩呼图克图。

昭乌达盟

一、阿尔科尔沁旗——罕庙——察罕达尔罕呼图克图。

二、巴林右旗——东庙——巴什克堪布呼图克图。

三、巴林左旗——松珲庙——哈木格根呼图克图。

四、锡埒图库伦——图克子那庙——阿旺札木样呼图克图、呼毕勒罕札萨克达喇嘛。

热河 札什伦布庙——堪布达喇嘛。

五　职名与人数

现在北平及内蒙古喇嘛之职名及员数列左：

职名	员数
掌印札萨克达喇嘛	五
副札萨克达喇嘛	三
札萨克喇嘛	四二
副大喇嘛	一
达喇嘛	四二
虚衔达喇嘛	一一
副达喇嘛	一一
教习副达喇嘛	二
办事副达喇嘛	二
苏拉喇嘛	七
教习苏拉喇嘛	七
办事苏拉喇嘛	一
食苏拉喇嘛	九
额设苏拉喇嘛	七
额外教习苏拉喇嘛	四
额外苏拉喇嘛	一
印务德木齐	六
大德木齐	一
德木齐	六九
大格斯贵	四
格斯贵	八一
教习	九
都纲	三
僧纲	一五
僧正	三
共计	三二九

（注）关于巴林旗之喇嘛庙从略。

备考　一、经旗为记有经文、长方形之小旗，有红白两色，多用白者，树立一竿时，则树立于包之西，树立二竿时，则树立于东西，竿上系以绳，横揭长旗，若系四竿，则树竿于四方，上揭长旗一对。二、对于喇嘛之布施，依诵经之长短，及贫富之关系，虽各有不同，约为银一两以上，羊一二匹，牛、马一头。三、咒咀之时诵黑经，移转包时诵太平经，掘井时诵水经，有死者时诵散经。四、祈祷病痛平愈时，昼间在山上之鄂博诵经，夜间在包内诵经，但富则为此另设新包。五、庙多建立于丘上或山麓，庙南向。六、喇嘛之法衣，依其阶级，有红、黄、紫三种之分。七、喇嘛最多之庙，则为自治，关于法用，必受管事喇嘛之指导。

第二节 耶苏〔稣〕教

耶苏〔稣〕教有新旧二派，新教称福音教，多英国人。旧教称天主教，多比利时人及荷兰人。前者称宣教师或牧师，后者有主教、神父或司铎之区别。

新教之所属及其管辖区域等今虽不详，旧教管辖热河十五县（事变前，此外尚有三设治局），与辽宁省之彰武、广宁、辽源、通源诸县，主教驻朝阳南方九十里之松树嘴子，总管一切，分朝阳、赤峰、平泉为三区，赤峰则辖围场与林西。

（一）天主教

热河境内之天主教，基础稳固，势力日张。天主教之初入蒙古，为定宗元年（一二四六年），罗马教皇英诸森四世之使节来和林。其次宪宗三年（一二五三年），法兰西路易九世之使节又来和林。及世祖统一天下，宣教师孟德戈壁奉罗马教皇尼古拉四世之命，自印度方面陆路入蒙古，进驻燕京，许其建筑教堂。至康熙年间，分划中国全土，为二十四大教区，满蒙乃其第二十四区也。在热河境内，自今二百有余年前，法国组织之维总爵公司，在朝阳南方九十里松树嘴子建筑教堂，千八百六十年将该教区全部让与比利时人之吕姓者。在此之先，道光二十四年（一八四四年），罗马教皇派遣法国人加柏铎、佛克斯等，前往蒙古布教，努力之结果，得以渐次增加信徒。

马架子为赤峰西方二百里之唰咧沟，即贝拉沟之马架子，现在尚有前记二人建筑之中国式瓦屋一栋，并有榆、杨之大树，现在之教堂，为三十余年前所修筑，周围一里，规模宏大，可容数百人，其附近有教徒约三千人，创设学校，留养孤儿。大庙在东方七十里，热水汤在西南四十里，在地图上仅记有天主堂，现有外国人之坟墓六座。

松树嘴子在朝阳南方九十里，距锦州百里，但距大窑沟（运岸〔炭〕线之所在）仅三十里，为钦命总理热河等处天主教务事宜主教之驻在处。教堂之基地约面积一顷（百亩），周围绕以土城，居于其内者约四百人，其中有外国人约二十名，其他为中国人之教师、工人、学生等，庭园内种有蔬菜及果树，甚至能酿造家用之葡萄酒。为自卫之关系，备有大炮四门、机关枪八挺、步枪五百挺，平时之警卫约二百名，宛然另一天地也。奉军进攻直隶（河北）之际，通过此地时，曾得其许可。

距今二十二三年前，此地之教主，为荷兰人叶步司，乃六十五岁之高龄者，来热河四十一年间未曾归国，终为其健康关系，仍返本国以度其余生，其后任为当时驻在赤峰之南阜民（号化远），南主教为比利时人，当时五十余岁，乃为一千九百零六年来中国者。此地居民凡一千五六百人，自大窑沟乘汽车至锦州，约五时间。

布教殆仅对教徒举行，教徒皆为农民，因布教之外，对其子女兼施教育，分初等小学、高等小学、神学校三阶级，初等小学附设于各地之分教堂，高等小学设于赤峰、朝阳、平泉三处，神学校仅此松树嘴一所而已。以高等小学卒业生之优秀者入神学校，在神学校毕业后，专从事布教，学生皆为教徒之子女，尤对于女性之孤儿，则使其居住于教会内，与以衣食，施以教育。

观测气象，研究动植物，调查地理、人情、风俗，农作物之指导等，各方面均甚努力，故能了解华文，一切工作，完全使用教徒，因其无需多额之经费，教徒受教堂之保护，一般农民不负担公课。

大营子在林西之西北约二十里，在通什巴尔台之途中，在平垣〔坦〕的耕地之中央，区划为整然的三条街衢之一大农村，其西方有小丘，教堂在村之东南端，为有十字架的高尖塔之西式建筑。有李振林者，民国九年前十年间，曾作教堂之管理员，现在为该地佃农，综合伊之所谈，其大要如左：

清光绪三十三年（一九〇七年），开放林西附近，驻毛山东之牧师，屡来作实地调查。宣统元年，以教徒马振海之名义，向政府买得土地，建筑房屋，移教徒着手开垦。牧师自宣统三年常驻其间，努力布教及农田之经营，其后渐次收买土地，于民国六年始建筑现有之洋房。宣统八年于白塔子附近，即于兴安岭麓之五十家子建筑教堂，距林西百二十里，其后更有于小巴林之包洛河套建筑教堂之计划。

教堂留养孤儿，教育教徒之子女，迄民国十年四月，已养育孤儿约五十名，现在留养有自二岁至十七岁之男女二十名，一日授课三小时，第一授以教徒之心得，及中国初等科之课程，教师有中国人之男女先生各二名，学生有男女生百名以上。职员有教堂主神父比利时人龚正伦、柔某，中国人总管事超庆昌，教堂办事孙某、李某，教员常廷、孙世隆，女教员赵氏、顾氏等，共计九人。

教徒不得与教徒以外者结婚，若教徒由他处娶妇时，其妇亦必为教徙〔徒〕。欲作其佃农者，亦有同样之条件。

教堂经营之土地，最初以马振海之名义，向政府买得土地七十顷，其后买收者约四十顷，但实际上约有二百顷，若每亩赋课亩捐一角，亦达大洋二千元，但佃农之名义仅三四顷，其他皆为教堂公产，免除公课。该地习惯，对于佃农，最初贷与住宅、器具、耕畜、食粮、种子等，收获后，先偿还食粮与种子，将残余分为二份，其一纳于教堂。其后佃农渐有余裕，自民国八年后，仅贷与耕畜，每顷纳租谷十四石于教堂，其外由教徒每顷纳谷一石，每年实收计达一千五百石以上。每顷纳谷一石之理由，即地主担任警备费——地租，分摊牌照——依地方驻屯军之命令，所分担燃料、运夫等赋役——以及为免除谷米及粮秣等之强制买收，以此作为代偿，虽然教会方面比较有利，然佃农心愿相集于其保护之下。因此教堂宛如大地主，附近之农民与教徒，皆可向教堂管事员之中国人，以简单手续借贷金钱，无向银行方面借贷手续之烦累。

如上述情形，不仅教堂与民众感情非常融洽，民国二年蒙匪扰乱之际，其所受损失，尚得相当之赔偿，如民国十年蒙匪南下之际，多数讨伐军队北进，发布戒严令，通令外国人出境，但神父不忍弃教民以去，始终未动。民国八年教民发掘林西北方百十里地方古坟之际，与该地驻屯毅军营官发生冲突，交涉之结果，终将营官他调。教堂所有之家畜，亦为相当之多数。

（二）教堂所在地

热河境内新旧教堂计三十三所，内新教十所，旧教二十三所，宣教师男女七八十名，学生约二千名，教徒在四万人以上，今以县别表示如次：

县别	地名	教堂	教师	学生	教徒	备考
赤峰	赤峰市	福音堂	男　女 三　二	男　女 三四　三〇	一〇〇	三四十年前开设
	同	天主堂	二	五〇　三〇	二，二〇〇	六十六七年前
	马架子	同	二	五〇　三五	三，〇〇〇	一八四四年开设

续表

县别	地名	教堂	教师	学生	教徒	备考
	毛山东	同	一	三五　二〇	未详	赤峰之北二百四十里、林西之南百八十里、土城子之东十二里
	苦黎吐	同	一	三〇　一五	同	毛山东之南二十里
承德	草市街	福音堂	男一女二	八　一八	五〇	有女医
	北山	同	男一女二	——　——	三〇	其他未详
滦平	市街	福音堂	一	一　——	——	同
	老虎沟	天主堂	一	三〇　二〇	——	道光二十三年开设
丰宁	市街	福音堂	一	——　——	七〇	光绪三十二年开设
	同	天主堂	一	——　——	一七〇	光绪三十一年开设
隆化	八达汗沟	福音堂	一	——　——	一三	其他未详
	郭家屯	天主堂	一	——　——	二〇〇	同
围场	小庄子山	天主堂	二	四七　三〇	一，三二〇	宣统二年开设
	山湾千	同	一	二〇　一五	一，五〇〇	五六十年前开设
	黄家营子	同	一	五六　——	——	山湾子之北三十里，在索罗沟
平泉	台子上	福音堂	男一女一	二〇　一一	四五	光绪三十一年
	杜家窝铺	同	一	——　二二	二二	同
	西街	天主堂	一	四五　二〇	二，〇〇〇	其他未详

续表

县别	地名	教堂	教师	学生	教徒	备考
	牛头沟门	同	一	二五　二〇	一，〇〇〇	同
	大西沟门	同	一	二五　二〇	一，二〇〇	同
	余家店	同	二	——	——	同
凌县	东大街	福音堂	男一女一	二一　三〇	六〇	民国二年
	碱场	天主堂	二	二〇　二〇	三〇〇	其他未详
	山湾子	同	二	三〇　二〇	二，四〇〇	同
朝阳	市街	福音堂	男三女一	二〇　四〇	一〇〇	同
	同	天主堂	一	——　——	——	同
	松树嘴子	同	一七	三〇〇　二〇〇	二〇，〇〇〇	附近居民殆皆为教徒
阜新	哈拉火烧	天主堂	一	八〇　七〇	一，四〇〇	设立未详
建平	房身	天主堂	一	三二　二〇	八五〇	同
	深井	同	二	二五　三〇	一，三〇〇	同
林西	大营子	天主堂	二	二五　一五	四三二	宣统三年开设
	霍铺坨	同	二	——　——	——	同上，林西之东北百五十里

第十三章　政治

热河及察哈尔，清末属直隶省管辖，且其北部以西剌木伦河为界，鼎革后，设立特别行政区之际，则包辖昭乌达盟全部，但此次“满洲国”成立，复新设兴安省西分署，且曾言以长城为国境线，故河北所属之兴隆、青龙两县，亦势必归属于热河省。民国十七年改热河特别行政区为热河省，因此称东北为东四省，然自

“满洲国”成立以来，复新设兴安省，东北遂有东五省之称矣。热河省受地理上之变更外，同时更受政治上之变更，本章兹就新旧两机关，记载其概要如左。

第一节　行政机关

（一）都统公署

最初都统公署置总务、军务二处及财政厅、警务厅、军医院等，军务处长兼参谋长，汲金纯任都统时，改总务处为政务处，废烟酒事务局，合并于财政厅，王怀庆任都统时，仍复活以前之组织。政务厅分一、二、三三科，军务处分军需、军法、军务三科，财政厅分总务、征榷、制用、统计四科。其外有道尹公署，道之下为县。

都统　清雍正二年（一七二四年），始设热河总管，隶属直隶总督，专事管理满蒙八旗，乾隆三年（一七三八年），改为副都统，然因面积广大，以直隶总督兼管殊多不便，至嘉庆十五年（一八一〇年），始升格为都统，总管汉蒙交涉案件及税务，道光七年（一八二七年），更使其担任汉民事件及文武官员之任免，其后更使经营卓索图、昭乌〈达〉两盟之垦务。

光绪二十九年（一九〇三年），锡良任都统时，计划与直隶分离未果，至宣统四年（一九一二年），改共和政体后，翌年废府、厅、州、县之区别，一律改为县，民国三年七月改正官制，内蒙古（除隶属奉天之部分外），新设三特别行政区，热河置都统公署于承德，察哈尔置都统公署于张家口，绥远置都统公署于归化城，自是军民两政，完全与直隶省脱离关系。都统之下置道尹司理民政，但参众两议院与顺直省议会选举议员时，仍保留为直隶省之管辖。

鼎革后，初任都统者为熊希龄，民国二年二月二十六日接任后，不顾满人之反对，决定将都统公署迁至行宫内，且关于行宫内宝物之处置，亦受世人之责难，故于是年十二月十八日，即以姜桂题（昭武上将军）继其任。其后及张作霖势力扩大，以奉天督军兼东三省巡阅使，更兼任蒙疆经略使之要职，其部属汲金纯谋取热河都统之椅子，遂逼姜桂题卸任以去，及后奉直战争之结果，汲金纯接任未及一年，亦不得不退出热河。民国十一年五月三十日，王怀庆以热察巡阅使兼任热河都统，然及张作霖回复势力，再入北京，赢得大元帅之荣冠，民国十四年，其部下阚朝玺与宋哲元相争热河都统椅子之事件起，得渔人之利者，汤玉麟也。“满洲国”成立后，汤氏采骑墙主义，不明白表示态度，终被日军所逐。

道尹　乾隆五年（一七四〇年）初于热河置兵备道，至民国二年六月，议决设置热河、朝阳、赤峰三道，热河道管辖承德、滦平、丰宁、平泉、隆化、凌源等六县，朝阳道管辖朝阳、阜新、建平、绥东等四县，赤峰道管辖赤峰、开鲁、林西、经棚等四县，但至民国三年，仅置热河道，管辖上记各县。

道尹公署初分财政、内务、蒙旗三科，后改为二科。道尹管理对于各县判决之上诉，但在汲金纯时代，政务厅长兼办控诉审判，其后乃置独立之高等法院。

（二）旧政府

民国二十一年一月热河省政府之重要机关如左：

秘书处

民政厅　管辖县政府及设治局。

财政厅　管辖各县县征收局及县财政局之征税事务。

教育厅　管辖省立图书馆、省立各学校、义务教育委员会、检查教员委员会、各县教育局等事务。

审判处　热河境内无法院，司法从来由县知事兼理，然近来置承审员，代知事办理司法。对于知事判决之上诉，管理者原为道尹公署，但其后于省城设高等审判厅，上诉事件，悉归该厅之管辖。

关于商事纠纷，由商事公断处处理，但依地方之情形，可由商会处理之。

监狱　多数监狱仍旧，尚未改作。民国二年三月公布之监狱改良办法，热河设第一监狱于承德，设第二监狱于赤峰，设第三监狱于朝阳，改筑之后，第一监狱收容平泉、隆化、滦平、丰宁等县之重犯人，第二监狱收容围场、林西、经棚、开鲁等县之重犯人，第三监狱收容凌源、阜新、绥东等县之重犯人，但迄今尚未实行。

建设厅　管辖农产种子交换所、国货调查分会、第一造林厂、牧畜试验场、承德电话局等。

警务处　监督省会及各县公安局事务。据民国二十一年一月之报告，上至局长，下至夫役，人员合计五千八百五十八人，经费计九十万六千余元，每人平均约百六十五元，以此与上年度七十二万五百零八元相比较，增加十八万五千余元，即增加二成八分，但若更以之与民国九年度之警察费十五万九千三百九十八元相比较，则已约增加为六倍矣。但此预算除一部分外，尚包含临时费。公安局内之职名颇多，兹记录如下：局长、科长、督察长、督察员、分局长、局员、医官、队长、分队长、巡官、译员、练习员、书记长、雇员、侦探、马巡长、马警、巡长、步警、学警、夫役等。

各局人员及经费表记如左：

名称	人员	经费
热河省会公安局	三三〇	一五，〇〇二
赤峰商埠公安局	一八五	二九，八九二
赤峰县公安局	四七五	九四，三三三

续表

名称	人员	经费
承德县公安局	三五四	四八，四六〇
林西县公安局	一三九	二四，〇九八
开鲁县公安局	一九二	二四，三七八
绥东县公安局	一二七	二五，二〇六
阜新县公安局	五二五	六六，九八八
滦平县公安局	二六四	一八，四六四
丰宁县公安局	一九〇	二二，九三〇
隆化县公安局	一九九	二四，七二〇
围场县公安局	四一六	六一，九四二
经棚县公安局	一八一	一九，四七六
朝阳县公安局	六九七	九九，八七二
建平县公安局	三六三	六六，五五四
凌源县公安局	五九三	八七，八八八
平泉县公安局	六二〇	七六，二九八
合计	五，八五八	九〇六，九〇一

备考　一、赤峰商埠公安局经费由商会负担，无临时费。二、经棚、林西、开鲁、绥东、朝阳、平泉各县公安局之临时费由经常费内支出，实报实销。

其他　全省烟酒事务局、热河印花税局、卷烟统税局、热河电报总局、热河兴业银行、保甲总办公处、全省清乡总局、全省经界委员会、热河省总商会、热河省教育会。

县之等级

一等县：承德、朝阳、赤峰。

二等县：滦平、平泉、凌源、阜新、开鲁、经棚、林西、围场。

三等县：隆化、丰宁、建平、绥东。

设治局：林东、鲁北、天山。

重要职员　当时省主席汤玉麟、民政厅长〈张〉子良、财政厅长兼经界总监汤佐补〔辅〕(汤玉麟之次子)、教育厅长张翼廷、建设厅长李树春、警务厅长兼承德公安局长张贵良、禁烟总局长汤佐荣（汤玉麟之长子)、经界副监徐梦庚、硝黄局长白云升、承德县长巩国栋、稽查处长陈万迟。

（三）伪热河省新政府之组织

伪大同二年（民国二十二年）五月三日发表之伪热河省新政府分科规定概要表示如左：

省长
- 参事官（荐、日一、满二）
- 秘书长（简、满一）

厅	科	荐	委
总务厅长（简、日）	秘书处	荐（满二）	委（满三）
	文书科	荐（日一、满一、）	委（日二、满五）
	人事科	荐（满一）	委（日一、满四）
	财政科	荐（日二）	委（日二、满五）
民政厅长（简、满）	行政科	荐（日二、满一）	委（日二、满二）
	旗务科	荐（日一、满一）	委（日一、满一）
	土地科	荐（满一）	委（日一、满六）
警务厅长（简、日）	警务科	荐（日一）	委（日二、满四）
	保安科	荐（满一）	委（日二、满五）
	特务科	荐（日一、满一）	委（日一、满五）
实业厅长（荐、满）	农矿科	荐（日一、满一）	委（日二、满六）
	工商科	荐（满二）	委（满二）
教育厅长（荐、满）	学务科	荐（日一、满二）	委（日一、满五）
	社会教育科	荐（满一）	委（满四）

备考　一、简即简任，荐即荐任，委即委任。二、日即日本人，满即满洲人，数字即员数。三、现在重要官吏：省长张海鹏，参事官河野正直、广轮、金鼎勋，秘书长曾恪，总务厅长中野琥逸，民政厅长张翼廷，实业厅长恩麟，代理警务厅长庭川辰雄，教育厅长申聚先。四、省公署即前都统公署。

（四）办事处

热河省分滦平、朝阳、赤峰三区，滦平区为军事上之重要地，暂归省政府直辖，其他二区设办事处。所谓办事处者，为省政府特设之办事处，监督县内之行政，且处理涉外事务。各区所属之县兹列举如左：

一、滦平区——辖滦平、承德、丰宁、隆化、围场、兴隆、青龙等县。兴隆县为新设县，在承德南方兴隆山附近。青龙县亦为新设县，原为都山之地，在平泉南方，因其为青龙河流域，故名。但现在兴隆尚未断定，有属承德管辖之说。

二、朝阳区——辖朝阳、阜新、凌南、平泉、凌源（新设于凌南南方之北章营子）、宁城（新设于平泉北方大明城地方）等县。

三、赤峰区——辖赤峰、建平、绥东、全宁（新设于赤峰北方乌丹城）。

办事处之组织：

处长（荐任）
- 总务科（荐任）（日一）（委）（日一、满一）
- 行政科（同）（满一）（委）（日一、满一）
- 警务科（同）（满一）（委）（日一、满一）

备考　赤峰区之办事处长为商会长杨子彬兼任。

（五）官吏之员额

省政府及办事处委任官以上之员额如左：

省政府	一一八名
两办事处	三二名
合计	一五〇名

其内：

日本人三八名（荐任以上一五，委任二三）。

满洲人一一二名（荐任以上二七，委任八五）。

（六）其他之官署

一、阿片专卖公署设承德，辖赤峰、朝阳、平泉、凌源四所，其外尚设禁烟特税总局、临时禁烟指导局及阿片收卖处，由财政部直辖。

二、税关则于本年六月五日设税务监督署于承德，分总务、经理、征榷第一、第二、第三及监察六科，由财政部直辖。于古北口及喜峰口等处另设税关分关。

三、司法暂由警察科担任，其他于赤峰设盐务支署。

四、关于邮政、电信、飞机、汽车等记载交通章。

五、关于银行记载金融机关。

第二节　县公署

（一）县行政组织之变

热河省内之县公署，最近有十五县及三设治局，此次因划西剌木伦河以北之地，新设兴安省西分署，至失去经棚、林西、开鲁三县，与林东、天山、鲁北三设治局，反之根据“满洲国”以长城线为国境最初之宣言，长城以外河北省所属之地域，亦必归属于热河省，现以其地为二县，其一为新设之兴隆县，在滦平之南方，其一为新设之青龙县，在平泉之南方，原为都山之地。其外尚于凌源南方新设凌南设治局，于平泉北方大明城新设宁城设治局，于赤峰北方乌丹城新设全宁设治局，计增加二县、三设治局，故地方行政区实际仅减少一区。分全境为三区，于赤峰区与朝阳区各设一办事处，监督区内之行政，惟滦平区因军事上之关系则由省公署直辖。

（二）滦平区

滦平　在滦河右岸，蒙古名为喀喇河屯，乃黑城之意。及清康熙帝注意塞外，此地因当陆路往来之冲，遂于此建设行宫，水道有直经滦河达渤海之便，商业日趋繁盛，一时曾为商业之中心地，然因屡患水灾，田地房屋，多被冲毁，且因热河建设行宫，其繁荣渐为热河所夺。

清乾隆七年（一七四二）始置理事通判，乾隆四十三年改滦平县后，一时划归承德管辖，民国元年仍改为县。伪大同二年五月，“满洲国”设滦平区，监督滦平及其他五县，县内所有家畜，不过五六万头，由津市至承德四十里，至丰宁百四十四里，至古北口百四十四里①，至北平四百三十里。

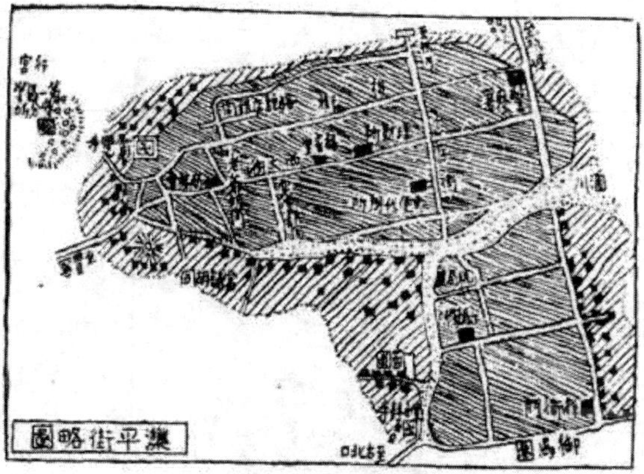

灤平街略圖

丰宁　属于热河之西南部，俗称土城子，乃辽金时代之土城故址，在滦河支流之兴州河（俗称牤牛河）上流溪谷中。境内居民，除察哈尔八旗之外，以其余部分为四旗，委之热河都统管辖，以土城子为中心置镶白旗，以大阁镇为中心置镶黄旗，以黄姑屯为中心置正蓝旗，以郭家屯为中心置正白旗。在南方一带，屯驻杨木三旗及鹰手旗之满洲旗人，将此编为九百八十牌，其内九十二牌属围场，正蓝、正白之五百三十二牌属今隆化，镶白、镶黄之二百七十四牌及坝外（岭北）高原十牌属今丰宁之管辖。

清乾隆元年（一七三六年）始设四旗理事通判，乾隆四十三

① 原文如此。——整理者注

年改丰宁县，宣统二年划以黄姑屯及郭家屯为中心一带之地为隆化县。

品目	土货（千元）	外来品（千元）	计（千元）
牲畜	五三一	——	五三一
粮食	三五二	——	三五二
竹木器	——	五六	五六
皮毛	五〇	——	五〇
绵麻、毡毯	一五	三四	四九
杂货	一八	一七	三五

一年之贸易额约五十万元，土货占百分之七十六，其主要者如上表。

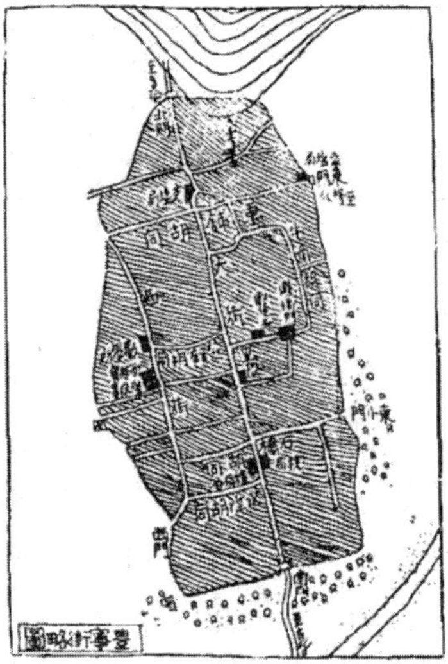

天聪六年（一六三二年）满洲降东满各旗，察哈尔旗人乘势攻察哈尔，因此林丹汗走死青海。天聪九年五月其子孔果尔额哲奉国玺乞降，故将其部下编入旗内，使驻义州边外之故地孙岛、习尔哈地方。天聪十年四月改国号曰清，即帝位，封额哲为亲王，妻以皇女，使为固伦额驸，然额哲饮亡国之恨，不果其志，病死顺治中。其弟阿布乃哲继其后，康熙十四年，其弟布尔尼乘吴三桂之乱反而起，不出六月，即被平定。帝仍将其部众编八旗，使驻屯大同边外，设扎萨克，以前锋佐领等员管辖之。其后八旗征伐噶尔丹有功，康熙帝诏赐饷银，且将来降之喀尔喀、额鲁特等部落编为镶黄、白〔正〕黄、正红、镶红四旗，使驻张家口外，使正白、镶白、正蓝三旗驻独石口外，使镶蓝一旗驻杀虎口外。更以其他一部为四旗，加以满洲旗人，使驻丰宁及隆化，归属热河都统。

丰宁与各重要都市之距离　至古北口百七十里，至土城子百四十里，至大阁镇百四十里，至滦平百四十四里，至多伦三百六十里。

兴隆　在承德南方，至今属河北省之管辖，因其在长城外，今已属“满洲国”之领域，划归承德管辖。

青龙　原称都山，此次始改名青龙，因其在青龙河岸，故有此名。此地至今属河北省之管辖，亦因其在长城以外，现已由“满洲国”划归承德管辖。

隆化　俗称黄姑屯，蒙古名为波罗河屯，乃紫城之意。旧城迹在市之北端，距离约二里，缘康熙帝之长姑淑慧公主降嫁巴林王，遂将此地下赐为陪嫁地，故有此紫城之名。康熙四十二年于波罗河屯建设行宫，今已改为县署，境内树木之多者，盖以此也。民国八年巴林王府曾派人将此领地发卖。

隆化原属丰宁管辖，宣统二年划丰宁之正蓝（黄姑屯）、正白（郭家屯）二旗五百三十二牌，与承德北境中关地方，决定设县署于张三营，但因当时撤销驻唐三营之围场总管，乃置县署于此地，民国五年始迁至现在之地点。境内所有家畜约三四万头。

隆化与各重要都市之距离　至围场二百五十七里，至赤峰三百八十里，至承德百二十里，至丰宁百十三里。

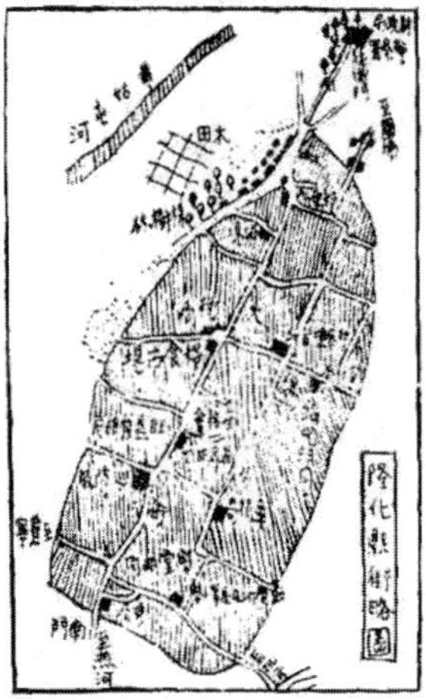

围场　原称木兰围场，因其为清皇室之御猎地，禁止采伐树木，计划保护禽兽，但自清室衰颓后，围场之森林渐归荒废，有名之森林，亦因乱伐之结果，今已化为秃山矣。

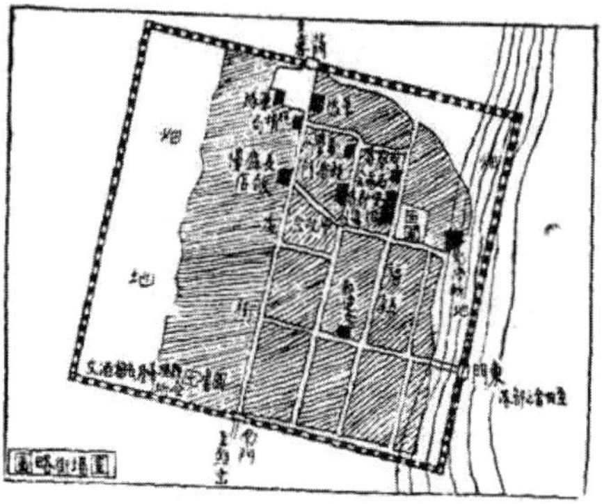

光绪二年（一八七六年）于南方八十里之二道沟子设粮捕厅，其后迁于锥子山西方九十里之玻珌沟，光绪十二年始移至现在之地，光绪二十五年改为府，民国元年仍改为县。当时曾设土城，今仅存南、北、东三门，本地居民今犹呼为粮捕。

品目	土货（千元）	外来品（千元）	计（千元）
粮食	七二六	二	七二八
牲畜	五六五	——	五六五
绸缎布	——	四〇八	四〇八
药材	三六	三〇	六六
颜料	四八	——	四八
绿〔棉〕麻、毡毯	三一	一四	四五
油蜡胶漆	七	二三	三〇

贸易年额约二百万元，其内六七成为土货，其重要者如上表所记。蓝靛年产额约二三十万斤。境内家畜约七八万头。

围场与各重要地方之距离　至赤峰百八十五里，至锥子山百里，至隆化二百四十里，至公爷府百十里，至承德三百六十里，至多伦三百六十里，至丰宁三百六十里。

锥子山　在围场西方百里，若经小道，仅九十里，一名天宝山，其山高耸于市之西侧，南北展开，位于伊逊河流域。南围即锥子山南方三十里之边墙以南，及东围与西方之三座山官地一带，自同治九年开放后，西围亦于光绪九年开放八千顷。

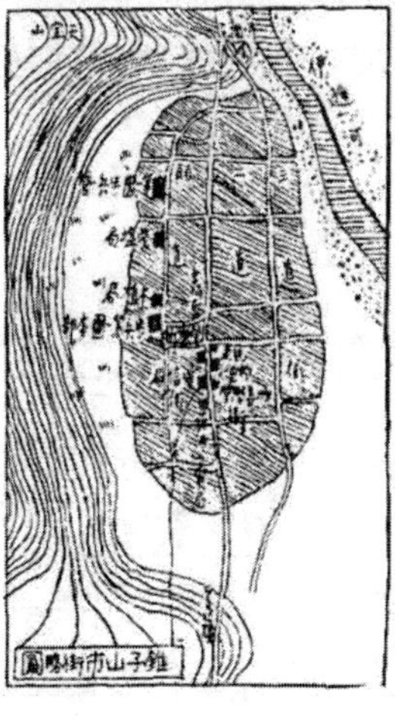

光绪二十六年改粮捕府时，东围及西围之地，尚保存五千五百

顷作狩猎地，光绪二十九年因热河都统之请，始全部开放，光绪三十二年于各地设植木局，着手开垦。最初三年，注重招民为目的，其租税仅每亩征收粟一二石而已，但其后分上、中、下三等，上地征收八石，中地征收六石，下地征收四石。

锥子山与各重要地方之距离　至隆化百八十里，至丰宁二百八十里，至多伦二百八十里，至赤峰二百八十里，至滦平二百八十里，至经棚四百里。

承德　为热河行政之中心地，今则以热河之名呼之，四面环山，磬锤、罗汉、天桥、五指诸山拱其东，凤云及广仁之胜环其西，僧冠、青松、凤凰诸岭若屏耸其南，狮子岭及大黑山若枕亘其北，实乃形胜之地也。贯流其中央者，为昔之武列水，今之热河也。清康熙帝创设避暑山庄于此地，其南十里地之王八沟儿，为船只之靠岸处。

雍正元年（一七二三年）始设热河厅，任理事同知，雍正十一年改承德州，乾隆七年废州为府，管辖平泉、凌源、朝阳、滦平、赤峰五县，民国元年改为县，此次划归滦平区之管辖。

输出入年额二百万元，其半数以上为土货，今将一万元以上之品目及价格列举如下：

品目	土货（千元）	外来品（千元）	计（千元）
粮食	八四四	二	八四六
绸缎、布	——	四二一	四二〇
茶糖	——	八〇	八〇
油蜡、胶漆	六	五四	六〇
纸类	——	六〇	六〇
杂货	——	五〇	五〇
干菜	二	三〇	三二
线麻、毡毯	二	三〇	三二
果品	八	一五	二三
药材	——	二〇	二〇

热河兴业银行于民国六年创立，资本金为一百万元，实收七十七万元，公积金三十九万元，民国十八年有十七万九千余元之红利。发行纸币一百五十五万元，角票八十三万元，支店设天津、开鲁、凌源、丰宁、建平、隆化、阜新、奉天、赤峰、朝阳等处。

承德与各重要都市之距离　至滦平四十里，北平在其西南四百五十里，至平泉百八十里，至天津六百八十里，至隆化百二十里，至滦州五百里，至赤峰四百零三里（经隆化四百三十里）。

热河自八大庙始，寺庙甚多。县内所有家畜，其数约七十万。

承德于事变前，都统公署及热河之重要官衙，皆设此地，热河完全为政治之中心地；事变后，其势力完全归属于“满洲国”，然仍为政治之中心地，毫无变化。惟迄今不许日人居住之地，日本人之往来俄然增加，据本年五月来之调查，已有日本人约三百，朝鲜人约四百，其中包含“满洲国”之日本人，已不待言，全市人口约一万六千人。

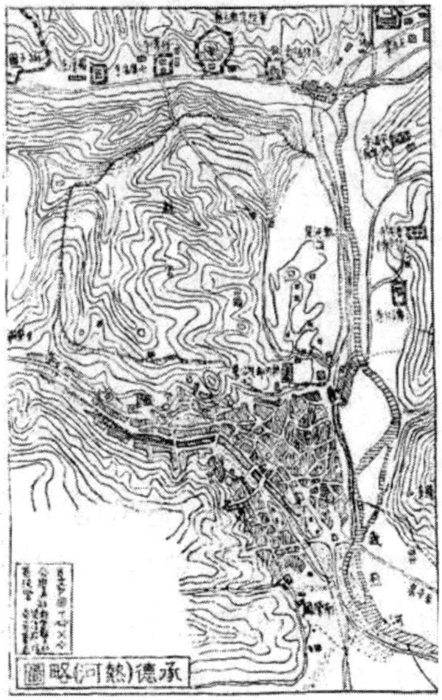

承德(熱河)略圖

日本方面之重要机关，有师团司令部，有关东军特务机关，有日本领事馆分馆，及满铁驻在员等。

（三）朝阳区

朝阳　古时为交通上之枢纽，当晋末五胡十六国时代，为前燕慕容皝建筑龙城之故都，辽、金时所建之三座塔，今尚存其二，俗称为三座塔者，盖以前记之三座塔而言也，蒙古人所称之“古尔斑苏巴尔罕”，亦与此同一意义。街市在大凌河之左岸，右岸凤凰山巍然高耸，一见即知其为胜景要害之地。

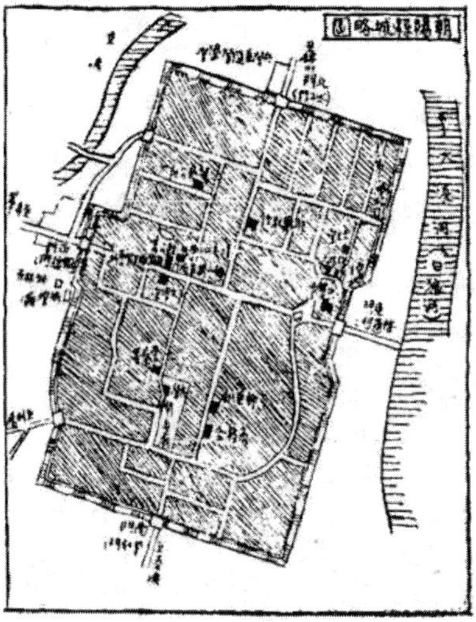

县境跨土默特左、右两旗，清乾隆三十九年，割建昌——凌源——之东境，设三塔厅，置理事通判，乾隆四十三年改县，一时隶属于承德府，光绪二十八年升格为府，管辖阜新、凌源二县，至民国元年始改县。

街市在城内，城壁周围约七里，追思往时，严然有如一敌国之观，惜其今已颓废，无复昔日之壮观矣。四方皆有城门，东门称启运门，西门称聚德门，南门称阜财门，北门称大王门。此地为赤峰、锦州之通路，现在为北票至省城承德之要道。

品目	土货（千元）	外来品（千元）	计（千元）
粮食	三七〇	二五	三九五
线麻、毡毯	二	一八五	一八七
杂货	六	一五〇	一五六
绸缎、布	——	一四五	一四五
油蜡、胶漆	五五	六五	一二〇
皮毛	一〇五	一	一〇六
烟酒茶糖	五	六〇	六五

贸易年额约百五十万元，外来品占其大半，其内主要物品表示如上。

又重要输出品中，高粱约一万六千石，小米约一万七千石，荞麦约一万石，杂粮约一万石，青麻五六千斤，麻油十万斤，大麻油二万斤，烧酒七八十万斤，麦粉二十五万斤，粉条子一百十万斤，棉花二三百万斤，蓝靛五十万斤，羊皮六万张，羊毛五六十万斤，杂皮约七万张。赶集（即日中为市）为每月五、十两日。

北票在朝阳境内东北九十里，附近有三义栈、岳家沟、孟家沟、兴隆沟等炭矿，其中之三义栈有高二百尺之烟囱，现有经义州到锦州之铁路，有经朝阳、凌源、平泉等处之长途汽车，其间铁路之延长工事，亦在进行中。

境内有家畜约百二三十万头。朝阳与其他主要都市相距之里程如次：锦州在其南一百八十里，阜新在其东二百八十七里，建平在其北一百八十里，北票在其东九十里，凌源在其西二百六十里。

阜新　清光绪二十八年（一九〇二年）设于奈曼旗之鄂尔吐板，但因交通不便，宣统三年迁于水泉儿，四方筑土城，今已颓废矣。

东方十里有新丘炭坑，事业颇有希望，因运炭施设之困难，迄今未能发展，但将来交通机关完备，必有相当之发展。

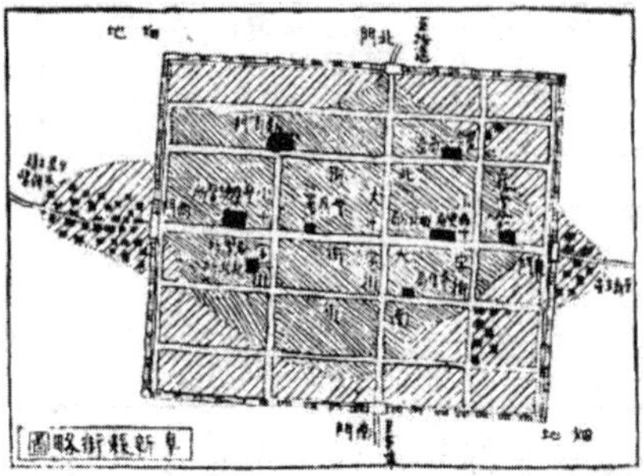

阜新街略圖

阜新因商业区域甚小，每年殆不能超过五十万元，土货占百分之十强，兹举其重要者如次：

品目	土货（千元）	外来品（千元）	计（千元）
粮食	一七〇	——	一七〇
牲畜	七五	——	七五
绸缎、布	——	七〇	七〇
茶糖	——	一五	一五
皮毛	一三	——	一三

阜新与其他主要都市之距离　清河门在其南九十里，朝阳在其西南二百八十里，哈拉套街在其北百二十里，新立屯在其东八十里，打虎山在其东百八十里，黑山县在其东南百六十里。

凌源　原称建昌，俗名塔子沟，市街地位甚低，宛然如在沟中，西方十五里，有半坏之古塔，故有塔子沟之名。

凌源街略圖

清乾隆三年（一七八三年）始置理事通判，乾隆四十年改建昌，隶属承德府，光绪二十八年朝阳县改府后，即移属朝阳府管辖，民国元年改县，民国三年改名达沟县，更改为凌源，以其为大凌河发源之地也。市街有四方形之城壁，并有东西、南北二大街。

品目	土货（千元）	外来品（千元）	计（千元）
粮食	五一〇	一二〇	六三〇
绸缎、布	——	五三〇	五三〇
皮毛	一四五	一〇	二五五
牲畜	一五五	——	一五五
纸类	一〇	七〇	八〇
茶糖	——	七〇	七〇

贸易额年达二百万元以上，大半为土货，其主要者如上表所记。土货之中，杂粮四五万石，烧酒三四十万斤，毛皮约二万张，布匹三四万匹，砂糖六七万斤。其外有家畜五十万头。

凌源与其他各都市之距离　赤峰在其北二百八十里，平泉在其西百八十里，朝阳在其东二百七十里，公营子在其南百二十里，绥中在其南三百五十里（小道三百二十三里），抬头营在其南四百三十里。

凌南　因其在凌源南方之北章营子，故有是名，此次已新置设治局。

宁城　新设于平泉之北方大明城，该地为辽代中京之地，颇著形胜，然今已完全颓废，殆已不见其形影，唯当时遗物三基之白塔，仍屹立孤耸于田畴中。

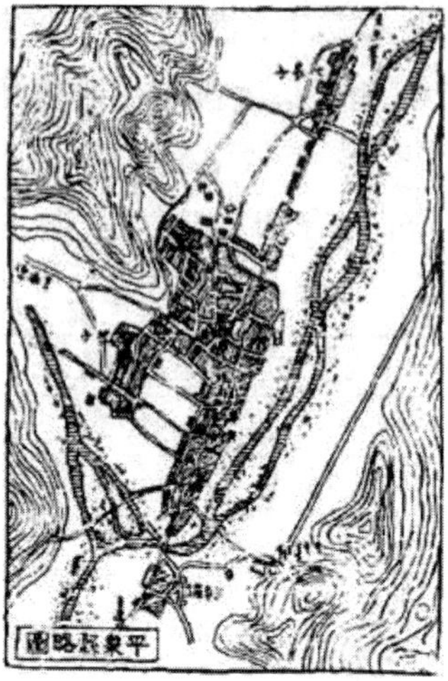

平泉　又称八沟，在瀑河上支流之峡谷中，东西窄狭，南北细长之市街，绵亘二十余里，土货多集散于斯地，一时曾号称关外第一市场，但因赤峰之发展，今已渐次衰颓，最有名之毡鞋制造及烧酒酿造，亦已不若昔日之盛矣。昔喜峰口为关内往来唯一孔道，今尚为天津方面之交通路，物资运输，悉经由此处。

市街北背猴山，南负象山、红山及老姥冷岭，东有狮子山、凤凰山，东南有瑙璃山，夏季山色虽属可爱，但因少树木，已不能复昔日之观矣。

此地西近热河，东经凌源可达朝阳，南接河北省，当交通之冲，自昔移住汉人甚多，故事件之发生渐增。雍正十年（一七二二年）始设理事同知，乾隆四十三年改为平泉，一时曾隶属承德府，民国二年改为县。

贸易年额约三百万元，大半为土货，杂粮之集散于斯地者，年约四百万石。

平泉与其他主要都市之距离如次：承德在其西（迂回二百二十五里）百八十里，凌源在其东百八十里，下坡在其西南百三十里，宽城在其南百里，喜峰口在其南百七十里，唐山在其西南四百里，天津在其西南六百里，林南仓在其西南四百二十里。

品目	土货（千元）	外来品（千元）	计（千元）
粮食	七五五	一五〇	九〇〇
烟酒茶糖	四〇〇	四〇	四四〇
绸缎、布	——	四〇〇	四〇〇
牲畜	三五〇	——	三五〇
纸类	五	三〇〇	三〇五
颜料	——	二〇〇	二〇〇

（四）赤峰区

赤峰　位于古称饶乐河之西路嘎河（或称舍利河、锡尔嘎河）右岸，东北红山高耸，与南方之鄂博山遥相对峙，土人呼之为乐博儿山。赤峰不但地理上为热河之中心，亦境内商业之中心地也。一般人虽有谓赤峰在英金河沿岸之说，然实际西路嘎河为干流，其源发自围场，英金河则发源于赤峰西近，未流至赤峰以前，即合流于西路嘎河。至于贯流茅荆坝之锡泊河，与贯流围场街之古都河，流至赤峰，始与西路嘎河会合，西路嘎河更于下流与招苏河会合后，即与老哈河合流。

蒙古人称赤峰为乌兰哈达，盖红山之意也，红山因系红色之岩石而成，故特译称为赤峰，一般人仅呼之曰哈达。

赤峰西南土地平旷，古都河贯流中央，为昔设置松州及松山县之地，当时以其四周山上多松树，故以此名之，今则四山秃然，不见松树之大木矣。河北因连年大风之吹袭，不但已出现沙丘，而西路嘎河原为运输围场木材必经之水路，今则水量减少，即曾繁殖之鱼类，亦已归于灭亡矣，但一遇豪雨，河水则泛滥为害。

清雍正七年（一七二九年）于平泉设八沟厅时，因赤峰在其北，故非常繁荣，乾隆三十九年始设乌兰哈达厅；乾隆四十三年改县，光绪三十四年改州，管辖林西、开鲁及绥东三县，民国元年复改为县，原为翁牛特左、右两旗之领地。

民国三年设林西镇守使，奉直战争后，决定迁于赤峰，其后因当局者屡次更换，遂废镇守使之名称。

民国四年五月二十五日签字之中日条约，北京政府于民国五年一月十八日公布，以赤峰、洮南、葫芦口〔岛〕、归化城、张家口、多伦六处为商埠地，日本政府即决定于赤峰开设领事馆，民国六年二月二十七日正式开始办公，其管辖区域，虽归定为热河全境，但其后因种种关系，将阜新县划归奉天总领事之管辖。北京政府于民国七年四月，于赤峰新设商埠局，十五年改称外交部特派交涉员。

赤峰市输出入贸易额，无正确统计之可征，而一年之输出入额，约达一千万元，主要输入品为棉纱、棉布类，主要输出品为兽毛、兽皮类，其数量每年虽不一定，兽毛每年大约百万斤，兽皮约十二三万张，此项交易之顾客，多来自锦州与天津。

该地之电灯，最初有由日本人经营之计划，后因反对者众，终仍属中国人之经营，民国十五年开始营业，资本金二十万元，机械一百五十马力，为境内唯一之电灯公司，东北事变后，为统一事业计，已收归满洲电灯公司经营。日本人经营之满蒙兴业公司，设有工场，创造甘草精。中国经营之工业，其主要者为酿造烧酒、织绒毡、毛毡及制革等，其他各地之家庭工业，大抵相同。

事变前，因地方不安，久已退出之日本人，现在多已回至赤峰，但目下仅在赤峰市者，已达百五十余人，其中多为赤峰办事处、县公署、“满洲”中央银行、盐务署等“满洲国”各机关及日本领事馆办事者，而一时因避兵灾逃去之市民，悉已归来，已恢复以前二万五千有余之人口，且日增繁盛。

赤峰与其他重要都市之距离：大庙在其西百三十里，西翁牛特王府在其西百二十里，平泉在其南三百八十七里，乌丹城在其北百八十里，建平在其东南百八十里，承德在其西南四百里，围场在其西南百八十五里，凌源在其南二百八十里，公爷府在其南百里，隆化在其西南三百八十里。

全宁　即乌丹城，元代为鲁王之封地，全宁路之首府也，距赤峰北方百八十里，当至巴林桥之通路，清光绪三十四年，以赤峰为分州，置州判，民国二年改为警察事务所，伪大同二年五月改名全宁，置设治局。蒙古名为波罗河屯，波罗者，青色或紫色之称也，乌丹之名，实由此出。城内有老爷庙，系清乾隆十二年（一七四七年）建造，可知其与汉人往来甚早。古城址在乌丹城之西方，光绪二十年前后，商店不过十四五家，但因赤峰之发展，因其为最北之蒙古贸易市场，现已日增繁荣矣。其后因设开鲁、林西两县，其发展虽稍受阻碍，然为家畜市场，出拨子（行商队）之根据地，及甘草买卖之中心地，仍不失为地方之一市场。以前即制造绒毡，品质优良，为境内第一。此次置设治局，乃深得机宜之措置也。

重要货物之买卖数量：羊毛二三十万斤，羊皮四五万张，牛皮约一万张，马皮约五六千张，獭皮约一万张，狐狸皮二三百张，牛四五千头，马二三千头，羊约一万头，甘草五六十万斤，麻菇三四千斤，烟叶五六万斤，面粉三四万斤，烧酒四五十万斤，煤油约一千箱，火柴约千五百箱，白糖二百包，红糖三百包，冰糖百包，砖茶二千箱，大连布六七千匹，洋线百捆。

该地之赶集（日中为市）分为南北二处，其期南市场每月逢四、九之日，北市场每月逢二、七之日，称北市场为大市，但牛马市每日行之。

以该地为根据地之出拨子，北方以至大板上百五十里乃至百七十里间之各村落为区域，南则往来于锦州间（六百八十里），西则往来于海口间（一百五十里）。

乌丹城与其他各重要都市之距离：赤峰在其南百八十里，广德公在其西九十里，土城子在其西百七十里，敖汉在其东百三十里，小哈拉道口在其东南百二十里，林西在其西北二百五十里，巴林桥在其北二十里，东翁牛特王府在其东北二十里。

建平　俗名新丘，乃蒙古语“新丘儿托”（新开地之意）之音译也。境内包括敖汉左、右两旗及喀喇沁旗之一部，跨老哈河两岸，位于全境之中央，当赤峰、朝阳间之大道。光绪三十一年置县，宣统三年建筑长方形之土城，东西一里，南北一里有半，南门称迎薰门，北门称拱晨门。城隅有老爷庙，其碑文记载清乾隆帝巡视之际，曾于此祀关帝之事实。

品名	土货（千元）	外来品（千元）	计（千元）
牲畜	四八五	——	四八五
粮食	三七五	三	三七八
皮毛	一二〇	——	一二〇
绸缎、布	六	一一〇	一一六
油、蜡、胶、漆	一〇	二二	三二

境内地域广大，虽属四通八达之地，然尚未臻发达，现有邮政局、电报局等，贸易额每年约一百五十万元，土货占百分之八十有奇，其主要者大抵如上表所示，其中最重要者，为羊毛与杂粮，羊毛约四五万斤，杂粮约七八万石。其赶集期，为每逢一、六之日。

建平与其他重要都市之距离：朝阳在其东南百八十里，赤峰在其西北百八十里，黑水在其西北九十里，魁德素在其西南七十里，宝国吐在其东北百四十里，下洼在其东北三百六十里，小河治在其西北百四十里，小哈拉道口在其西北百六十里，小塘七十里，叶柏寿在其南百四十里，榆树在其南九十里，四家子在其东九十里，金厂沟梁在其东百二十里，至东长皋百三十里，贝子府在其东百四十里。

绥东　俗名小库伦，为锡埒图库伦喇嘛之领地，位于新开河（流贯新民之西南）上流，北有开鲁，南有阜新，西为奈曼旗，东经彰武通新民，其与该地之商业关系，古来即甚密切。

清光绪三十四年（一九〇八年）置县，县境跨喇嘛之领地及奈曼旗，蒙古人最多。此地原以牛马市场著名，及郑家屯（辽源）与白音地拉（通辽）发达，逐渐趋衰颓矣，然市民今仍组织“出拨子”，深入蒙古贸易。贸易额约四百五十万元，外来品占过半数，其主要者表示如次：

品名	土货（千元）	外来品（千元）	计（千元）
绸缎、布	——	二，三〇〇	二，三〇〇
果品	一，四五〇	一〇	一，四六〇
皮毛	一七〇	——	一七〇
油、蜡、胶、漆	一五	一一〇	一二五
粮食	七〇	二二	九二
杂货	三〇	四五	七三

绥东为天然苏打之产地，境内家兽约五万头，土货中之重要者为瓜子、兽皮毛、粮食，外来品为布匹及煤油。

绥东与其他重要都市之距离：新民在其东南二百七十里，开鲁在其北三百里，哈拉套街在其东九十里，彰武在其东南百七十里，奈曼王府在其西南二百里。

（五）其他

开鲁　位居热河之东北，南方二十里为西辽河支流老哈河经流之地，北方四十余里为新开河流域，一大平原地也。

县城在西札鲁特旗，地跨东、西札鲁特及阿鲁科尔沁三旗，开鲁者，开发此等旗地之意也。

此地自清光绪三十一年开放始，光绪三十三年置总务局，明年设县治。伪大同二年五月，“满洲国”政府划此地为兴安省西分省管辖，其开放面积，今已达一万五千方里。县城东西二里，南北一里有半，四方筑土城，设四门，城内有古塔。

境内家畜总数约七万头，其在市场之买卖数，一年内牛约十万头，马约五万头，羊约十万头。

开鲁与其他重要都市之距离：东札鲁特在其北三百四十里，绥东在其南三百里，至奈曼王府一百八十里，林西在其西六百二十里，赤峰在其西南六百里，下洼在其西南四百里，通辽在其东百八十里。

林西　清光绪三十三年（一九〇七年）巴林右旗（即大巴林王领地察罕木伦流域之西方）开放千六百方里，明年五月置林西县，一时曾划归赤峰州管辖，民国二年仍改为独立县。以林西名者，盖以其在巴林之西也。该地此次与开鲁同时划归兴安省之管辖矣。

街市在察罕木伦支流木石峡河之北岸，东、西拥丘陵，南面平原，北背谷地，民国三年筑周围八里之土城，设东、西、南、北四门，区划整然。民国二年外蒙军来袭时，统领吴俊陞（后之黑龙江省督军）自郑家屯来，毅军之前敌总司令米振标（后之热河陆军帮办、代理热河都统）自通州来，两处援兵来会结果，幸将敌军击退。及姜桂题任热河都统，米司令为林西镇守使，屯重兵于此，然仍受巴布札布军之威胁。

家畜之买卖约三万头，毛皮约十万张，兽毛约十万斤。

林西与其他各重要都市之距离：经棚在其西方百二十里，巴林桥在其南百十五里，大板上在其东百十里，乌丹城在其南三百里，赤峰在其南四百八十里，高尔齐在其北百二十里，波罗沟在其东二十里，方家店在其南二十里，漠葫芦沟在其西二十里，开鲁在其东六百二十里，小巴林王府在其东北二百二十里，黑山头在其东二十里，阿鲁科尔沁王府在其东北百四十里，西札鲁特王府在其东北六百五十里，西乌珠穆沁王府在其北三百里。

此地喇嘛庙有所谓开庙之法会，附近四大庙每年轮流举行，远近之蒙古男女皆来参诣，因此汉人行商者亦来此地，往来如织，会期约一月。

经棚　在西剌木伦河北方三十里克什克腾旗之内，其支流碧落河自西南流。自清乾隆、嘉庆时始，汉人即往开垦土地，从事贸易，自市场成立后，屡受兵匪骚扰，如民国二年讨伐蒙匪之际，曾受莫大之损失，商家离散者甚多，一时颇呈衰颓之相。

该地原自东南百里之拜察（白岔）派驻巡检司，属察哈尔境内多伦厅之管辖，民国二年改隶热河，民国三年置经棚县，隶属热海〔河〕道。市街在敖包山麓，无城壁，道路狭隘，且多凹凸不平。该市在热河之西北端，为出拨子之根据地。今“满洲国”已将此地划归兴安省。

经棚与其他重要地方之距离：至赵古墩二百八十里，广德公在其东南二百六十里，燕各拜在其南四百七十六里，郭家屯在其南五百二十里，林西在其东百二十里，土城子在其东南九十里，达里诺尔在其西百六十里。

鲁北　民国十三年于札鲁特旗内之北平镇置设治局，管辖札鲁特左、右两旗，面积约三万二千方里，其内已开放者四万三千二百顷。现在已移归兴安省西分省之管辖。

林东　民国十四年于巴林旗内贝子庙置设治局，辖该旗内四万方里之地，已开放者四万八千六百顷，与鲁北同时移归兴安省之管辖。

天山　民国十五年于阿鲁科尔沁旗置设治局，其明年移至查干浩套，面积凡九千一百方里，阿鲁科尔沁旗之外，尚包含札鲁特右旗、巴林左旗及翁牛特左旗之一部，已开放者四万九千百四十顷，与林东同时移归兴安省西分省之管辖。

多伦　属察哈尔，在张家口东北四百八十里，俗称喇嘛庙，因其有喇嘛四大活佛之一之大喇嘛，昔为关外有名之市场，旧称多伦诺尔，乃七湖之意，盖因其附近有七湖沼，然今已大半干涸矣。

汇宗寺及善因寺皆称喇嘛庙，前者在东，后者在西，为清康熙及雍正之敕建，其宏大壮丽，殆与西藏及大库伦喇嘛庙比，市民俗称之曰东藏、西藏，喇嘛僧千有余名，其繁荣以此种关系，已不待言，庙在市西北约四里。市街西北背山，东方开展，西方地多低湿，东西约二里，南北约五里，无城壁，户数四千五百有余，人口四万，商店千余家，回民三千余人，但无一蒙古人居住此间者。张家口至此间，有长途汽车之便。

多伦与其他各重要都市之距离：赤峰在其东六百里，独石口在其西南三百六十里，经棚在其东北四百里，丰宁在其南三百四十里，锥子山在其东二百八十里，古北口在其南五百里，围场在其东三百七十里，西乌珠穆沁在其东北八百里。

此地原属察哈尔管辖，乃热河之西邻，自古以来，关系即非浅鲜，故特附记于此。

锦州　虽非热河省管辖，但自古为西辽之要地，且为奉山路之一站，以其与热河之关系非常密切，兹附记其概要如次。

城市系在明代建设，至今已五百有余年，城周围约十里，高二丈余，用砖筑成，市街距车站约二里，街衢狭隘，往来不便，现已渐次向市外发展，每年之贸易额约三千万元，今后更有发展之趋势。

重要贸易品：兽毛百四十五万斤，兽皮六七十万张，谷类六七十万石，棉花三四十万斤，药材三四万捆，麻类四五十万斤，水胶约三十万斤，土布约三十万匹，毡鞋六七万双，蓝靛约百万斤，棉纱、棉布约一万件，洋面十万袋，煤油约二十万箱，砂糖约二万包，火柴约三万箱，颜料三十万桶，洋腊〔蜡〕六七千箱。

锦州与其他重要都市之距离：高桥在其西南六十里，西海口在其西南六十里，天桥厂在其西南七十五里，松岭子门在其西北九十里，龙王庙在其西南八十里，锦西在其西九十里，义州在其北九十里，沟帮子在其东三十九英里，营口在其东南九十六英里，奉天在其东北百四十六英里，山海关在其西南二百英里，天津在其西南二百八十九英里，朝阳在其西北百八十里。

通辽　原名白音他拉，蒙古名巴林爱新，属达尔罕旗，在西辽河之支流老哈河岸，民国元年开放，明年划定市街区域，名通辽镇，后改为县。虽属奉天省管辖，因其密迩热河，关系重大，故特附记于此。以热河之交通路言，东北之通辽，实与东南之锦州等，且其关系有愈趋紧密之势。

通辽与其他重要都市之距离：郑家屯在其东二百四十里，开鲁在其西百八十里，达尔罕王府在其北百里，莫力庙在其西六十五里，卓里克图王府在其西百二十里。

（六）以县为单位之各种统计

此处所列统计，完全系中国最近之调查，兹记载以供参考。

县城之户口（民国十九年调查）

县别	户数	男	女	计
承德	三，九五五	一一，〇五六	七，〇六九	一八，一二五
滦平	七七二	一，六四七	一，五三〇	三，一七七
平泉	三，〇一四	八，三五六	四，一七八	一二，五三四
凌源	一，二〇四	五，二六二	三，五三四	八，七九六
朝阳	二，六七五	八，二二八	五，〇八五	二三，三一三
阜新	六一四	一，四二五	八一四	二，二三九
建平	二五〇	一，五〇〇	六〇〇	二，一〇〇

续表

县别	户数	男	女	计
绥东	五六〇	一，六八〇	一，一二〇	二，八〇〇
赤峰	四，七八九	一三，四三三	八，三六七	二一，八一九
围场	九五四	二，一六七	一，〇一四	三，一八一
经棚	九八一	二，九一三	一，三五五	四，二六八
鲁北	一八八	四八二	三一一	七九三
合计	一九，九五六	六八，一四八	三四，九九七	一〇三，一四五

备考　隆化、丰宁、开鲁、林西、林东、天山六县不详。

职业别（民国十九年调查）

县别	农	工	商	学	军	政	其他	计
承德	六九，九七八	二，七七九	四，五一九	一，二〇〇	二，一〇〇	二，三〇〇	三〇，〇〇〇	一一二，八七五
朝阳	二八八，五六〇	三〇八	九，三六〇	五九三	一，八三一	二八五	二一，〇〇〇	三二一，九五七
赤峰	一三二，〇〇〇	三，〇〇〇	二〇，〇〇〇	二，〇〇〇	五，〇〇〇	二，〇〇〇	二〇，〇〇〇	一八四，〇〇〇
滦平	六一，〇〇〇	一，八〇〇	五三〇	一，〇一〇	八二一	二一〇	五，五〇〇	七〇，八七一
平泉	一二六，二〇〇	五〇，四九〇	三七，八六八	七〇，〇一五	一二，七五〇	四，三六〇	三〇，九〇〇	二七二，五八三
凌源	五九，五四九	四，八四八	五，八七五	四，五二四	一，五五〇	二五八	二五，七八六	一〇二，三九〇
阜新	一〇〇，〇〇〇	二〇，〇〇〇	二〇，〇〇〇	一〇，〇〇〇	五，〇〇〇	三，〇〇〇	四二，五〇〇	二〇〇，五〇〇
经棚	三七，四三八	三，三六四	一，二三七	二，四二五	九七六	一〇八	三，五二六	四五，〇七四
围场	八五，七〇〇	三，四五〇	九，八〇〇	七，七八〇	二，七八〇	六六九	二六，七八〇	一三一，九五九

续表

县别	农	工	商	学	军	政	其他	计
建平	八四，〇〇〇	一五，〇〇〇	二二，〇〇〇	三，〇〇〇	一，五〇〇	五〇〇	六〇，〇〇〇	一八六，〇〇〇
绥东	一七五，七九七	一，二〇〇	九〇〇	二，五〇〇	三，五〇〇	一，一五〇	二〇，〇〇〇	二〇五，〇四七
鲁北	九，八三四	一二〇	一三〇	二八四	一〇八	三二	三八〇	一〇，八八八
天山	四，二〇〇	五六	二七	——	——	——	八〇〇	五，〇八三
合计	一，二三四，二六六	一〇六，四一四	一三二，二四六	四五，三三一	三七，九二六	一四，八七二	二八二，一六一	一，八五八，二二七

备考　开鲁、林西、隆化、丰宁、林东五县不详。

区及村落数（民国十九年调查）

县别	区数	村数
承德	五	八九
朝阳	六	未详
林西	五	六〇
经棚	五	五六二
绥东	六	一四四
鲁北	五	四六
赤峰	六	一二八
凌源	六	一八〇
围场	六	一二五
建平	五	四〇
天山	四	一六
合计	五九	一，三九〇

备考　一、滦平、平泉、阜新、开鲁、隆化、丰宁、林东七

县不详。二、所谓区者，将县城以外之四乡，划定区域，管辖公安分局之派出所。

耕地与荒地（民国十八年，调查单位以亩计）

县别	所有	耕地	荒地	计	合计
赤峰	官有	七〇〇，〇〇〇	无	七〇〇，〇〇〇	二，四〇〇，〇〇〇
	私有	一，五〇〇，〇〇〇	二〇〇，〇〇〇	一，七〇〇，〇〇〇	
滦平	官有	一一一	二九七	四〇八	三三六，一四五
	私有	三三八，七三七	无	三三八，七三七	
平泉	官有	八〇	无	八〇	一，八二一，五起〔八〕〇
	私有	一，八二一，五〇〇	无	一，八二一，五〇〇	
凌源	官有	无	无	无	一，〇二一，〇八九
	私有	一，〇二一，〇八八	无	一，〇二一，〇八八	
阜新	官有	无	无	无	八一〇，〇〇〇
	私有	八一〇，〇〇〇	无	八一〇，〇〇〇	
林西	官有	四，〇〇〇	无	四，〇〇〇	八二九，一八〇
	私有	七四二，六五〇	八二，五三〇	八二五，一八〇	
经棚	官有	无	无	无	二，三三〇，〇〇〇
	私有	二二〇，〇〇〇	二，一一〇，〇〇〇	二，三三〇，〇〇〇	
围场	官有	无	无	无	八〇〇，〇〇〇
	私有	八〇〇，〇〇〇	无	八〇〇，〇〇〇	
建平	官有	无	三〇〇，〇〇〇	三〇〇，〇〇〇	三，二〇〇，〇〇〇
	私有	二，〇〇〇，〇〇〇	九〇〇，〇〇〇	二，九〇〇，〇〇〇	
绥东	官有	未详	三〇〇，〇〇〇	三〇〇，〇〇〇	九〇〇，〇〇〇
	私有	六〇〇，〇〇〇	未详	六〇〇，〇〇〇	
鲁北	官有	无	二七，〇〇〇	二七，〇〇〇	五九四，〇〇〇
	私有	一六二，〇〇〇	四〇五，〇〇〇	五六七，〇〇〇	
天山	官有	无	七〇二，〇〇〇	七〇二，〇〇〇	一，一二八，六〇〇
	私有	五四，〇〇〇	三七二，六〇〇	四二六，六〇〇	

续表

县别	所有	耕地	荒地	计	合计
合计	官有	七〇四，一九一	一，三二九，二九七	二，〇三三，四八八	一六，一七三，五九三
	私有	一〇，〇六九，九七五	四，〇七〇，一三〇	一四，一四〇，一〇五	

备考　隆化、开鲁、丰宁、林东、朝阳、承德六县未详。

农户与耕地（民国十二年调查）

县名	户数	亩数
朝阳	一〇三，九七五	九五七，三〇九
平泉	一〇八，八三九	一，八二三，二八一
滦平	一六，七五〇	六五，七〇二
承德	二一，五七三	六二〇，〇七〇
围场	一四六，五八六	一，二五三，九〇七
林西	三，五五八	四四六，四〇〇
经棚	四，二四二	二四四，七六〇
隆化	五，九六〇	四一四，六八〇
开鲁	七，一九二	二一一，六三〇
丰宁	二五，三三〇	七五八，六三五
赤峰	二五，八七〇	六四九，一〇〇
建平	七一，二九八	二，八四〇，一〇五
凌源	七八，二七二	一，二五三，九〇七
合计	六一九，六四五	一〇，六七八，四八六

备考　以本表与民国七年调查之统计相较，农户减少七百四十四户，亩数减少五百十九万三千百十亩，即约减少三成。一方面可证明调查之不正确，同时他方面因树被伐采，年年水害之大，可想而知。

畜产（民国十八年调查）

县别	种类	数量（头）
承德	牛	三八〇
	马	一三〇
	驴	一四〇
	羊	一，二五〇
	豚	三九〇
	合计	二，二九〇

主要农产物稷、粟、黍子、玉蜀黍、高粮〔粱〕、粮米①、大麦、小麦、荞麦、大豆、小豆、绿豆、碗〔豌〕豆。

赤峰	牛	七二〇
	马	三〇〇
	驴	三，〇〇〇
	骡	二四〇
	羊	一二，〇〇〇
	豚	六〇，〇〇〇
	骆驼	一八〇
	合计	七六，四四〇

主要农产物高粮〔粱〕、谷子（粟）、黄豆、绿豆、小麦、黍子、荞麦。

朝阳	豚（头）	三八〇，〇〇〇
	偏炕席②	四〇，〇〇〇
	柳条筐（个）	五〇，〇〇〇
	木具	五，〇〇〇
	石条	五〇，〇〇〇

① 原文如此。——整理者注
② 原文如此。——整理者注

续表

	石槽	五〇，〇〇〇
	瓦	一〇〇，〇〇〇
	砖	一五〇，〇〇〇
	豆粉	四〇〇，〇〇〇
	豆腐	五〇〇，〇〇〇，〇〇〇

主要农产物谷子、高粮〔粱〕、大豆、芝麻。

平泉	牛（头）	八，三七〇
	羊	二〇八，四〇〇
	合计	二一六，七七〇

主要农产物高粮〔粱〕、谷子、大麦、小麦、荞麦、玉米。

凌源	茧（斤）	五，八二〇
	蜜	二，七二〇
	畜类（头）	六，四五〇

主要农产物高粮〔粱〕、谷子、豆子。

围场	烧酒	四八〇，〇〇〇
	粉类	一五〇，〇〇〇
	牛（头）	三〇，〇〇〇
	马	八，〇〇〇
	羊	三〇〇，〇〇〇
	合计	三三八，〇〇〇

主要农产物荞麦、［荞麦］、大麦、谷子、大豆、黄豆、马铃薯、玉蜀黍。

阜新	牛	五七，八〇〇
	羊	五〇，〇〇〇
	合计	一〇七，八〇〇

主要农产物高粮〔粱〕、大豆、荞麦、糜子（黍）、黍子

（粟）。

建平	牛	一，五五〇
	马	一，五〇〇
	驴	一，五〇〇
	羊	五，二〇〇
	豚（只）	四，一〇〇
	计	一三·八五〇
	鸡	三，七〇〈〇〉
	鸭	一一，五〇〇
	合计	二九，〇五〇

主要农产物高粮、谷子、大豆、吉豆、合豆、麻子、黍子。

丰宁	蜂（窝）	一，四〇〇，〇〇〇
	牛（头）	二八〇，〇〇〇
	羊	一四〇，〇〇〇
	豚	一四〇，〇〇〇
	鸡（只）	二八〇，〇〇〇
	合计	八四〇，〇〇〇

主要农产物高粮〔粱〕、谷子、黍子、稷、麦、荞麦、合豆、黄豆。

开鲁	牛（头）	二〇，〇〇〇
	马	五，〇〇〇
	羊	五〇〇，〇〇〇
	合计	五二五，〇〇〇

主要农产物高粮〔粱〕、谷子、豆类、荞麦、糜子。

经棚	牛	一一，〇〇〇
	羊	五，〇〇〇
	马	七五，〇〇〇

续表

	合计	九一，〇〇〇
	草（斤）	五，九一〇，〇〇〇
	柴（斤）	五四二，〇〇〇
	兽皮（张）	四五·三六五
	兽毛（斤）	六〇，〇〇〇
	绒（斤）	一二·二〇〇

主要农产物谷子、荞麦、大麦、小麦、吉豆。

林西	牛（头）	三五，〇〇〇
	马	四，三〇〇
	羊	一四〇，〇〇〇
	合计	一七九，三〇〇

主要农产物谷子、糜子、黍子、大麦、小麦、大麻。

绥东	畜类	七〇，〇〇〇
	鸡鸭	一〇，〇〇〇
	合计	八〇，〇〇〇

主要农产物高粮〔粱〕、谷子、荞麦、元豆、糜子、黍子。

隆化	牛	一，六〇〇
	羊	三四，八〇〇
	豚	二，三〇〇
	合计	三八，七〇〇

主要农产物谷子、高粮〔粱〕、合豆、黍、稷。

滦平	牛（头）	三二〇
	马	二三〇
	驴	六五〇
	羊	六，五〇〇
	豚	一五，〇〇〇
	合计	二二，七〇〇
	羊毛（斤）	九，八〇〇

主要农产物高粮〔粱〕、谷子、小麦、荞麦、黄豆、合豆、绿豆。

林东	牛（头）	六〇〇
	马	二〇
	羊	一，八〇〇
	骆驼	三〇
	合计	二，四五〇

主要农产物谷子、糜子、高粮〔粱〕、豆子、黍子。

天山	牛	四七〇
	马	三八〇
	羊	六三
	合计	九一三

主要农产物稷、谷子。

鲁北	牛	六七〇
	马	八，五二〇
	羊	一五〇
	豚	二八八
	合计	九，五二八

主要农产物谷子、高粮〔粱〕、荞麦、黍子、稷。

家畜产出数（民国十八年调查）

牛	四四八，四八〇
马	三三，三八〇
驴	五，二九〇
豚	六〇二·〇七八
畜类	七六，四五〇
鸡	二八三，七〇〇
骡	二四〇

续表

骆驼	二一〇
羊	一，四七五，一六三
鸭	一一，五〇〇
鸡①	一〇，〇〇〇
合计	二，九四六，四九一

第三节　军事

（一）旧军队

镇守使　民国二年于朝阳、林西及赤峰置镇守使，任命直隶巡防队统领段贵——承威将军——为朝阳镇守使，任命前敌司令米振标为经棚、林西镇守使，任命赤峰军务会办陈光远为赤峰镇守使，然次年五月即行裁撤。民国十一年七月，复任命剿匪司令张殿如——保威将军——为林西镇守使，其后迁徙至赤峰，自张氏去后，则无镇守使之名义存在矣。

绿营军　前清时代于热河置满人驻防都统一品官一员，置汉人副都统二品官一员，称为绿营军，另于平泉置参将一员，于凌源置守备一员，于赤峰及朝阳各置都司一员，以维持地方安宁秩序。

练军　清光绪五年（一八七九年）为边防之关系，由直隶省派遣练军于热河，光绪六年更招募骑兵三营，民国二年陈光远任赤峰镇守使时，亲率练军而往，当时以步兵三百五十名及骑兵百六十名为一营。

直隶巡防队　清光绪二十六年（一九〇〇年）二月，义和团事变之际，由直隶派遣八营至朝阳，其后置镇守使管辖之。其经费初由直隶省支出，后因财政困难，渐次减少，民国十年减为三

① 表中重复出现。——整理者注

营，民国十一年奉直战争得胜后，增加为六营。

热河巡防队　清光绪二十七年三月，奎都统以满洲旗人编成巡防队，最初为五营，光绪三十一年都统廷杰增加为十六营，分北、东、中三路，北路六营驻开鲁，中路五营驻丰宁，东路五营驻平泉。民国九年十月，裁撤北路，仅存中、东二路，至民国十年，汲金纯更减少为二营，仅于富宁、平泉各留一营。

新军　清光绪三十一年都统锡良，由旧绿〈营〉军挑选壮丁一千余名，编成新军，民国二年熊希龄更增加人员，编成热河陆军骑兵第二团，此即混成旅骑兵之前身。

热河陆军第一混成旅，系都统姜桂题于民国九年十一月编成，计十营，其内三营驻开鲁，四营驻赤峰，二营驻围场，一营驻古北口，其后改编为陆军步兵第一团，骑兵第二团，炮兵一营，民国十年都统汲金纯将其裁撤。民国十一年奉直战争之结果，仅留步兵三营及骑兵一二营，称此为热河陆军混成步兵第一团，于是年八月移驻林西，第三营驻经棚，炮队驻赤峰，然兵数不足，仅有其名而无其实。升任骑兵营长为团长，属朝阳镇守使管辖。

游击马队　民国二年三月，熊都统以马贼之投诚者编成游击队五营，置本部于建平，民国十年汲金纯将五营减为三营，民国十一年奉直战争失败之结果，汲金纯退出热河时，马贼之头目称为三点儿——姓张——者，率部下百二十名来归，遂增加为四营。

奉天陆军第二十八师　民国十年五月，东三省巡阅使张作霖兼掌蒙疆经略使，奉天陆军第二十八师师长汲金纯，于是年六月，以剿匪总司令名义侵入热河，及九月都统姜桂题退出，汲氏即入承德取得都统印绶。金氏事先将二十八师配驻于热河各要所，待毅军全数退出，乃裁撤其他杂色军队，竭力扩张其势力，至民国十一年奉直战败，汲氏于五月二十九日撤退后，热河复为毅军所有。

毅军　清光绪十五年（一八八九年）蒋统领于旅顺编成八营，称五大左军，光绪二十年中日战争之际，蒋统领战没后，宋宫保——名庆——率领退山海关，复移驻于通州南方二十里之张家湾，光绪二十六年至山西，二十七年赴海南，至保定，更移驻北京，是年宋庆死，毅军即分为两部分，一曰武威军，其［其］即毅军。于是马宫保——名玉昆——带领毅军驻古北口，后增加为三十九营，及至宣统元年马宫保死，毅军遂归张〔姜〕桂题统辖，民国元年讨伐蒙匪之际，米司令——名振标——率领毅军赴林西，及明年姜桂题为热河都统，毅军遂全部移驻热河境内，民国九年分驻一部分于河南，民国十年热河都统易人，毅军乃全部退入关内，姜氏死后，毅军遂归米振标率领，民国十一年奉直战争之结果，米氏任热河陆军帮办之际，遂将毅军全数率领再入热河。

备考　一、武威军当时属张勋所辖，复辟失败后，屯驻徐州。二、当时毅军中，尚有参加中日战争者。

（二）正规军

塞外之事，关于军务者最为重要，故自热河置总管以来，几经变迁，至汤玉麟时代，遂成为正规陆军。关于热河省之军事机关及兵力等，依民国二十二年十二月调查之结果表示如左：

都统公署重要职员

热河都统兼第三十六师长	汤玉麟
参谋处长	索景斌
秘书处长	李赞廷
军需处长	王宗禹
副官处长	钟万福
军医处长兼陆军医院长	谈溪兰
军法处长	孙国汝
陆军训练部总监	汤玉麟

续表

军械处长兼修机处长	胡宗廉
承启处长	蔡锡三
承启处副官	孟昭田
承启副处长	孟昭田

热河正规军配置表

部队	驻在地	统率者	摘要
步一〇六旅司令部	热河西街	张文龙	
第二一二团	同	同	
第二一一团	平泉	同	
独立炮兵团	热河东街	汤玉铭	汤玉麟之四弟
同　骑兵团	同　西街	汤玉书	同　五弟
工共营	同　旧行宫内	汤德福	汤之侄
辎重营	同　关岳庙	夏玺廷	
热河特务队	滦平	崔子亭	汤之妻侄
同	古北口	同	五连　每连约二百名
步一〇五旅司令部	建平	龙香九	
第二一六团	同	同	
第二一五团	凌源	同	

以上属于东北国防军第三十六师。

第三一旅司令部	围场	富春山	
第六八八团	同	同	
第六八九团	丰宁	同	
热河骑兵第一旅	建平县下窪	赵国增	未完成
第一团	同	同	
第二团	绥东	同	
第三团	阜新	同	
第四团	同	同	

续表

第一〇七旅司令部	朝阳	董福建	东北边防军
骑兵第九旅司令部	开鲁	崔兴斌	同
第五六团	同　道大营丰		
第五七团	同		
第五八团	林西　林东		
骑兵第十旅司令部	赤峰	石丰亭	东北边防军
第五九团	同		
第六〇团	同	同	
第六一团	同	同	

热河民团训练区常备团体分布表

区别	督练处所在地	督练长	团员数
第一区	承德	伊凤山	一，〇五〇
第二区	平泉	汤耿忠（汤之第二孙）	七五〇
第三区	凌源	林书铭	九〇〇
第四区	朝阳	张林	一，三五〇
第五区	建平	顾永纯	一，〇五〇
第六区	开鲁	解国臣	一，二〇〇
第七区	林东	秦耀魁	七五〇
第八区	丰宁	金成有	九〇〇
第九区	围场	陈辅陞	一，二〇〇
计			九，一五〇

义勇军之重要者

所在地	指挥者	人员
长堡当子（朝阳之东）	马子丹	七〇〇
四方板（北票之南）	高鹤轩	五〇〇
东大板（同上）	田华夫	五〇〇
七道领（北票之西南）	刘振东	五〇〇

续表

所在地	指挥者	人员
八吐营子（同上）	董长盛	一，〇〇〇
绥东、阜新	姜廷相	五〇〇
北镇、黑山县境	冯占海	一〇，〇〇〇
义州、凌南	景镇洲	一，〇〇〇
同　西北	李明齐	一·〇〇〇
兴城县之北	郑桂林	八〇〇
喇嘛洞（锦西之西）	战涛	一，三〇〇
宝正沟（同上）	齐献廷	七〇〇
锦西、凌南县境	石青杨	一，八〇〇
同　兴城一带	汲绍刚	一，五〇〇
鲁北一带	刘桂棠	六，〇〇〇
凌南县境	宋粟	八〇〇
同上	朱霁青	二，五〇〇
康平北方	贾肃义	八〇〇
彰武县北方	苏大生	六〇〇
临榆县内	李芳廷	三，〇〇〇
合计		三六，六〇〇

第十四章　财政

关于田赋一项，昔在承德、滦平、隆化及平泉各地，每亩征收赋银二分五厘，清乾隆四十二年（一七七八〔七〕年），于平泉、凌源、朝阳、赤峰四处设征收局，一年可获银约十万两，故中央政府对热河支出补助费，每年仅数万两。清光绪二十六年（一九

○○年）以降，渐次扩张军队，至光绪二十九年，中央政府支出之补助费，已达三十万两，是年锡良任热河都统，乃建议政府，改革税则，征收酒税，设立官银号，开放蒙古土地，努力规划，但终未能使热河之财政归于独立。至光绪三十四年，更因增加军队，财政益告穷乏，支出至需一百八十万元之巨额，反之收入仅九十万元。民国二年因巴布札布叛军来袭，因此致毅军三十余营进驻热河，其经费约二百万元，则由中央政府直接支出，其后因改编或扩张军队，经费逐年膨涨，虽加重赋税，亦难维持，终至截留中央税款，且一切薪饷，均以现洋八成搭发交通票二成。若非支出巨额之军费，收支或可相偿，但不仅军费之财源枯竭，民国十年张作霖任蒙疆经略使，热河特别区之势力，忽感动摇，姜桂题乃劝种罂粟，以为一举可得五六百万元之军饷，以作热河退却之准备，然至雅片税收旺盛之期，即去职他调，完全未达豫计之目的。其后任汲金纯氏，另行抽收亩捐，锐意整理税收，又因奉直战争之结果，又不得不退出热河，且天候不良，罂粟之收获，亦受莫大之打击。

今将民国九年之岁入，与民国十九年之岁入相较，两者虽均属豫算，前者岁入为一百五十万元，后者岁入为二百八十万元，此十年间，收入约已增加一倍，然九年度岁出为一百七十四万余元，十九年度岁出为二百二十七万元，支出仅增加百分之三十有奇，但九年度岁出三分之二以上为军费，反之十九年岁出，军费完全不在其内，而此巨额之军费究自何而来，既非苛征厚敛，不待言其为栽种罂粟与制造雅片之所得。使人民故犯禁令，劝种罂粟，以一省之长官，公然设厂制造雅片，名为筹办军饷，实则图饱私腹，政治腐败，岂可以言喻哉。如民国二十二年雅片收入，闻已达二三千万元之巨额。

第一节 岁入

（一）经常部

类别	民国九年度（元）	民国十九年度（元）
田赋（地粮、旗租）	一二二，一二六	二二一，三五九
契税	三八，三〇四	七一，五四〇
牙税	二，二五〇	六，二五〇
当税	三，三一六	三〇〇
屠宰税（屠宰税附加税）	一五，三七九	四四，〇三三
内地税	一五，九七〇	一，六〇〇
渔业税		二，五八〇
车驮税		三二，九六〇
亩捐		二八〇，二四一
牲畜税	五三，一五四	一八五，七八八
事业收入（电报、电话）		八，三五二
行政收入（各县）	——	一〇，六九六
热河兴业银行 官股红利	——	七八，〇〇〇
热河兴业银行 官款生息	——	二七，六七六
杂款	七一，七二四	
印花税、其他	五四〇，六〇〇	
矿税（煤）	四八，〇五五	六四，五九〇
硝矿税（盐税）	一八，〇二七	二，八〇〇
合计	八九二，九〇五	一，〇三八，七六五

备考　括弧内为民国九年度经费种类，与十九年度不同，兹特附记之。

（二）临时部

类别	民国九年（元）	民国十九年度（元）
盐斤食户特捐	——	三八三，二六八
酒捐（酒税）	四三一，四二六	二一六，〇〇〇
教育费 征收局 烟酒分局		一一九，六〇〇
合计	四三一，四二六	八一八，八六八

备考　括弧内为民国九年度之经费种类，与十九年度者不相符合，兹特附记之。

（三）通过税

<table>
<tr><th>类别</th><th>民国九年度（元）</th><th>民国十九年度（元）</th></tr>
<tr><td>粮食税（粮税）</td><td>三，七〇〇</td><td>一六九，六四五</td></tr>
<tr><td>茶糖税</td><td rowspan="8">（百货税）一二八，五四〇</td><td>七二，九九九</td></tr>
<tr><td>纸张税</td><td>一六，一二一</td></tr>
<tr><td>药材税</td><td>三六，三四四</td></tr>
<tr><td>皮毛税</td><td>一九〇，七三八</td></tr>
<tr><td>绸缎、呢绒税</td><td>四九，〇六四</td></tr>
<tr><td>布匹税</td><td>一一一，四七四</td></tr>
<tr><td>磁器税</td><td>一二，四九五</td></tr>
<tr><td>棉、麻、毡毯税</td><td>二四，〇八五</td></tr>
<tr><td>杂货税（杂捐）</td><td>一六，二七八</td><td>二七一，二一六</td></tr>
<tr><td>杂收入</td><td>一三，八七九</td><td>四九，〇三一</td></tr>
<tr><td>合计</td><td>一八〇，三九七</td><td>一，〇〇四〔三〕，二一二</td></tr>
<tr><td>总计</td><td>一，五〇四，七二八</td><td>二，八六一，八四五</td></tr>
</table>

备考　括弧内为民国九年度之经费种类，与十九年度者不相符合，兹特附记之。

民国十九年度地方税岁入豫算表

县别	田赋（元）	契税（元）	牙税（元）	当税（元）	屠宰税（元）	车驮捐（元）	亩捐（元）	牲畜税（元）	地方行政收入（元）
承德	二七，八八九	一二，八〇〇	九六五	七五	二，六一〇	二二〇	三，一八一	二八，〇〇〇	九二八
滦平	一四，三二二	二，三五〇	——	——	五四〇	二九〇	五，七六五	六，四〇〇	三五二
丰宁	一八，六五九	一，一〇〇	二七〇	——	七六五	三〇〇	一一，七六二	四〇，八〇〇	一九四
隆化	一一，八七〇	一，四五〇	——	——	一，四〇四	一，六〇〇	一二，五〇〇	——	三三二
围场	九二，九一一	八，〇五〇	一，〇一〇	——	一，八九〇	二，五〇〇	二二，九八一	一〇，〇〇〇	二一九
赤峰	——	五，九〇〇	一，九一〇	七五	五，四八六	四，二〇〇	三〇，〇〇〇	一三，六〇〇	六二八
经棚		一，九〇〇	三二〇	——	一，一二五	一，三〇〇	六〇〇	七，〇〇〇	二一六
林西	九，二〇〇	五，七五〇	——	——	九九〇	四五〇	八，二〇一	二，六二八	一二六
开鲁	二一，一二五	六，二五〇	四五	——	一，〇八〇	二，四〇〇	二三，三九一	二，六〇〇	一九四
绥东	——	五四〇	一五〇	——	一，八〇〇	一，五二〇	一九，六〇〇	四，四〇〇	一八八
阜新	——	一二，八〇〇	——	——	一，四九四	一〇，〇八〇	三七，三八五	四，二六〇	一，六八八
建平	九七〇	一，四五〇	一二〇	——	二，八八〇	三，〇三〇	二五，〇〇〇	八，〇〇〇	七四四
朝阳	——	三，一〇〇	五五五	——	九，〇〇〇	一，四二〇	二三，六六二	二四，五〇〇	一，二八〇

续表

县别	田赋（元）	契税（元）	牙税（元）	当税（元）	屠宰税（元）	车驮捐（元）	亩捐（元）	牲畜税（元）	地方行政收入（元）
凌源	——	一，五〇〇	一〇五	七五	六，一六五	九五〇	一八，一三〇	一四，〇〇〇	一，八六八
平泉	一六，三六三	四，七〇〇	八〇〇	七五	六，八〇四	二，七〇〇	三四，九七八	一五，〇〇〇	一，五六〇
天山	——	一，九〇〇	——	——	——	——	——	——	六〇
鲁北	八，〇六四	——	——	——	——	——	一九，六〇〇	——	六〇
林东	——	——	——	——	——	——	——	一，〇〇〇	六〇
合计	二二一，三五九	七一，五四〇	二五〇	三〇〇	四四，〇三三	三二，九六〇	二九六，七三七	一八五，七八八	一〇，六九七

一、表中合计八六九，六六四。

二、经棚内地税一，六〇〇，绥东九八〇。

地方事业收入	公报所 电报局	四，二二四 四，一二八	八，三五一
热河兴业银行	官股红利 官款生息	七八，〇〇〇 二七，六六六	一〇五，六七六
硝磺捐			二，八〇〇
矿税	财政厅	五〇，〇〇〇	六四，五九六
	承德	二，一〇〇	
	围场	二〇〇	
	赤峰	五，四九六	
	朝阳	六，八〇〇	
以上合计		一八四，二六四	
总计			一，〇五四，〇二八

备考　一、本表中各县府征收者为田赋、契税、当税、屠宰

税、亩捐、内地税、地方行政收入。二、征收局征收者为牙税、车驮捐、牲畜税、渔业税。

民国十九年度临时岁入豫算表

县别	盐斤食户特捐（元）	酒捐（元）	征收局（教育费）（元）	烟酒分局（教育费）（元）
承德	三〇，六五四	二五，〇〇〇	五五〇	七，三四〇
滦平	二三，二六三	五〇〇	一〇〇	六八〇
丰宁	一七，八五〇	一，五〇〇	二〇	一，四〇〇
隆化	一八，〇三〇	五，〇〇〇	——	——
围场	二五，三九八	一四，〇〇〇	二〇	四，一〇〇
赤峰	二九，八六九	五五，〇〇〇	五〇〇	二〇，三六〇
经棚	六，七七八	二，五〇〇	四〇〇	一，四〇〇
林西	七，八六九	六，〇〇〇	四〇〇	二，三六〇
开鲁	八，三二二	一五，〇〇〇	三〇〇	六，一〇〇
绥东	一五，九九七	一六，〇〇〇	二〇〇	五，四〇〇
阜新	二九，七三六	二五，〇〇〇	一八〇	九，二〇〇
建平	三〇，四三二	三，五〇〇	一〇〇	三，七〇〇
朝阳	三九，六〇〇	三八，〇〇〇	四〇〇	一三，五〇〇
凌源	三〇，六〇〇	四二，〇〇〇	一四〇	一五，七〇〇
平泉	六二，八〇〇	四八，二〇〇	一六〇	一九，四四〇
宽城	——	三，八〇〇	——	一，三二〇
鲁北	二，九一八	二，五〇〇	——	一，〇六〇
天山	一，〇八六	——	——	——
林东	二，〇六六	二，五〇〇	——	一，一〇〇
计	三八三，二六八	三一六，〇〇〇	三，四〇〇	一一六，二〇〇
合计	八一八，八六八			

备考　一、盐斤食户特捐由县府征收，酒捐由烟酒分局征收。二、教育费由征收局与烟酒分局征收。

民国十九年度通过税岁入豫算表

县别	粮食税	茶糖税	纸张税	药剂税	皮毛税	绸缎呢绒税	布匹税	磁器税	棉布毡毯税	杂货税	杂收入	合计
承德	二三，八八〇	一三，三〇三	一，三〇〇	六，三〇〇	九，九六五	一五，〇〇〇	一四，九六三	八〇〇	一，〇〇〇	一七，九九〇	六，八五〇	一一二，〇〇〇
赤峰	四，二四六	一三，四七〇	四，一六三	六，七三〇	八三，一三二	六，六〇〇	三六，〇〇〇	二，五二〇	五，九一八	二二，一七一	二，三五〇	一八六，四〇〇
朝阳	一八，三〇〇	八，二二〇	三，二三〇	五，八三〇	一四，五〇〇	一一，五〇〇	一二，五〇〇	二，八三〇	四，三五〇	三一，四五〇	六，五〇〇	一二〇，五〇〇
围场	六，三〇〇	二〇二	五〇〇	一，六〇〇	八，〇〇〇	五五〇	四，〇〇〇	一，〇〇〇	一，五〇〇	一六，五〇〇	一，三五〇	四三，〇〇〇
平泉	三〇，二〇〇	五，六〇〇	八〇〇	七〇〇	八，五〇〇	一，六〇〇	六，〇〇〇	一，〇〇〇	二，四〇〇	二九，〇〇〇	三，九〇〇	九二，〇〇〇
凌源	二二，九〇〇	五，五〇〇	二，六七〇	二，七〇〇	三，一〇〇	二，一三〇	八，〇九〇	一，〇二〇	一，四〇〇	二六，三〇〇	五，一七〇	八六，〇〇〇
阜新	一六，六三三	三，三〇九	八五	四二八	一，八六七	一，二六〇	一，〇七〇	五八〇	四二〇	一一，〇〇〇	五，〇六六	四一，七四〇
滦平	五，八〇〇	四，八〇〇	五〇〇	二，〇〇〇	一，九〇〇	五，六〇〇	一，八〇〇	四〇〇	五〇〇	三五，〇〇〇	一，三〇〇	五九，六〇〇
林西	七，三一〇	六，三四四	一六三	七七六	一八，四二七	一〇〇	一〇，〇〇〇	一三九	九六三	一〇，八一三	二，三三五	三七，三七二
经棚	六，三〇四	三，六七六	六九〇	七六〇	二，九四七	一，九〇四	二，三四九	九三六	七三二	一九，一三二	三，三七〇	四三，〇〇〇
开鲁	四，二〇〇	二，一〇〇	一〇〇	一，三〇〇	三，一〇〇	一，〇〇〇	二，六〇〇	二〇〇	六〇〇	二七，〇〇〇	一，六〇〇	四三，八〇〇
丰宁	九，七〇〇	一，六〇〇	九〇〇	二，八〇〇	三，八〇〇	五〇〇	三，八〇〇	四〇〇	一，九〇〇	三，二〇〇	三，六〇〇	三四，二〇〇
建平	四，九〇〇	一，四〇〇	三〇〇	三，九〇〇	二三，七〇〇	七〇〇	五，〇〇〇	一〇〇	一，六〇〇	九，四〇〇	二，九〇〇	五四，〇〇〇
绥东	一，三三〇	一，四〇〇	三〇〇	八〇〇	三，八〇〇	五〇〇	二，三〇〇	三三〇	三〇〇	九，七六〇	三四〇	二一，六〇〇
林东	二，〇〇〇	五，〇〇〇	一〇〇	五〇〇	三，〇〇〇	一〇〇	三〇〇	一〇〇	三〇〇	一，三〇〇	二〇〇	九，〇〇〇
合计	一六九，六四五	七二，九九〇	一六，一二一	三七，三四四	一九〇，七三八	四九，〇六四	一一一，四七四	一二，四九五	二四，〇八三	二七一，二一六	四九，〇二一	一，〇〇四，二一二

第二节 岁出

（一）经常部

类别	民国九年度	民国十九年〈度〉
行政费（内务部）	二八一，七六六元	七五七，一四〇元
司法费（司法部）	一二六，七八一	一七〇，九九四
公安费（陆军部）	一，一六八，〇二六	七〇七，九五九
财务费（财政部）	一二〇，一二〇	九五，一七二
教育费（教育部）	二五，四八九	一二六，二五九
农矿费（农商部）	九，八四四	六，九三九
交通费（交通部）	二，五一六	二，四二四
建设费		九七，六二八
协助费（外交部）	一二，九一〇	二，九六五
合计	一，七四七，四五二	一，九六七，三八〇

备考 表中括弧内为民国九年度之经费种类，与十九年度者不同，兹特附记之。

（二）临时部

类别	民国九年度（元）	民国十九年度（元）
行政费	——	三一，八四五
司法费	——	四一，三四三
公安费	——	一二，五六六
财务费	——	八，〇〇〇
教育费	——	八，〇〇〇
建设费	——	一二，三五〇
协助费	——	六三五
豫备费	——	一〇〇，〇〇〇
内务费	——	九六，二六三
合计	——	三一一，〇〇二

续表

类别	民国九年度（元）	民国十九年度（元）
总计	一，七四七，四五二	二，二七八，三八二
岁入总额	一，五〇四，七二八	二，八六一，八四五
岁出总额	一，七四七，四五二	二，二七八，三八二
两抵（不足）	二四二，七二四（增加）	五八三，四六三

备考　公安费记载于公安局之项。

民国十九年度经常岁出豫算表

类别		省（元）	县（元）	合计（元）
行政费	省政府	二〇五，〇五六	二〇六，四一八	
	秘书处	一七三，一一三		
	公报所	二六六，六〇四		
	民政厅	九八，八〇〇		
	园廷事务处	二一，一四八		
	赤峰开埠局	四，〇二二		
	警察官学校	二一，九八〇		
计		五五〇，七二二	一〇六，四一八	七五六，七二二
司法费	热河高等法院	一〇〇，三〇八		
	县司法		三一，六三二	
	及监狱		三九，〇五四	
计		一〇〇，三〇八	七〇，六八六	一七〇，九九四
公安费	警务处	三七，〇八〇		
	省会公安局	一一五，〇〇二		
	赤峰商埠公安局	一三，九七二		
	省保安队	五四一，九〇五		

续表

类别		省（元）	县（元）	合计（元）
计		七〇七，九五九		七〇七，九五九
财务费	财政厅	九五，一七二		
计		九五，一七二		九五，一七二
教育费	教育厅	七一，五一六		
	中学校	二〇，二五〇		
	师范学校	二九，七五六		
	省教育会	一，二〇〇		
	图书馆	七二〇		
	教育经费管理及基金保管委员会	二，四一七		
计		一二六，二五九		一二六，二五九
农矿费	第一造林场	三，七八〇		
	畜牲试验场	二，三四五		
	农产种籽交换所	七一四		
计		六，八三九		六，八三九
交通费	电话局	二，四二四		
计		二，四二四		二，四二四
建设费	建设厅	九七，六二八		
计		九七，六二八		九七，六二八
协助费	各县教育补助会	二，九六五		
计		二，九六五		二，九六五
合计		一，六九〇，二七六	二七七，一〇四	一，九六七，三八〇

民国十九年度临时岁出豫算表

类别		省	县	合计
行政费	热河粥厂	二，七〇〇		
	警察官学校	一，一四五		
	典礼	五，〇〇〇		
	各县保卫团抚恤		五，〇〇〇	
	县府修理		一〇、〇〇〇	
	民政厅旅费	八，〇〇〇		
计		一六，八四五	一五，〇〇〇	三一，八四五
司法费			四一，三四三	
计			四一，三四三	四一，三四三
公安费	省会公安局皮衣	一，五三六		
	省保安队	二，〇三〇		
计		一二，五六六		一二，五六六
财务费	财务厅旅费	八，〇〇〇		
计		八，〇〇〇		八，〇〇〇
教育费	教育厅旅费	八，〇〇〇		
计		八，〇〇〇		八，〇〇〇
建设费	建设厅旅费	八，〇〇〇		
	旱河工款	四，六五〇		
计		一二，三五〇		一二，三五〇
协助费	育婴堂补助	一〇七		
	滦平县滦河渡船补助	五二八		
计		六三五		六三五
豫备费	总豫备	一〇〇，〇〇〇		
计		一〇〇，〇〇〇		一〇〇，〇〇〇

续表

类别		省	县	合计
内务费	东北政务委员会	七三，四〇六		
	蒙旗费	一二，八五七		
	警察官恤金	一〇，〇〇〇		
计		九六二，二六三		九六二，二六三
合计		二五四，六五九	五六，三四五	三一〇，九〇四
总计				二，二七八，四八四

第三节　伪满洲国新豫算

伪国年度，以七月一日为始，以其次年六月三十日为终，此次取得热河，重新整理政务，兹将伪大同元年五、六两月之豫算表示如次，以资参考：

岁入豫算	经常部		一六三，〇〇〇元
	临时部		未定
岁出豫算	经常部	省公署费	一五二，四八七元
		国库补助及捐助款	二〇，〇〇〇
计			一七二，四八七
临时部		临时县费补助费	四三，〇〇〇
合计			二一五，四八七

备考　一、此豫算系伪大同二年五、六两月份，对于委任官以上之官吏，省公署一百十八名，两办事处三十二名，合计一百五十名支出之经费。二、岁出豫算额中，内国税征收费及交通部所管之经费约一三五，〇〇〇元不在其内。

第十五章　教育

清光绪二十九年（一九〇三年）于承德创设中学堂，此为热河境内创设学校之始，光绪三十三年更设警务学堂，但于光绪三十三年改为速成法政学堂，宣统三年（一九一一年）七月更改为法政专门学校。

民国二年始成立教育厅，但不出数月，即行裁撤〔撤〕，将教育行政事务，完全移归都统公署政务厅办理，于是在各县设劝学所，开办小学校，专司教育行政。至民国四年，因缺乏经费，改法政专门学校为热河师范学校，十四年恢复教育厅，改各县劝学所为教育局，但未几何时，复将教育厅裁撤，十五年更设而复废，十六年又一度恢复，明年又裁撤〔撤〕之。此数年间，教育厅之兴废无定，致整个教育，无负全责之机关，是以毫无进步之可言。民国十七年全国统一，改热河特别行政区为省，十八年五月第五次重设教育厅，专司教育行政，始改进设备，热河之教育，乃得渐脱沉默时期，转向发展之途径。

热河土地硗薄，东北各县多沙漠，西北各县地贫瘠，数年来虽竭力提倡教育，然以交通不便，缺乏财力，故颇不易发展，且自民国十年以来，政潮屡起，兵匪相继，故教育亦因此废弛不振也。民国十八年五月教育厅成立，首先召开全省教育行政会议，议决整顿教育及其进行计划，于烟酒税内附征二成，以充教育费，且另设教育经费保管委员会，使教育经费归于独立，现将全省各种学校表示如下：

学校	校数
中学校	四
师范学校及师范讲习所	九

续表

学校	校数
商科职业学校	六
农村人材养成所	六
完全小学校	一二
高级小学校	三一
初级小学校	七八六
合计	八五四

学校之数虽云不少，一般程度较低，故其在中学校毕业后欲升学者，非往他省不可。除上表所列者外，尚有英国传教师设立之小学校五所，旧教设立之小学校十所，其他可参阅关于第十二章宗教之项。

第十六章　通讯机关

热河之通信机关，为邮政、电报、电话，最近使用无线电，已不待言，邮政路线如图所示（原著实际无图，想系印刷时错误），一见可窥知其区域之大要。电报局设于县政府所在地，已不待言，然于商业上必要之区域，亦设分局，赤峰于光绪三十三年四月，开鲁、林西、经棚于民国二年，隆化于民国九年次第开通，其他不详。今为便宜计，将附有英译之局名表示如次，但实际电文中，可不用连字符：

局名	英译局名	局名	英译局名
赤峰	Chih-feng.	乌丹城	Wu-tan-Cheng.
热河	Gehol.	承德	Cheng-te.
丰宁	Feng-ning.	隆化	Lung-hua.
围场	Wei-Chang.	锥子山	Chui-tzu-Shan.
平泉	Ping-Chuan.	凌源	Ling-yuan.

续表

局名	英译局名	局名	英译局名
朝阳	Chao-yang.	阜新	Fou-hsin.
建平	Chien-ping.	绥东	Sui-tung.
开鲁	Kai-lu.	林西	Lin-his.
经棚	Ching-peng		
电报之种类	S=Special, A=Administrate, P=Private, M=Military, 之略号。		

代日韵目：普通中文电报使用之代日韵目表如次：

一日	东、董、先	二日	冬、肿、萧
三日	江、肴、讲	四日	支、纸、毫
五日	微、尾、歌	六日	鱼、语、麻
七日	虞、麌、阳	八日	齐、荠、庚
九日	佳、蟹、青	十日	灰、贿、蒸
十一日	真、轸、尤	十二日	文、吻、侵
十三日	元、阮、覃	十四日	寒、旱、监
十五日	删、潸、咸	十六日	谏、铣
十七日	霰、筱	十八日	啸、巧
十九日	效、皓	二十日	号、哿
二十一日	个、马	二十二日	码、养
二十三日	漾、梗	二十四日	敬、迥
二十五日	径、有	二十六日	宥、寝
二十七日	沁、感	二十八日	勘、琰
二十九日	艳、赚	三十日	陷
三十一日	世		

电话：民国二年于承德创设电话，经费计五千元，当时用户

（多为官厅及要人）约三十户，每户每月收费五元，其经费计需一千四百元，最近收入稍形增加，一年可收四千一百二十八元，用户约六十户。赤峰于民国五年以五千两架设电话，最初用户约五十户，其后渐次减少，终至不能维持而废之。

第二节　现在与将来

热河境内交通虽属不便，然各都市间之电报、邮信尚称便利，盖电报、邮政之办理较有秩序也。目下因在军事时期（本书著作时），对于出入之外国人——日本人亦同，须得伪兵监部之许可，东北事变前，不能见日本人形影之热河，今则除日本军队不计外，尚有日人数千名，故日、韩人居住者之通信，当然遂之加多矣。现在朝阳、赤峰、承德各地，皆设有民用无线电台，其原有之有线电报，当仍如前，一般人均可利用。至于电话，从来在热河境内，仅承德一地有之，现在北票与锦州间亦已通话，惟目前尚在军事时期，因军事上之必要，到处设有移动式军用无线电台，通报殊称便利迅速，今后交通恢复秩序时，境内须建设完全与自由之通信网，已不待言，但航空邮件，现在尚未实行。

第十七章　卫生

第一节　卫生

热河境内之卫生状态，即在个人方面，亦不甚注意，故公共卫生，更无足言者。山野既乏树木，河水尤多浊流，且水中皆含矿质，水井任尘埃飞入，雨水泥浆，亦任其自由流入井中，而一般汲取井水者，多着不洁之靴鞋，于井傍任意践踏，以致泞泥不堪。且夏季饮生水，食不洗净之果物，毫不以为意，对于夏季痢症，及春暖天花，彼等亦殆无甚关心。此乃多年习惯，虽无足怪者，然而当地疾病较少，实不能不谓为气候之赐也。

中国人最注意者，头、腹、足三部分也，对此三部分，务使其温暖，一朝有疾，深信药石，故常一次服用数种药剂，若知其病不起，殊有达观之性质。疾病之最普通者，为梅毒、淋病、眼病、皮肤病、消化器病等，然绝少传染病者，恐不能不谓为气候干燥之关系，是以热河虽别无可爱之风景文物，然四时天候，使人自觉爽快，自然给与人生恩惠之伟大，可胜言哉。

第二节　风土病

境内之风土病，称瓦塞氏病，即咽喉部生囊状之大瘤，此病多发生于滦河干流及支流沿岸之居民，尤以下层居民中之老妇人为最多，盖因水中多含石灰质，彼等常饮生水之故也。中流社会以上之居民，皆饮煮沸之水，绝对不饮生水，故少生此病。下层人民自幼时始，即受其害，渐至老年，愈形发育，病者殊不感觉若何痛苦，此病为瑞士医生所发现，故以发现者之名为病名。

此次满洲医科大学教授高森博士等五人，受关东军委托，七月下旬自辽宁出发，由锦州至北票，经朝阳、凌源、平泉等处以至承德，于沿途调查研究之后，更豫定以承德为中心，对其附近作一切调查，便宜上或更调查滦平、三间房子、古北口、石匣镇、密云等处后，于八月末日归还辽宁。

第三节　雅片

雅片价格较高，故专为上流社会所使用，下层社会，多使用吗啡及海洛英，烟民殆遍布四百余州，就其遍地栽种雅片，输入大量之吗啡观之，亦可知烟毒为害之广也。

供给热河境内之吗啡及海洛英者，完全为日本人，虽已命其悉数出境，然自彼等去后，烟民亦未见减少，代日本人而起者，中国人也，中国人似以此视为回复利权之举。不待言中国人之吸食雅片，实中英国人之毒计，自雅片战争以迄于今，虽欲戒绝而不可得，事至今日，国际雅片会议虽有种种议论，以吾人（日本人）观之，殊为多事，即就中国之现状言，医生甚少，交通不便，以畜妾为荣，以赌博为乐，实情如此，若将彼等之雅片夺去，殊成为人道上之大问题。雅片固有少许害毒，然至今日，已成为以毒代药之习惯，不研究代替此物之适当办法，而仅欲夺其雅片，恐系对中国人认识不足之甚者也。成人已不待言，即为幼儿急病之际，以雅片之雾吹入幼儿口中，使其吸入时，则恍然如梦初醒，其病若失，雅片效力之神速，所谓博士诊断，或特殊妙药，皆有所不能及也。如斯情形，实际已经过数十年，而四万万人口未见减少之汉民族，开雅片会议以谋禁烟，实为对华认识不足之最甚者，故不得不谓其多事也。（发此种谬论，其心可诛，译者注。）

雅片原料之罂粟，其栽种为国法所禁止，然仍年年增加，未见减少，表面发布禁令，实际奖励栽种，公然派员调查，预先征收税款。在赫赫禁令之下，公然栽种雅片。其收获时期约一月，彼时寒村僻地，忽然化为热闹之区，争相购买者，军阀也，大受损失者，农民也，军阀巨头，以自己之军队搬运雅片，小商人与农民，则多遭兵匪之劫夺。十数年前，热河境内栽种罂粟，一年可筹五六百万元之军费，今则栽种雅片土地之面积，计约六七十万亩，收获雅片约三百万斤，价格总计达七八千万元。每亩地征收税款十元，则税款一项，亦达五六百万元，在财政贫困之热河，为军费而种雅片，或亦不得已也。

第十八章　产业

第一节　畜牧

热河自汉人移住以来，从事农耕，蒙古游牧之地，其范围逐渐狭小，而汉、蒙之间，衣食住固不待言，即风俗习惯、言语宗教等，亦完全不同，彼两者相处，自难逃优胜劣败之原理，是以蒙人之在热河境内者，今仅保留围场之一角而已。以前游牧之地，今多变为农耕之区，且已开垦至兴安岭之山腹，其他未垦之地，恐不久亦将变为耕地，游牧之地既如斯衰落，游牧之民岂能独自繁荣哉，故实际，耕地多处，汉人众，畜牧衰处，蒙人少，此种优胜劣败之现相，实乃生存竞争之表现也。

热河境内多属卓索图及昭乌达二盟之地，各地王公，虽居住于其领地之内，但旗人因感受汉人势力澎〔膨〕涨之压迫，或离境他徙，或其殖不繁，人口日见减少，其与汉人杂居者甚鲜。蒙古人居住较多之处，仅奈曼之沙地，与北方交通不便之未开地而已。但热河假设无汉人之移垦，其畜牧业果能较今特别发达与否，尚为问题，观其开垦各地之现状，各处皆养羊甚多，对于农耕运输及其他动力，而牛、马亦为必要所不可缺者，故其数亦殊不少。且汉人多养豚，其数亦颇有可观，然以此等家畜若与在畜牧时代之牛、马相交〔较〕，其总数即无大差异，而畜牧本身之盛衰，于此已明白为事实证明矣。

（一）家畜之种类（各项说明从略）

马、骡子、驴、驴骡子、牛、羊、猪等。

（二）马年龄之计法（不关重要者从略）

奶牙　自生后至二岁半。

俩牙　自二岁半至三岁半。

四个牙　四岁前后。

新五岁口　自四岁半至五岁。

五岁　六岁前后。

新六岁口　七岁前后。

新七岁口　七岁、九岁、十岁乃至十一岁。

新八岁口　十二三岁。

八岁口　十四五岁。

老八岁口　十六七岁以上。

备考

一、走马　后肢较前肢之蹄迹向前方进者，即步尺大，成对步法者。

二、点儿马　普通之快步法马。

三、仔马　生后约乳哺一年，其后即与以饲料。

四、怀胎之骡马　使用至分娩前，分娩后经过十日，即可使用。仔马至满二岁止，常与母马同行。

五、称马贩子为伯乐，以其善相马也。

（三）家畜分布之概况

关于热河境内外家畜之头数，以各种统计表相比较，平均羊占百分之五十八，牛、马数相伯仲，兹将各地方统计表示如左（百分比）：

地方	羊	牛	马	骆驼	合计
赤峰以北、兴安岭以西（冬季）	五六	三三	九	二	一〇〇
乌珠穆沁、浩济特、阿巴嘎、苏尼特各旗内	五三	一六	三〇	一	一〇〇
上记各地方据日本之观测	四八	二一	三〇	一	一〇〇
中国官厅对于热河全境之统计	五五	一八	二七	——	一〇〇
冬季在赤峰以南之观测	八四	一五	一	——	一〇〇
夏季在赤峰以南之观测	五二	二〇	二八	——	一〇〇

备考：一、游牧地方之家畜，四季似无大差，春季因产仔而增加，秋季因卖去而减少。二、热河南部地方，虽仅在车上之观察，夏季殆可见其全数，但冬季因运输之用，牛马放牧者甚少。三、王公及其他所有家畜之内，马较牛为多，因其有利于乘骑、车用及买卖。但在纯蒙古地方，牛较马多，因牛乳为蒙古人生活上之要品。

（四）家畜数

据中国官厅调查之报告，境内之家畜，依县别表示如次：

县别	民国七年调查（头）	民国十八年调查（头）
赤峰	五六，八四三	七六，四四〇
承德	二一二，二八四	二，二九〇
滦平	三二，一二一	二二，七〇〇
丰宁	五〇，九四七	五六，〇〇〇
隆化	三〇，一九〇	三八，七〇〇
围场	二九八，五五七	三三八，〇〇〇
平泉	九六，八七三	二一六，七七〇
凌源	一六六，四二一	六，四五〇
朝阳	七六，〇〇〇	三八〇，〇〇〇
阜新	一一六，五七八	一〇七，八〇〇
建平	七四，八六八	二九，〇五〇
绥东	一二三，六三〇	七〇，〇〇〇
开鲁	二四，四七〇	五二五，〇〇〇
林西	一九，七六五	一七九，三〇〇
经棚	四五，七二一	九一，〇〇〇
林西	——	二，四五〇
天山	——	九一三
鲁北	——	九、六二八
合计	一，四一五，二六八	六，六四一，二九一

更以家畜别表示如次：

牛	一八三，二一三	四四八，四八〇
马	一六〇，一一九	三三，三八〇
驴	一二四，三二一	五，二九〇
骡	——	二四〇
羊	五六二、六四五	一、四七五、一六三
骆驼	——	二一〇
猪	三九四，九七〇	六〇二，〇七八
家畜	——	七六，四五〇
合计	一，四一五，二六八	二，六四一，二九一

备考　民国八年热河管辖各地之征收局，对于家畜征收税捐，家畜合计三百五十万六千四百八十五头，其内属于各局管辖地域内产出者，计三百五十万六千二百四十七头，由各局管辖地域以外来者，计六万二百三十八头。

（五）饲养法

蒙古人之家畜，四季放牧于牧场，在热河境内，仅夜间收容于柳棚内，或收容者〔在〕土墙围绕之马圈子内，且于棚内更造内棚，以收容仔畜。在北方省境外，仅围以柳条坝，对于仔畜，则张绳以系之，更有收容仔羊于包内者。然前者皆为居住于固定式包内者，后者完全系逐水草而居者，因以其携带便利为目的，反之汉人建造房屋后，于其周围绕以土壁，更于其庭园内建造小屋，以收容家畜，但其小屋仅于三面造土墙，于其上覆以屋顶而已。蒙古人之家畜，系完全放牧，饲料均须求之山野，故春初家畜甚瘦，秋季则非常肥满，春夏秋冬逐水草而居者，盖以此也。故蒙古人绝对不获草贮藏，唯喇嘛有时贮藏枯草以卖与行商队者，因此旅行纯蒙古地带时，须另外携饲料，不然，唯有于途中时时放牧而已。在已开垦地方，羊则四季放牧，牛、马仅于夏季农闲时放牧，冬季因运输之关系，马多不放牧，即放牧时，归家后，仍常与以相当之饲料，对于乘骑及运输用之牛、马，平时亦给予和高粱及麸子之谷草。都市中于夏季放马时，牧夫每晨向委托者集马数十头，率领至山野草原，终日放牧，黄昏时送还各主人。马之体躯矮小，能耐严寒粗食，比较富于长距离之挽力，此乃蒙古马之特色也。然蒙古牛、羊之肉味皆不佳，因其仅赖放牧，非若供食用者与以特别之饲料。且不仅此也，其牧草品质之不良，亦不无关系，要之蒙古之畜牧，完全任其自然，不加以何种改良，实品质不良之一大原因也，若加以改良，其前途殊属有望，此点已在巴林地方由日本人改良之结果可以证明矣。

家畜之哺乳期间，羊生后约三个月，牛、马、骆驼生后约七八个月。牛、马分娩前后一个月，有使其在圈内休养者，但于放牧中分娩者不少，此时常将仔畜与母畜收容数日间于圈内，然后放牧。然驼〔骆〕驼之仔畜产生后，即使其与母畜同行，若步行困难时，则载于母畜背上之柳条笼内，使其休息。

放牧之管理法凡分五种，即自己监视、共同监视、赋役监视、雇人监视、委托监视等是也。自己监视者，监视自家家畜之放牧也；共同监视者，一村共同监视该一村家畜之放牧也；赋役监视者，为王公等所课人民之赋役，而代其监视家畜放牧者；雇人监视者，富人使其雇佣之人放牧家畜也；至于委托监视，委托他人而使其监视家畜之放牧也，此种场合，每人或数人监视之头数及赁银，其概数如左：

牛百头一人监视，五百头三四人监视，千头四五人监视，一人每日工资为银三钱。

马百头一人监视，五百头二三人监视，千头四人监视，千五百头四人监视，二千头八人监视，一人每日工资为银三钱。

羊百头乃至三百头，仅需一人监视，工资银三钱乃至一两。

又牛、马每百头监视放牧之报酬，每年给与三岁之牛或马二头或银十两，羊每三百头监视放牧之报酬，给与羊毛之一半或全部，牛乳及粪，皆归监视人所有，所产仔畜，则归请托者之所有。

蒙古人之子女，常骑无鞍之马，手携一鞭，率敖犬数头，于野外指导畜群，方法巧妙，姿势勇敢。又马夫举马鞭，御七头曳之马车，其熟练之光景，一见殊感壮快。

（六）牧草

热河境内之气候，南部与河北省及辽宁省接壤地方，与北方兴安岭接近地方，其间有一月以上之差，即如四方山岳围绕之承德，比之赤峰相差二十日，更以赤峰与林西及经棚相较，则又约差二十日，然气候干燥，天气清朗，若在无风之日，寒时亦如春日，但降雨多时，虽三伏时，亦感觉寒冷，故春雨之迟速与多寡，对于春草之发育上，关系甚大，因此影响家畜，尤非浅鲜。在南部地方，普通在阴历二月下旬乃至三月上旬，春草虽已萌芽，然赤峰，非至三月下旬，则不见春草之萌芽，至于西剌木伦河以北，春草发芽，则在四月中旬。至若新〔兴〕安岭以北，不至五月中旬乃至下旬，不能见新绿之美景。

马与骆驼，夜间虽亦能食草，牛则不能，故牛每早晨二时间，午刻二时间，旁晚一时间，必使其出食野草，且遇必要野宿时，须终夜焚烧牛马粪以取暖，注意监视野兽之来袭。

在此种游牧地方，春草发芽之迟早与多寡，影响于畜牧者甚大，而草之种类亦关系甚巨，兹将牧草之种类列举如下：羊草、茅荻、胡枝子、狗尾草、鹅观草、乌不拉草、马蹄草、马耳草、小枝蒿、谷有子、救军草、碱草、苇子、萱、喜草、马莲草，有刺灌木、玉草、野菊类、苜蓿类等之外，尚有十数种，可供畜牧之用（关其各种牧草之说明从略）。

备考　除牧场附近之水含有盐分者不另饲以食盐分，普通每月须饲以食盐二三次。

（七）交尾与分娩

牛　自二三岁即发情，但牡牛以四五岁，牝牛以四岁至八岁为最良。交尾期在四五月及七八月，以春季为最佳，怀胎约十个月，每年产一仔，或三年产二仔。成长者约五六成，一生产仔四五头。自三岁服劳役，七岁至十三岁最适于使用，五岁时即停止发育，二十岁以上者则为废物。

马　牝三四岁，牡四五岁时即发情，但牡马以六七岁，牝马以五岁乃至八岁为最良。交尾期在四五月及八九月，但以春季为多，怀胎约十二个月，每年或隔年产一仔。成长者约四成，一生产仔七八头。自二岁服劳役，五岁停止发育，七岁至十三岁最适于使用，二十岁以上则为废物。

羊　一二岁即发情，牡牝皆以三岁乃至五岁为最良。交尾期不定，普通约在四五月及十月、十二月。怀胎五六个月，每胎产二三头，一生产仔约十二头。成长者约四成，四岁停止发育。山羊较缅〔绵〕羊成长稍迟。

骆驼　四五岁发情，六岁至十岁为最良。交尾期在春秋二季，多有使其在冬季交尾者，使其每隔一年产一仔，一生产仔约四头。成长者约四成。自二岁服劳役，七岁停止发育，最适使用在二十岁以上，四五十岁即为废物。

（八）种畜配合与阉畜

种畜牡马一头，可配合牝马十四头至十八头；种牛一头，可配合牝牛二十五头至三十头；缅〔绵〕羊牡羊三四头，可配合牝羊四五十头；山羊牡羊一头，可配合牝羊八头至十三头。

阉为淘汰不良种畜之方法。牛于生后二个月阉之，四日即可恢复常态，若于二三岁时行之，则须七八日始可恢复常态。马于二三岁时阉之，三周间内外可恢复常态，若于生后二三个月行之，则仅七八日即可恢复常态。羊于生后二三个月或一年阉之，五六日即可恢复常态，牝羊于分婉〔娩〕后约四个月，仔羊离乳时即阉之［之］，阉之后，肥满适于食用。阉畜以清明后为适宜，于天气清朗之日行之，先将家畜之四肢以绳缚之，使其卧地，再以锐利之小刀割开其阴囊，取出其睾丸，普通施行手术后，即放牧，然对于良马，则于施行手术后必遛马二三昼夜，使其运动。豚则牝牡皆阉之，牝则割去其卵巢，对于牡之阉法，则〈与〉牛、马、羊皆同。

备考　烙印有明烙与暗烙二种，前者长四五寸，烙于左腹部，其数多，后者较小，烙于蹄前面蹄冠部。

（九）死因

纯蒙古地带之家畜，完全依据自然生活，殆可谓无须人力之特别保护，尤因寒暖之差甚大，气候之变化激烈，家畜之运命，多受天候之支配，对于疾病，似毫不介意，其最要之死因列举如次：

深雪　积雪埋没枯草，家畜不便啮食，故积雪日久，雪面结冰时，更属困难。寒冷饥饿，为彼等最苦痛之处，若微雪，反足以医渴，故微雪为彼等所希望者。

旱魃　此间仅夏季降雨，降雨愈多，草木之成长愈速，反之雨量缺少，日中苦热，牧草不能成长时，与冬季深雪，皆为彼等所最苦痛处，故饥寒与渴热，为重大之死因。

野火　苟不慎失火，遇风即成燎原之势，瞬息之间可烧尽数十里之枯草，而枯草为冬季唯一之饲料，家畜缺乏饲料，唯有死而已矣。野火多为旅行者不注意而发，故不得不特别谨慎而加以警戒也。

牛虻　蒙古牛常受牛虻之害，因此牛皮发生蠓眼，然对此不甚注意，恐其因不知豫防方法，其害于牛皮品质者甚大，已不待言。

马虻　最初生卵于毛内，孵化成幼虫，蠢动于体外时，马因感觉痒而欲捕之，反因此而入口中，更进至胃中，成为寄生虫，致为营养不足之原因。

肠虫　生于羊肠中之奇〔寄〕生虫。

疥癣　生于骆驼及羊身上，使全身脱毛，终至死亡。

豚虎列刺　此病发生甚少。

（十）

马　体躯矮小，中躯较长，前躯不若后躯之发达。

斜尾　外貌虽不振作，然体躯强健，富于坚忍持久力。

高　四尺三寸至六寸，胸围五尺四五寸者为最多。

毛色　芦毛最多，鹿毛、栗毛、青毛甚少。

头　前面多平直凸形，凹形者甚少。头部比之体躯，稍有过大之感者甚多。

头颈部　适合标准，顶面皆宽，眼隆起适度，温眼清澄，眼球殊属可爱。由鼻梁至鼻端，穹窿之角度无尖锐者。鼻孔圆而大，上下唇充分紧锁，口角稍浅，颚凹浅，左右颚缘间颇广，鬃毛甚多，垂覆耳间及前额，耳稍长，耳下凹陷，颊面丰满，咽喉颇宽。

颈部　与头部之接合甚好，鬃毛丰富，质坚硬而长，多剪留为二寸，颈之面多水平，斜颈甚少。其形状正颈多，鹿颈次之，与头部接合之角度稍锐而美。

耆甲　普通较低。

脊　自耆甲水平而连接腰部，与前后两端相称而为中躯，脊腹部甚长大。

腰　宽而长短不同，其高度有与耆甲相等者或较高者。脊腰相接部分，特别隆起，腰角位置颇高，有相当距离，丰满而圆滑。

尻　颇向后方斜下而短。

尾　皆为斜尾，附着之位置甚低，尾毛丰富，质甚硬。

胸　胸前宽者居多。

腋及腋间　一般宽广而有余裕。

带径　普通甚宽，下部平坦。

胫　其长适度，后方弯曲之度亦相宜，胸腔亦有相当之深度。

臁　狭，胸腹相等。

腹　卷腹较草腹多。

肛门　紧缩，会阴、鼠蹊皆甚美。

肩　有相当之长度，因其峡立，不能伸张步尺。

膊　一般长而且斜。

肘　发育适宜，长而后方较宽。

前膊　垂直，长而适宜。

膝　干燥，宽厚适宜，成垂直，有凹弯者少。

股　大多数附着长大之筋肉块，面积颇宽，倾斜之度亦不恶。

后膝　其宽与尻同，高度亦适宜。

胫　宽长适度，筋肉发育良好，飞筋之关节大而坚实，角度合乎中庸。

管　短而比较肥大。

腱　坚固而干燥。

珠节及系　一般大而坚固，且亦干燥，系之角度倾斜之度甚大，距毛亦适度。

蹄　质坚硬而脆，平蹄甚多。

驴　体躯矮小，性质柔顺，体健，虽不堪过度之劳苦，但价格低廉，用以补助骡马之使役。

毛多灰褐色，脊线高出，耆甲之高约三尺五六寸。

骡　为牡驴与牝马之杂种，耳甚大，体质骨格，皆不劣于马，而其体力远胜于马，能耐劳役，少疾病，性怯懦而柔顺，饲料亦廉，最适于马车用，其体躯之最小者，其高亦约四五寸〔尺〕。牝驴与牡马之杂种间亦有之，称之曰驴骡子。

牛　体格矮小，牝牛约三百五十斤，牡牛约四百斤。

毛多褐色，黑色与灰色次之，间亦有黑白斑与白褐斑者。皮肤甚厚，毛颇硬，头稍大，角长。

出乳量，最多时约三升，普通一升五合，乳中脂肪质甚多。烙印于角，又有以小烙印施之于蹄者，更有剪耳之习惯。

羊　缅〔绵〕羊为蒙古人之主要家畜，体重约六十斤。

毛色普通为白色，现黑斑或褐斑于头颈部与四肢。普通为二角，间亦有三角者。耳之大小不同。颜面之毛稍卷缩。颈长，下部左右有肉髯一对。胴及四肢长，动作轻快。尾成扁平形，含蓄多量之脂肪，冬季缺乏食料时，则以此作营养分。多有剪耳为记，以与他人之羊别。

山羊　性质温顺，体躯中等，牡牝之重量大有区别。

毛多黑色，亦有灰色者，间亦有无角或〈有〉角者。

骆驼　有单肉峰与双肉峰之别，热河境内皆为双肉峰者。肉峰内贮藏一种脂肪，以备冬季食料不足之用。其体躯颇大，性质温顺，虽能耐寒，但忌炎热，故夏季专牧而不使用。毛色普通为褐色，间亦有白色者。普通使用于驮物、担轿及挽车。使用自三岁始，五岁时能驮四百斤，可使用至三十岁，能耐长途之运搬，以细木横贯鼻翼，系以细绳，载物时，自屈其前脚。其毛于春季食春草时脱落，品质优良，一头可得十斤左右。老死后剥皮，其肉可食。

豚　普通称为猪，汉人多饲养之，蒙古人与回人，皆不食其肉。

毛多黑色，白色及黑白斑者亦不少。体重约一百五十斤。猪鬃长约五寸，用以制刷，需用甚多。

（十一）输送法

蒙古人输送牛、马于市场，一人可监督牛五六十头，每逐二百头乃至五百头之牛群而行。一人可监督马约三十头，每百头之马群约要三四人。夏季日长，有时须渡河，冬季因结冰，虽无渡河之必要，但日短而饮料水与饲料非常困难，故不得不求有水草之宿泊地，人则豫备有天幕与食料，对于牛、马等之饲料，唯有依赖自然而已。

汉民商人交易所得之牛、马若为多数，则于市场雇用蒙古人领送，蒙古人能逐多数牛、马而行之技能，不得不称其为绝技。

（十二）犬与猫

犬为蒙古人必要不可缺之武器，守护包及家畜，监视外来生人，防御野兽，蒙古人若无犬，恐不能得一日之安稳生活，故彼等之爱犬，殆无异家族。畜犬之多寡，固依家畜之数各有不同，至少亦必有二头以上，多有饲养至十头以上者。毛色多尚黑色，垂耳，齿甚锐利，尾长达地，体躯伟大如狼，有狞猛之骨格。食物为家食后之残余，好食羊骨，其他每日给与炒米粥二次。

蒙古人放牧家畜时，必携犬同行，在家犬则卧于包外，若有外来人其服装有异者，行近包时，其中一犬吠，则他犬即应声而起，群来作啮人势，若为一二头，尚可对付，若有三头以上，则非常危险矣。对骑马者，不但咬其马脚，曳其马尾，甚至啮乘马者之足，故欲访问彼等者，必先自远方即叫唤主人注意驱犬，家人闻声，即出包外制止，犬在主人一喝之下，即如猫屈伏主人膝下。主人偶尔不愿外来人止宿时，即在家中不出，犬则加倍猛烈而吠，前来啮人，迫于此种危险时，不得已放手枪威吓之，此时家人亦惊而出户迎客。

但猎犬不若看家犬之狞猛，体躯瘠。高度稍高，其走如飞。毛多灰色，一见仿佛如狼，故狩猎之际，于其颈带赤色之环以便区别。率多数之犬猎兔，殊属勇状〔壮〕而愉快，王公等狩猎时，马上之猎者与多数之猎犬，竞相逐物之光景，尤属壮观。

猫　各地皆畜猫，然其数不甚多，因其不耐寒，故冬季多蛰居包内。狆于南部地方有之，其数亦不多，在纯蒙古地方，殆不可见。

（十三）家畜之叫唤方法

中国人善饲小禽，善使牛、马，虽属多年环境产生之习性，殊有令人佩服之处。挥长鞭，指挥乘坐旅客之马车，以鞭影及吆喝，指挥满载货物七头曳之大车，使其自由进退，是他国人不易仿效之业。马在冬季走九十里之长途，夜间犹能于寒天青空之下，终宵啮食饲料，毫不为怪，此事虽属环境之必要，然亦值人惊叹。兹将中国人对于家畜之叫唤方法记载如次。（叫唤方法及说明从略。）

（十四）买卖牛马时之暗号

一般在市场买卖牛、马时，常将自己之手伸入对手方之右袖内，以指头之暗号协定价格，此谓之拉手，其型如图所示，兹说明如次（图从略）：

一则握对手方之大指或食指。

二则握对手方之食指或中指。

三则握对手方之食指、中指及无名指；或中指、无名指及小指。

四则握对手方之食指、中指、无名指及小指。

五则握对手方之五指。

六则除大指外，两人皆屈钩其他四指相拉，或伸大指与小指而屈钩其他三指相拉。

七则握对手分〔方〕之大指、食指及中指，或本人先伸该三指而挟对手方之该三指。

八则以本人之大指及食指押开对手方之大指及食指。

九则两人屈钩食指相拉。

十则以一表示，百亦相同。

（十五）屠兽

屠宰牛羊，为回教徒之专业，豚则由汉人屠宰，为定例，中国各地皆然。中国呼豚曰猪，普通除母猪之皮坚硬而不能供食用者剥皮外，皆不剥皮。猪肉之价格较牛羊肉贵，需要亦多，且调理之法得宜时，柔软而味甚美。

宰猪由猪肉店各自于其店前行之，先缚其四肢，刺杀头部，排血后，于后肢之内侧穿一小孔，以铁棒通孔数道，吹入空气，使其全体膨涨，投入沸水中，脱去其毛，然后倒悬解体，其肉颇清洁。宰猪一头，一人仅须二三十分钟，殊不甚费力。

回人屠牛时，先缚其四肢，使其横卧，将受血器吊于其颈下，以大广刀切断颈部大动脉及气管，排血后，即剥皮解体。剥皮时则使牛身仰卧，用重而大之尖圆刀，剥皮后，即切断颈部，更将头部分离，再行全部解体。内脏于剥皮后整理之，不使其散乱，故比较清洁，所要时间，二人约三四十分钟足矣。

回民宰羊时，使其横卧于凳上，置木制之受血器于颈下，回教之僧侣执长刀，切断颈下部之气管及颈动脉，使其排血。排血后，于后肢之内侧切开一小孔，以细铁棒于皮下通孔道数条，吹入空气，使皮与肉分离，即行剥皮，然后倒悬解体，一人屠羊一头，费时约二十分钟。

回民于无屠牛场设备地方，则早朝于财神庙行之，端午节至中秋节之间不宰牛，其间则用羊肉，牛肉为回民所喜食，汉人多有不食者。

第十九章　农业

热河全省面积约四十三万二千方里，一方里计五顷四十亩，即五百四十亩，故总计全面积为二万万三千三百二十八万亩。全境已耕之地，有谓为一千五百万亩者，有谓为七百万亩者，以前者而论，已耕地占全面积十六分之一强，以后者而论，占全面积十四分之一弱，兹将其余山岳、沙地、河湖、荒地等控除之数，约与前记之面积相近，是以前记之数较近实际，本书内所记多数之统计，不能完全认为确实无讹，此点殊属遗憾。本章拟先记旗地之开放情形，后述汉人之耕地状况。

第一节　旗地之开放

宋之王沂公使辽时，其所记通过地方情形之记事中："过古北口即蕃地，人居草庵板屋，亦务农耕，但无桑拓〔柘〕，所种皆从陇上，盖庐为吹沙所壅被也。"此即汉人于辽代即已入境从事农耕之佐证。

清太宗于天聪之初，将察哈尔林丹汗击破，蒙古王公相继归服，今之卓索图、昭乌达两盟所属王公，使其仍居原地，将在察哈尔之残党编成四旗，配置于丰宁及今之隆化，满蒙八旗及归服蒙古人等，则使其居住于承德、滦平、丰宁、围场及平泉之一部分（关于民国时代开垦热河之情形从略）。

清顺治八年（一六五四年）清圣祖始出塞外巡游①，康熙四十二年（一七〇三年）于热河（今之承德）建避暑山庄，每年夏避暑此地，并使内外蒙古王公于此觐见，帝知关外之地适于农耕，暗中奖励开垦，因此移垦之农民逐年增加，不出三十年，热河已大增繁荣，其附近之农业，发展亦非常迅速，但一方面流弊亦因之而发生，蒙古人民及王公，乃感受无形之压迫。

① 原文如此。顺治八年为1651年。1654年，为清圣祖出生之年。——整理者注

清康熙五十年五月之上谕："山东人民之往来关外垦地者，多至十余万人，彼等皆朕之黎庶，既至关外种田生理，若不容留住，则必使彼等移住其他地方。但彼此不相融洽，若不经查明，恐将来俱来蒙古，每年务于前年查明，不使任意出入。"其后关卡之取缔甚严，出入者必携带护照或出入证。然既设山庄，每年帝往巡游，利之所在，素称机敏之汉人，滔滔若潮水涌入热河，其结果弊害丛生，乃亦当然之趋势也。

雍正元年（一七二三年）设热河厅，二年置热河总管。

雍正十二年于八沟（平泉）置理事同知。

乾隆元年（一七三六年）于土城子（丰宁）置四旗理事通判。

乾隆三年于塔子沟（凌源）置理事通判。

乾隆五年于热河置兵备道。

乾隆七年于滦平置喀喇河屯厅。

乾隆十三年之上谕："入蒙古之地，从事农耕，因而留住者数万人，渐次贱价或出典土地，使游牧之地日狭，至失本业"云云。

乾隆二十七年对喀喇沁及土默特旗民，禁止折算典当蒙古地亩，然仍有侵入木兰围场者。

乾隆三十九年于朝阳置三座塔厅，于赤峰置乌兰哈达厅。

乾隆四十一年九月之上谕："有偷打围场内之牲口及砍伐树木者，胆敢拒捕，情殊可憎"云云。于此亦可察知逆鳞之状，其后虽更加严厉监视，然仍不能防止侵犯狩猎场之行为。

嘉庆九年（一八〇四年）七月之上谕："不但伐采树木之遗留者甚多，而烧弃之枯枝犹存，往来之车迹若大道，运搬木材者，多建设寮铺，以致鹿受惊逸而损伤，且奸徒乘间而入，偷打禁鹿，因此比之前年更行短少"云云。由此观之，可知盗伐偷猎之盛行，所谓"既久不行秋猎，臣下乐此者亦无"，故欲再现康熙、乾隆之盛况，已属梦想，围场森林之运命，实际于乾隆末年，即已决定矣。

同治九年（一八七六〔〇〕年）遂开放边墙以南之地，即南围。

光绪二年（一八七六年）置粮捕府（围场）。

光绪二十八年置阜新县（鄂尔土板），其后移至水泉儿。

光绪二十九年决定开放东围及西围，三十二年于围场锥子山设植木局，伐采森林，同时标卖土地。

光绪三十一年于敖汉旗之新丘儿设建平县，同时开放东西札鲁特、阿鲁科尔沁及巴林旗内之土地二万八千顷。

光绪三十四年于巴林旗之西方设林西县，于东部札鲁特及阿鲁科尔沁之部设开鲁县，于小库伦设绥东县。

宣统二年（一九一〇年）设隆化县于唐三营，后移至波罗河屯（即黄姑屯）。

民国三年（一九一四年）于克什克腾旗置经棚县，标卖承德、滦平、丰宁、隆化、平泉各县内之旗地、庄头地以及围场之土地，嗣后国家仅征租税。

民国六年开放东部札鲁特之旗地一万八千顷，民国十年开放阿鲁科尔沁之旗地一万八百顷，民国十一年开放巴林之旗地一万六千二百顷。

据民国十九年（一九二九年）[①] 之调查，绥东及新设之三设治局所属土地，其开放面积如左（单位以晌）：

县局	所辖面积	开放耕地
绥东	二一六，〇〇〇	二一二，九五〇
林东	二，一六〇，〇〇〇	四八〇，〇〇〇
天山	四九一，四〇〇	二二九，五〇〇
鲁北	一，七二八，〇〇〇	五二五，〇〇〇
合计	四，五九五，四〇〇	一，一四七，四五〇

备考　一晌与一天同等于十亩。

---

① 原文如此。民国十九年应为 1930 年。——整理者注

要之，最初对汉人之侵入，虽加以相当取缔，但有暗中谋利者，诱导移民，终至无法防止，然迩来仅为政府之收入计，伐采森林、标卖土地，甚至奖励开垦王公之领地，暗谋官厅之收入，其外未见何种施设，似有不顾蒙古人利益之感。

（一）揽头

清朝以前暂置不论，清朝以后，以热河为中心，为八旗驻防地，今之平泉、滦平、丰宁、隆化等地，或得清廷之许可而垦植，或由私人招农民而开垦，札萨克领地之卓索图及昭乌达盟之一部地方，当时完全为揽头——开垦土地之包工头——所左右，揽头不但包垦荒地，即采掘人参及烧锅税，亦悉由包头承办。

（二）标卖荒地时之用语

蒙古土地，自光绪末年开放以来，在放荒、出放、丈放等名称之下，得政府之许可，规定章程，标卖土地，其间之用语略记如左：

丈放　以弓绳测量开放之荒地，编列号数，以便标卖，又有出放、放荒、勘丈等名称。

丈量法　使用营造尺，以五尺平方为一弓，或称一步，由此以一亩，一天、一顷、一井等计算。

弓　与步同，为营造尺之五尺平方。

亩　二百四十弓为一亩，俗称二四者，即二百四十弓，二八八者，即二百八十八弓，又有三六与七二弓等称呼。更有二弓五陇与一弓三陇等之计算法，现在则一律以二百四十弓为一亩计算之。

晌　又称一天，计十亩，又有称一日者，盖以一日能耕之程度而言者，尚有旗地六亩算作民地十亩之时代。

顷　十晌为一顷，即一百亩。

方　一平方里之称，计五顷四晌，即五百四十亩，有以方为四十五晌者，因其以二百八十八弓作一亩而计算也。

井　三十六方里为一井，一井分九区，一区为四方里，即一井之地，纵横皆六里。

折控　即折扣之意，标卖荒地时，大抵有所谓三七控，即标卖之土地面积，以七折征收地租。

荒价　即荒地标卖之价格，为政府与旗之共同收入，入国库者，谓之报效银两，入于旗者折半，以一半分与札萨克，以一半作为旗之台吉及壮丁之费用，此谓之公仓养赡。

经费　普通以荒价一成半作为垦务局费用。

加银　荒价以两计算，若以杂色银交付时，征收加色，现在一两，折大洋一元五角。

大照　即执照，缴纳荒价后，即同时取得，与普通之红契同一效力。

升科　买得之荒地，于一定年限之后变成耕地，须缴纳地租，即政府征收租税，此谓之升科。

清丈　成为升科地后，再测丈面积，以为课税之基础。

城镇基　荒地标卖后，将来设置县治之地，地价当然腾贵，故以一亩为单位计算。

屯基　谓将来成为村落之地区。

（三）王公领地之开放地面

设治局	王公领地	面积（方里）	开放地亩
鲁北	札鲁特两旗	三二，〇〇〇	四三，二〇〇
天山	札右、阿、巴左、翁右	九，〇〇〇	四九，一四〇
林东	巴林两旗	四〇，〇〇〇	四八，六〇〇
合计		八一，一〇〇	一三〇，九四〇

备考　一、天山境内包含阿鲁科尔沁、札鲁特右旗、巴林左旗、翁牛特左旗。二、光绪三十一年开放二万八千顷，民国六年开放一万八千顷，民国十年开放一万八百顷，民国十一年开放一

万六千二百顷，民国十四年开放四万六百顷，其他系民国十七年前后开放。三、光绪三十一年巴林旗开放一万顷，其内可耕地，有上地二千顷，每顷七十两，中地二千六百顷，每顷六十两，下地四千顷，每顷三十两，第四年征收赋银，上地每顷三两，中地每顷二两，下地每顷一两五钱。四、民国十一年开放者，上地每顷四十两，中地每顷二十八两，下地每顷十六两，沙地每顷八两，三年后课税，地价与租税皆实征八成。

（四）阿鲁科尔沁旗地之标卖

关于标卖开鲁县地方之旗地，光绪三十一年标卖东西札鲁特及阿鲁科尔沁三旗之旗地一万八千顷，民国六年再标卖东西札鲁特之旗地一万八千顷，民国十年公布标卖阿尔沁之旗地二千方，前两次开放者，系新开河沿岸，在老哈河北方与乌尔吉穆伦河南方之间，但后者则在乌尔吉穆伦河之北方，其开放情形如下。

标卖土地在阿鲁科尔沁旗内乌尔吉穆伦河下流，即东八起楼庙、西小巴林旗、南沙沼池，及北天山一带二千方里之地。

土地分为上、中、下三等，其价格土地每方库枰〔平〕银三百两，中地每方二百二十两，下地每方百四十两，其外每百两附加垦务局费十五两。

赋税上地每顷三两，中地每顷二两，下地每顷一两，自交付执照之日起，三年后纳税。

欲买标卖之土地者，每方先交保证金大洋四十五元，得享受优先权。

已缴纳保证金者，随时可踏查土地，垦务局对土地加以区分，编列号数，买地者领取号数后，即测丈土地正式登记。但买土地者限中国人。

年别	单价	上地（两）	中地（两）	下地（两）
光绪三十一年	一顷	八〇	六〇	四〇
光绪三十三年	一顷	七〇	五〇	三〇
宣统三年	一顷	六〇	四〇	二〇
民国元年	一顷	四二	二四	一〇
民国六年	一方	二〇〇	一四〇	八〇
民国十年	一方	三〇〇	二二〇	一四〇

（五）庄头地之处分

清朝初年热河附近之土地，颁赏与八旗之有功者，谓之庄地，民国四年计有庄头（地主）百三十余名，庄地之面积计五千三百余顷，庄头将此贷与佃农，征收租税，其内一部分，使之缴纳于都统衙门，分给下列之旗人：

园庭旗人　避暑山庄之职员，计千二百九十三名。

围场旗人　狩猎场之职员，计八百余名。

驻防旗人　驻防于各地者。

当差旗人　称为佐领八旗者。

一年可收粟一万六千石与银四千两，不足之数二万余元，则由政府津贴，民国四年发表修正热河庄地标卖规则，其标卖价格如左：

等级	一亩之价格	升科
最上地——水园地	六〇〇	八分
上地	五〇〇	七分
中地	四〇〇	六分
下地	三〇〇	五分
最下地	二〇〇	四分

宅地及墓地　查照所在地之地价征收。

市街地　依照上等地征收地价。

备考　升科者，即于规定之期限满期后征收田赋。

庄头将庄地贷与佃农时所取之押租，若较地价少数或同数时，则由地价控除押租十分之五，若押租较地价多数时，则扣除地价五成外，余数退还。

裁撤庄头时，照原领庄地亩数，给与其价格之一部分，以免其失业，即未消费押租者，得领取地价一成，若将押租消费，则由总数控除押租外，给与其所剩余者一成，例如原领庄地四十顷，其价格一万六千元，则给与庄头一千六百元，若将其押租一万元消费者，则给与其剩余数六千元之一成（六百元）。对于庄地之处分，其大要如上所述，今将土地与银数列举如左：

承德县	六十一顷余
滦平县	百六十二顷余
平泉县	四十六顷余
隆化县马图沟及密云县墙子路	七十二顷余

以上合计地四百六十顷三十亩，银九百七十七两。受领者一百五十九户，一千百三十四人。

（六）围场土地之标卖

自民国三年开始标卖土地，每顷之地价及田赋表示如左（单位两）：

等级	民国三年		民国四年		民国五年	
	地价	田赋	地价	田赋	地价	田赋
上地	三〇〇 四〇〇	八	四〇五	一二	三六〇	一六
中地	二四〇	六	三五〇	一〇	二七〇	一四
下地	一六〇	四	二五〇	八	一八〇	一二

备考　一、第四年后之田赋，与第三年之数相等。二、田赋依年之丰歉有增减。三、围场县府征收之田赋：上地五两，中地四两，下地三两。

（七）现在土地之种别

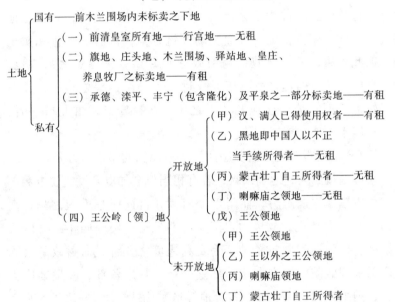

- 土地
  - 国有——前木兰围场内未标卖之下地
  - 私有
    - （一）前清皇室所有地——行宫地——无租
    - （二）旗地、庄头地、木兰围场、驿站地、皇庄、养息牧厂之标卖地——有租
    - （三）承德、滦平、丰宁（包含隆化）及平泉之一部分标卖地——有租
    - （四）王公岭〔领〕地
      - 开放地
        - （甲）汉、满人已得使用权者——有租
        - （乙）黑地即中国人以不正当手续所得者——无租
        - （丙）蒙古壮丁自王所得者——无租
        - （丁）喇嘛庙之领地——无租
        - （戊）王公领地
      - 未开放地
        - （甲）王公领地
        - （乙）王以外之王公领地
        - （丙）喇嘛庙领地
        - （丁）蒙古壮丁自王所得者

备考　一、承德、滦平、丰宁、平泉各地之庄头地，屯驻汉军旗人，对庄头一户，给与庄地一百十六亩，初为四十八户，其后渐次增加，增至一百二十八户。二、旗地，除满洲八旗之外，复增加驻防、围场、围〔园〕庭三旗，赏给土地，奖励移民。三、标卖方法，设垦务局，测丈土地，编列区划级〔及〕等级，规定价格，发表标卖章程。在开放地内，豫设镇基（市街地）、屯基（村落地），经过一定之期限后（三年、五年或六年）则称之为升科地，缴纳一定之租税（但免除十分之三）。四、标卖土地之收入：以前地价为王之收入，其后政府取得一半。五、租税：蒙古王公之土地，民国成立，即发布优遇条例，公认其所得权，不得

加以侵害，假令开放时，对于此等土地，亦不得使其负担任何义务，然近来开放地之章程中，有自标卖后三年，即为升科地之规定。租税虽称政府与王府间平均分配，但现在并征收警察费及教育费，军队更使负担公课。所有权名虽存于王公，实际仅属空权而已，行政权虽亦称为王公所有，但仅对蒙古人而言，对于土地之实力，逐年减少，况一方面奖励开垦荒地，同时又禁止私卖土地，彼此矛盾，王公之威信与财政逐年衰微，盖当然之趋势也。
六、皇庄：清室内廷之所有权，分封与一等至四等之皇子，或公主降嫁郡王时，分给庄地及壮丁之用。在喜峰口及古北口外者，有一百四十八庄，皆属一等。

（八）《蒙古荒地开垦奖励法》——民国四年十一月公布

蒙古幅员广大，地利未兴，若有相当机会加以开发，使屯兵于此，可省输送军饷之劳，而附近蒙旗，亦得同时享鼓腹之乐，洵治边百年之大计也，故极力提唱，以期推行。民国四年二月以大总统令，以为开发蒙古荒地，为实利边境之要计，命财政部会同农商部及蒙藏院，协定办法，呈候核夺。其后各部、院呈准广为调查，斟酌现情，决定《蒙古荒地开垦奖励法》，该办法于六月六日批准，由蒙藏院公布，通令各边地方地方官厅遵守实行，唯察哈都统提出修正方案，经院、部会议结果，是年八月二十二日该修正之法案，亦经批准施行，蒙藏院遂译成蒙文，九月二十八日通告地方官厅及各盟、旗。其条例如左：

第一条　凡蒙古各旗，欲开放该旗内之土地，须依照该法，对于自行开垦划留领照地属于本国人民，得许可案证而从事开垦者，得依照实际情况与以奖励。

第二条　凡本旗之土，开放地达一千方里而报告国家者，授与勋章，对于开放至五千方里以上者，授与翊卫处之名誉职，对于开放一万方里以上者，晋给爵衔。

第三条　凡依照本法，自行将开放地开垦达五千方里以上者，援〔授〕与勋章，对其开垦达一万方里以上者，授与翊卫处之职衔。

第四条　凡最高爵位而不能加衔者，或已受最高勋章者，则另授与其他荣典。

第五条　凡人民得许可证而开垦蒙地耕竣百方里者，授与褒状。

第六条　凡依第二、第三、第四各条实行奖励者，应由该地都统及办事长官报告蒙藏院，与农商部协议之后，呈请大总统批准。

第七条　凡依第五条应授与褒状者，由该地方都统及办事长官报告农商部授与之。

（九）《蒙古荒地私卖禁止通则》——民国四年十一月公布

蒙古旗内因私卖荒地，当〔常〕惹起纠纷，故为禁止此种纠纷，不得不研究惩罚办法，制定特别规程，惟处之过宽，不足以戒顽迷，若处之过严，又不足以示体恤，故必有折衷至善之办法。民国四年八月蒙藏院与财政部协议之结果，提出《蒙古荒地私卖禁止通则》，是年十一月经大总统批准，蒙藏院译成蒙文，于民国五年二月通告地方官厅及各盟、旗。其通则如左：

第一条　本通则为保全蒙古各旗内之公众土地，遵照大总统命令所规定，今后私卖蒙古之荒地者，依照本则办理。

第二条　凡欲出卖蒙古各旗内之荒地者，不论其为公有或私有，均应经札萨克转报该地方行政官厅转呈中央政府，依照通则许可之，若不经此项手续者，以私卖论，但《蒙古荒地开垦奖励法》第三条所规定之划留领照地不在此限。蒙古各旗欲自行开垦时，仍须报告管理之地方官厅。

第三条　凡私卖荒地系台吉、壮丁所为时，则由该地之札萨克处罚之，其他依情状之轻重，查明其为故意或过失，分别有左记各项之处分：

一、降爵；

二、罚俸；

三、罚牲——以家畜为罚金。

第四条　前记台吉、壮丁犯前记之不法行为者，由该管行政官厅照会札萨克，查明事实之轻重，拟具处分办法，由地方官厅执行。但降爵、罚俸、罚牲等处分，须由该营〔管〕行政官厅审查事实，呈报内务部、财政部及农商部，与蒙藏院协议后，呈请大总统批准。

第五条　凡私卖荒地者，依前条惩罚之外，政府并没收其荒地，另外加以处分，且追征其地租。

第六条　本通则经大总统批准后，自公布之日施行。

第七条　本通则有未尽事宜，由兼辖蒙古各旗之奉天、吉林、黑龙江、甘肃、新疆［河］、绥远、察哈尔、阿尔泰之各该营〔管〕巡按使、都统、办事长官，就各地情形，规定施行细则，经财政部之认可后施行。

第二节　开垦

开垦荒地，有组织合作社从事开垦者，有雇佣工人自行开垦者，有佃租或包工开垦者，其方法颇多，兹略记如次：

分益法　地主与耕作者约定条款，地主对于庄头（又称打头或把头），贷与房屋、种子、农具等，约定将其收获物照约清分，其分配成分，大约地主六七成，佃农三四成，一般人称此为镑里青。又有地主对佃农仅贷与房屋，其他一切，概由佃农自备，对于收获物之分配成分，大约地主四五成，佃农五六成，一般人称此为镑外青，但上等土地，则地主与佃农均分。近来开垦荒地者，多豫结四五年之契约，对于收获物分配之成分如左：

第一年及第二年不分，收获物概归佃农所有。

第三年地主与佃农一九分配。

第四年二八分配。

第五年三七分配或平均分配。

五年以后则另订新约。

佃种法 房屋、农具等，概由佃农自备，豫先规定佃租之年限及钱粮租课等，然后许其耕种。

押租 又称押租钱，即佃农豫纳数年之租金，以作保证。

年租 每年缴纳租金。

租帖 即租地契约。

上期租 又称上打租，每年豫纳租金。

秋租 又称下打租，每年秋收后纳租金。

春平秋平 租金分春秋二季缴纳。

垫粮招垦 开垦荒地时，招集佃农，贷与食粮及种子等。

组〔租〕地 租借与人耕种之地，由佃户与地主缔结租佃契约，规定耕种与收益之条件。

钱租 租课以金钱者。

粮租 租课以收获物者。

外佃 纯粹之佃种。

内佃 由地主雇佣农夫耕种。

劈分收 贷与荒地，使之开垦，而分配收获物之方法。

雇佣 雇佣耕作人时，有年工、长工、月工、日工、短工等之别，长工以年为期，而一年之中约十个月，起居饮食完全在雇主处。月工与日工，系仅于农忙时期雇佣者。其中之把头（或称打头）即指挥监督工人者。称厨役为大师夫，管理车辆者为老板，驭者为赶车的，管理家畜者为看牲口的，守夜者为打更的，饲豚者为喂猪的，以耕地之大小，各人分担相当业务。

备考 一、牛、马之租费，每一期（自三月至七月）每头谷二石。二、每亩租金，每年约一元左右。三、自耕农于农耕时使用雇工，工资每期约五六十元，食宿由雇主供给。四、地主为汉人与蒙古人，蒙古人多为王公、台吉，汉人多为官吏、烧锅或杂货商。五、佃农有土着〔著〕者与外来者之别，前者凭信用，后者要保证人。六、采取休闲农法者，山西人，采取轮作农法者，山东人，前者分划耕地为三区而耕其二，后者普通以高粱谷子、黄豆三年轮种。

（一）土壤

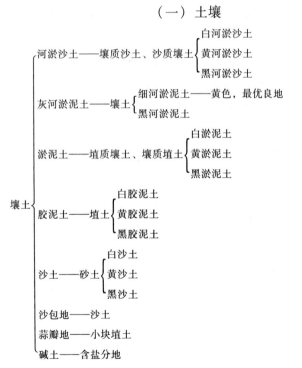

- 壤土
  - 河淤沙土——壤质沙土、沙质壤土
    - 白河淤沙土
    - 黄河淤沙土
    - 黑河淤沙土
  - 灰河淤泥土——壤土
    - 细河淤泥土——黄色，最优良地
    - 黑河淤泥土
  - 淤泥土——埴质壤土、壤质埴土
    - 白淤泥土
    - 黄淤泥土
    - 黑淤泥土
  - 胶泥土——埴土
    - 白胶泥土
    - 黄胶泥土
    - 黑胶泥土
  - 沙土——砂土
    - 白沙土
    - 黄沙土
    - 黑沙土
  - 沙包地——沙土
  - 蒜瓣地——小块埴土
  - 碱土——含盐分地

备考　土壤有水泡子（池沼）、洼地、平地、高地（旱地）、山地等区别，收获不良之地谓之瞎地。

（二）农具

犁杖　大犁——荒地用、种犁——中耕用、锡犁——中耕及培土用。

犁辕　由犁耙、犁箭、犁底、插耙、托头等组合而成。

索筋　于犁底装犁子或铧子时，则为犁杖。于犁底装铧子、蒯子、锡头时，则另用钻儿。

带蒯子　装拨土板而用以作畦者。

犁锡头　三角形之拨土板。

刨楂子　用锄头或镐头堀取根株之用。

犁湾子　犁杖之附属品。

壤耙子　用以区划畦形，除草根及造下种沟。

二手杆　犁杖之附属品。

拉子　又名耙子，下种子后用以覆土。

镐头　有大、中、小三种。

锄板　系除草用，长柄者，谓之顶手钩子，短柄者，谓之鸡抓〔爪〕钩子。

镰刀　［有］因用途而异其名，有柴镰、山镰、草镰之别。

铡刀　铡切秣草用。

召谷刀　称稻刀或捻刀，用以刹〔刈〕取谷穗者。

簸束　又称簸素，播种之后用以覆土者。

点葫芦　细粒播种时用，多用葫芦制成，故有此名。

肥斗子　系柳条制，故又名柳斗子，播种用。

遛轴　又名六轴，即石制之棍子，播种及打谷用，以马挽之。

乱头　即木槌，用以碎土者，又称芰饱。

铁锨　有大小种种变形，又有以木制者。

木叉子　又称股叉，以自然生为二股乃至四股之木制造。

铁叉子　与齿钩同，有二齿乃至四齿，收获及根〔耕〕耘时用。

竹耙子　用以扒集枯草。

铁耙子　用以扒土使平，有铁制之齿四根乃至十根，开垦用者谓之大耙子。

二齿子　又称二齿钩子，尚有所谓股叉、垛叉及垛钩。

刮板　多于菜园中使用。

赏扒　〈又称〉赏板、扫掣等，皆于打谷时用。

筛子　有细粮用与粗粮用之分。

箩子　筛细粉用。

草筛　筛马料用，又称箥〔簸〕箩。

箥〔簸〕箕　柳条制，大小不一。

连迦　又称连筋儿，打谷用。

搧车　又有扇风子、风车子、箱箕等之称。

碾子　径五尺左右之处有碾盘①，于其上置长一尺径一尺八寸之碾子，其一端附着于连接碾盘中央之轴，其他一端用马曳之回转，用以脱谷之外皮，使其精白。

穿锥　用以脱苞米者。

草耙　以秫〔秫〕秸或谷草制成，连接于铧之后方，使土分左右以蔽垄沟之装置。

挑筐　有撮子、筐箩种种之分，以柳条制成。

备考　一、铁制品多以重量规定价格。二、扁担，日本称之曰天秤棒。三、折子为高粱杆皮编成之席子，用以囤粮。四、囤为谷仓，固定式为土囤子，临时则用折子或秫〔秫〕秸帘子。五、筐原系竹制，在满蒙方面则以柳条制，形状［与用途］则依其用途而定，有大筐、抬筐、挑筐、手筐、端筐等名称。六、耙有方耙与八方耙，有多数横齿，附于犁后，用以破碎土块，耙之后用耖及捞，俗称耙。七、抬帘子及挑帘子，围绕于马车之上，搬运

① 原文如此。——整理者注

时，以防所载物外溢，秫〔秫〕秸帘子又有以木片制造者。八、院场又称打场子，将地上整理平坦压固，于秋季设于院内及便宜之处。九、拥为收获时盛物之用。十、席笼子用高粱杆编成圆筒形，用以盛谷物而便于搬运者。

（三）耕作法

换楂　即轮作法，软楂为杆株之细软者，硬楂为杆株之粗硬者，重楂称为不换楂。

十楂十全收　栽种十回，作物皆在平作以上。

十楂五收　十回之内，五回在平作以上。

一换三楂　对于一轮作连作三回。

翻楂　又称反楂，以犁及铧子翻土，又用鋺将上年之楂（即株）掘压土中，同时掘换垄台，以原有之沟基作成新垄，以旧土换新土，用点葫芦下种，以菠束压之，更用辊子压之，此种方法专播种大豆、高粱、麦等。

劐楂　用小犁或耙翻土，拓开土壤，以点葫芦下种，以拉子覆土，以辊子压之，此种方法，专播种粟、稷、小豆、玉蜀黍等。

豁地　锄平畦两侧之沟，覆土使其平坦，并除去旧有根株。

翻地　作畦与沟。

覆垄　又称合垄，即下种之际作畦之称。

刨地　以大镐头锄地之称。

反地　以铁铣耕地，附以犁杖子之拨土板之犁耕地。

备考　耕作悉用牛、马。

（四）肥料

肥料多属粪类，普通为家畜粪及人粪。

推〔堆〕粪　将牛、马、豚等践踏混有粪尿之土堆积，使其发酵。

黄粪　即土粪。

大粪　即人粪混以泥土者。

干粪　人粪之干燥者。

粪饼　人粪混以泥土，而作成扁平之块。

炕土粪　为防豫害虫，混以炕土。

备考　收集粪类谓之检粪。拾取粪类之器，谓之粪叉子。拾粪者谓之挑粪的。盛所拾粪类之器具谓之粪筐。翻推粪谓之倒粪。盛排泄物及污秽物之地穴谓之粪坑。施肥于条沟内谓之律粪。施肥于一定之距离谓之把粪。于全面积散布肥料谓之撒粪或扬粪。

（五）播种

点种　以点葫芦盛种子，以手握之，点点播种，故有此名，种豆类即用此法。

律种　将种子盛于把斗中（柳条制之筐），挟于左臂腋下，以右手握种子下种，播使成行。

捻种　用指尖捻种子播种故名，种麦类用此法。此法又称摅种。

摔种　与捻种同样播种成行，但手握种子，且行且播，种高粱即用此法。

销种　即撒种，种蔬菜类用此法。

沟种　于畦间作成沟条播种。

藏种　又称带种，于株间置空隙，同一畦者又称后墙后种，即后作之意也。

壤种　又称壤地，以壤耙将上年之畦上由中央分开，于条中下种，以壤耙后连结之拉子覆土。

劐种　又称蓟地，以铧子、镵下种，与壤地略同。

推儿种　播种覆土后，以足踏压之。

积地　下种于上年之垄沟内，以犁杖由其中央分开，使土落于左右沟中，下种后而覆土之方法。

备考　种地谓之下种或播种。裁即移苗。压地又称押地，即播种后镇压圃上。打架子即置支柱。池子即苗床，为便于灌溉，划定一定之区划。

（六）除草

铲草　又称铲地，即用锄头除草。

拔草　即拔除妨碍作物之杂草。

铲秋垄　除草依作物之种类，有一次乃至四次者，高粱常举行四次。

镑苗　又称镑青，刮除苗间之草也。

趟地　又称镗地，将地面耕松，借以除去杂草。

披垄　即培土也。

犁超头　最后整理之际，附之于犁尖以拨土者。

割　即刈取也。

拔　即拔取也。

摘　即摘取也。

刨　用镐头以掘取也。

捆　束之成捆也。

码子　又称纂子，将数捆集于一处，以其穗向上互依而立，使其干燥也。

（七）害虫

麦黄虫子，由春至夏之害虫。秋瞎虫子，为秋季之害虫。夜虫，依其色别为黑花虫子、黑虫子、绿虫子等。黑眼撞虫。油密虫子，即蚜虫之总称。螳螂、地蛆、筋虫、地沟子、地拉窟、子草、枪密虫子、甜虫、密虫沟子等为害虫之尤者。

备考　高粱未成熟时，在叶鞘中呈白色者，谓之为乌煤。黑穗儿亦生于高粱之病名。叫鸟儿即捕食害虫之鸟。谷莠子系生于粟之病名。害草中有苣麻菜、刺草、马莲等。东风与东南风谓之臭风，因其降雨多，且易发生害虫。

（八）谷类之别名

高粱　蜀黍
- 粘的——粘高粱——食用。
- 粳的——笨高粱
  - 红的——红高粱——烧酒原料——马料。
  - 白的——白高粱——烧酒原料——马料。

豆类
- 黄豆——元豆
  - 白眉
  - 黑脐
  - 黄脐
- 绿豆——吉豆
- 黑豆——合豆

谷子谷子
- 粘的——糯粟——小黄米——精白，造粥及饼。
- 粳的——小米——精白，常食物。

糜子
- 粘的——黍子——大黄米——精白，造黄酒。
- 粳的——散糜子——麦谷子——稷米子，精白，炒米。

筱〔莜〕麦　油麦——裸麦，适于塞地。

荞麦　有苦的与甜的之别，苦的作饲畜料。

苞米　玉蜀黍——玉米——精白，棒子——未精白。

豇豆　形似鹑豆，有斑纹。

荳豆①　即铊豆，有红、白二种。

地瓜　即蕃薯，又有红薯、白薯之称。

备考　囤即谷食，设于屋外或屋内，下部设防湿气之装置，周围以折子围之，固定者谓之土囤子，农家多散积于屋内。窖又称菜窖，于院内造地穴，以保藏果实及蔬菜。袋子有麻袋子与口袋子之别，麻袋子以麻制成，口袋子以绵布制成，搬运谷物时用，一袋可容六七年斗。

（九）播种与收获

热河境内，因地势关系，分为南、北、中三部，曾屡述之矣，

① 原文如此。荳为豆的繁体字。——整理者注

其间之气候，均有半月内外之差异，故播种与收获之时期，亦各有不同，但塞地播种虽迟，但其收获之时期不一定因之而迟，左表即表示承德（南部）、赤峰（中部）、开鲁（北部）三地方之播种与收获之时期，及每亩地收获之数量，其中最良好者，北方之开鲁也，其次为承德，赤峰为最不良，开垦之迟早，及因风雨关系土壤之冲流，恐其为最大之原因。

种别	播种时期	收获时期	每亩收获数量
大麦	三月下旬、四月上旬	七月上旬、中旬	一斗、五六斗
小麦	二月中旬、三月中旬、四月下旬	五月下旬、七月上、下旬、八月中旬	一斗、三四斗、七八斗
筱〔莜〕麦	三月中旬	七月中旬	一斗
荞麦	三月中旬、四月中旬、五月中旬、六月上旬	七月中、下旬、八月下旬	二斗、四五斗、八九斗
糜子	五月上旬	八月上旬	五斗
包〔苞〕米	二月中旬、四月上旬	七月上旬、八月上旬	二斗、四五斗
水稻	四月中旬	八月中旬	七八斗
高粱	二月下旬、三月中旬、四月上旬	八月上、中旬、九月中旬	二斗、四五斗、八九斗
谷子	二月下旬、三月下旬、四月上旬、五月上旬	八月上、中、下旬	二斗、三四斗、八九斗
麻子	四月上旬	七月中旬	二斗
大麻	三月上、中旬、四月中旬	七月中、下旬、八月下旬	一斗、三四斗、七八斗
青麻	三月中旬、四月上旬	七月中、下旬、八月中旬	
胡麻	三月上、中旬	七月下旬、八月中、下旬	一斗、二三斗、六七斗
黄豆	二月中旬、三月上旬、四月上、中旬	八月中旬	一斗五升、三四斗、八九斗
合豆	二月下旬、三月上旬、四月中旬	八月中、下旬	一斗、三四斗、八九斗

续表

种别	播种时期	收获时期	每亩收获数量
绿豆	二月下旬、三月下旬、五月中旬	八月中、下旬	一斗、三四斗、八九斗
小豆	二月下旬、三月下旬、五月中旬	八月中、下旬	一斗、二三斗、八九斗
烟叶	三月中旬、四月上旬、五月上旬、六月上旬	七月中旬、八月上旬	七八十斤、百斤
白菜	五月中旬、六月上、中旬	八月下旬、九月上、中旬、十月上旬	二千斤、四五千斤
萝卜	五月中旬、六月上旬	八月下旬、九月中旬、十月上旬	千斤、三四千斤
葱	二月中旬、四月上旬、八月中、下旬	六、八、九月、次年四月	千斤、千三百斤、四五千斤
芥菜	六月上、中旬	七月上旬、八月中旬、九月中旬	千斤、千二三百斤、三四千斤
茄子	三月中旬、四月中、下旬、五月上旬	六月上旬、七月中旬、八月中旬	五六百斤、四五千斤
地瓜	三月中旬、四月中旬	六月下旬、十月中旬	二三千斤
菠菜	二月中旬、三月中旬、四月上、中旬	五月中、下旬、六月上旬	二三千斤
黄瓜	三月中旬、四月中旬	五月中、下旬、六月上、中旬	千四五百斤、二三千斤
地蛋	二月中旬、三月中旬、四月中旬	六、七、八月中旬	二千斤、三千斤、二千四百斤
蒜	三月上、中旬、四月上、中旬	六月中旬、八月中旬	二三千斤

续表

种别	播种时期	收获时期	每亩收获数量
韭菜	二月中旬、三月中旬、九月中旬	次年四月中旬、八月中旬	二百斤、三四百斤、三千斤
西瓜	三月中旬、四月上旬	六月上旬、七月中旬、[月]八月中旬	三百个、七八百斤
香瓜	二月中旬、三月中旬、四月上旬	六月上、中、下旬、八月中旬	千斤（二十元）
辣椒	二月中旬、三月中旬、四月上、中旬	六、七、八月中旬	三百斤、千四五百斤
胡萝卜	二月中旬、五月上旬	五月中旬、八月中旬	二千五百斤、一二千斤、四千斤
芹	二月中旬、三月中下旬、四月上旬、六月上旬	五月下旬、六月上旬、八月中旬	一二千斤、二千斤、三千六百斤
靛	五月中旬	八月中旬	（八九元）
棉花	三月中旬	八月中旬	四五十斤
落花生	二月中旬	九月中旬	四百斤

备考　马铃薯有圆山药、土豆子、山药蛋、地蛋、地豆儿等之称。

（十）谷米之斤量

热河境内谷米以斤计算，兹将各地谷米之斤量表示如左，但系每斗斤量，以此可知各地升斗之大小。

品名	赤峰	承德	滦平	古北口	丰宁	隆化	锥子山	平泉	凌源	朝阳	阜新	锦王府	建平
高粱	四七六〇	二四	二六	二六	二六	二六	——	五三	三〇	二四	三五	四五	三二
大米	六〇	二八	三一	三二	三一	三〇	九〇一〇〇	六〇	四〇	——	——	——	四〇
小米	七〇	二八	三一	三〇	三一	二九	九〇	六〇	四〇	四〇	——	五〇	四五

续表

品名	赤峰	承德	滦平	古北口	丰宁	隆化	锥子山	平泉	凌源	朝阳	阜新	锦王府	建平
谷子	五〇	二四	二四	二四	二四	一八	——	三五	二二	二六	三二	三〇	二六
荞麦	四〇 六〇	一六	二〇	一八	一八	一八	六	四〇	二八	二五	——	三〇	三四
芝麻	四八 六〇	——	——	——	二〇	——	——	三九	——	——	三一	——	三五
大麻子	五四 六〇	八	二六	二三	二二	——	——	三五	——	——	三一	二六	二八
小麻子	五	六	二六	——	二五	——	五五	三〇	——	——	三〇	二〇	二七
麻子	六〇	一三	二四	——	二五	——	——	——	——	——	三五	——	四二
芝麻	四五 五四	二六	二〇	四四	——	——	五〇	五〇	二八	——	三一	三二	三〇
元米	七〇	二八	三一	二九	三一	三〇	——	六〇	——	——	——	四五	四二
筱〔莜〕麦	四五	二二	——	——	——	——	五五	四〇	——	——	——	——	——
玉米	五五	二四	三一	二八	——	——	——	五〇	——	——	——	——	——
元豆	六五	二六	二八	二八	二七	二八	七〇	六〇	三八	三八	四一	四〇	四五
莞豆	七〇	二七	二八	——	二七	——	七〇	六五	——	——	——	——	——
黍子	六〇	一二	二四	——	二五	二一	——	四〇	——	二九	三五	三五	四二
糜黍	六〇	一三	二四	——	二五	——	——	四〇	——	——	三五	三五	——
糜米	七〇	二八	三一	——	三一	——	——	六〇	四〇	——	四二	四五	四五
黍米	七〇	二八	四一	——	三一	——	——	六〇	——	——	四二	四五	——
薏仁米	六五	二八	——	——	——	——	——	——	——	——	——	——	——
糁子	五五	二〇	三〇	三〇	——	——	——	——	——	——	三八	——	——
芸豆	六八	二五	二八	二八	二八	——	七〇	六〇	三八	四〇	——	——	四〇

续表

品名	赤峰	承德	滦平	古北口	丰宁	隆化	锥子山	平泉	凌源	朝阳	阜新	锦王府	建平
红豆	六五	二五	二八	二六	二八	——	——	六〇	三八	四〇	三九	——	四〇
绿豆	七五	二八	三〇	三一	三〇	三〇	八〇	六五	四〇	四二	四三	五五	四六
小豆	七五	二八	二八	三一	二八	二九	——	六五	四〇	四二	四三	五〇	四五
合豆	七〇	二五	二九	二八	二九	二八	——	六〇	三八	三八	四一	三八	五四

第三节　蔬菜

（一）菜园

蔬菜栽培于菜园，菜园多在城市附近之地，掘地二三尺，周围建筑土塀，高约六七尺，有防寒、避风、保暖之作用，可使菜蔬较早发芽，且可速其成长，同时更可防家畜之践踏，免无赖之窃盗。而热河境内地质干燥，雨季之外，降雨较稀，若不继续施以灌溉，则不能速蔬菜之成长，故特将地面掘低，并掘井以谋给水之便。

菜园依土地之关系，与菜蔬需要之程度，其大小数量因之而异，已不待言，大者在三十亩以上，菜园内地面每亩作成长方形之塝子六十个，于塝子周围盛土高四五寸以示区别，于区划之外，设宽一尺内外之水道沟，以便送水至各塝子。

（二）播种

播种时，有将种子直接播种于塝子内者，有先使种子发芽后，再行移植者。塝子则于上年收获后，即行翻地，于播种前，重行整地，深约一尺四五寸，以铁扒子碎土块，施肥料，搅拌使匀，然后整理平坦，浇以充分之水，播种后，于其上覆以少许细土，便天候之关系，时时加以灌溉。

对于倭瓜、觉瓜，西瓜、香瓜，胡子等，先将其种子浸于微温汤内约十分钟，去其水气，曝于日光中，每日如此反复数回，二星期乃至二十日即发芽，然后植于塘子内。

对于黄瓜、东瓜、茄子等，于菜园内选最当阳处，掘土深约一尺五寸，加以肥土，再施肥料，播种后，于周围造墙，吹寒风时，则覆以草席，发芽至二三寸时，再移植于塘子内。

对于西瓜、倭瓜、觉瓜等移植于菜园外时，每于一尺五寸乃至二尺之间隔处，掘四方七八寸、深约一尺五寸之穴，实以混和肥料之土，浇以水，再行移植新苗。

韭菜及菠菜，则于前年播种，以高粱杆作避风墙，夜覆以草席防寒，昼则使受充分之日光，韭菜每年可由旧根发芽，六七年间无须另种。韭菜为中国人所爱食，其栽培之方法亦甚巧妙。

（三）施肥

普通于播种前或播种时施肥，发育后施肥者，为黄瓜、茄子、大豆、辣椒、芹菜、蒜、筲等，肥料为大麻糟、干猪粪、马粪、人粪。人粪则施用于发育后，将人粪收集一处，混以泥土，作成圆饼形，使其干燥，需用时，碎成粉末使用。至于灌溉，则又为菜园业尤宜特别努力之处。

（四）佃种

佃种菜园，普通称之曰镑青，由地主借与器具、食粮、费用等，收获物平均分配，同时并偿还借与之费用，肥料则由地主负担。对于土塀内所造房屋一二间，及栽于塘子界上之大萝卜、辣菜，疙疸、芒筋、芒疸等，完全归佃种人所有。

（五）贮藏

热河气候寒冷，对于蔬菜贮藏方法，非常巧妙，于园内掘一地仓，上部设出入口，依气候之关系，时常开闭，普通谓之窖子。

（六）种类

名称	播种期	收获期	备考
韮菜	三月中旬	第三年之四月中旬	最初播种于苗床次年移植于塄子内
小葱	七月中旬	次年四月中旬	最初播种于苗床次年移植于塄子内
秋葱	——	八九月	移植小葱
阳葱	——	四五月	次年所用之秋葱
芹菜	三月中旬	七月中旬	最初播种于苗床次年移植于塄子内
长辣椒	四月初旬	七月初旬	
柿子辣椒	四月初旬	七月初旬	狮子头辣椒
圆山药	三月中旬	七月中旬	马铃薯
长山药	三月中旬	八月下旬	
茴香	三月中旬	五月中旬	
大萝卜	六月初旬	八月中旬	
胡萝卜	六月初旬	八月下旬	又称红萝卜
水萝卜	三月初旬	四五月	红萝卜之一种
大豆角、菉豆角	三月十〔上〕旬	五月下旬	
长豆角	三月十〔上〕旬	五月下旬	
黄芸豆角	三月十〔上〕旬	五月下旬	
红芸豆角	三月十〔上〕旬	五月下旬	
老米少豆角	三月十〔上〕旬	五月下旬	
莞豆角	三月十〔上〕旬	五月下旬	
贬豆角	三月十〔上〕旬	五月下旬	
黄瓜	三月中旬	五六月	
东瓜	四月上旬	六月上旬	冬瓜
香瓜、胡瓜	四月上旬	六月中旬	
西瓜	四月上旬	七月上旬	

续表

名称	播种期	收获期	备考
倭瓜	三月下旬	七月下旬	南瓜
觉瓜	三月中旬	五月中旬	长南瓜
茄子	三月中旬	六月下旬	
胡子	四月上旬	六月上旬	
白菜	六月中旬	八月下旬	
疙疸白菜	三月下旬	八月下旬	
辣菜疙疸	六月上旬	八月中旬	芜青之一种
芒筋疙疸	四月上旬	八月中旬	芜青之一种
抛拉疙疸	四月中旬	八月中旬	芜青之一种
蒜	三月中旬	六月中旬	
菠菜	不定	不定	
芫菜	不定	不定	
茼蒿	不定	不定	
根头菜	不定	不定	芜青之一种
荚菜疙疸	六月上旬	八月上旬	芜青之一种
棒子	三月中旬	六月下旬	玉蜀黍

（七）野生菜

名称	季节	备考
哈来满菜	三月初	其叶似胡萝卜叶，高达五六尺
麻陛菜	三月初	形似野蒜
婆婆丁粪〔菜〕	三月	
臭蒿	三月	形似薄荷，气味甚香
取麻菜	三月	形似蒲公英，高约一尺，开黄花
猪毛菜	三四月	其叶似胡萝卜叶，高一尺左右
回回菜	三四月	
车估儿菜	五月	

续表

名称	季节	备考
山于钱菜	五六月	
贬珠牙菜	五六月	
薄荷菜	五六月	
山韮菜	五六月	形似韮菜
人心菜	六月	
山蒜	六月	
山葱	七月	
棋杆顶子菜	不定	

其他　羊妈妈菜、次儿菜、黄希菜、酸不溜菜等。

备考　以上所列各种野生菜，在多数地方，为农民所乐食。

第四节　水田

平泉、承德、丰宁、隆化等处，皆有水田栽种水稻，据民国三年之统计，收获计十八万五千余石，但民国四年则仅收三千八百余石，民国七年收获一万五千石，其数量殊不一定，因热河境内多山岳河川，灌溉虽属便利，然缺乏树木，不能调和雨量，而雨之多寡，又关系稻之收获甚巨，故称为水田者之中，对于不因雨量多少而受影响者为最上等地。然水田悉在沿河低地，故危险甚多，如河水泛滥时，有被淹没冲溃之处，但天旱时，常得丰收，且雨量适宜时，更有意外之丰收。民国九年于凌源县曾试种水稻，因雨量过多，终归失败，又在西刺木伦河之北方黑山头地方，自民国九年以来，蒙古农产公司亦曾试种水稻，亦未得良好结果。但在白音地拉附近及西辽河沿岸地方，大仓公司所经营之水田，曾有相当收获，若灌溉与疏水完全得宜，以热河境内之气候，决不能谓其不适于水田。

第五节 放蚕

凌源县内之放蚕，自清道光时始，今则有栽桑养蚕者。放蚕即山蚕，且仅有秋蚕，于小暑前后出蛾，蛾交尾后，即送至放蚕场，使之产卵，茧则于屋外设棚干燥之，其制丝方法，最初用水煮茧，去其外皮，其状则如丝绵，然后再将其纺成绢纱。

在药王庙附近，皆放蚕于菠萝树，每年产额约达六万支。菠萝树又书若菠萝树，其重要产地凌源东北之刀耳邓，及平泉县街、三太营、宽城等地，朝阳、承德及滦平之西河地方亦产之。

织造茧绸，多在平泉、凌源及朝阳等市镇内，规模甚小，样式亦不甚美，然因其坚牢耐用，需要亦多。

《边事研究》（月刊）
南京边事研究会
1934 年 1 卷 1—5 期，1935 年 2 卷 6 期，1935 年 3 卷 1—3、5 期，
1936 年 3 卷 6 期，1934 年 4 卷 5 期，1936 年 5 卷 1 期，1937 年 5 卷 2 期
（朱宪　李红权整理）

伊乌两盟闻见录

雨　民　撰

伊、乌两盟，为一片荒凉之地，其气候、风土人情、语言习惯、饮食起居，均与内地不同，然地大物博，贮藏甚富，关系边疆至重且大，爰就闻见所及，约略述之。

甲　伊克昭盟

伊克昭盟，系由准噶尔旗、达拉特旗、郡王旗、乌审旗、抗〔杭〕锦旗、鄂托克旗、扎萨克旗等七旗所组合而成。面积约四十一万五千五百余方里，东接绥远，西界宁夏，南界陕西，北界外蒙，黄河横贯其中，土地多膏沃，气候较温和，蕴藏矿产，亦甚丰富。全盟蒙民人口，不足十万，依然游牧为生。除召庙以外，蒙民鲜有固定建筑物，居处于蒙古包内，所谓逐水草而居，冬则移近山隈，以避风雪，夏则迁至高原，以图凉爽，居无定所，食无兼味，俨同上古人民之天然生活，致难与汉人前往开垦者接触，而其习惯，仍不更改。而汉民前往开垦及经商者，数在十五万人以上，其知识亦甚单纯，向无组织，亦一同受盟旗王公之管辖，往往因细故，而受死刑之处分者，实数见不鲜。盖汉民为谋生起见，虽受苛虐，亦认为当然，此汉蒙杂居，多少年来所以尚能相安，无大纠纷也。试将各旗情形分别述之。

一　准噶尔旗（即鄂尔多斯左翼前旗）

准噶尔旗，面横〔积〕四万三千二百余方里，气候则春秋温暖，夏热冬寒，地近黄河，雨量均匀，土地肥沃，宜于耕种。蒙民约二万九千余人，汉民约六万四千余人。放垦之地有一千五百八十余顷，多种植粟米、麦子、糜子、高粱等类，然耕种者，皆系汉人，蒙民仍度其游牧生活，坐收地租而已，其事耕种者，实不多见，虽与汉人时相往还，而饮食起居、语言习惯，一仍其旧。畜牧有马、牛、羊、骆驼，因其土地肥沃，水草畅茂，故畜类蕃殖甚多，该旗蒙民，颇称富庶。近年来蒙民渐有进步，创设同仁学校一所，以教授子弟汉蒙文字，实为盟旗中最富之区，若能破除迷信，从事耕种，利用黄河之水以资灌溉，其发展实未可限量也。

二　达拉特旗（即鄂尔多斯左翼后旗）

达拉特旗，面积五万八千余方里，地近黄河，雨量均匀，气候温和，土地肥沃，其西部多沙漠，且地势较高，只可受黄河之灌溉，虽有小河流，因地高水低，则不易利用。蒙民约三万五千余人，汉人约六万余人。放垦之地，有一万一千六百余顷。近年来，该旗蒙民，亦有从事耕种者，种植多莜麦、高粱、荞麦等类。牧畜有牛、羊、骆驼等类。动植物所产，均不甚丰富，且交通不便，故蒙民生活，及经济情形，颇感困难。蒙民无教育可言，汉民杂居之处，多有设立私塾，教授子弟汉文，蒙民子弟亦间有入学者，惟数甚少耳。

三　郡王旗（即鄂尔多斯左翼中旗）

郡王旗，面积约八千八百余方里，地质尚佳，雨量较少，而又缺乏河流灌溉，每当夏令，东西乌兰、马川两山沟，山洪暴发时，土地多被冲刷，多变沃地为沙河。气候则春、夏、秋多温和，仅冬季稍寒。蒙民约四千余人，汉民约千余人，放垦之地，有九千六百三十余顷，种植甘草、糜子、荞麦、马铃薯等类，牧畜有马、牛、羊、骆驼、驴子等类，野兽产狐狸、豺狼、黄羊、獾子等类。交通尚称便利，南通陕西榆林，北通绥远包头。且其地广人稀，动植物出产甚多，故蒙民之生活，及经济情形甚佳，间有设立私塾、教授子弟蒙文者。

四　乌审旗（即鄂尔多斯左〔右〕翼前旗）

乌审旗，面积四万二千余方里，气候四季多温少寒，地质硗薄，沙漠遍野，雨量较少，蒙民约一万一千余人，汉人约一千百八余人。放垦之地，有一千九百三十余顷，种植多甘草、蘑菰、柴胡、麻、糜子、黑豆等类。牧畜仅有牛、羊，野兽产狐狸、豺狼等类。全旗境内，无一河流足资灌溉，耕种则全赖天时，若雨水均匀，即可丰收，否则毫无补救办法。蒙民多不开化，依然度其游牧生活，不事耕种，所幸天然产物，甚为丰富，且药材价值甚高，近年来该旗蒙民生活及经济情况，颇能自给自足。间有为子弟设立私塾教授蒙文者。该旗沙漠甚广，无交通可言，行旅迷失路途，无径可寻，因之土匪时常出没，行旅受害甚巨，蒙汉人民亦多感困难耳。

五　杭锦旗（即鄂尔多斯右翼后旗）

杭锦旗，面积八万三千七百余方里，气候温和，雨量较少。西、北两部，虽接近黄河，而地质粗疏，一遇水冲，即成沙积。东、南两部，地质甚佳，而无河流以资灌溉，全赖天时之好坏，以定丰歉。蒙民约八千余人，汉民约二万余人。放垦之地，有七千三百六十余顷，多种植甘草、柴胡、荞麦等类，年产甚多。牧畜只有牛、羊，野兽有狐狸、黄羊等类。因其他〔地〕多卤沙，天然产盐甚多，足供邻近各旗之用。该旗为包头与宁夏间往来之要道，交通甚称便利，不惟前往开垦者甚多，即往来经商者，亦复不少。该旗蒙民，因交通便利，较为开化，对于前佳〔往〕开垦者，亦予种种之便利，又复商贾云集，故其生活及经济情形，颇称富有，间有为子弟设立私塾教授蒙文者。

六　鄂托克旗（即鄂尔多斯右翼中旗）

鄂托克旗，面积一十七万六千八百余方里，为各旗中占面积最大者。气候温和，雨量较少，地质多沙漠，东、西皆为沙漠弥漫，到处沙梁隆起，远望之似山形，仅东南一隅，地质尚佳，且有八里河之水，足资灌溉，可事耕种。蒙民约五千余人，汉〈民〉约四千余人。放垦之地，有七百二十九顷，种植多麦子、谷子、糜子、麻、甘草、头发菜等类。牧畜有马、牛、羊、骆驼、驴、骡等类。野兽有狐狸、豺狼、黄羊等类。该旗地藏矿产，甚为丰富，有银、铁、锡、煤、盐等矿，蒙民尚迷信，不许开采，致令货弃于地，其愚诚不可及。该旗地广人稀，天然矿物，甚为丰富，故其蒙民生活及经济情形，尚称充裕。间有为子弟设立私塾教授蒙文者。

七　扎萨克旗（即鄂尔多斯右翼前末旗）

扎萨克旗，面积三千余方里，气候温和，雨量较少，地质多沙，甚为粗疏，虽有小河流甚多，一遇亢旱，则干涸成为沙滩，不足以资灌溉。蒙民约四千余人，汉民约二千余人。放垦之地，有二千一百七十余顷，种植多荞麦、糜子、大麻、马铃薯等类，牧畜有骡、马、牛、骆驼等类。该旗地质甚劣，动植物产量，均不甚丰富。交通，西南部尚可行牛车，以达榆林，其他则只能乘骑以行，故不甚便利，藏〔蒙〕民生活及经济情形，实为最困难者。间有为子弟设立私塾教授蒙文者，惟不多见。

乙　乌兰察布盟

乌兰察布盟，由达尔军〔罕〕旗、四子王旗、茂明安旗、乌拉特后旗、乌拉特中旗、乌拉前旗等六旗所组成，面积四十五万三千八百余方里，北界外蒙古，东界锡林果勒盟，南界绥远，西界宁夏，土地多沙漠，气候较寒，雨量稀少，蒙民约五万余人，汉民约六千余人。其生活状况、风俗习惯，与伊克昭盟所述者相同，矿产则有煤、盐、石棉等，均储藏甚富，不事开采耳。其各种情形如次：

一　建〔达〕[船] 尔罕（即喀尔喀左翼旗）

建〔达〕尔罕旗，面积约一千二百余方里，气候严寒，雨量稀少，土质膨腻，不适于耕种，全旗无一河流足资灌溉，植物皆赖天成。蒙民约二万余人，汉人约四千余人。已垦之地，有九百余顷，种植甘草、防风、黄芪等类药材。牧畜有马、牛、羊、骆驼等类，野兽有黄羊、獐、兔等类。每年平均寒时较多，虽有放垦之地，只宜栽种药材，而不宜种植谷麦。汉人旅居该旗者，亦多事牧畜，或经商。该旗交通，甚为便利，宁夏、青海、新疆、外蒙等处，往来内地之货物，必须经过该旗之百灵庙，今之蒙古自治政务委员会，即设置于此。其蒙民之生活及经济情形，尚称裕如。间有为子弟设立私塾教授蒙文宁〔者〕。

二　四子王旗

四子王旗，面积约二千一百余方里，气候较寒，雨量稀少，地质北部多沙积，南部之地，甚称肥沃，适于耕种。蒙民约七千余人，汉人约四百余人。放垦之地有二万六百余顷，多种植甘草、黄芪、防风等类药材。牧畜有马、牛、羊、骆驼等类，野兽有黄羊、豺狼、狍子等类。全赖天时以维持地利，缺乏河流灌溉，只适于栽种药材，不宜种植谷麦。其交通称便，往来甘、新等省及外蒙之车驼，均须经过其地，经济甚为活动，蒙民生活，颇称富裕。间有为子弟设立私塾教授蒙文者。

三　茂明安旗

茂明安旗，面积五百余方里，气候严寒，雨量稀少，地质硗薄，且多碛沙。蒙民约一千余人，汉民约一百余人。放垦地，虽多至三万六百二十余顷，因乏河流灌溉，天然雨水又甚稀少，不适于种植，仅恃牧畜以维持其生计。牧畜有马、牛、羊、骆驼等类，因其水草不甚畅茂，其动物之蕃殖，亦不大多，即牧畜亦感困难。野兽有狐狸、豺狼、黄羊等类。蒙民生活及经济情形甚为困难，间有设立私塾教授子弟蒙文者。

四　乌拉特后旗（即东后〔公〕旗）

乌拉特后旗，面积一千五万余方里，气候时暖时寒，不分秋冬四季，雨量稀少，地质南北多沙漠，西面土地较佳，而无河流灌溉，仅西南部有穆楞河水一道，稍资灌溉，其河流不畅，所灌溉之地无几。蒙民约五千余人，汉民约三百余人。放垦之地虽有八千六百余顷，尚无种植者，汉民在其地内亦多经商，问〔间〕有牧畜者。沿乌拉山一带，松柏盛林，均系百年以上之树木，蒙民纽于习惯，禁止采伐。牧畜多马、牛、骆驼，野兽有黄羊、狐狸、豺狼、鹿、狍等类，野产蘑菰亦多。该旗为内地通甘、新等省必经之地，驼、马、汽车，过往甚多，联合乌拉特中旗及前旗，征收驼、马、汽车过往捐，收入甚多，蒙民生活及经济情形稍称富裕。并联合乌拉特中前两旗，以凭收捐税为基础，设有小学校一所，实为盟旗中之不多见者。

五　乌拉特前旗（即西公旗）

乌拉特前旗，面积十五万余方里，气候忽暖忽寒，无标准时，地近黄河，雨量均匀，地质较称肥沃，其中滩一带，该旗蒙民开西大渠一道，引黄河之水，溉田八百余顷。蒙民约五千余人，汉人约二百余人。地质虽好，因其气候不时，不适于耕种粟麦。放垦之地，有七千九百三十一顷，多种植甘草、肉苁蓉等类药材。牧畜有牛、羊、骆驼等类，野兽多黄〈羊〉、狐狸、豺狼、鹿、狍之类。其交通及教育情形，与乌拉特后旗同，其蒙民生活及经济较为富裕。

六　乌拉特中旗（即中公旗）

乌拉特中旗，面积十五万余方里，气候严寒，雨量稀少，地质西南多沙漠，东北较肥沃，沿乌拉山阴山阳，均有河流，以资灌溉，即乌拉、乌加二河流是也。蒙民约一万余人，汉民约五百余人。放垦之地有一千七百一十顷，惟气候较寒，不适于耕种。牧畜有马、牛、羊、骆驼，野兽有黄羊、鹿、狍、狐狸等类。矿产则有石棉，惟未开采。其交通及情形与乌拉特前、后旗同。蒙民生计，亦较优裕。

各盟旗之概况，既如上述，其面积在八十万方里以上，其人口仅有数十万，考其减少原因，完全为迷信佛教所致。盖数百年来，蒙古男子，率多舍身寺院，充当喇嘛，故其人口由数百万锐减至数十万，试造其境，即感荒凉患象。其人口之饮食起居，一本上古式，除喇嘛居住寺院外，余无论王公，皆居住于所谓蒙古包内，逐水草而居，度其游牧生活。十之八九对于蒙古文字不知识，无教育可言。生产事业，皆赖天然，牧畜卫生，毫不讲求，致畜类多死亡之患。人有疾病，只知请喇嘛念经，求神呵护，不用医药。矿产则任其埋藏，树木则任其自生自灭，纽于迷信，禁止开采。政事则操诸掌旗王公之手，余皆不闻不问，所谓自治，不过如是如是。吾人研究边事，对此种种，作何感想，似亟宜本总理《建国大纲》第四条“国内各弱小民族，政府当扶植之”及第三次全国代表大会之议决案“吾人今后必力矫满清、军阀两时代愚弄蒙古、西藏之恶政，诚心扶植各民族经济、政治、教育之发展，务期同进于文明进步之域”之精神，督促奉行，以图补救，否则长此放任，恐蒙古民族将绝迹于社会矣。

《边事研究》（月刊）
南京边事研究会
1934年1卷1期
（李红权　整理）

内蒙之实况

徐锐青　撰

内蒙之现状

欲知内蒙之情形，须先明其实况。以绥远而论，足可知其梗概。自绥远改省后，已大为开发，平原占百分之四五，山占百分之五五，有四百县治，而未达到县之限制之各县，暂为县分。开垦者只有三千顷，面积有五万五千平方哩，偌大土地，足知前途有无限之希望。人口以察、绥二省为例，蒙人占三十万，全绥二百二十万人，其余为回、汉人，而汉人则占大多数。但人口与面积比较，则甚相悬殊，平均每方里只二人耳，未垦者尚占大多数，且属草地，蒙旗占五分之三，人口有二百万，可见人口之稀少。在乌兰察哈游历时，曾注意有一时或二时方可见到一人，蒙古堡亦只有数方里内占一人。在日人调查中云：“有一大汉海——扼（按）即指内蒙——除沙漠以外，气候异常之冷，未下雪时，与北平无异，可知其足可大为开发也。”

政治组织

自清以来，系属部落组织，部落甚大，并分别为数盟，盟又分为盟旗，盟无若何组织，旗为有土地之组织，似较部落为佳。中央派各该旗长为盟长，并为世袭之官，如昔之左右宰相者然。贵族阶级，甚为明显，其主要之人物，视其官职之大小如何，才能与否，姑不论也。其最小者，管百五十户，亦为钦命之官。以现在之考察，仍只照从前之调查为准则，如实地调查，则甚难也。虽然若以一总领管百五十户，此尚不的确，不过为便利起见，姑以此为计算之标的。该总领下属，当书记者数人，且有尽义务者，办公时尚得自携羊腿一二，或小米若干为生活，且无甚知识，一切公事均极简单。其一旗百数十人，小者亦仅三二十人耳。军队数目，乌合之众，仅五六千人，枪枝最多超不过万支。教育可说是毫并〔无〕设备，惟包头设一国民学校，人数只三二十人，教育该项书记人才，只令其识数字而已。

生活状况

（一）衣

以穿衣来说，与内地无异，仍如清例，好着红鞋。普通穿布，冬穿皮衣。因习惯之故，甚不洁净，王公且有以愈污秽为美者。烧火时，亦以衣服为包裹柴火、燃料之工具。

（二）食

食以羊牛肉为主，其最注者属羊肉。盛饭器具，各自携带。王公大人之讲究者，尚有磁碗，然均藏于怀中。其刀、筷、碗、碟从不稍洗，用毕仅以巾拭之耳。除羊肉而外，尚有羊汤，亦有炒小米或少许丐〔面〕食者，菜蔬以山药蛋为主。猪肉只王公可得食，因得之不易故也。其烹调更谈不到，且无盐味，烧火以牛粪。

内地之人，实在不惯居此。

（三）住

堡为该地之居室，走一二日路，可得大庙，我人甚异之，惊其还有如此宏大之建筑。而王公住者，则仅与内地房子相埒，皆住于僻静处。

（四）行

行的方面，主要者属马。交通利器，以骆驼为独一无二之工具。虽然牧畜并不发达，交通之利器亦不甚爱惜。冬季则又为牛羊之大厄运，烧杀以为食品，因无人工储草，均任其自生自灭耳。

宗　教

佛教在蒙古说起，亦并无宗教观念，惟有知识者为然。如现在之德王，亦颇迷信。亦有少数之人民信佛，其参佛之举动，曾有不远万里而来者，沿途叩头至地，望屋而叩者，更属奇特。当拉麻者，有无上优权：一等拉麻，不当兵，不当差，只知吃饭、穿衣、念经而已。如此清闲，谁不欲当拉麻，于是知识者，皆是当拉麻。

风俗习惯

（一）结婚与内地无异，过门亲迎，只以马为工具耳。

（二）医者亦以念经救济之道，并每出其病人之生属年月，送到山中，如过后所检得者，云该人尚可活。人民每日工作，只是早出放羊，晚上睡觉而已。

汉蒙之关系

蒙人与汉人，本来甚好。就垦地而说，在蒙古王公，亦有用汉人垦者，感情之善，可见一斑。自前清拳匪之乱，结果以蒙古地为赔款依据，遂染蒙人之疾视。自交还其垦地后，蒙人甚为感激，厥后又以买卖为依据，令其王公亲自拿出生地，而要其开垦，至管理放垦办法，非常复杂，甚不好办。因放垦地为汉人所居，蒙人非常不满，若涉讼，亦当居于失败者之地位。政府对于人民，非常苛刻，王公之用物过关时，如不超过五十骆驼之极限，可以不上税，除此即山地，亦为上税之标的，故牧畜事业，亦因之不能发达。其对人之苛刻也如此，安得不伤感情。其对汉人则尚觉优劣之分，牧畜时得上水草税，不准带家眷，不准住房子；其上地皮税，一年每亩以十两良〔银〕计；买东西亦得有执照为凭，并得交八十两税银；如走到黑夜，只得住蒙古堡，是与地皮有关，又得上八十两税银。蒙汉之关系如此其水乳〔火〕，而乏扶助，而望融洽，诚难矣。

结　论

由前论逐条观之，是可知内蒙之一切落后，若言开发，诚一大问题也。况我国难日亟，鞭长莫及马腹。前内蒙要求自治，中央亦已遂其所歌〔愿〕。但有人说："他们受我等之扶植，或者还可以携手发展其各人之特能，如云自治，是诚促亡之道也。"此语固当，但不审我国正多事之秋，究不能以小事而害大事，只得渐渐趋于好感，而共救危亡之为尚也。刻正自治开始之日，而一切事业颇觉棘手。即以办教育而言，事实上之困难，简直无法设立，究竟设于何处为宜，走一二日路，只可见其一二人耳，且游牧生活，逐水草而居，学校亦得随之而迁移无定乎。只以国难迫切，而提倡扶植蒙古势力，真是谈何容易。由此观之，我人无完善计划，不能谈建设西北，无专门人才，不能担任其工作，其基本方法，必须从经济和教育方面入手，然后移民实边，方克有济也。

《新创造》（月刊）
北平新创造月刊社
1934 年 1 卷 1 期
（王芳　整理）

内蒙古盟旗述略

马笑读　撰

蒙古为我国领土极北之一部，壤地延袤，为朔北屏翰，《唐书》称为蒙兀，《辽史》、《金史》通称盟古，《元朝秘史》称为忙豁勒，明初修《元史》，始定名为蒙古。古为幽、冀、雍、并、营五州北境，部落众多。至有宋季世，成吉思汉崛起漠北，并吞四邻，亡金灭宋，入主中华，以建立世界上空前未有之大帝国。言地理者，因戈壁大沙漠横互〔亘〕蒙古中部，称漠北曰外蒙古，漠南曰内蒙古。清初归附，隶我版图。自清季统驭失策，外蒙古渐生离贰。民国以来，国是不定，内争频仍，活佛愚昧，“赤俄”煽惑，忽而独立，忽而撤治，卒于十三年五月，成立外蒙古共和国，与我貌合神离矣。内蒙古介长城、大漠之间，东邻关东，西界宁夏，境域辽阔，可收〔牧〕可耕，民俗强悍，豪爽有为。共分六盟二十四部四十九旗：东四盟曰哲里木盟，分属辽宁、吉林、黑龙江三省，曰卓索图盟、昭乌达盟，属热河省，曰锡林郭勒盟，属察哈尔省；西二盟，曰乌兰察布盟、伊克昭盟，属绥远省。六盟外之二部，曰察哈尔八旗，左翼四旗属察哈尔省，右翼四旗属绥远省，曰土默特旗，属绥远省。兹当举国注目之内蒙古自治高唱入云之际，爰将内蒙古各盟旗分布及所在省县，逐一条举之，以备国人关心内蒙古者之参考。

哲里木盟四部十旗

1. 科尔沁右翼前扎萨克图郡王旗——辽宁省洮南、安广、开通三县。

2. 科尔沁右翼中图什业图亲王旗——辽宁省突泉、瞻榆二县。

3. 科尔沁右翼后镇国公旗——辽宁省安广、镇东二县。

4. 科尔沁左翼前宾图王旗——辽宁省康平县。

5. 科尔沁左翼中达子罕亲王旗——辽宁省辽源、双山、康平、梨树四县。

6. 科尔沁左翼后博多勒噶台亲王旗——辽宁省昌图、怀德、梨树三县。

7. 扎赉特旗——黑龙江省大赉县。

8. 杜尔伯特旗——黑龙江省安达县。

9. 郭尔罗斯前旗——吉林省长春、农安、长岭、德惠四县。

10、郭尔学〔罗〕斯后旗——黑龙江省肇州、肇东二县。

卓索图盟二部五旗

1. 喀喇沁左旗——热河省凌源县。

2. 喀喇沁中旗——热河省建平县。

3. 喀喇沁右旗——热河省平泉县。

4. 土默特左旗附喀子多罗贝勒游牧——热河省阜新县。

5. 土默特右旗——热河省朝阳县。

昭乌达盟八部十一旗

1. 敖汉旗——热河省建平县。

2. 奈曼旗——热河省绥东县。

3. 巴林左旗——热河省林西县。

4. 巴林右旗——热河省林西县。

5. 札鲁特左旗——热河省开鲁县。

6. 札鲁特右旗——热河省开鲁县。

7. 阿噜科尔沁旗——热河省开鲁县。

8. 翁牛特左旗——热河省赤峰州〔县〕。
9. 翁牛特右旗——热河省赤峰县。
10. 克什克腾旗——热河省经棚县。
11. 喀尔喀左翼旗——热河省绥东县。

赐〔锡〕林郭勒盟五部十旗

1. 乌珠穆沁左旗——察哈尔省多伦县境极北。
2. 乌珠穆沁右旗——察哈尔省多伦县境极北。
3. 浩齐特左旗——察哈尔省多伦县境极北。
4. 浩齐特右旗——察哈尔省多伦县境极北。
5. 苏尼特左旗——察哈尔省多伦县北。
6. 苏尼特右旗——察哈尔省多伦县北。
7. 阿巴噶左旗——察哈尔省多伦县北。
8. 阿巴噶右旗——察哈尔省多伦县北。
9. 阿巴哈尔左旗——察哈尔省多伦县北。
10. 阿巴哈尔右旗——察哈尔省多伦县北。

乌兰察布盟四部六旗

1. 四子部落旗——绥远省武川县。
2. 茂明安旗——绥远省武川县。
3. 乌拉特前旗——绥远省五原县。
4. 乌拉特中旗——绥远省五原县。
5. 乌拉特后旗——绥远省五原县。
6. 喀尔喀右翼旗——绥远省武川县。

伊克昭盟一部七旗

1. 鄂尔多斯左翼后达拉特旗——绥远省五原县。
2. 鄂尔多斯左翼前准噶尔旗——绥远省五原县。
3. 鄂尔多斯右翼后杭锦旗——绥远省五原县。
4. 鄂尔多斯右翼中鄂托克旗——绥远省五原县。

5. 鄂尔多斯左翼中郡王旗——绥远省东胜县。

6. 鄂尔多斯右翼前末扎萨克旗——绥远省东胜县。

7. 鄂尔多斯右翼前乌审旗——绥远省东胜县。

六盟外之二部九旗

1. 察哈尔左翼四旗——察哈尔省张北、沽源、多伦三县。

2. 察哈尔右翼四旗——绥远省凉城、丰镇、兴和、陶林四县（四县原属察哈尔省，十七年画属绥远省）。

3. 土默特旗——绥远省归绥、萨拉齐、清水河、托克托、和林格尔五县。

以上六盟二十四部四十九旗，及六盟外之二部九旗，清初以来，游牧于长城、柳边之外，戈壁大漠之南。自热河设避暑山庄，由康熙以迄咸丰诸帝，历岁北狩，与内蒙古王公，讲武习射，驺从之余，有耕田服贾之民，追随出口。卓索图、昭乌达两盟境内，移植日繁，游牧之地，渐重农商，此热河开辟所以独早也。厥后有山西北部归绥十二厅、直隶口北三厅之设，移民垦土，益形进步。迨清末叶，始于满洲方面，盛开榛狉，齐、鲁、燕、晋之民，先后云集。民国鼎兴，首置热河、察哈尔、绥远三特别区域，以哲里木盟分属奉天、吉林、黑龙江三省，以卓索图、昭乌达两盟属热河特别区，以锡林郭勒盟及察哈尔八旗，属察哈尔特别区，以乌兰察布、伊克昭两盟及土默特旗，属绥远特别区，开荒、垦土，分设县治。十七年革命成功，全国统一，三特别区同时改省，于是毡裘毳幕之区，已跻内地行省之列。方期移内地过剩人口，垦牧建设，开三省无尽宝藏，裕国富民，以固边圉，而培国基。乃自九一八后，东北沦陷，榆关衅起，热河继之，甚至多伦、沽源，均告不守，是六盟已亡三盟而强，所余者，仅锡林郭勒之半盟，乌兰察布、伊克昭两盟，及六盟外之二部九旗而已，举目河山，痛心无已！日倭野心未戢，为贯彻其满蒙政策，于侵占热河之后，即思召集蒙人在多伦开会，我国民政府方注力于赣南“剿赤”，无暇北顾。幸各王公及有志青年，不甘做人傀儡，乃发起内蒙古自治，以自谋解决。现经中央派员参加百灵庙会议，已证实内蒙古自治，纯系民族自决，毫无其他背景，自当依照决议各案，从速施行，以慰蒙人之望，兼纾北顾之忧。倘仍敷衍踌躇，则环境逼处，内蒙古之前途，诚不堪设想者！外蒙古与东北四省之殷鉴不远，我国人其勿忽诸。

《新蒙古》（月刊）
北平新蒙古月刊社
1934 年 1 卷 1 期
（朱宪　整理）

共同努力于今后之蒙古

马　撰

蒙古之与中国内地，在血统上、经济上，发生密切关系，已数千年。然因与内地交通之不便，生活习惯之差异，以致于今尚未能完全无隔阂也。

以满清言，蒙古既归统治之下，应对于蒙地，谋交通之便利，富源之开发，对于蒙族，谋生活之改善，文化之增进，以期一切平等，无分彼此。不此之图，乃禁止汉蒙交通与蒙地开垦，以防汉蒙势力之联合与扩大。利用虚荣与宗教，笼络王公、喇嘛，以消灭蒙人刚勇之血性，与奋斗之精神。于是蒙古人口日益减少，文化日益退步，与汉族隔绝，亦日益远，其不若现今中央之对蒙者明甚。

最近内蒙要求自治，中央决定八项原则，吾人庆贺之余，认为蒙汉感情，从此永固。并认为八项原则其优点有四：

（一）蒙人最初希望有整个组织，此次原则第一项，规定设立蒙古地方自治政务委员会，直隶于行政院，总理各盟、旗政务，可符蒙人之初意。

（二）中央与蒙古，又蒙古与地方政府，向来均不免颇有隔阂，此次规定中央另派大员驻在该委员会所在地指导之，并就近调解盟、旗、省、县之争议，则过去隔阂之弊，可以减免。

（三）蒙古各盟、旗，分治已久，情形各异，强行联合，障碍反多。故前拟分区设立政府办法，伊盟即不愿与乌盟合组区政府，曾于本年一月，以正式公文向绥远省政府声明，请转呈中央，专设自治政府，可知分区非各盟所同愿。此次盟、旗仍旧，则可免无谓之纷更。

（四）一般蒙人，固要求停止放垦，不再设县，但游牧进为农垦，乃人类生活进化必经之阶段，且繁荣地方，增收租税，发展地方经济，均非发展农、工业不可。将来蒙古王公，必有自动放垦者，如伊盟盟长阿王即有此远见，该盟公地，多已计口授之人民。蒙古地方平广，固宜于畜牧，然亦大部宜于农垦，将来随文化之进步，与交通之便利，必自行感觉农垦之需要。此次五、八两条，加以但书，有伸缩之余地，既符蒙人一时之希望，又不至阻止蒙古之进化与蒙人将来之需要。

但今后之蒙古问题，虽有解决办法原则之决定，而能否真正解决？能否于蒙人真正有益？于国家真正有利？尚须中央与蒙人及国内人士特别之注意，与加倍之努力。兹将希望于中央及蒙人者，分述如左：

一、已往蒙古问题之发生，既由于中央之漠视与双方之隔阂，今后应责成自治指导公署，调查蒙古情形，随时将蒙民意见，蒙民痛苦，与蒙地应兴革之事项，报告中央。中央时时注意研究，指示方针。

二、蒙古地方自治，应根据《建国大纲》及《地方自治实施法》，首先注意人口调查，与交通、教育等事之完成，以及民权行使之训练。且须有曾经训练之人员，指导进行。今后指导长官公署，应尽派员指导之责，中央应负极力扶植之任。

三、蒙古政治，向操于王公，蒙民绝少参与。今既进为自治，则应设立民意机关，如《蒙古盟部旗组织法》中所规定之“盟民代表会议”，“旗民代表会议”，早日成立，经相当之筹备与训练，使蒙民得共同参与政治。

四、实施自治，实非易易。今后蒙古地方自治政务委员会，应欢迎中央各机关指导，而各种自治事项，如教育、交通、实业等等，尤应欢迎有知识与有志开发西北者之共同负担。

五、向日盟、旗、省、县之争执，固省、县不免有压迫或偏袒之事实，但亦多隔阂误会。现盟、旗虽自治，而省、县仍旧，且自治办法，原则虽定，而细则尚缺。今后蒙古自治政务委员会诸公，应抱与边疆省府合作之精神，如财政之劈分成数，应按人口与事实，公平分配。在省县方面，亦应特别尊重蒙人意见，顾虑蒙人利益，以符中央允许蒙古地方自治之原意。相争必至俱伤，互让始能互助。

六、蒙族人口日益减少，此为蒙古民族最大之危机，今后自治委员会，应特别设法防止。如生活之改善，卫生之注意，种痘之提倡，医术之研究，花柳之防止，汉蒙之通婚，信仰宗教者之不必定作喇嘛等，均为增殖人口、强固种族之方法，宜一一计划实施，以恢复昔日繁庶之民族与强壮之体格。

七、蒙民财产，全恃畜牧，今日世界对于毛革之用途，亦日益加多，但墨守旧法，不加改良，不足以应世界之需要，且传染病之蔓延，亦足促蒙人之生计。今后应按《办法原则》第五项之规定，从速改良畜牧，提倡兽医，并兴办制革、毛织等工业。

八、畜牧进为农垦，乃当然之阶段，前因主持垦务者不顾及蒙民利益，而蒙民亦狃于故习，致垦地愈多，蒙民生计日蹙。今后应由盟、旗自动放垦，先尽蒙民承领或计口授田，有余再招汉民领种，以期地方渐臻繁荣。

九、蒙古文化落后，人民无政治知识，且向不与闻政事，今施自治，应努力于教育之普及，且宜仿苏俄革命后教育办法，不求高深，先求需要，在短时期内，免除文盲，训练人民有政治常识，了解政府方针。故一方在各旗设立小学，谋蒙人根本教育之普及，一方普设平民补习学校、训练班、讲习所等，以期速成，而应目前之急需。

十、蒙古地方自治，军事权既归中央，今后蒙古盟、旗原有军队，应改为保安队，或留一部为蒙民骑兵，利用其强悍之性，与壮健之马，以为国防之劲旅。但须由中央派员训练，其各级长官，汉蒙并用，以免隔阂。

十一、蒙古地方自治，外交权既在中央，今后一切对外交涉事项，无论政务委员会或各盟、旗，均应不理。如有外人无故访问，亦应谢绝，以免有受诱惑、或鼓动之嫌。

总之内蒙自治，为蒙古人一新时代之时机，如善用此机，可以开发蒙古地方，繁荣蒙古民族，可以巩固国防，抵御外患，可以免除中央与边地之隔阂，联络汉蒙民族之情感。所谓开发西北，民族平等，共御外侮等目的，不难次第达到。否则不免阻隔蒙古开发之机，便日人侵略之谋，增加蒙古与中央之隔阂与疏远，甚至使内蒙为伪满洲之续，或蹈外蒙之覆辙。我蒙古同胞其慎之。

《蒙藏月报》
南京蒙藏委员会
1934 年 1 卷 2 期
（朱宪　整理）

共产外蒙古的现势

[日] 林畅夫 著　　张觉人 译

本文译自日本杂志《支那》本年五月号。作者为林畅夫氏。

前言

曾经产生过使欧亚大陆震骇战栗的英雄铁木真的蒙古人，自元建国以后，即渐丧失其勇敢的民族性，而与汉族同化。加之，中国诸王朝对宗教民族的怀柔政策，在他们的训化作用上，亦现有不少的效果。他们在喇嘛密教的淫乐之中，沉眠了不知几许星霜，结果由勇敢的民族变而为东洋诸民族中最落后的民族了。但是，清朝灭亡，民国肇造，在熟睡的蒙古民族中，亦点着了民族革命的火烽，要求建设“现代蒙古”。在现今东亚民族勃兴的黎明时期，以内蒙为境界的外蒙，早为苏俄南进势力所压迫，而成为革命“赤化”的蒙古了。这已“赤化”的蒙古将来怎样，我们难以豫测，在此只将她的现状介绍于下。

一　共产化蒙古共和国成立的过程

清朝没落之后，外蒙即于一九一一年获得俄国武器弹药及其他军费的援助，叫中国驻在库伦的外蒙总督及军队撤退，而建设了蒙古自治国，近来俄国在外蒙竭力扶植其政治经海〔济〕的势力，以为鲸吞的准备。一九一七年俄国革命勃发，中国遂乘这机会将俄国所建筑的各种势力完全夺回，而且将外蒙合并于中国。但在其内部，排华反华的组织依旧存在。这种组织分为下列三派，它的运动至是愈见具体化了：

（一）乞援于反苏俄的俄国军队，以谋蒙古的独立的。

（二）乞援于苏俄，以谋蒙古的独立的。

（三）乞援于日本，以谋蒙古的独立的。

日本派的运动，起初即行失败。至于第一派，则与败退于外蒙的谢米诺夫将军的部队巴伦·温给龙连络，在一九二〇年将中国方面所有的政治、经济势力夺回，建设外蒙自治国，定都于库伦。但外蒙自治的实权，实际上完全与蒙古政客的豫期相反，一概落到巴伦·温给龙的掌握中去了。苏联派为此即派代表至莫斯科，商议推翻这政府的办法，到后来，这目的完全达到了。这一派在一九二〇年组织外蒙国民革命党于恰克图，翌年组线〔织〕临时外蒙政府，同年六月临时外蒙政府军和库伦的巴伦·温给龙军交战后，占领库伦，宣言树立外蒙人民共和国。这是苏俄赤色势力向外蒙进展的第一期。兹将这个时期的历史简单记述于左：

清廷对外蒙的处置，在库伦、乌里雅苏台、科布多等地，派遣大臣，使之统制外蒙主要部分车臣汗、土谢图汗、扎萨克图汗、赛音诺颜汗四盟，及科布多、唐努乌梁海等地方。但它的统制非府〔常〕宽大，对于蒙古人的自治，并不敢干涉。到了清末，清廷的政治家颇为当时流行的国权扩张、殖产兴业的思想所驱使，而且为要防止由西伯利亚侵入的俄国势力，故一方奖励汉族的移入，同时派遣很有手腕的三多氏驻于库伦，使之采取一种干涉政策——毋宁说是强压政策——，这样一来，蒙古族甚为不满。以库伦活佛为中心的外蒙王候〔侯〕、喇嘛等，遂乘一九一一年中国十月革命勃发的机会，于同年十月三十日依靠俄国势力的援助，断行武力解决，拥戴活佛，宣言独立，号称大蒙古国。其次乌里雅苏台（同年十二月半）及科布多（一九一二年八月）等西部地方亦相应而起。但一九一四年九月至一九一五年六月恰克图的中、俄、蒙会议结果，缔结了所谓《中俄蒙恰克图条约》，规定外蒙为中国整个领土的一部分，中国在外蒙有宗主权，外蒙古有自治权，并有与国外缔结关于一切内政及有商工业性质的国际条约的权利。在库伦及其他重要地方，中国可以派遣官宪驻扎，以事监督。

其次，一九一七年俄国革命勃发的结果，中国对外蒙的威信得以回复。到了一九一九年十一月，外蒙古的自治亦被取消。十二月徐树铮氏为西北筹边使，亲赴库伦，再度使用强压政策。徐氏的地位虽因一九二〇年七月直皖战争的结果而丧失，但中国在外蒙的势力，仍因陈毅氏的经略而继续维持了。至一九二一年二月，活佛一派，秘密招入俄国白军残党温给龙、鲁斯天伯尔希将军的军队，将中国的官宪赶走。但温给龙将军的一派，遇事专横，实同前门驱狼，后门进虎。对这一派的行为抱着不满的外蒙青年志士们，齐集后贝加尔地方，在赤俄政府——当时对内讨伐异党分子已有头绪，而其基础亦渐渐确定起来的赤俄政府——的援助之下，组线〔织〕蒙古国民党于后贝加尔地方，建设蒙古人民革命政府，以与库伦政府对峙。同年七月六日获得赤军的援助而入库伦，遂成立了以国民党首领勃多氏为总理兼外务部长的外蒙人民革命政府。

一直至一九二四年止，在表面上君临整个外蒙的活佛死后，自一九二五年起，外蒙即变为名实相符的人民共和国了。至一九二八年止，外蒙国民革命党包含有两个互不相容的政纲。其一，在党的纲领中揭着泛蒙古运动及建设蒙古独立国家的政纲，其他，则有将蒙古政府变为第三［个］国际的代辩〔办〕机关的倾向。

这两个互不相容的政纲背后，自有两个互不相容的党派存在。在这两派的斗争中，一九二八年第三国际在外蒙国民革命党内的煽动工作成功，至是左右两翼的斗争更为明显了。这是苏俄赤色势力向外蒙进展的第二期。尔后，左派在国民革命党内占有绝对的势力，外蒙国民革命党遂将从来蒙古民族主义的运动放弃，而转向共产主义的运动了。在这时，曾经决定过两个重大的方针：

一、外蒙人民共和国将来与苏联同盟。

二、外蒙社会主义的建设，不必经过资本主义的发展阶段。

这样一来，外蒙国民革命党殆化为第三国际的支部；外蒙人民共和国政府，尽入于外蒙国民革命党的掌中；外蒙人民共和国政府，完全归属于莫斯科第三国际的支配之下。外蒙社会主义的建设，自一九二九年起，即积极地开始了。这时所决定的重要钢〔纲〕领，有如下列：

（一）无产阶级独裁。

（二）制定新宪法、新法律。

（三）取消贵族、喇嘛等非无产阶级的选举权及被选举权。

（四）建设集团农场、国营农场、共同耕作农场、共产农场。

（五）废止个人的商业。

（六）废止私有财产制度，没收有产阶级的私有财产。

（七）自一九二九年起，仿效苏俄的五年计划，实施外蒙产业五年计划。

（八）只与苏俄发生外交及通商的关系。

（九）外蒙各机关聘请苏俄顾问指导员。

（一〇）改正苏俄与蒙古的一切契约、条约。

外蒙国民革命党殆化为第三国际的外蒙支部，外蒙各机关均招聘苏俄的顾问指导员。这样一来，外蒙即发生了下列几个重大的结果，至是外蒙“赤化”的工作得以完全成功了：

（一）外蒙政权移入苏俄的掌握，因为除了苏俄以外不与其他任何国家发生通商关系，不仅物质缺乏，亦且物价腾贵。

（二）对苏俄的输出输入没有关税，政府为填补这项收入，唯有另设新税，因此人民所负担的税额激增。

（三）外蒙银行的资本金，苏俄与外蒙虽各占其半，但实权操在苏俄的手里。

（四）外蒙运送公司的资本金，苏俄与外蒙虽各占其半，但实权操在苏俄的手里。

（五）G. P. V. 为俗称，正确的称呼为国内保安厅。

（六）“政治部”办理党务及政治的工作。

二　政治组织的实体

外蒙古在一九二〇年一改从来的态度，改称共和国，组织立法机关国民议会，废除蒙古旧有行政区域盟旗制度，根据完全的民主主义而施行共和制度。

在一九二〇年施行第一回的整理时，将封建时代王公地方分管制的统治权收回于中央，对于劳动者亦赋与平等权。同年又施行第二回整理。营中流以上的生计者所能领有的私有财产，只限于日常生活上的必需品，除此以外，均被没收归公。因此，中流以上的有产者几完全整理清楚；只准下流阶级的劳动者些微有点私产。但至一九三二年春季施行第三回整理时，劳动者的私有财产，亦全被没收了。

苏俄人的策动甚积极，而对旧贵族及喇嘛僧的压迫，亦甚积极。青年均须当兵，以充实蒙古的革命军。不当兵的，则使为官营事业的使役。而且，对一般青年劳动者奖励军事教育，将劳动阶级全部武装起来。认宗教为人民的私事，寺院不受国家的管辖。

准许集会、结社自由，施公费普通教教〔育〕制度，不问人种、宗教之如何，一律视为平等，劳动阶级之利益更非常注意。旧日所有的制度完全改革，在纯粹的共产主义之下，将她的新兴气运宣示于世界，表示今日的蒙古已非昔日的蒙古了。

（一）议会——蒙古共和国的一切权限属于劳动人民，人民得选出大富拉尔旦及小富拉尔旦的出席代表以行使其最高权。大富拉尔旦，相当于苏俄的苏维埃大会，每年开会一次，出席代表约百名（二百名以下），由十三个“爱马库”、数个都市及外蒙赤卫军中选派出来，小富拉尔旦相当于苏俄的中央执行委员会，系由代表二十名组成的。

（二）大富拉尔旦——富拉尔旦，是决议重要国务的人民会议。现在蒙古共和国仿效苏联的制度，使用富拉尔旦以当苏维埃。蒙古人民是经由大富拉尔旦而行使其最高权的。其最高机关所掌管的事项如左：

一、对外代表共和国缔结外交条约。

二、缔结变更国境、宣战、讲和的条约。

三、关于募集内外公债的事项。

四、指导对外贸易及制定内国贸易的手续。

五、计划国民经济，许可或变更利权及专卖权。

六、运输、电信事业的组织。

七、军队的组织及指导。

八、国家收支豫算的认可，租税及收入的决定。

九、货币及信用制度的制定，纸币的发行，货币的铸造。

十、土地使用原则的制定，“爱马库”及“贺西圃”境界的制度，土地森林及其他富源利用法规的制定。

十一、诉讼法，裁判所构成法，民刑法的基础的制定。

十二、国民教育法的制定。

十三、国民保健总则的制定。

十四、度量衡的制定。

十五、统计组织。

大富拉尔旦，系以“爱马库”民、“市”民及军队的代表组织而成的。议员数目依照选举人的人数比例而定。议员的选举，通常在各爱马库举行。如果富拉尔旦大会不能成立时，则以各贺西囿的代表来补充数目。议员的任期为一年。会期通常每年大会一次，由小富拉尔旦召集。至于临时大会的召集，则须有小富拉尔旦的议决，或有大富拉尔旦议员三分之一以上的赞同，或有选民三分之一以上的请求时才可。大富拉尔旦的大会从来每年自十一月下旬或十二月上旬起开会一月，但自第七次会议以后，已改为在六月中举行。

（三）小富拉尔旦——小富拉尔旦酷似苏俄的中央执行委员会，在大富拉尔开会中执行国家最高机关的职务，对大富拉尔旦负责。它的掌管事项如下：

一、发布法律、命令。

二、统辖政府高级机关。

三、决定小富拉尔旦常务委员及政府事务的范围。

四、监督基本法律及大富拉尔旦议决案的实施。

小富拉尔旦的定期会议，通常春秋二季各举行一次。此外有小富拉尔旦常务委员的议决，政府的要求，或小富拉尔旦议员三分之一以上的请求时，得举行临时会议。

现在国务院的国务总理为多模多蒲（蒙人），军事总指挥官为沓米特（蒙人），军政部长为一俄国女人。今将外蒙的统治组织图示于下：

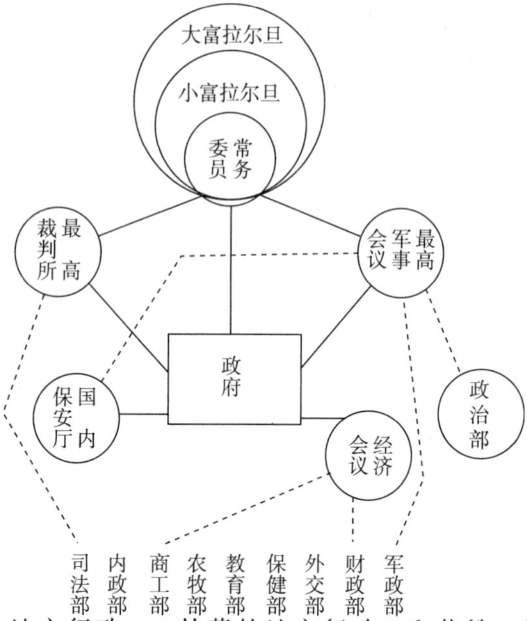

（四）地方行政——外蒙的地方行政，和苏俄一样，是自治制度，它的行政上的单位为“爱马库”“贺西囿”“巴库十户”及“市”。依照地方自治的制度，设置富拉尔旦，富拉尔旦选举各机关的执行委员。执行委员的任期为一年，委员在其职务上对富拉尔旦负责。

“爱马库”在地方行政制度上是“贺西囿”的上线机关。爱马库的什模（会盟）是爱马库的富拉尔旦。地布尔军遮拉遮（议长）的职务，由富拉尔旦执行委员会决定。

以扎萨克的旧名称不适合于新时代的精神，特改名为国民政府。从来四“爱马库”为一市府的辖境，至最近改编为十三个爱马库；在各“爱马库”之上附以该地方所有的山河名称。

（五）政党——政党只有蒙古国民党、革命青年团及属于本系统的团体而已。其他的政党均不准存在。

（A）国民党——国民党的目标和组织，与共产党及社会党不同。它的主张是：解放外国经济、政治的束缚，制定民权，谋国家生产力及国民教育的发达。一九三一年八月二十五日第八次党大会所议决的主要事项有如左列，我们就此即能测知其一个大概了：

【政治部关系事项】

一、制止反动派及官僚的活动，特别保护平民的权利。

二、本党指挥国家机关。

三、改善各民族的关系，在各公共机关，务登用布利也塔族的人。

四、与资本主义国家的交际务须特别慎重。对于侵略蒙古的经济的、政治〈的〉举动特别监视。

五、作成驿递制度改正案，开设汽车路。

六、凡一切国家产业经济的改善，应使之能增进与苏俄的亲善关系。

七、对于平民的产业，国家及银行应予以补助。

八、预防兽疫，利用畜产。

九、改善模范农场。

十、防止俄蒙经济机关的竞争。

【组织部关系事项】

一、与第三关〔国〕际保持旧日的关系，并应与各国共产党、东方弱小民族的国民革命运动立定一个密切的关系，尤其对于蒙古人种的国民革命党，更须充分援助。

二、设立二十四个救济委员会。

三、党的纲领及党规应重新加以厘定。在本年六月开第九次大会以前须有最合理的决定，在决定前应征求地方机关的意见。

党员分为正党员与候补党员二种。候补党员经过一定的期间及一定的训练后得升为正党员。候补党员分下列三级：

1. 无产贫民、兵卒。

2. 不使用他人劳力的牧畜者、家庭工业者及农业者。

3. 旧贵族、台吉及官吏。

第一、第二两级的人，有正党员二名的保证时得以入党。至属于第三级的人，则须有正党员三名而且入党三年以上者的保证才能入党。

候补期间随各级而异。属于第一级的，四个月；属于第二级的，八个月；属于第三级的，一年。候补党员在党的会议时虽有参加讨论的权利，但没有表决权。兵卒以外未满二十一岁的人欲加入本党时，须先加入青年团受一定的训练。受训练后经过一定的手续始能为正党员。各区域内均设有党的机关。即：全国各“爱马库”、各“贺西圄”、各“市”的总会代表大会及协会均各为其最高机关。此外有执行机关的委员会。又在索蒙、巴库官厅及军队内有细胞组织，它的执行机关即是事务执行所。

蒙古国民党规定遵受第三国际的指导，并严守其规律。但因为尚不是第三国际的正式会员，故其各团部（Aection）亦还没有组成。现在第三国际方面只派了一个蒙古国民党指导代表实地指导它的活动。这个代表元来为布利也塔人的嘉尼也夫氏，而今是其尔基斯人的刺素氏，这两人都是苏俄联邦的有力共产党员。

（B）青年团——青年团是以国民党内未满二十一岁的党员组织而成的国民党豫备团体。

据一九三二年正月的调查，现有团员一万二千人。在过去十二年间，共送了六千党员进了国民党。

青年团对共产青年国际的关系，正如国民党对第三国际的关系一样，它虽受共产青年国际的指导，但不是共产青年国际的一个正式会员。

三 蒙古军的现状

蒙古军的现势——现在外蒙古已实施征兵制，征兵期间为三年，每年十二月为入伍的时期。入伍年龄虽规定在二十岁以上，但事实上十八九岁起至五十岁的人均有。军队的编成，都以三为单位。分队的基本队员十名（分队称为他萨库）；三分队为一小队（萨拉）；三小队为一中队（索茫）；三中队为一大队（贺罗）；三大队为一旅（啻威结）。虽没有练兵场，但城外各地均可以使用。在冬天，教练非常加紧，这完全由于气候的关系。如果这时候不好好地锻练，到了冬天则不能作战。军服的模样，大体与苏俄军队相同：衣料为浓茶色，肩章为绿色，至于帽章，则随阶级的不同而各异。指挥官阶级，用金线圈、赤星，兵卒则不用赤星而用青星。兵卒的马是蒙古马，而士官所使用的，则为俄国产的大马。兵器均为俄国制造，大炮则全部为驴马曳引。

军队全部为骑兵。上级军官均为俄人，而副官则为蒙人。兵士的月薪，每月仅三元上下。军事教育，在库伦的士官学校里面教授。在军队中，“赤化”的宣传甚盛，时常有校外的俄人来施行露天讲演。

军队的配置，均由俄国将校计划。其配置大概以库伦为中心。在乌里雅苏台、科布多、山陪斯、坑鸠里庙、伊库鸠里庙及车臣汗等地设置大部队。在其他各处，则随便分置军队，以任警备。多数的兵营，大都使用旧寺院或王府。兵士则全部使之入青年团，成绩优良的兵士，可以入士官学校；欲受高等军事教育的人，可进莫斯科的陆军大学。蒙古兵的特征，在于善乘马和射击，俄人利用蒙古人所有的迷信，很巧妙地把他们置之于自己的指挥之下。

外蒙屯驻苏俄军的兵力——现在屯驻于蒙古的苏俄兵力及其配

置状况，可示之于下。

库伦的状况：

（A）步兵第三十六旅（旅长为谢尔给夫）。

（B）集成骑兵队（队长为露啻其夫，由骑兵第五师所集成者，约有七百骑）。

（C）特种部队（有四百名）。

这种部队为宪兵队。一般商人都可以进外蒙，但须先得在库伦俄国官宪的许可。官宪对于入蒙商人的监督非常严重。

（D）苏俄在外蒙东部国境附近建设有兵营。

（E）苏俄自库伦至北方及西北方建有道路。因为有雪和砂的阻碍，有些地方甚难通过。

恰克图的状况：

（A）步兵第八十九旅。

（B）步兵第一百十一旅。

（C）特种部队（队长为刺嘉修伊里，此队系由国际第四旅所编成者，兵力未详）。

这部队系为保护、修补自恰克图出南方、西北方及东方的道路而设置者。

（D）骑兵队（一千至一千七百骑）。

这个部队时常移动，或编入特种部队，或为侦察地形，交代哨兵而移动。它的常驻兵力不一定。

四 文化与教育的现状

外蒙古的文化，在一九二一年革命以前，比较呼伦贝尔及内蒙古人犹为低落。其主要的原因，可列举于下：

一、外蒙的地理的位置不良及交通的不发达。

二、外蒙住民的生活，系原始的游牧生活。

三、宗教的关系。

与其说外蒙的居民不曾努力于文化的发达，不如说他们根本不知道文化之为何物，较为适切一点。这因为在外蒙占有势力的人是喇嘛僧，然喇嘛僧就根本不知道文化是些什么东西。他们是外蒙的智识阶级，特权阶级，同时又是寄生阶级。他们的总额，约占外蒙总人口的十分之三。即：如果外蒙总人口数是八十万，那末他们的数目有二十四万。他们住居于各庙，营团体的生活。他们固然比较一般游牧民族有吸收文化的可能性；但他们中没有一个人对于宗教的真髓有点理解，而且想努力理解的人亦少。他们把西藏及他国的文字看作文化；对于外国文字的研究——尤其是西藏文字的研究——虽不知费了多少的时间，但对于文化上的贡献，可说没有一点。他们只在蒙古享着平和优逸的生活。

近时经历过许多政治变革的外蒙住民，因为时常有外国人的来往，亦知道无线电话、电灯、无线电报、汽车等文化利器的存在了。至是蒙古人始知文化的存在和外蒙文化的地位。尤其自一九二一年的外蒙革命以来，民众启蒙运动渐次抬头。外蒙人民共和国建国之初，即开设教育部及学士院（自一九二八年完全“赤化”以来，学士院兼办理外蒙经济调查的事情）。其后随即次第开办师范学校、商业学校、兽医学校、党务学校、法律讲习所及小学校等。今将其所有学校的数目列表于下：

高等程度的学校（相当于文明国的中等学校）	五
中等程度的学校	一
其他	二〇〇

此外，还派遣许多留学生到各国去留学。所派的人数，迄今已达数百。兹特分类于下：

德国留学者	三十名至四十名
法国留学者	五名至六名
中国留学者	三名
俄国留学者	数百名

自一九二一年起至一九二八年止，蒙古民族主义的启蒙运动，不曾间断，而且朝野上下对这运动非常努力。这努力的结果，在库伦创设有印刷所，发行新闻〈纸〉、杂志及教科书。外蒙的文化，的确获得了很显著的进步。其后又组织革命青年同盟，使他们参加民众启蒙运动、政治工作及其他事务等。同时，又在军队的营舍内实施初等教育，外蒙人民的知识程度，至是真增加了不少。

外蒙自完全苏维埃化以来，政府当局对文化增进方面的努力，实际上较前更为积极，而其活动范围亦较前更为广阔；但以成绩言，可是比不上从前。其主要原因，大概由于现在主脑人物放弃蒙古民族主义，采用社会主义政策，且缺乏社会主义的适当指导者的结果。据最近的消息，在一九二八年决定着手的集团农场、国营农场、共同耕作农场及共产农场的建设，已陷于不可能的境地；最近已有些中止，亦有些已经完全废止了。

为参考计，且将教育事业的概况略示于下：

一、学校——库伦为文化的中心地。在那里有几个官立的中学，各种实业学校及大学校等。特别值得我们注意的是：那里还有一个共产党学校。这个学校的教育目的，是在养成赴莫斯科留学的人员。全国的小学校，计有一百二十三所。专门学校则有师范学校、司法官养成所及簿记专门部等四五校。这些专门学校，类皆为短期间的养成所。如遇有成绩优良的学生，即未达所定的年限亦可以登用。工业专门学校的学科，有制材、机械、制靴、制鞍、裁缝、制革、汽车运输等科。

二、学术委员会——关于学术委员会的内容，我们可举一九三二年四月五日《蒙古利亚乌念》报上所载教育次长米基托多尔基氏的报告来说明。他的报告是这样：学术委员会元来是为使蒙古的欧洲式科学愈见发达，使蒙古的学者研究蒙古的动植物、国民生活、阶级的特长及蒙古的文化程度而设置的。其事务的范围，将提出于本年第八次国民党大会决定。兹将其重要事项列示于下：

（1）扩张国立图书馆。

（2）搜集旧地图，及实地踏查地域，以便于爱马库的区划。

（3）增加博物馆的动植物标本。

（4）编纂蒙古历史地理图。

（5）扩张库伦测候所。

（6）增加华、满、俄、法、英、散斯库利塔等语的翻译者。

（7）矿物植物之采取、测量，及考古学上之调查。

三、其他——学校以外的其他文化机关，在库伦及爱马库的中心地，有图书馆及娱乐机关。

蒙古与苏俄，在政治上、经济上有密切的关系。为使这关系更增其密切，自然需要俄语的翻译。故外蒙政府特选派有为的青年至列宁格勒实用东方学校留学。为养成工业上的技术人员计，又派有许多人至伊尔库次克工业学校读书。此外又派有数十个蒙古青年在莫斯科东方劳动共产大学就学。

五　贫弱的财政经济

租税——一九二九年以来，政府对个人营业的压迫，非常严重，超过某一限度即予以没收。尤其自近三年来更为厉害。以平均资产为口实，禁止每家饲养十头以上的家畜。政府将个人营业者的营业税分为数级征收。第一级为年额五万元以上的营业，第二级为年额三万元以上的营业，第三级为年额一万元以上的营业，第四级为年额五千元以上的营业，第五级为年额三千元以上的营业，第六级为年额二千元以上的营业，第七级为年额一千元以上的营业。此外，对于每百元的售货金额课以三元的售货税；对于每一个店员，每年课以百元的人头税。税率是这样的高，所以俄商、华商中行秘密买卖的甚多。但政府对此种秘密买卖，最容易发现。一经发现，即课以商品价额的十倍的罚金。普通的营业者，大都课以第一级或二级的高税；唯有露店的商人才适用第六级或第七级的低税。因此，大商店几完全闭锁，个人营业者亦几完全绝迹；唯有苏俄及蒙古的官营消费合作社呈示着发展的状况。

物质——外蒙一带及库伦方面的物质供给，从来系由张家口、满洲里方面输入，但近两三年来，中国方面的输入，完全杜绝。现今唯在波尔齐也及威尔夫纳金斯库方面稍有一点供给。然在这方面的供给，亦禁止个人的营业；在各地设有消费合作社，以经营供给民众物质的业务。

物价——革命后的物价，暴腾得非常厉害。现在价格的标准，大体有如左记：

（A）特产品

牛马皮一张	一元至一元五角
羊毛一磅	五元
家畜	公定价格
牛马一头	禁止涨至七十元以上
羊一头	禁止涨至十二元以上
骆驼一头	八十元

（B）日用品

茶（苏俄砖式的，重量约合普通砖茶的五分之一）	八元
粟一磅	八元
盐一基罗	七角

续表

麦粉一磅	四元
砂糖一磅	三角五分
水〔火〕柴一包（十盒）	二角
半黑面包五磅	七元

（以上系恰克图大洋的价格）

物质的供给仍然缺乏，现今的状态如果继续下去，纵然苏俄努力供给，但为量极少，不足以供其需要。今后两年中，恐怕是难望有充分的供给的。因此，一般市场衰退，失业者增多，人民生活艰难，整个外蒙的经济力，只有渐次向下衰落。

六　外蒙民众对外的感情

满洲事变暴〔爆〕发以来，外蒙民众对日的感情非常紧张。

上海战争及齐齐哈尔战争时，他们在新闻上及广播电台上大事宣传，说军国主义的日本以武力征服南北满洲，强制满洲树立新的政权，她的目的在侵占蒙古的资源。在最近的将来，国际的资产阶级和无产阶级的战争是不能避免的。蒙古的赤卫军应该积极地把日本侵入蒙古的前锋击退。这固然是为世界无产阶级的利益，亦是为世界的真正和平打算。她又在广播电台上用蒙语、俄语报告国际联盟缔盟各国的动势，指示蒙古民众将来的出路。此外，每周在广阔的地方大开讲演一次，所讲演的，无一不是排日的宣传，日本对这样的行动，自有注意的必要。

从来外蒙官宪对中国人及其他外国人（苏俄在外），绝少发给旅行库伦的许可状。去年秋季，因某一种特别情形，曾经准许一个美国传教师到外蒙去旅行。这位传教师的外蒙视察谈，我以为是一件传达最近外蒙真相的好资料，同时亦能用以窥知外蒙民族对外的感情。兹将它揭记于后，以当我这篇文章的结语。

这天是秋晴，天气非常好。我由苏俄驻扎库伦官宪处得着准许携行牡牛三头和粮食以为旅行之用。我虽持有归途用的检查证，但一到税局，局员即说要检查我的文件。税局叫我纳的税金（将金卢布换算为华币），为牡牛一头十五元，合计四十五元。粮食每百基罗五元，毛皮每件三元。而且，税局为要监视我的行动，特叫一个苏俄兵跟着我跑。

我直至遇着担任维持某一地方治安责任的蒙人骑兵二十名为止，总受这个苏俄兵士的监视，不准我和兵士谈话，亦禁止兵士和我谈话。走了不久之后，兵士即离开我们而他去了。其后我的同行者，只有马车主人的蒙古人。我这样地继续了十几日的旅行。在这个旅行当中，每日总能碰得着二三十人为一团的蒙古骑兵好几次，他们是在那里保卫地方及检查行旅的。每次遇着他们，即要将我所携带的文件提示给他们看。如果发现了文件上有遗漏的地方，他们即将遗漏的事项补记于上。有时我还遇着真的苏俄兵士。在那时我总说“这样的军队才有点像人”。我这话的反面即是说蒙古军并不是人，他们简直是未开化区域的野蛮人了。

外蒙所惯用的手段是：不论事的大小，均皆加以详细的诘问。只要看见是外国人，他们总造作口实，将你拘捕，勒索你的金钱。我这十几日的旅行，实在十分不愉快。当我回到蒙古境界的关门时，外蒙官宪叫我在那里将工资给蒙古人的驭者；并叫他由那个关门向内蒙古走。在这个关门，停有我来这里时的汽车。我坐这汽车回到中国境内来。经过三日达张家口，在那条路上时常碰着中国军的小部队。我把护照给他们看，他们并不阻难我。旅行外蒙，即中国人或蒙古人的商人亦视为困难，有时并不可能。我因为能够说一点俄语，沿途总算得到了一点便利。苏俄驻在库伦的军队，为赤卫军步兵第三十六旅，此外还有些所属不明的俄军在那里。

除军队外，苏俄尚有担任俄国领馆、税关、银行及官营商业等方面的职务的家族二十九家在库伦。男女都在那里努力工作。我为寻找我从前认识的一个俄人，很碰了许多钉子；不管你问些什么，他的回答总是“不知道”。我居处的地方虽然还是人间社会，但在那时我觉得已经钻进了墓穴一样。即在那时，我有“已置身墓穴”之感。至于物价，内蒙古与外蒙古相差得很厉害。今试举几个例于左：

	外蒙	内蒙	库伦
牛酪一磅	二元三角	四角至六角	三元六角
牛肉一磅	八角	一角七分	九角
兽皮一张	二三至二五元	六元	三五至四〇元

我在旅行的途中，曾经遇见过不少在军服上面穿着蒙古服的苏俄兵士。是以，站在远方来识别他们，决不是一件很容易的事。外蒙使用的马有多种多样，有蒙古马，也有很高很大的马。骑蒙古马的，都是纯粹的蒙古骑兵；骑高大的马的，都是苏俄赤卫军。就其所骑的马的大小，即可以区别他这是蒙古骑兵，这是苏俄赤军。

《天山》（月刊）
南京天山月刊社
1934年1卷2、3期合刊
（朱宪　整理）

全蒙盟旗沿革志

包维翰　辑

序言

一、今将内外蒙古、额鲁特蒙古、青海蒙古各盟，编制次序，以资明了。

二、凡各盟旗制度，大致相同；惟察哈尔、呼伦贝尔、伊克明安、唐努乌梁海等旗、部，情节特殊，制度因之各异。

三、叙述全蒙由何世代号称某部；由何时期设旗分治。

四、凡于不设盟之各旗，系属特别旗份，均附于盟以述之。

蒙古盟旗制之沿革

第一盟

卓索图盟七旗（卓索图、喀喇沁者，皆河名也，初以本地河名称之）：

喀喇沁右翼旗　　喀喇沁中旗

喀喇沁左翼旗　　土默特右翼旗

土默特左翼旗　　喀尔喀一旗

锡呼格图库伦喇嘛一旗

初元臣有扎尔楚泰者，生子济拉玛，姓乌梁海氏，七传至和通，有众六千户，以游牧地之河名，号所部曰喀喇沁。

（右旗）济拉玛之十四世孙苏布地之裔，世为所部塔布囊（塔布囊者，额驸之义也，与元室有姻亲之关〈系〉，故称之）。天聪初以林丹汗虐甚，偕同旗邑〔色〕棱等东走盛京，嗣以苏布地之子固鲁思齐布掌右旗事，授扎萨克。

（中旗）固鲁思齐布之从孙格埒勒，康熙年间授扎萨克，增设一旗。

（左旗）苏布地从叔色棱，天聪年间掌左旗事，授扎萨克。

（土默特左翼旗）济拉玛十三世孙善巴与喀喇沁右旗为近族，其祖綦古岱始由喀喇沁徙居土默特，与右翼土默特异姓同牧，天聪年间以善巴掌右〔左〕翼旗，授扎萨克。

（右翼旗）元太祖十九世孙鄂木布楚琥尔，与归化城土默特为近族，其父葛尔图以避林丹汗侵，由归化城移居土默特，嗣以林丹时强不已，鄂木布楚琥尔愤甚，因约喀喇沁苏布地等共击败之于赵城（赵城系土默特之地）。天聪年间授扎萨克，掌右翼事。

（喀尔喀一旗）巴勒布冰图，元太祖裔，初为喀尔喀台吉，隶西路扎萨克图汗部，康熙间巴勒布冰图自杭爱山率属南下，初附土默特右旗，至民国后，授印为旗。

（锡呼格图库伦喇嘛旗）此庙系内蒙之宗教枢纽，犹如外蒙库伦哲佛之宗教中心点。寺内僧众约有数千，僧众事务由庙掌印扎萨管理，附于土默特左旗。凡遇行政呈报事项，均由左旗公署转报。至民国初始授印改为旗。

各盟旗行政制度列左：

盟长　副盟长　备兵扎萨克等职（盟之制度最简单）			
扎萨克	旗长之义，即行政官也。	协理	辅佐旗长，助理旗政，其额二员至三员，以旗大小定之，是荐任职。
管旗章京	承旗长、协理之命，襄理旗务，每旗一员，是委任。	梅伦章京	帮助管理〔旗〕章京，办理旗务，并审理民刑案件，三员或四员。
参领	管理征收各项差徭，额十员至十数员不等。	佐领	襄助参领催收各项差徭，额数十员或逾百名。
领催	承佐领之命，向民户催收差徭，其额每佐领下有领催二名。		

哲里木盟十旗

科尔沁右翼中旗一旗（即土谢图王旗）

科尔沁左翼前〔中〕旗一旗（即达尔汗王旗）

科尔沁右翼前旗一旗（即扎萨克图王旗）

科尔沁左翼前旗一旗（即宾图王旗）

科尔沁左翼后旗一旗（即博王旗）

科尔沁右翼后〈旗〉一旗（即色〔俗〕鄂公旗）

右翼附扎赉特部一旗

附杜尔伯特部一旗

左翼附郭尔罗斯部前一旗

附部尔罗斯部后一旗

（科尔沁部）姓博尔济格特，元太祖弟哈布图哈萨尔之裔，明初置乌梁海三卫之一也（扶余、泰宁、朵颜三卫），后自立国曰科尔沁。明洪熙年间为额鲁特所破，东避嫩江。以同族有阿鲁科尔沁，因号嫩江科尔沁以自别。其扎赉特、杜尔伯特、郭尔罗斯三部，皆科尔沁一部所分，兄弟同牧。至明之末叶，以察哈尔林丹汗侵凌，率属东归盛京，后天命、天聪间，先后分为十旗，名〔各〕授扎萨克。

昭乌达盟十三旗

敖汗三旗	奈曼一旗	巴林右翼一旗
巴林左翼一旗	扎鲁特右翼一旗	扎鲁特左翼一旗
阿鲁科尔沁一旗	翁牛特右翼一旗	翁牛特左翼一旗
克什克腾一旗	喀尔喀左翼一旗	

右列诸部皆为元太祖十六世孙（图鲁博罗特、巴尔苏罗特）之裔，初避林丹汗虐，各率部属相继东向，天命、天聪年间设旗编佐，授扎萨克。惟喀尔喀左翼部长衮布伊勒登者，亦为达延车臣汗之季子扎赉尔珲台吉之后，原为瀚海北喀尔喀西路台吉，因其扎汗为同族台吉所戕，越瀚海南牧。康熙间设旗，授扎萨克，附于昭盟。

以上盟旗制度如前。

第四盟

锡林郭勒盟十旗（锡林果勒是河名也）：

乌珠穆沁右旗	乌珠穆沁左旗
浩齐特右旗	浩齐特左旗
苏呢特右旗	苏呢特左旗
阿巴噶右旗	阿巴噶左旗
阿巴哈纳尔右旗	阿巴哈纳尔左旗

（乌珠穆沁部）元太祖十六世孙图鲁博罗特，由杭爱山徙牧瀚海南，传至伊孙翁衮都喇尔，号所部曰乌珠穆沁。翁衮都喇尔少子多尔济，崇德二年授扎萨克，为右旗。

（左旗）翁衮都喇尔之长子绰克图，其子色棱顺治十年授扎萨克，为左旗。

（浩齐特部）元太祖十六世孙图鲁博罗特传至库登汗，号所部曰浩齐特。顺治十年授噶尔玛色旺扎萨克，为右旗（噶尔玛色旺乃库登汗之后裔也［汗］）。

（左旗）库登汗之曾孙博罗特，顺治十年授扎萨克，为左旗。

（苏呢特部）元太祖十六世孙图鲁博罗特，再传至库克齐图台吉，号所部曰苏呢特。

库克齐图台吉之曾孙素塞，崇德七年授扎萨克，为右旗。

（左旗）塔巴海子腾机思崇德六年授扎萨克，为左旗（腾机思乃库克齐图台吉之后也）。

（阿巴噶部）元太祖季弟布格博勒格图十八传至塔尔呢库同，号所部曰阿巴噶，塔尔呢库同曾孙多尔济崇德六年授扎萨克，为右旗。

（左旗）多尔济之从孙都思噶尔，顺治八年授扎萨克，为左旗。

（阿巴哈纳尔部）元太祖季弟布格博勒格图，十八传至诺密特默克图，号所部曰阿巴哈纳尔，诺密特默克图曾孙色棱康熙六年授扎萨克，为右旗。

（左旗）色棱之弟栋伊思喇布，康熙四年授扎萨哈，为左旗。以上五部，初被察哈尔林丹汗虐用，其众徙牧瀚海北克鲁伦河界，依喀尔喀，以后崇、顺年间相继南徙，始分旗授印，设扎萨克以治之（扎萨克者，即行政官也）。

第五盟

乌兰察布盟六旗（乌兰察布者泉名也）：

四子部落王旗　　　茂明安旗

乌喇特前旗　　　　乌喇特中旗

乌喇特后旗　　　　喀尔喀右翼旗

（四子部落）元太祖仲弟哈布图哈萨尔十五世孙诺延泰，与兄昆都伦岱青游牧呼伦贝尔（昆都伦岱青即是阿鲁科尔沁之祖也），有子四，长僧格、次索诺木、三鄂木布、四伊尔扎布。四子分牧而处，后遂为〔称〕所部曰四子部落。崇德元年授扎萨克，为一旗。

（茂明安）元太祖仲弟哈布图哈萨尔十四世孙锡喇奇塔特，游牧于呼伦贝尔，传至其孙车根者，号所部曰茂明安。其子僧格康熙三平〔年〕授扎萨克，为一旗。

（乌喇特部）元太祖仲弟哈布图哈萨尔十五世孙布尔海，游牧呼伦贝尔，号所部曰乌喇特。布尔海分所部为三，以孙图巴掌中旗，以孙谔班掌前旗，以巴克巴海掌后旗，此顺治五年事也。

（喀尔喀右翼部）元太祖十六世孙格埒森扎赉尔珲台吉，游牧于瀚海之北，领土谢图汗部之地，传至其孙本塔尔，世为喀尔喀中路台吉。顺治十年，以与土谢图汗有隙，率众南徙，牧塔尔浑河，是为喀尔喀右翼旗。

第六盟

伊克昭盟七旗（伊克昭者大庙也）：

鄂尔多斯左翼中旗一旗　鄂尔多斯鄂托克右翼中旗一旗　鄂尔多斯准噶尔左翼前旗一旗　鄂尔多斯达拉特左翼后旗一旗　鄂尔多斯五审右翼前旗一旗　鄂尔多斯右翼后旗一旗　鄂尔多斯左翼前末旗一旗

（鄂尔多斯部）鄂尔多斯七扎萨克，元太祖十五世孙达延车臣汗之次子巴尔苏博罗特长子衮弼哩克图之裔也（鄂尔多斯者，即掌宗庙之义，初为太祖掌宗庙典礼之事）。

归化城土默特一旗（蒙古库库和屯）：

（土默特部）达延车臣汗之孙俺答（即阿勒坦汗也）之裔，与卓盟土默特右旗近族也。初俺答之兄衮弼哩克图世居河套之地，为鄂尔多斯部之祖。伊居其北阴山附近之地，为土默特部之祖。明末为察哈尔所灭，清太祖收其部众，编为二旗，以其部长为左右翼都统。后裁都统，设总管为一旗，归绥远都统节制。其旗制与内地八旗相同，不设盟。

第七、八盟

青海二盟共二十九旗（蒙古库库诺尔）：

青海和硕特二十旗　青海辉特一旗　青海喀尔喀一旗　青海土尔扈特四旗　青海绰罗斯二旗　大喇嘛察汗诺们汗一旗

（和硕特部）和硕特二十旗扎萨克各一，为元太祖弟哈布图哈萨尔七传至阿克萨噶勒泰，子二，长阿鲁克特穆尔，今内扎萨克、科尔沁、扎赉特、杜尔伯特、郭尔罗斯、阿鲁科尔沁、四子部落、茂明安、乌喇特八部其裔也；次乌鲁克特穆尔，十传至哈呢诺颜洪果尔，有子六，图鲁拜琥其第四子也，号顾实汗，自乌鲁木齐入据青海。

（辉特部）姓伊克明安，自第巴者，始徙牧青海。

（喀尔喀部）扎赉尔台吉之季子鄂特欢诺颜，其次子伊勒登始徙牧青海。

（土尔扈特部）始祖元臣翁罕，八传至莽海，自西域移牧青海。

（绰罗斯部）准噶尔族旧牧于阿尔泰卓特巴巴图尔，避乱移青海。

（察汗诺们汗旗）自西藏移居，掌管宗教。

以上各部，除和硕特部暨察汗诺们汗，余部初以噶尔丹之乱入居青海，附和硕特部。清廷顺、康间设盟分旗，授扎萨克，各为一旗。

阿拉善额鲁特一旗（阿拉善即贺兰山转音之讹也）。

（阿拉善额鲁特部）元太祖弟哈布图哈萨尔十九世孙拜巴噶斯者，青海顾实汗之兄也。初无子，育顾实汗子巴延阿布该阿育什为己子。后生子二，长鄂齐尔图、次阿巴赖，游牧黄河西套。巴氏生子十六，居青海者四，居西套者十二。长子和罗理以部众难约，康熙年间请照内蒙例设旗，编佐领，自为一旗，不设盟。

额济纳旧土尔扈特一旗（额济纳河名也）。

（额济纳旧土尔扈特部）元臣翁罕之裔，与天山北路及青海土尔扈特诸部同族也。传至阿喇布珠尔，尝假道准噶尔赴藏，谒达赖喇嘛。既而其族叔阿玉奇汗与准噶尔交恶，阿氏由藏还，以道梗留牧于嘉峪关外。康熙年设旗，编佐领，授扎萨克，自为一旗，不设盟。

察哈尔（察哈尔即扎哈尔，近接长城之义也）

察哈尔八旗（外有四个牧场）：

东翼四旗

镶白旗一旗	正白旗一旗
镶黄旗一旗	正蓝旗一旗
西翼四旗	名称同前①
商都牧场一旗	明安牧场一旗
左翼牧场一旗	右翼牧场一旗

（察哈尔部）元之嫡裔，顺帝北归和林，连易五主，始去国号，称为鞑靼可汗。阿鲁台者，以本雅失里为鞑靼可汗，继复瓦

① 察哈尔西翼四旗，为正黄旗、正红旗、镶红旗、镶蓝旗。——整理者注

剌酋长脱欢，以脱古思帖木尔之曾孙脱脱不花为鞑靼可汗。自本雅失里以来，可汗之威严日衰，鞑靼之诸部，所在割据。及脱脱不花子达延为可汗，始复一统诸部，称大元大可汗。占领河套之地，又分其漠南、漠北之领土，以季子扎赉尔统辖漠北蒙古，为喀尔喀部（外蒙）；以次子巴尔苏博罗特统辖漠南蒙古之西半（内蒙）；而以嫡孙卜赤为可汗，专领漠南蒙古之东半，即“喀哈尔”。达延号小王子，自是世以小王子称。传至林丹汗，士马强盛，统领四十万众，横行漠南。蒙古诸部，被其凌虐，或北走瀚海依喀尔喀，或东走依科尔沁，诸部崩溃，形如散沙。而林丹汗败于清之太宗，死于青海大草滩。其子额哲与其部众安置于义州（即今义县）。传至布尔尼，康熙年间，复行拥众背叛，故移其部众游牧于宣化、大同边外。

共八旗，东西二翼，官制大概列左：

总管　扎蓝　章京　领催　博什户

呼伦贝尔部

呼伦贝尔于清代分为八旗，宣统末年，又增到十七旗，现增为二十一旗。各部每旗均设一总管，俗称察哈尔为内八旗，呼伦贝尔为外八旗。

（索伦二旗）分左右二旗，系通古斯部，即满洲之别支。言语与满洲大同小异，为金生女真之裔。于乾隆年间，由嫩江流域迁居于此，清勇将海兰察盖其巨擘也。

（新巴尔虎二旗）分左右二旗，系布里雅特蒙古之分支，于康、雍、乾年间，由外蒙北部迁居于此。

（陈巴尔虎一旗）与新巴尔虎同系于雍、乾年间由热河围场移居于此。

（额鲁特二旗）有新旧之分：新额鲁特为准格尔部阿穆尔萨纳之裔，于乾隆年间，由新疆分居于此；旧额鲁特即吉尔吉思族，与乌梁海同种，言语与蒙古迥异，昔在阿穆尔萨纳部下为卒，故随新额鲁特迁于此。

（布里雅特一旗）俄国赤□混乱后，避乱来者，又增一旗，系明季俄境蒙古库程汗之裔，于康熙年间，为俄军侵扰，故由贝加尔湖一带迁徙于此。

（达古尔）一协领，于雍正年间，由布特哈迁居于此，系元萨吉尔的汗（即哈布图哈萨尔）之裔。宣统末年，外蒙独立，而呼伦贝尔相继响应独立，以求民族之解放，而保成吉思汗之故乡。其首先倡义者，为蒙古行政机关首领，此即达古尔蒙古之先觉，而后起青年仍为运动独立也。

（鄂伦春一旗）系索伦之别支，为兴安岭内麓之土著，猎牧为生，世居于此。

（伊克明安一旗）为新疆辉特部之一族，姓伊克明安，阿穆尔萨纳之裔，于乾隆年间迁徙于此，为一旗。

（东西布特哈旗）元之哈萨尔之裔，元为鞑靼蒙古，清为达古尔蒙古，即达斡尔。初游牧于雅克萨、尼布楚一带。部长巴尔达齐者，天命年间，率部众南徙投清后，有雅、尼两城部众不服，与清兵转战年余始服。顺治间又与俄国东征军抵抗失败，被其掳掠甚苦，遂即南迁，游牧于内兴安岭嫩江流域一带。至康熙间，设旗改制，编部长为总管。

第九盟外蒙古

〈喀〉尔喀中路土谢图汗部，汗山盟二十旗：

中路土谢图汗一旗	中路右翼左旗一旗
中路中右旗一旗	中路左翼中旗一旗
中路中旗一旗	中路左路〔翼〕后旗一旗
中路中右末旗一旗	中路左翼前旗一旗

中路左翼左中末旗一旗	中路右翼右旗一旗
中路右翼右末旗一旗	中路中左旗一旗
中路中次旗一旗	中路中左翼末旗一旗
中路左藩〔翼〕中左旗一旗	中路左翼右末旗一旗
中路右〔左〕翼末旗一旗	中路右翼左后旗一旗
中路右翼左末旗一旗	中路右翼右末次旗一旗

初，顺帝太子阿裕锡哩达拉汗，依王保保（元之名将）于哈拉和林（即在库伦东南，系土部地境），后其裔达延车臣汗为可汗，分遣其子图鲁博罗特、巴尔苏博罗特、阿尔楚博罗特、鄂齐尔博罗特等，由瀚海徙近边，是为内扎萨克、敖汗、奈曼等九旗之祖。独留其季子格埒森扎扎赉尔珲台吉守故土，号所部曰喀尔喀（喀尔喀即屏藩之义也）。有子七，析众为七旗，以七子为七扎萨克，掌管七旗之事务。后又增一旗，是喀尔喀有扎萨克之始也。

（中路土谢图汗部）喀尔喀初无汗号，扎赉尔之第三子诺诺和掌左翼，号伟征诺颜，子五，长阿巴岱赴唐古特谒达赖喇嘛，迎经典归，为众所服，始称汗，号斡齐赉巴图，子额列克。额列克子三，长子衮布，始号土谢图汗，与其族车臣汗硕垒，扎萨克图汗素巴第，同时称三汗。至康熙间，衮布子察珲多尔济分旗为扎萨克。

（中路右翼左旗）察珲多尔济从子车木楚克纳木扎勒分旗为扎萨克。

（中路中右旗）察珲多尔济第〔弟〕西第什哩分旗为扎萨克。

（中路左翼中旗）诺诺和之曾孙索诺木管喀尔喀左翼一旗，为八扎萨克之一，其子固鲁什喜分为一旗，仍兼扎萨克。

（中路中旗）察珲多尔济长子噶勒丹多尔济［济］为扎萨〈克〉。

（左翼后旗）察珲多尔济族子礼塔尔曾祖瑚瑚里，子五，长本塔尔率属内向，编入内蒙喀尔喀右翼部。本塔尔之弟邑尔济留居杭爱，子敖巴即礼塔尔父也，礼塔尔为扎萨克。

（中右末旗）西第什哩长子辰丕勒多尔济编所属别为一旗，为扎萨克。

（左翼左中末旗）察珲多尔济第四子车凌巴布为扎萨克，析其从子扎萨克班珠尔多尔济之五佐领隶之。

（中路右翼右旗）察珲多尔济之孙班珠尔多尔济袭其父扎萨克为一旗。

（中路左翼前旗）察珲多尔济从弟巴朗父喇布塔尔巴朗，编属分旗，为扎萨克。

（中路右翼右末旗）锡布推哈坦巴图鲁长子巴海为扎萨克。

（中路中左旗）亲王丹津多尔济第三子三达克多尔济兄子桑斋多尔济袭爵，幼，以三达克多尔济代理旗务；嗣桑斋多尔济析所属隶三达克多尔济，别为一旗，为扎萨克。

（左翼右末旗）郡王固噜什喜从子开木楚克，以与固噜什喜不睦，编所属别为一旗，为扎萨克。

（中路左翼末旗）固噜什喜从弟车棱为扎萨克。

（左翼中左旗）固噜什喜从子逊笃布初为协理台吉，隶从子郡王敏珠尔多尔济旗，后以功为扎萨克。

（中路中次旗）固噜什喜次子成衮扎布初为协理台吉，隶兄郡王多尔济阿拉布坦旗，其母为析多尔济阿喇〔拉〕布坦人户，别为一旗，令成衮扎布辖之。

（中路右翼右末次旗）锡布推哈坦巴图鲁弟青多尔济析其兄属，分设一旗，为扎萨克。

（中路右翼左后旗）郡王车木楚克纳木扎勒弟朋素克喇布坦初为协理台吉，其材超众，且谙蒙务，析其兄二佐领，分设一旗，为扎萨克。

（中路中左翼末旗）贝子锡布推哈坦巴图鲁从子车棱扎布授扎萨克，分为一旗。

（中路右翼左末旗）察珲多尔济传至齐素龙多尔济，分旗设扎萨克。

第十旗〔盟〕

喀尔喀车臣汗部落，克鲁伦巴尔斯和屯盟二十三旗：

东路车臣汗旗一旗　　东路左翼中旗一旗
东路中右旗一旗　　东路右翼中旗一旗
东路中左旗一旗　　东路中末旗一旗
东路左翼前旗一旗　　东路中后旗一旗
东路右翼中右旗一旗　　东路中前旗一旗
东路左翼后末旗一旗　　东路中左前旗一旗
东路中右后旗一旗　　东路中末次旗一旗
东路中末右旗一旗　　东路左翼左旗一旗
东路左翼右旗一旗　　东路左翼后旗一旗
东路右翼中左旗一旗　　东路右翼中前旗一旗
东路右翼左旗一旗　　东路右翼前旗一旗
东路右翼后旗一旗

（格根车臣汗部）格埒森扎扎赉尔珲台吉，三传至硕垒，驻牧克鲁伦河，始号车臣汗，又号玛哈萨嘛谛。硕垒子巴布嗣为汗，为左翼扎萨克之一，巴布子诺尔布。嗣噶尔丹掠喀尔喀，至克鲁伦河，时诺尔布及长子伊勒登阿喇布坦相继卒，孙乌默客袭汗号，统所部众，自是始称车臣汗部。乌默客之孙车布登班珠尔为格根车臣汗（格根车臣汗，即聪明之义也）。

（东路左翼中旗）乌默客叔父纳木扎勒，初号额尔德呢台吉，为扎萨克，掌左翼中旗之事。

（东路中右旗）乌默客叔父朋素克，初号伊勒登台吉，为扎萨克，掌中右旗事。

（东路右翼中旗）乌默客三从叔父车布登，祖巴达玛达什，硕垒汗之第八子也，父丹巴，有子二，长即车布登，分旗为扎萨克。

（东路中末旗）乌默客族祖达哩，父嘛察哩，硕垒汗长子也，达哩旋以病休，子阿海成伯勒承继。

（东路中左旗）硕垒汗第十子布达扎布，号额尔德呢台吉，设旗为扎萨克。

（东路中后旗）硕垒汗第七子车布登，号车臣济农，为扎萨克。

（东路左翼前旗）乌默客族叔父车布登，祖本巴，硕垒汗之第四子也，有子三，长噶尔玛，次洪俄尔岱青，次额尔克阿海，噶尔玛子二，长即车布登，次罕笃，为扎萨克。

（东路右翼中右旗）车布登从弟车棱旺布，祖巴达玛达什，父齐旺车棱旺布，分旗为扎萨克。

（东路右翼后旗）乌默客族祖车棱达什，父绰斯喜布为硕［父］垒汗之第六子也，车棱达什为扎萨克。

（东路左翼后末旗）车棱达什弟多尔济达什为扎萨克，分为一旗。

（东路右翼后旗①）车棱达什从子固鲁扎布，父丹津，绰斯喜什〔布〕之长子也，固鲁扎布分旗为扎萨克。

（东路中末右旗）达哩孙旺扎勒扎布为扎萨克。

（东路右翼中左旗）乌默客族叔父吹音珠尔为扎萨克。

（东路右翼前旗）乌默客族叔父邑棱达什，祖拉布哩，硕垒汗

① 原文如此。似为东路左翼后旗。——整理者注

之第三子也，父诺们宰桑，邑棱达什分旗为扎萨克。

（东路右翼左旗）乌默客叔父根敦，分旗为扎萨克。

（东路中末次旗）乌默客从叔父韬赍，文〔父〕穆彰，韬赍分旗为扎萨克。

（东路左翼右旗）乌默客叔父垂扎木素，设旗为扎萨克。

（东路中右后旗）乌默客从叔父罗卜藏，分旗为扎萨克。

（东路左翼左旗）乌默客额尔德呢为扎萨克①。

（东路中左前旗）阿南达之长子贡楚克分旗为扎萨克。

（东路中前旗）硕垒汗之第十一子阿南达号达赖台吉，为扎萨克。

（东路右翼中前旗）阿拉达尔孙车棱多岳特，分旗为扎萨克。

第十一盟

喀尔喀中路塞音诺颜汗部，齐齐尔里克盟二十四旗：

赛音诺颜汗部一旗	中路中左末旗一旗
中路右翼右后旗一旗	中路中右旗一旗
中路中前旗一旗	中路中左旗一旗
中路中末旗一旗	中路右翼中左旗一旗
中路左翼末旗一旗	中路右翼前旗一旗
中路中后旗一旗	中路左翼左旗一旗
中路左翼中旗一旗	中路左翼右旗一旗
中路左翼左末旗一旗	中路右翼中末旗一旗
中路右翼左末旗一旗	中路右末旗一旗
中路右翼中末旗一旗	中路右翼后旗一旗

① 原文如此。——整理者注

中路中后末旗一旗	中路中右翼末旗一旗
额鲁特一旗	额鲁特前旗一旗①

（中路赛音诺颜汗部）初喀尔喀有所谓红教者，与黄教争，伟征诺颜诺诺和之第四子图蒙肯尊黄教为之护持。唐古特达赖喇嘛贤之，授赛音诺颜号。图蒙肯之次子丹津喇嘛复授诺们汗号于达赖喇嘛，丹津喇嘛之孙善巴为扎萨克。

（中路中左末旗）善巴从弟策凌祖丹津号班珠尔图蒙肯之第八子也。生子纳木扎勒子二，长即邑棱，次恭格喇布坦丹津。妻格禁勒哈屯，携二孙自塔米尔南归于清，授邑凌三等轻车都尉，赐第京师，教养于内廷。编所属佐领，附察哈尔镶白旗驻牧（康熙年间），尚和硕纯悫公主，授和硕额驸，嗣携眷归塔米尔，又为在塔米尔河阳建筑瓦屋居之。授扎萨克，设为一旗。子成衮扎布从征准噶尔噶尔丹有功，外蒙恢复故土，得其父子助力甚大（即现在居北平北城宝钞胡同外蒙亲王那彦图之祖先）。

民国六年秋，余随驻乌里雅苏台都护副使陈升库赴任，由乌东返库伦，路经该处，见山水清秀，风景甚佳。中塔米尔河从西东流，沿河两旁，森林茂盛。那王之府邸，依此山之阳所建宫室，极其壮观。再东行百里，有额尔德呢昭大庙。僧数逾千，亦有华商，该处古迹甚多，有唐明皇、阙特勒，及大清屯田等碑文，田区遗迹，尚能辨认。由乌城东达库伦，按路程计，共三十二站，大站约八十里，小站六十里，沿途土质肥沃，皆可能耕之地也。

（中路右翼右后旗）图蒙肯长子卓特巴，子三，第三子索诺木，子二，长乌达巴，次托多，分旗为扎萨克。

（中路中右旗）亲王邑棱次子车布登扎布，析其兄成衮扎布所

① 所列各旗名称，与后文各旗不能一一对应。——整理者注

属，自为一旗。

（中路中前旗）图蒙肯弟巴赉之曾孙，素泰伊勒登为扎萨克。

（中路中左旗）图蒙肯第十三子衮布，分旗为扎萨克。

（中路中末旗）善巴从子阿哩雅为扎萨克。

（中路右翼中左旗）善巴次子车棱达什，析其兄亲王达什惇多布所属为扎萨克，自设一旗。

（中路左翼末旗）托多之从子图巴，父本塔尔，以图巴为扎萨克。

（中路右翼前旗）图蒙肯第五子济雅克，子阿玉什，为扎萨克，自设一旗。

（中路中后旗）巴穆之长子诺尔布扎布为扎萨克。

（中路左翼左旗）善巴从子旺舒克，父德克德赫，以旺舒克为扎萨克。

（中路左翼中旗）亲王德沁扎布之次子，齐旺多尔济分旗编佐为扎萨克。

（中路左翼右旗）善巴再从弟丹津额尔德呢，祖毕玛里吉里谛，图蒙肯之第九子也。父弼齐噶岱，世为所部扎萨克，丹津承袭为扎萨克。

（中路左翼左末旗）图蒙肯曾孙纳木扎勒，祖察斯喜布，图蒙肯之第七子也。父图巴，察斯喜布之第三子，纳木扎勒为扎萨克，分设一旗。

（中路右翼中末旗）善巴从弟多尔济，祖丹津喇嘛，父玛哈达瓦，多尔济以噶尔丹掠所属，避走青海朔漠，平，仍归喀尔喀附善巴旗，后改编所属，自为一旗。

（中路右翼左末旗）善巴从弟素达尼，祖丹津喇嘛，父罗卜藏，旧为所部扎萨克，素达尼编属设旗，为扎萨克。

（中路右末旗）郡王衮布曾孙额默根，祖都噶尔扎布，父喇布坦额默根。初授协里台吉，隶于贝勒吹扎木三之旗（衮布之孙），分旗为扎萨克。

（中路右翼中右旗）善巴再从弟沙鲁伊勒都齐，祖桑噶扎，图蒙肯之第十一子也。父都噶尔，隶于善巴旗，子即沙鲁伊勒都齐，为扎萨克。

（中路右翼后旗）扎萨克台吉阿哩雅叔祖萨木济特，父锡纳喇克萨特，世为所部扎萨克，萨木济特嗣仍为扎萨克。

（中路中后末旗）善巴再从弟济纳弥达，祖扣肯，图蒙肯之第十二子也。父车登济纳弥达，旧隶于善巴旗，后设扎萨克，别为一旗。

（中路中右翼末旗）善巴再从弟伊达木，与中左翼左末旗同旗，父札木延，旧为所部扎萨克，察斯喜布之长子也。伊达木，向隶于善巴旗，后设扎萨克，别为一旗。

（额鲁特旗）准噶尔额斯墨特之九世孙丹济拉，父温春古吉，噶尔丹弟也。与兄同牧于阿尔泰，后则噶尔丹作乱，弃其东徙，安置于赛部乌兰乌苏之地，驻牧，编为一旗，授扎萨克。

（额鲁特前旗）准噶尔祖额斯墨特之十世孙阿拉布坦，初与噶尔丹聚牧阿尔泰之科布多，寻与之异，东迁于赛都、推河驻牧。授扎萨克，编为一旗。

第十二盟

喀尔喀西路扎萨克图汗部，扎克毕赖色钦毕都哩雅诺尔盟十九旗：

西路右翼左旗一旗	西路中左翼左旗一旗
西路左翼中旗一旗	西路左翼右旗一旗
西路中左翼右旗一旗	西路中左翼末旗一旗
西路左翼前旗一旗	西路左翼后旗一旗

西路右翼右旗一旗　　西路右翼右末旗一旗
西路左翼左旗一旗　　西路中左翼末旗一旗
西路中右翼左旗一旗　　西路中右翼末次旗一旗
西路右翼后旗一旗　　西路右翼前旗一旗
西路左翼后旗一旗　　西路右翼后末旗旗一旗
西路辉特旗一旗①

（扎萨克图汗兼管右翼左旗）初扎赉尔珲台吉，以七子分掌喀尔喀左右翼，左翼徙牧土拉河界，右翼仍留居杭爱山，传至策旺札布，带领部众，始称扎萨克图汗部，仍袭汗号。朋素克喇布坦子格埒克延丕勒为扎萨克。

（西路中左翼左旗）格埒克延丕勒族祖根惇，〈祖〉硕垒〈乌〉巴什，父抗图岱，世为珲台吉，居和托辉特，嗣根惇为扎萨克，领和托辉特众（现在外蒙人称该旗谓都尔赤王旗）。

（西路左翼中旗）贝勒卓特巴，次子喇布坦，初授闲散台吉，隶于左翼右旗。随超勇亲王策凌与俄罗斯定界，策凌荐其才，分设一旗，为扎萨克。

（西路右〔左〕翼后旗）与左翼中旗同游牧，卓特巴之从子额尔德呢衮布，为扎萨克。

（西路左翼右旗）格埒克延丕勒族祖卓特巴，父乌巴岱，为赉瑚尔汗次子，号达尔玛什哩珲台吉。子二，长即卓特巴，袭父号，为扎萨克。

（西路左翼前旗）郡王朋素克喇布坦从叔父衮占，祖赛音巴特玛，子车凌衮布，嗣父号。有子二，长即衮占，为扎萨克掌旗事。

（西路左翼后末旗）与左翼前旗同游牧，衮占子二，长即伊达

① 所列各旗名称，与后文不能一一对应。——整理者注

木扎布，次敏珠尔，袭父爵，伊达木扎布为扎萨克。

（西路右翼右末旗）贝勒博贝弟沙克扎，初陷准噶尔，后乘间归，以功为扎萨克。

（西路中左翼右旗）贝勒博贝从孙齐巴克扎布，祖罗卜藏什，博贝弟也，父乌巴锡，生子一，即齐巴克扎布，以捕击乌梁海逃众阵殁，以其子巴图济尔噶勒为扎萨克。

（西路右翼右旗）格埒克延丕勒从叔父包贝，祖策哩斯奇布，为峻奎次子，生巴喇斯腾额哩，包贝父也，为扎萨克。

（西路右翼后旗）郡王朋素克喇布坦，从弟索诺木伊斯扎布，祖策凌楚琥尔，为车臣济农崆奎长子，父多尔济，世袭车臣济农号，索诺木伊斯扎布，为扎萨克。

（西路中右翼末旗）格埒克延丕勒族叔父通谟克，高祖青达玛尼默济克，号车臣诺颜，曾祖唐古特墨尔根岱青，祖本塔尔岱青巴图尔，有子二，长墨德卓哩克图，即通谟克父也。噶尔丹掠所部，墨德卓里〔哩〕克图族溃奔青海，朔漠平后，仍还喀尔喀，通谟克为扎萨克。

（西路右翼后末旗）郡王朋素克喇布坦从弟哈玛尔岱青，祖固鲁诺木齐，为车臣济农崆奎第三子，父博托果，哈玛尔岱青为扎萨克。

（西路中右翼左旗）通谟克从子普尔普车棱，祖巴克苏木，当噶尔丹掠所部时，避居特穆尔图诺尔，邻伊犁，子孙遂为准噶尔部人，嗣平定，还故牧，普尔普车棱为扎萨克。

（西路右翼前旗）格埒克延丕勒从祖乌尔古，父察罕斯奇布，为车臣济农崆奎第五子，乌尔古嗣父号，为扎萨克。

（西路左翼左旗）格埒克延丕勒族弟诺尔布五世族〔祖〕钟图岱有子丹巴，为喀尔喀八扎萨克之一，子七，长邑棱阿海嗣为扎萨克。

（西路中右翼末次旗）贝勒博贝从子纳玛琳藏布，祖罗卜藏台吉额琳沁，以戕扎萨克图汗旺舒克，奔额鲁特，嗣与噶尔丹隙避居西藏，依达赖喇嘛，嗣朔漠平定，还喀尔喀，以纳玛琳藏布为扎萨克。

（西路左翼末旗）贝勒博贝从子达什朋素克，为扎萨克。

（附辉特一旗）额鲁特部辉特族人噶尔丹达尔扎，姓伊克明安，父罗卜藏，初为准噶尔台吉，以噶尔丹虐所部，弃之，从和硕特台吉噶尔亶多尔济内向，编入喀尔喀扎萨克图汗部，分设旗制，以罗卜藏长子巴济为扎萨克。

漠北喀尔喀初三汗，八扎萨克，即八个旗。嗣因西北额鲁特、准噶尔作乱，协助清兵征剿勘乱，因有战功，于康、乾年间，先后改制分旗，设立许多扎萨克。其四盟行政、官制，大致与蒙相同，故不赘述。

第十五盟①

额鲁特蒙古杜尔伯特部赛因济雅哈图盟十九旗：

杜尔伯特部分十四旗

辉特部二旗　　扎哈沁一旗

额鲁特一旗　　明阿特一旗

（杜尔伯特部）始祖元臣翁罕主腐脱欢太师之子额森（一名也先），生子二，长博罗纳哈勒，为杜尔伯特部祖；次额斯墨特达尔汗诺颜，准噶尔部祖也。杜尔伯特，旧为四额鲁之一，辉特隶之。和硕特部、土尔扈特部，或徙青海，或牧俄罗斯，惟杜尔伯特与准噶尔聚牧阿尔泰，无析处者（徙青海者，如顾实汗之支派是也，徙牧俄罗斯者，如贝果鄂尔勒克之孙和鄂尔勒克携族走俄罗斯，

① 原稿如此，无第十三盟、第十四盟。——整理者注

屯牧于额济勒河，及分徙游牧于贺兰山阴之额济纳是也）。和硕特姓博尔济格特，曰准噶尔，曰杜尔伯特，皆姓绰罗斯。土尔扈特姓不著，部自为长，号四卫拉特，统称额鲁特，即《明史》所谓瓦剌者也。

第十六盟

青邑特启勒图盟十旗：

新土尔扈特二旗　哈弼察克新和硕特一旗　乌梁海七旗

（新土尔扈特部）初土尔扈特族，皆徙牧俄境额济勒河，与准噶尔绝，翁罕十四世孙舍棱，独率其诸昆弟附牧伊犁境，后徙牧于布勒罕河，故称谓布勒罕河新土尔扈特二旗。新和硕特游牧于哈弼察克之地，故以地名称之。

第十七盟

乌讷素珠克图盟十旗：

旧土尔扈特部族分十旗

土尔扈特部祖，既已上述，同一土尔扈特，何以有新旧之别？其游牧原地终未移徙他方者，谓之旧土尔扈特；其徙牧俄境后复迁回者，谓之新土尔扈特。统牧于天山南北路，北路隶于塔、伊两城，南路隶于新疆。

第十八盟

巴图邑特启勒图盟三旗：

和硕特右翼一旗

和硕特中旗一旗

和硕特左翼一旗

（和硕特部）旧为四卫拉特之一，牧青海、伊犁诸境，及顾实汗裔繁衍，或称青海额鲁特，或称阿拉善额鲁特，皆姓不著和硕旧号。和硕特者，皆顾实汗兄子多尔济及额尔克岱青鄂克绰特布之裔也。前徙牧俄罗斯境，于乾隆三十六年，多尔济元孙茶格，随同土尔扈特汗乌巴锡南徙，游牧于珠勒都斯河，故称珠勒都斯和硕特蒙古。

唐努乌梁海部分五旗：

唐努乌梁海一旗

克木克木奇克一旗　　套吉一旗

萨勒吉克一旗　　库布逊诺尔一旗

（唐努乌梁海部）乌梁海之历史不详，余在乌城，承陈使所委赴彼调查，知其言语文字与内外蒙古大异，所用文字系上特文，言语是土著之语。据土人云：昔时乌梁海部，为西征军，攻回部布尔哈尔城，大军回后，遗留此地云。民国纪元，俄人乘隙，侵入唐努克们的勒奇尔地方，调驻俄兵三千，实行其侵掠主义，不容华商入境，亦不容海人出境。至民四陈使驻乌里雅苏台时，有乌梁海大喇嘛达克丹朋素克者，秘密遣使到乌，陈述前情，经由乌署电达中央，迭与俄使交涉，始将俄兵撤回。我方援照《中俄蒙条约》与外蒙同设立佐理专员公署，派员治理矣。该处林业甚盛，金矿丰富，貂、狼、豹等兽，产生最繁，土地既腴，能产五谷。其五旗官制与察哈尔、呼伦贝尔相同，总管扎蓝等制。

《新蒙古》（月刊）
北平新蒙古月刊社
1934 年 1 卷 2—6 期
（李红权　整理）

内蒙古之现势

陈　华　译

本文译自第四卷第五号日文《世界知识》，为日人藤野进所著，文中“满洲建国和蒙古民族”一节，措词荒谬，极尽离间挑拨的能事，篇幅虽短，日人吞并蒙古的野心，已暴露无遗。译者翻译这篇文章，目的在引起国人的注意，努力研究应付方策。内蒙成立自治区政府，是〈对〉日本进行吞并蒙古的一个重大打击，所以我们希望国府和内蒙代表，双方互相让步，使内蒙自治区政府早日实现。

内蒙古的地势和范围

内蒙古，蒙古人称为“乌布尔蒙古”，“乌布尔”就是内在或心腹的意思。和内蒙古相对的是外蒙古。戈壁——蒙古语，中国叫做沙漠——界于两者之间，戈壁以北是外蒙古，长城以北是内蒙古。关于呼伦贝尔的系属问题，有人以为不属于内蒙地方，不过，当内蒙国民党成立的时候，呼伦贝尔亦在其中，并且中国国民党内蒙指导部，也把呼伦贝尔置于指导范围以内。“满洲国”成立后，划呼伦贝尔为兴安北分省，和其他兴安分省，共编入蒙人行政区域。兹为研究上便利起见，将呼伦贝尔和阿拉善地方，均置于内蒙范围以内。在蒙古人本身，或许不愿把内外蒙古各别分开，所谓蒙古心理上的不可分性，但是，我们为便于研究蒙古政治的动向起见，仍不能不把它划分。

大兴安岭从“满洲国”北端——黑龙江省的北部，沿满铁本线以西，如长蛇般的蜿蜒南行，和满铁线略成平行之状，南端尽头，直达张家口，张家口的蒙古名为 Hagrargain Hato，就是峰口的意思，西人呼做 Kalgan。阴山山脉横亘东西，行至阿拉善蒙古，阻于南行的贺兰山脉。以上三个山脉，形成内蒙骨干，其间更有黄河、老哈河、西拉木林三河自西流行。大兴安岭以西，即有名的内蒙草野，沙漠延续。阴山山脉之西部，有乌尔特斯沙漠，阿拉善蒙古的北境，也有沙漠横陈。

上述地方的形势，正所谓丘陵盆地，遍地野草，最宜于牧放，山上的树木也很多。沙漠，一名为瀚海，是不毛之地，连野草都没有，所以四季无论什么时候看，都是一样的。

面积，人口，气候

内蒙古的面积究竟多大，还没有正确测量，除去号称二十二万方里的呼伦贝尔地方以外，其余部分的广袤，尚无可信的数字记载。近来“满洲国”所统治的地方，或将有正确的调查，也未可知。至于人口的统计，学者言人人殊，莫衷一是，大概不出百五十万内外。居民大部分为蒙古人，此外尚有满、汉、西藏、朝鲜等籍的人民。

内蒙古地域辽阔，东西南北各部分的气候，不尽相同。约略的说：北部较寒，南部较暖。冬季固极寒冷，不过，因大陆气候的关系，夏天又有相当程度的炎热。五月至六月，为风的季节，风势猛烈的时候常常卷成若干土柱，在地平线上迅速的移动，砂尘齐裹，假如人、马、骆驼遇着这种土柱，几乎不能呼吸。所以旅行者遇风，便赶紧跑到蒙古人家中暂时躲避。风有时一日便停，有时继续几天不止。著者曾在黄河边岸，远望乌尔特斯沙漠的荒凉景色，印象极深。蒙古人的生活，是和冷酷的自然环境斗争挣扎的一种耐苦生活。连亘内蒙全境的三个山脉之间的人民，不下百五十万，他们都是和自然环境斗争的人民。对于这一百五十万民众，负有使之跻于和平幸福的使命者，究竟是谁呢？

他们——内蒙人民，在过去三百年来，完全受清朝的统治。清朝对于蒙古，自始即实行愚民政策，以讲求学问和提倡宗教二种手段，改变蒙人的杀伐风气。关于宗教方面，就是所谓喇嘛政策，现在我们旅行蒙古，在旷野地方，还可以时常发见和海市蜃楼般可惊的伟大喇嘛寺院。这些寺院，大半都是康熙、乾隆时代的敕命建筑物。利用蒙人的沉迷宗教，以达愚民政策的目的，凡蒙人当青年的时候，多半都被送入喇嘛院充当僧侣，结果，蒙古民族果然日趋衰弱。

“满洲建国”和蒙古民族

然而事实上实行愚民政策的结果，到底怎样了呢？蒙古人固然衰弱下去，满洲民族的命运又如何？满洲人不过埋头于汉人文明的研究而已，并不能找出哪一点是和汉人相异的满洲独立文化，试问除去呼伦贝尔一小部分地方以外，世界上何处可以听到满洲语？

蒙古人民虽然受了清朝三百年的愚民政策的支配，又近年某氏父子和某政府及其他军阀的苛政压迫，但是蒙古地方尚有二百多万人用蒙古语谈话，可见满人的命运，还不及蒙古民族。

现在“满洲国”是出现了，这对于蒙古，是具有重大意义的。直到如今，蒙古还有人主张“忠顺满洲王朝”，虽然是片面的理由，可是，“满洲国”纵非清朝的再现，而满洲民族之抬头，也不能说不是满清三百年积善的结果。因而“满洲国”趁此机会，应当对蒙实行扶植政策，乃是当然的结论。此事对于满洲系的官吏，尤其应该唤起他们的注意。

闻近来“满洲国”高唱完成“世界无比的经济政策”，著者很希望“满洲国”不要忘掉了二百万蒙古民族，完成上述的经济政策，应该使蒙古人民也利益均沾。

素称和满洲亲善的日本人，对于蒙古地方人民认识极深，并且很愿意扶助他们。

经济生活的现状

内蒙人民的生活式样，分为王公、喇嘛、农民、半农半牧民、游牧民五种。

以农业维持生活的人民，因为移民的关系，和汉人最为接近，结果多被汉人同化。如“满洲国”内的喀喇沁旗，热河的喀喇沁旗，及其他察哈尔、绥远一部分蒙古人，所有风俗习惯，和汉族无异，并且不懂蒙古语言，甚至冒充汉人，以蒙古人为可耻。

半农半牧人民，也颇和汉人接近，不过其被同化的程度，较上述农民稍差罢了。

蒙古民族的经济生活，以牧畜为生，古时逐水草而居的游牧现象，到现在还遗留于蒙古地方。

政治现状

王公和喇嘛，都是蒙古的特权阶级。王公为政治的权力者，喇嘛为宗教的权力者。王公是世袭的，内蒙王公数额，约有五十人，完全墨守封建制度的成规。各王公各有个人的土地、人民，对于人民，握有绝对的支配权力。王公以下，有所谓“台吉”阶级，文官、军事的干部的办事人员，都是这班人充任，相当日本的士族阶级。一般人民属于奴隶阶级。上下各层阶级，世袭相沿，永久不变。蒙古各旗关于兵役制度，都采取征兵制。

外蒙自“赤化”后，已将上述的阶级打破，改行苏维埃制度，这是人所共知的事情，但是事实上所实行的，也不过是苏俄及布利亚蒙古人的少数共产分子的专制政治而已。

前清时代，内蒙共分六盟、二十四部、四十九旗，民国大体上和前清相同。至于各王公的权限，也和以前没有什么差别。惟对于在蒙的汉人，特别加以保护，民国以来，在内蒙设立许多县治，就是为实行上述的保护政策。原来属于内蒙的热河、绥远、察哈尔等地方，前清称藩，民国成立后，改为特别区，现在又都编入行省。

“满洲国”出现，关于蒙古地方行政，归兴安总署处理，兴安总署直辖于“满洲国”国务院。

现在内蒙呼伦贝尔八旗，已归“满洲国”所设立的兴安北分省统治。呼伦贝尔八旗，除蒙古人以外，尚有达弗里族人民。达弗里是满洲族的一支派，现任北分省长凌陞，其父“满洲国”参议贵福，以往呼伦贝尔事件的郭道甫，及要人荣安、德春等人，都属于达弗里族。

察哈尔八旗

察哈尔八旗的情形，和内蒙其他地方相同，惟没有所谓王公阶级，是其特色。察哈尔八旗以总管代替王公。北部人民，纯粹为游牧生活。除八旗外，并有锡林郭勒盟。盟系由十旗组成，即：

乌珠穆心（Uchumchin）二旗，浩齐特（Khapchit）二旗，苏尼特（Sunit）二旗，阿巴噶（Abaga）二旗，阿巴哈纳尔（Abaganor）二旗。和外蒙接壤的达里甘附近及乌珠穆沁一部，事实上属于外蒙古势力范围，这是一件可注意的事。

察哈尔如有变化，内蒙古全部也要因之动摇，无论从地理或历史上观察都可以证明。察哈尔有二种相反的人物，时常活跃，一是中国国民党，一是清朝复辟的宗社党。前者的重要分子，有中央执行委员恩克巴图（中山唯一的蒙古弟子），蒙藏委员会萨穆端萨鲁布，察哈尔省政府委员杭锦寿等人。后者的重要人物如数年前逝世之拉氏（杭锦寿的亲戚），他是宗社党的正统派。

察哈尔除上述二派以外，更有一部分青年，倾向外蒙化。一面“满洲国”又已出现，察哈尔究竟向哪一方面走呢？“满洲国”素以“善于为政”见称，应该从“赤化”的恐怖与战栗中，把蒙古人救将出来。

绥远省二旗

绥远省的蒙古民族，分为乌兰察布盟及伊克昭盟二部。属于乌兰察布盟有以下数旗：

四子部落

茂明安旗

乌拉特旗

喀尔喀右翼旗

属于伊克昭盟的有乌尔特斯等七旗。乌尔特斯旗原有自卫团的组织，内蒙国民党成立后，曾供给枪械，编成内蒙国民军。绥远地方的蒙古人民文化程度，较为低落。西边阿拉善蒙古和外蒙古的交通，为戈壁所隔。据说阿拉善蒙古现已“赤化”，究竟真相如何，因为距离遥远，不容易得到正确的消息。又闻阿拉善，和西藏相呼应，有举兵之说，背后由英、俄两国，指挥操纵。日本人对于这方面未加注意，他国势力，乃积极侵入，所以以后应该特别关心。又多数西洋人在内蒙各地，努力基督教宣传，这也是一件有注意必要的一件事。

政治运动

内蒙政治运动，就民族、团体、思想各方面说，都有不少相反的派别。对于清朝复辟，最企望最热心的，除满洲人外，当首推蒙古人。

和复辟相反的，有国民党及苏俄由外蒙侵入内蒙的“赤化”运动。苏俄侵略内蒙，以察哈尔为与外蒙联络的中心。中俄断交后，接着就是清党运动，中国国民党设立内蒙指导委员，于是国民党的势力进入内蒙。“满洲国”出现以来，国民党运动，开始退后，而“王道主义”渐渐抬头。

上年中俄复交，外蒙古和中国所领的内蒙古之间的交通，恢复自由状态，结果除“满洲国”所属以外的内蒙各部，“赤化”运动，公然进行，第三国际分子，随意出入。彼等又把支配外蒙的魔手，伸入内蒙。

现在，内蒙当前有三个道路：一是共产党，一是三民主义，再就是“王道政治”（指“满洲国”）。现在可以说正在选择期中，结果如何，拭目待之好了。

《新蒙古》（月刊）
北平新蒙古月刊社
1934 年 1 卷 2 期
（丁冉　整理）

宁夏青海之蒙古部旗

马笑读　撰

宁夏与青海，均于十七年改建行省。宁夏省系由甘肃旧宁夏道及旧西套区组成之，即前宁夏护军使辖地。青海省系由甘肃旧西宁道及旧青海区组成之，即前甘边宁海镇守使辖地。宁夏省之大部，为旧西套区，昔称西套蒙古，亦称套西，在汉为北地郡及居延县地，晋属前凉、后凉、北凉，唐宋陷于吐番、西夏，元属甘肃，明季以后，始为蒙古旗所据。东界绥远，北界外蒙古，西与南均邻甘肃，东南界陕西。省内之蒙古族，凡分二部，曰阿拉善额鲁特部，在省境之中东部。阿拉善王驻定远城（一作定远营），城北有吉兰泰盐池，产盐甚富，且以洁白著称，除本省需用外，还可供给邻封。东偏近黄河地，肥沃宜耕，曰额济纳土尔扈特部，在省境之西北部，当坤都伦河流域（坤都伦河，即张掖河，亦名额济纳河，俗称黑河，《禹贡》名弱水）。旗长驻威远城，位坤都伦河西岸，居延海之南，沃壤遍野，可农可林，水草丰美，畜牧亦适。青海省以旧青海区为主，古为西戎地，王莽时曾置西海郡，尔后历为诸羌、吐谷浑、吐番等等所据，明时始有蒙古族侵入其间，与羌族错居。东北界甘肃，东南界四川，南界西康，西南界西藏，西北界新疆。省内之蒙古族，可分东西二部。东部曰青海左翼盟，共十三旗，占省境之东北隅，接近甘边，为青海所流灌。青海周约五百里，附近气候温润，地味肥沃，蒙族环海游牧，与熟番交错而杂处，风俗仿佛外蒙，亦稍染于汉族。西部曰青海右翼盟，共十六旗，居全省之中部，及西北大部，接近新疆，为柴达木河流域，原野莽平，水草丰美，为天然牧场。蒙族散漫游牧风俗近似西套，又略同回部。此其概略也。兹再析举各部旗之牧地于次。

宁夏省内之蒙古部旗：

阿拉善额鲁特部　牧地在省之中东部。

按，阿拉善额鲁特，一称额鲁特蒙古，又称西额鲁特，俗称西蒙古，初为元人牧奴，所以别于内外蒙古而言也。阿拉善，系贺兰山之音转，旧分四部，曰和硕特，曰准噶尔，曰杜尔伯特，曰土尔扈特。部自为长，号四卫拉特，统称额鲁特，即《明史》所谓瓦剌者也。其游牧地界，在贺兰山西，龙头山北，西至古尔鼐，接额济纳土尔扈特界，北逾戈壁，接三音诺颜汗部界，东西延袤七百余里。

额济纳土尔扈特部　牧地在省境之西北部。

按，额济纳土尔扈特，在汉为居延县地，宋属西夏，元为亦集乃路，属甘肃行中书省。额济纳为亦集乃之转音，蒙古语幽隐之意，亦沙漠之意也。其游牧地界，跨坤都伦河，东至古尔鼐，接阿拉善额鲁特界，东南至合黎山，西南至甘肃边境，西北与东北，均至大戈壁，接外蒙古札萨克图汗及三音诺颜汗两部界。地域视阿拉善额鲁特为小，而水草丰美，宜于畜牧，则又过之。

青海省内之蒙古部旗：

青海左翼盟十三旗

1. 和硕特北左翼旗　牧地跨布隆吉河。

2. 和硕特北前旗　牧地在青海西岸。

3. 和硕特西前旗　牧地在盐池之西。

4. 和硕特前首旗　牧地在黄河曲部之东（即西倾山部）。

5. 和硕特西后旗　牧地跨柴集河（柴集河东南注盐池，北距青海南岸不远）。

6. 和硕特南左翼后旗　牧地在青海南岸。

7. 和硕特北左翼末旗　牧地在布喀河之南。

8. 和硕特南左翼中旗　牧地西滨黄河（东接贵德县西南境）。

9. 和硕特南左翼末旗　牧地跨湟水之源（湟水即博罗充克克河）。

10. 和硕特西右翼中旗　牧地在舒噶河之北。

11. 辉特南旗　牧地在青海东南岸。

12. 土尔扈特南前旗　牧地在西倾山脉西与黄河之间。

13. 和硕特西左翼后旗　牧地在那莫洪河之西（即西右翼后旗之东）。

青海右翼盟十六旗

1. 绰罗斯南右翼首旗　牧地在青海东南岸。

2. 绰罗斯北中旗　牧地在青海西北岸。

3. 和硕特北右翼旗　牧地在青海北岸。

4. 和硕特前左翼首旗　牧地在大通河南岸。

5. 和硕特南右翼后旗　牧地在青海东岸。

6. 和硕特东上旗　牧地占大通河与青海间之一部。

7. 和硕特南右翼中旗　牧地在西倾山脉西南（即前首旗之东北）。

8. 和硕特南左翼次旗　牧地在柴集河南。

9. 和硕特南右翼末旗　牧地在黄河北岸。

10. 和硕特西右翼前旗　牧地在大通河上流之地。

11. 和硕特西右翼后旗　牧地在那莫洪河之西南（在西右翼中旗之东，即西左翼后旗之西）。

12. 喀尔喀南右翼旗　牧地在青海南岸。

13. 土尔扈特西旗　牧地南至黄河（阿拉克沙儿山之东）。

14. 土尔扈特南中旗　牧地当黄河末曲之西。

15. 土尔扈特南后旗　牧地在黄河末曲之西（在土尔扈特南中旗之北）。

16. 和硕特北右末旗　牧地在布喀河源之西南。

以上宁夏省内之阿拉善额鲁特、额济纳土尔扈特二部，及青海省内之二盟二十九旗，皆居我国本部西北偏，地方辽阔，人烟稀少，自昔视为西陲荒凉之区，不关中原痛痒。然以全国言之，实居中央部分，对内当昆仑之脊，有高屋建瓴之势；对外则联络蒙、回、康、藏，为防御外侮之冲，形势之重，方之内地，实有过之而无不及。苟能经营有方，次第建设，则河、湟之交，尽是可耕之地，朔漠千里，无非畜牧之场，化荒凉不毛之区，为繁盛富庶之地，非过望也。开发西北，举国宣腾，蒙古自治，风起云涌。去年秋月，国府明令四十一军屯垦青西，十一月百灵庙会议，决议阿拉善、额济纳各旗，列入蒙古第一自治区。迄今四十一军，中道迟迟，甚且引起误会，蒙古自治，枝节横生，颇感实现维艰。深愿党国志士，当此内争未已，外侮凭陵，英法侵略，弥漫西南，日俄潜势，深入东北，达赖圆寂，转生无期，溥仪称帝，行将实现，允宜牺牲成见，精诚团结，内忧外患，并顾兼筹，谋边疆之发展，即所以图河山之保全也。非独西北之幸，全国前途，实利赖之！

《新蒙古》（月刊）
北平新蒙古月刊社
1934 年 1 卷 2 期
（朱宪　整理）

蒙古情形之分析与观察

王惠民　撰

一　文化

自西历一一六二年（宋高宗绍兴二十五年乙亥）①，成吉思汗降世后，励精图治，发奋为雄，混合七十二种色目、三十一种名目之蒙古民族，为一大蒙古帝国，继而向外发展，征服欧亚，封诸子于土耳其、罗马等处，以资镇慑。当时蒙古文化，一日千里。换言之，中西文化之沟通，亦即发轫于此。

溯自泰西文化输入蒙古，经萨里喇嘛抄袭东罗马文法，复配以树枝众形，创出一种文字，凡十五字头，每一字头七音，共百零五字。其动词之变化，分为过去、现在、将来三种，就其尾音而晰之，与满洲文略同。嗣经西僧帕克巴，逐渐增加至数百字，其缀合法，有二三字母联成一字一义者，分为主音、辅音、并音、转音四种。至现在蒙古各地所用者，共二十一字母，分阳、阴、中三性，另有命名之随从字五种，所谓随从字者，与汉文中之

① 有误。一一六二年为绍兴三十二年壬午。——整理者注

“之”、“乎”、“也”、“者”等虚字相类，其书读顺序，系由上而下，由左而右，与西洋文之立序相同，顺序则异耳。

蒙古之语言，源于乌拉尔阿尔泰语系，其音粗低而濡滞，与汉语判然不同。最近三十年来，蒙古之文字语言，虽仍通行于各盟“部”旗，然与内地毗连省份，已渐有退化之势，所保持原状者，仅接壤苏俄之外蒙古，与邻近日本之哲、呼、伊等盟“部”旗耳。一因提倡民族文字，一因恶日人之蛮横而不喜与接近，故该地之文字语言，甚为蒙人重视而照常维持也。孙中山先生尝谓，语言文字为构成民族之要素，吾人于此，实不能不深加注意与缜密研究也。

晚近以来，中华朝野人士，每一提及蒙古文化，不曰蒙古为文化最落后之民族，即曰蒙古毫无文化可言，此实未加深刻研究，与彻底认识蒙古之论调也。著者生长蒙地，对于蒙情，尚知一二，谓之为科学不发达则可，谓之为文化落后，则实有不可。夫蒙古之社会组织，至为简单，既无司法机关，又无军警设置，然而盗窃乱贼不作，社会秩序井然。伦常之间，虽无明文规定，然长幼有序，夫妇有别。生活上虽因经济艰窘，然蒙民因陋就简，仍能相安无事，而无彼攘此夺之风。制度上虽有王公、平民、奴隶之分，然实际上生活并不悬殊，不过名称上与时代性略有不合而已。他如蒙民之忠厚朴实，尤见称于当世。社交公开，在中华认为新文明，以为炫奇骇俗，而不知蒙古在七百年前，已极公开，并无不亲授受之恶习。诸如此类之天然优美文化，举不胜举。所惜者，经济衰落，一切建设、教育事业，均无从着手进行，尚望有志蒙古者，加以物质上之援助，使应兴应办之事业，一一均以举办，则蒙古将来之文化，实有不可限量者也。

外蒙文化情形，自外蒙平民共和国政府成立，对于传播文化之工具，尤为设备完全，如印刷业、戏剧场、新闻周刊、日报、教科书、文学作品，应有尽有。此外并在库伦，特设大规模之印刷局，及圆形俱乐部，其设备悉系仿照欧美大舞台式，其量可容二千四五百人。俱乐部表演蒙古新旧戏剧，里边音乐歌舞，无不齐全。至衣食住行，亦纯西洋化。电灯电话，以及各种游行运动、讲演会、妇女解放、识字运动等，亦无不积极提倡，尽力推行。其文化之发展，已斐然可观矣。

二 宗教

宗教之由来。蒙古之宗教，以喇嘛教为最盛。先是，印僧莲花生入藏，创设红教。当时颇受人民热烈崇拜，后因红教日衰，渐失信仰，时有阿其撤者，锐意改良，以求红教之进步。曾树革新旗帜，然以其理想过高，一般人民，未能认识，以致抑郁而终。迨宗喀巴出（明永乐十五年①，生于甘肃西宁，得道于西藏甘丹寺），继阿其撤未竟之志，乃召集僧侣中之热心者，训以应守二百三十五戒，使僧侣寄宿寺院，严其戒条。僧侣外出，只准携带托钵碗与祈祷物及其附属品，并禁蓄妻，设宗教新仪式，衣帽改为黄色，以唤起僧徒之注意。并主张脱俗证果，积善修行，倡灵魂不死之学，信轮回因果之报。佛经有云“当红教式微，宗喀巴倡兴黄教也，犹白雪之迷漫大地，犹车轮之压开新路”云云。宗喀巴得有宗教革命之号，至今黄教仍盛行于蒙地者以此也。在红教之前，尚有黑教（即恩巴教）。此教以秀拉白为教祖，信仰撤加供马神。相传一家男女皆为神族，故喇嘛教之带有神秘色彩者，受黑教影响甚巨。其僧侣悉戴黑帽，祈祷占卜，崇拜鬼怪。在此教

① 有误。宗喀巴生于元至正二十七年，即一三六七年。——整理者注

中，又分出两小派，一为唵黑，一为唵白。又有秘密大乘佛教，红教系脱胎于此两教之中。此蒙古宗教中，喇嘛教之大概由来也。

当元太祖时，用喇嘛教之势力，使全蒙人民，诚心信佛，致养成蒙人一种愚懦不振气象，其固有强健本能，随亦逐渐消失，而沦为柔弱固蔽状态。复因强迫未成年之儿童，充当喇嘛，以致蒙古人口，日益减少，几于绝种。自海禁大开，蒙人始激于新潮流之鼓荡，由朦胧中警醒，方知喇嘛教之毒害不浅，亟图自拔。故在外蒙古共和国宪法中即有"信教乃人民私事，绝对自由"之规定，斯即禁尊长干涉信教之意。现在已当喇嘛之蒙人，觉醒还俗者为数甚夥，而未当喇嘛者，除于自愿者外，其尊长已不复干涉与强迫矣。

喇嘛教之在蒙古，实为政治、宗教之总汇，与欧洲中世纪之基督教，颇多相似，故欲明了蒙古之一切，非先对于喇嘛教，有详确之认识不可，盖喇嘛教之在蒙古，实有伟大之潜势力也。

蒙人因信喇嘛教过深，故喇嘛庙之建设，亦遍于各盟、部、旗境内。其建筑之富丽，规模之宏大，殊为惊人。大寺有喇嘛数千人，小庙有喇嘛数百人，最小者亦有数十人之多。其首领为呼图克图，即俗说之活佛是也。

活佛之产生，世代因袭，皆以呼比勒罕为转生之枢纽（呼比勒罕，即化生之意）。活佛之权力，不仅在管理宗教，而且兼管政治。在蒙古之喇嘛，约分五种：一、札萨克喇嘛，握有政教两权，并掌寺内外土地、人民诸权；二、佛爷喇嘛，普通称为活佛，在西藏者曰达赖、班禅，在蒙古者曰呼图克图；三、庙喇嘛，奉佛于寺院中，凡民间有冠婚、丧祭等礼式皆与焉；四、大喇嘛，为一寺之主脑，统辖一切事务，王公子弟之充当喇嘛者多任之，但须到西藏奉贡受戒，若无相当承乏之人，则以僧侣中有资望者当之；五、黑喇嘛，为俗人中之寡男妇于老后，剃其发不着袈裟，不习经文，惟终日手捻百零八粒之念珠、口诵佛号而已。

自满清末年以迄现今，内蒙古南部，多有西来之基督教徒，在各蒙旗境内，设立耶稣教堂与教会学校。入其教读其书者，多为由内地移食内蒙之极富与极贫两级人民。其富者假教会之势力以保其生命财产，其贫者亦就其小惠，维度其苟延生活。蒙人则基于素信佛教之故，入其教及读其书者绝少。

三 思想

蒙古位于地球之较寒带。按气候与地理之关系，生于热带之人多多血质，生于温带之人多神经粘液质，而寒带之人则多胆液沉思质。蒙人即富于胆液沉思质之民族也。自成吉思汗奠都和林，蒙古因喇嘛教势力之澎湃，人民思想遂由动态，渐趋于静态。七百年来，一方因受喇嘛教之束缚，他方又为满清愚民政策所羁靡〔縻〕，以致一蹶不振，思想堕落，沦于万劫不复之境域。试观蒙人与外人最初接触也，惊惶骇惧，常抱一种高深莫测心理。迨后相处日久，彼此熟悉，遂由恐惧态度，一变而为亲善信赖态度。凡此皆智识薄弱、思想幼稚之表现。而华人不加体谅，常嘲讪讥诮曰“死心眼儿臊达子”，然不知幼稚固蒙人之弱点，而不易为他人左右，乃正其特长。大凡举一事，办一业，不有坚决之意志，曷克有成功之希望。是“死心眼儿”即其坚决之特点，蒙古民族之所以能延续不绝者，全赖此维持也。争奈一般人士，不加细察，动曰“臊达子愚蠢”、“臊达子野蛮”，此实蒙汉两族间最足伤感情之语调。前有北京外馆在蒙地经商汉人，有人问其目的，则曰“朦达子钱”。清代历官蒙地者则曰“吃达子油”。是商人固不足论，而文人学士尚目蒙人为黄衣佛号，奄奄一息之部落，此实最堪痛心之事。人以至诚相期，而我以轻蔑报复，无怪乎蒙人一变其曩昔之信赖观念，而为怀疑态度。

当满清盛世，恩威并用，怀柔兼施，事事顺诸蒙人之心理，则边疆无事者百有余年。徐树铮不谙蒙情，不数月而有外蒙古独立之事发生。今内蒙古除有少数人士，对于中华疑信参半，勉强随和外，其余全蒙各地，亲俄亲日分子，均在积极分道扬镳。此实中华刻不容缓、亟应设法挽救之要图，国人岂可忽视哉。且查中国国民党民族主义中，以扶植弱小民族为职志。吾人对于未来之蒙古，正可依此方针对症下药，矫其摇撼不定之思想，使之内向。所谓多开输诚之路、益坚内向之心者，其在此乎！

当有清初叶之收复全蒙，征服新疆，即系先安其心，后利用喀尔喀四部作前驱，所以次第平复，未费周折而成功。往迹未远，可资借镜。故吾以为欲收复蒙疆，当先从扶植着手，欲安定蒙人心志，须有取信于蒙人之事实。尚望留心蒙事者，其特加注意焉。

四　风俗

蒙古之风俗，大别分为服制、婚嫁、丧葬、娱乐、祭鄂包等数种。兹分别述之如次：

一、服制　在昔蒙古男子服装，窄袖长褂，布带束腰，附系以烟袋、燧石、象牙筷、食肉小刀等物。富者绢帛，贫者棉布。在长袍之外，复加以兽皮背心。头戴平扁形圆帽，蓄发结辫，足履自制或汉购靴鞋。至女子未嫁者，结辫两条垂于两肩上端，上饰以珊瑚、珍珠、金银等物，耳悬圈环，手套钏镯。已嫁者则结发为一束，顶于头之正中，复戴以珊瑚银板，以资识别。至唐古特一带妇女之妆饰，则聚串贝壳白色圆圈，围系于身，并以布片悬于肩上，视为最美。自外蒙独立后，其一切设备，完全仿照欧美，故此地之衣饰，亦大改变矣。

二、婚嫁　蒙古之婚嫁，女子约在十五六岁即行出嫁，至十七八岁尚未出嫁者甚少。普通女子与男子结婚，女子每多长于男子二三岁或五六岁不等。其结婚礼物，多用牛、马、羊，各若干头。合卺良辰，须请喇嘛择定。佳期届日，男方会同亲友，前往女家迎娶。女方则俟男方临门，以棹木为栏，作拒纳状，且互相辩以吉辞，事前双方各备有此项专司舌辩人各一二，俟一方词穷告败，败方献白布、全羊等礼物，胜方始还礼放进门内。翌晨，迎娶人乘马绕幕三匝，方将新妇迎归男家。献哈达（绸制，长方形），会亲友拜佛、礼皂、祭祖宗毕，然后再拜翁姑。其设筵款客，甚形热闹，有延至七八日或十余日始散席者。至休妻纳妾之恶习，亦间有发生。

三、丧葬　蒙古之丧葬，分为土葬、野葬、火葬三种。在邻近长城内蒙古各旗，因与内地接壤，故丧葬多如汉人仪式，而用土葬。在喀尔喀一带蒙人，多用野葬，运尸于山野或沟壑，曝以风雨，一任禽兽之啄食。倘弃尸山野三日，而其尸仍未被禽兽啄食毁灭者，则即视为不祥，便须请喇嘛唪经，消除余殃。至于火葬，系当喇嘛者死后，或死者家属认为死者不祥时用之。火葬时附尸茶毗，延僧唪经，俟尸身全部火化，拾其骨烬，请示大喇嘛之许可，粉碎后，合以麦粉制成饼片，或藏于附近灵塔，或送往山西之五台山。

四、娱乐　娱乐大致分下列三种：（甲）角力　角力为蒙人最喜游戏之一种，犹日本人之好柔术也。此项游戏，既能强健体格，复可增进气力。当角力时甲乙两方，各出一人互搏，结果以压例〔倒〕对手方为胜利。胜者得白布一方，羊肉两块，以及其他奖品。（乙）歌唱　歌唱各地有各地土曲，其意义多属爱情、天时、尚武、宗教等类。至《大汗天威》、《鄂博之神》、《平沙万里》诸曲，乃特别有趣味之歌词，与普通者不同。（丙）赛马　赛马多于大典或纪念日行之。男子以跨良马为荣誉。当竞赛之日，各就自己马群中，选其最良者，用少年善骑壮士，出而比赛。此种与赛之马，俗称走马，为蒙人所最为喜爱者也。

五、祭鄂包　祭鄂包犹汉人之祭社神，鄂包形圆，系用石垒成，在沙漠中无石之处，多用树枝，就沙颠高处，立成鄂包形祭之。高约丈余，中树一木杆，上悬蒙藏文旗帜。每年春秋两季，王公、喇嘛、平民，感〔咸〕往祭祀，祭毕作吃酒、角力等游戏。

五　习惯

蒙人善骑马，以游牧为生，不事稼穑，常年逐水草而居。因生活之流动，居无定址，故其习惯有不怕远行之特长。彼等祖宗之所能威震欧亚，而得轰轰烈烈之骁名者，即以其平日生活习惯，有不怕远行与善于骑术之力所致。兹将其生活习惯，分别略述于后：

一、饮食　蒙人以乳茶为普通饮料，以牛、羊肉为主要食品，而以麦粉、莜面、粟黍，为次要食品。至其他杂谷野菜等类，多产于已经开垦之处，在未垦荒地则绝少。大概蒙人以牛乳供饮料，各地均然，几无家无之。至茶之于蒙人，无论男女老幼，咸酷嗜之，惟其饮法与内地人不同，在茶之中，和以牛乳及少许咸盐，名曰奶子茶。食肉则多不加以煮熟，半熟或略熟，即用小刀割而食之。至其粟类之食法，与汉人大致相同，无细述之必要，从略。

二、居住　蒙古地广人稀，居住简朴。在开垦地方之房舍结构，大致与内地无异，惟其建筑粗陋，室内窗户空气均欠讲究。至沙漠地方之居住，均系用蒙古包，其构造虽不精致，然亦能遮避风雨，且易于解拆携行，故逐水草而迁动，最为便利。在此一带之居民，风俗纯厚，习惯良好，全无诈欺之恶性。如行路遇黑，无处栖身时，无论生人熟人，均可借幕投宿，牧人亦不拒绝，且妥为招待之。

上述二篇，即系蒙人之生活习惯实况。吾人研究蒙事，讨论蒙事，解决蒙事，对于其饮食居住，不可不加以注意与设法改良也。

六 政治

蒙古之政治　政治之范围甚广，举凡党务、军事、外交、财政、交通、实业、教育等，均有一大部分属于政治范围。不过上述诸项，因各另有专栏报告，故在此篇中，只将行政组织，暨内外蒙之自治运动，外蒙古共和国之最近政治状况等，略述于下：

蒙古之行政组织，殊为简单，其基本组织为佐，集数佐而成一旗，集数旗而成一盟。盟为蒙地最高政治组织，直隶中央，其地位等于内地之省，不过规模上大小不同。盟设盟长、副盟长及盟务帮办与盟务章京等以次各职员。盟长为行政首领，督率所属处理全盟事务。至军事上在内蒙古，每盟各设备兵札萨克一员，在外蒙古每盟各设副将军一员。备兵札萨克与副将军，均为军事长官，其组织系统，以军民分治为原则，与内地各省过去之督军省长制，颇相类似。其人选各就本盟内各旗札萨克，或闲散王公中，择优任之。此外尚有部与特别旗之组织。部之地位，与盟相等，特别旗与普通旗无异，其地位等于内地之县，惟其组织比较略小。每旗设札萨克一人（札萨克，译义为执政，即旗长之意），处理全旗事务，其官职系世袭。清代有视其功勋之大小，授以亲王、郡王、贝勒、贝子、镇国公、辅国公等爵号者，不过其授爵不仅限于贵族，而非贵族得有爵号者，亦殊不少，如闲散王公等即是。至爵号与职务之区别，系王公为爵，扎萨克是职。旗札萨克之下，并置协理管旗章京等官职，掌理全旗事务。旗与佐之间，分设参领若干人，每一参领管辖四佐或六佐不等，其地位与内地之区长相等。每佐以百五十户为率，每户各出壮丁一人服兵役，故佐为地方组织之初级，亦可称为常备军之基本团体。每佐设佐领一员，及其他办事人员多人，处理全佐事务。此即组织之大概情形，兹再分别表列于后：

蒙古之政治组织系统

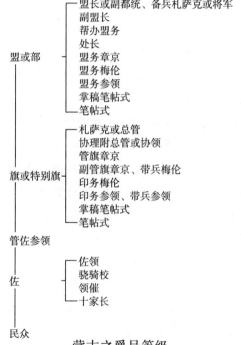

- 盟或部
  - 盟长或副都统、备兵札萨克或将军
  - 副盟长
  - 帮办盟务
  - 处长
  - 盟务章京
  - 盟务梅伦
  - 盟务参领
  - 掌稿笔帖式
  - 笔帖式
- 旗或特别旗
  - 札萨克或总管
  - 协理附总管或协领
  - 管旗章京
  - 副管旗章京、带兵梅伦
  - 印务梅伦
  - 印务参领、带兵参领
  - 掌稿笔帖式
  - 笔帖式
- 管佐参领
- 佐
  - 佐领
  - 骁骑校
  - 领催
  - 十家长
- 民众

蒙古之爵号等级

亲王（亦有双亲王者）—郡王—贝勒—贝子（亦有记名贝子）—镇国公—

辅国公—
- 一等他卜囊—二等他卜囊—三等他卜囊—四等他卜囊
- 一等台吉—二等台吉—三等台吉—四等台吉

内蒙之自治运动　自辛亥以还，内蒙方面，亦呈摇摇撼动，危机四伏之状态，如一九一二年，呼伦贝尔之独立，哲里穆盟扎萨图旗之变动，一九一三年，西四盟之响应外蒙，一九一六年，巴布扎布之窜入郑家屯，以及一九一七年之富兴阿占据呼伦贝尔，一九一九年达乌里之组织全蒙临时政府等之种种运动，均大为世界所注目。不过此种运动，纯系贵族阶级之主动，而以拥戴活佛可汗与恢复满请〔清〕皇室为唯一目的，与平民未发生关系。惟清代光绪年间，政府从事放垦河套时，蒙民为保护土地与生计计，遂在伊克昭盟之乌审旗一带，自动组织一团体，名曰多归轮，此纯系民众团体，每户派代表一人，讨论全旗事务，与应兴应革之件，遇有要事，召集全体大会，举行游行示威与请愿。故当时政府，对于河套之放垦计划，终未能实行。所以多归轮之组织，即内蒙自治运动之起点。至若一九二五年，内蒙平民革命党之产生，以及一九二八年，呼伦贝尔之革命运动，均与此同一目的而努力竞进者也。现在内蒙方面，在政治上可分为两大派：一为王公，一为青年。王公站在支配者之地位，一味压迫掠夺，故民众恨之入骨。青年虽站在民众之立场，抱着打破被支配与被掠夺环境，以求得到自由平等之地位，然多数民众因受千百〈年〉来之极端专制影响，一时不易起苏。且青年中所用方法亦各自不同，故尚未能得多数蒙众之完全信任也。

外蒙之自治运动　在过去七百年来，蒙古之政治，悉为王公、喇嘛、贵族所统辖。自满清末年，移民实边改设行省之政策施行后，蒙民不堪其压迫，遂于一九一一年冬，外蒙各汗、王公、喇嘛等，共戴哲布尊丹巴活佛为可汗，宣告独立。当时政府，不思抚慰，亟图挽回，而反于一九一九年，特任徐树铮为西北筹边使，以强硬手段，取销外蒙之自治政权。结果遂引民众革命之风潮，致一九二一年，革命党正式建设平民政府，二次宣告独立。自一九二四年哲布尊丹巴逝世后，外蒙随召集第一次全蒙平民代表大会，解决一切事务，最后决定外蒙为永远独立平民共和国，并议定宪法，提倡国家资本之发达，限制私人资本之垄断。外蒙方面，前后计经二十余年之时间，三次之政变，现已趋达民主共和。其国家之主权，属于全体平民代表大会。该大会每年开大会一次，其代表由各该盟平民代表大会选举产生；而各盟大会之代表，则由各旗代表大会选举产生；其各旗大会之代表，则由各区大会选举产生；其各区大会之代表，则由各十户大会选举产生；其各十户之大会代表，系以户口为单位，每户派一人出席。其国家一切政治与地方事务，悉由上述各会议决施行。至大会闭会期间之政务法令，归国务常务委员会执行。其常务委员之产生，系由全体平民大会选出之。国家行政官吏，无论中央政府，或各盟、旗、区，均由各该大会选任，其政权由人民行使之，与内蒙迥然不同也。

外蒙共和国之最近政治状况　自一九二四年政变之后，外蒙政治，由活佛、喇嘛、贵族之封建专制，一跃而为劳动国民专政之状态。此种奇特转变，自是以苏俄为原动力。由其宪法中观之，国家之主权，是属于劳动国民全体，国家主权之行使，是属于国民会议，及由国民会议所产生之政府。但其实际上因系党治国家，其主权握于蒙古国民党之手。而蒙古国民党之后，又有苏俄利用蒙古青年革命党，以篡窃蒙古国民党，更由蒙古国民党之名义，以支配政治。蒙古国民党，虽依苏俄而成，但其色彩自始即觉右倾。一九二一年在库伦建立之新政府，始终带有立宪主义形式，活佛哲布尊丹巴，依然高居王位。大多数贵族及资产阶级，亦混入党内，政府之政策，日趋缓进。苏俄鉴于此种右倾之状态，即变换方向，就国民党内之激进分子，与新从莫斯科留学归来之蒙古青年，于一九二一年八月，在库伦组成一蒙古青年革命党。当起初之时，参加分子不过二三十人，迨至一九二五年四月，已增加至五千人以上。青年革命党之纲领是反对国民党之民主政治，而坚持激进的共产主义。

蒙古青年革命党　在初不过是蒙古国民党内之一小组织，彼之宣言，以拥护国民党，并剿除温格尔白党，及勾结白党之王公喇嘛为己任。一九二一年十月五日，苏俄紧接俄蒙条约之缔结，对于外蒙政府，提出七项要求。国民党内之右倾领袖，多拟加以拒绝，然青年革命党，借赤军之力量，除使国民党完全接受外，复将反对苏俄共产主义之国民党领袖巴图、彭苏克、多尔吉、陶克脱呼、丹藏等，均以反革命之罪加以枪杀矣。嗣后国民党中，虽有向青年革命党历次反抗之举动，然其结果，胜利终属于有苏俄后盾之青年革命党。近复自一九二五年，实行“党内大扫除”后，几成为纯赤色之外蒙矣。兹将最近外蒙古政府重要人员，略举如左：

一、总理　泰宁多尔吉（亲俄派）

二、副总理　贡噶尔（新派）

三、陆军首席　哈腾巴图尔玉麻苏多布（亲俄派）

四、外交首席　格里尔脱布（亲俄派）

五、内务首席　梯米特尔格奈尔根廷（新派）

六、财政首席　额尔屯格里尔（新派领袖）

七、农商首席　俄人，名未详

八、教育首席　布特根（布里雅特蒙古人，亲俄派）

九、司法首席　宗特布（新派）

十、参谋长兼中央军事委员长　素威布尔桑（亲俄派）

十一、国政保安部长　那尼如脱布（新派）

十二、中央执行委员会长　有色特尔斯（亲俄派领袖）

十三、小国民会议会长　干屯（亲俄派）

十四、国民党部部长　雅明唐腾（亲日派）

仅就上列数项，可知外蒙政府各机关重要人员，除少数中立（新派）及亲日派而外，其余多数均为亲俄派、俄人或布里雅特蒙古人占据。此外尚有各机关，新近添聘之俄顾问，每一机关四名至六名不等，表面上虽称处于被咨询者之地位，然其实际上即操纵外蒙政治之主人也。

七 经济

蒙古之经济，在外蒙古方面者，其第一步为改良税捐及收回关税两大事件。截至现在止，其结果，每年平均可收入一千二百余万元之入款，除去用度，尚余一百余万。其第二步即设立蒙古实业银行，发行钞票，并鼓铸银圆，以为兑换流通之担保。于是外蒙之金融方面，大有活动之机能，对于振兴工商实业，亦得最大之后援。并且禁止外国钞票与外国银圆之在市面上流通。其蒙古钞票统由蒙古实业银行兑现，以便蒙古银圆及蒙古钞票之势力澎涨。其第三步，即决定对外贸易完全收为国营，得由蒙古平民合作社代理，以杜绝国内私人资本与国外私人资本之沟通。总之，外蒙方面之经济发展，以防止私人资本主义之产生，而养成国家资本主义为要旨。而指导此种经济运动者，厥为外蒙全国经济委员会，凡关于经济方面之建设及计划等问题，均由该会主持而办理之。

八 教育

外蒙古之教育宗旨，当然以蒙古平民革命党之宗旨为宗旨，其进行之步骤，分为国内与国外。国内教育以养成普通常识及国民资格为标准，故以多设小学及中等学校为先务。现在小学有六十余处，中学及师范学校，则在库伦者各有一处，然其规模之宏大，设备之完善，颇有可观。其最高之学府，为中央党务学校，直接由中央党部管理之，稍有分科之雏形。至其他教育计划及管理等事，均属于教育部。国外教育，则派送多数留学生，以培养专门人才为目的，现在德国者，有五十余人，以学实业者为多，法国有二十余人，俄国有一百余人，以学政治、经济者为多。此外尚有兽医学校、合作社学校等特种学校，然均在开创之中，求其完善尚觉早也。惟最使吾人注意者，所有各种学校，均用蒙语蒙文教授，普通教科书，如地理、历史、算术、公民等课，已均有良好之印刷品矣。

九　交通

外蒙方面，人烟稀少，版图辽阔，其在昔日之传达消息，任重致远之事业，专赖驿站与驼队。今则大改旧观，其重要干路，如库伦与张家口间、库伦与恰克图间、库伦与满洲里间、库伦与科布多间，已均有多数之汽车通驶，行人运货，均甚便利。关于消息方面，除利用有线电报外，尚有徐树铮遗留之库伦无线电台一处，可以接收全世界之新闻消息。现在短波无线电台，业已采用，库伦与各处边防军队，均能通达消息。关于航空方面，则库伦与布利雅特蒙古自治共和国都城乌金斯克城之间，设有定期航行站，每周各往返三次，每次只须三四小时，凡库伦与莫斯科间之各种邮件、新闻纸等类，及各项重要公文，均赖其传递。外蒙与世界已无睽隔之感矣。

十　军事

外蒙之军事，分为常备军、武员队、临时军三种。常备军定为二年期之征兵制，施以战斗技术，及政治常识、明白党义等，并以各个能够上阵为标准。凡有常备军之处，均力行之。武员队为一大规模之军官养成所，其总额在一千人以上，设于库伦，除造就一般新武员外，凡在职之各级军官，均得调入补习而训练之。临时军则每年夏季在各蒙旗召集十六岁以上至四十岁之男丁，教以普通军事智能，若女党员等，有自愿受训练者亦许之。盖蒙古民族向为尚武人民，骑马、打枪、服从等事，本为蒙人天性，故此种训练收效颇大，一旦有事，全国皆兵，而再以多数训练有素之武员以指挥之，可立成为数十万精骑矣。

十一　卫生

蒙古民族，对于公共卫生及个人卫生，向不讲求，于是传染病之流行，及死亡数之超越，实为蒙古民族之最大危机。外蒙库伦政府，有鉴于此，除在城镇地方，清洁街道、设立厕所外，对于取缔花柳病、断绝病菌等问题，竭力提倡，或开讲演会，或映影片，以示警惕及医治之要意。此外复特设平民卫生处，专管人民方面卫生事务。又在库伦特建规模宏大之医院，凡内外各科，俱皆备之，并设有电光诊病室，以西法治疗之。所有各科医生，均由俄国高资聘用，其医道之精练，实属令人钦佩。凡蒙古平民共和国之人民，皆不收取医药费，现在每月诊治人数，约在五六百人之间。此外尚有军人医院及国立药局等机关，均有宏大之规模，政府每年所耗用费，实属不少云。

《新蒙古》（月刊）
北平新蒙古月刊社
1934 年 1 卷 2 期
（冯丽丽　整理）

热河一瞥

褚绍唐 撰

“旬日间失去了热河”，说来谁也不相信；一个面积五十九万方里、纵横各千里的土地，会这样迅速地被人占据。但事实终于证明了：日帝国主义者，挟着满洲国傀儡，利用他素长的坚甲锐器，在二月二十三日至三月三日的旬日内，赶走了我们不抵抗的“主席”。当这个晴天的霹雳打进我们耳鼓里来的时候，我们大都惊奇着。但是现在不用惊奇了，这是我们的“不抵抗主席”的勋绩。我们且自己安慰罢！这是日帝国主义者预定的计划，“不抵抗主席”的军队是无可违拗的。

国难的严重，自此更形深刻化了。我们不用多说，东北这块河山，已整个地陷于日本的铁蹄之下。东起于长白山头，西止于兴安岭畔，南界黄、渤海湾，北迄黑龙江边，在这锦绣河山里，已构成了天然的疆界。唉！此田中奏折中“征服支那，必先征服满蒙；征服世界，必先征服支那”之现实。国人今日重读此句，将作若何感想！今日热河之亡，乃是日帝国主义者为攫夺热河富源、巩固“伪国”边疆和压迫我国生命的更尖锐化的工作。这个事实的证明，无疑地，我们需要研究热河的地理。

一　倾斜的台地

热河全境是一个倾斜的台地。西北隆起的兴安岭突起海面自三千尺以上至六千尺之高度。由此主要的干脉向东南作垂直的分支：屏障于西南和河北省交界的有燕山，横亘在中部的则白岔山，自东南下为七老图山和松岭山脉。在这两支山脉的中间，便构成两个地域。在西南的滦河流域，面积约十万方里，作西北高而东南低的形势，拔海高度自二千尺以上至一千尺左右。在东北的辽河上流西喇木伦河和老哈河流域，面积三十万方里，作西南高而东北低的倾斜形势，拔海高度自二千尺至一千二百尺左右。在这两大流域以外，东南边界还有大凌河流域，地势亦如滦河流域一样，作西北高而东南低的倾斜形势。所以就热河全省整个的地形看来，它是一个向东北和东南倾斜的台地，拔海高度在一千尺以上至二千尺的中间。这台地的西南，便是沽河流域的大平原，拔海高度多在二百尺以下。台地的东面便是辽河流域的大平原，拔海高度多在五百尺以下至一百尺左右。总之，我们可说，热河是一块倾斜的台地，它的地势隆崇，山脉绵亘，实是辽河和沽河两大平原间的惟一屏障，所以在历史上也常为我国各民族纷争之地。

二　政治地理上的变迁

在历史上，这一块倾斜的台地常是我国汉、满、蒙三族的接触地。我们看了政治地理上的变迁，就可以知道了。

1. 在汉、晋时代，是匈奴、乌桓部落，鲜卑檀石槐部的分布地。

2. 在北魏、隋时，是契丹及范阳节度使辖地。

3. 在五代时，是辽上京、中京地。

4. 在宋代，是金北京、中京地。

5. 在元代，是大宁都指挥使司上都路地。

6. 在明代，是兴州、朵颜卫、北京府地。

7. 在清代，雍正时设厅，乾隆时改道，光绪二十九年领承德、朝阳二府。

8. 民国三年改特别区，十七年改省。

自从汉、晋以迄于现在，约三千年中间，最初分布的蒙古族，至五代以后被东胡族（满族）占据。明朝以后，汉人便逐渐北移。至清朝末，河北、山东、山西、河南等省的人民多相继迁居东北，民国初年更多。到现在，热河省的人口总数，据《东北年鉴》比较各种统计而定的数目有四，五一五，○○○人。热河全省的政治区域有县十五、设治局三、盟二。其中县与设治局区多汉人，盟旗区多蒙人。那末我们可以根据《东北年鉴》调查的人口数，来估计热河全省汉人分布的情形。

《东北年鉴》调查各县的人口数如下：

县别	人口数	县等
承德	一五六，三三○	一
朝阳	六五四，一九九	一
赤峰	一六五，五○○	一
滦平	一二一，一○六	二
平泉	二五二，四五七	二
凌源	三五九，二九六	二
阜新	一五八，七三一	二
开鲁	未详	二
林西	三四，九○五	二
经棚	三五，五四八	二

续表

县别	人口数	县等
围场	一一〇，一七九	二
隆化	未详	二
丰宁	未详	二
建平	二一〇，〇〇〇	二
绥东	一八五，〇四七	二
林东	未详	设治局
鲁北	一三，七〇八	设治局
天山	九，二〇〇	设治局

以上调查系各县函覆数，未函覆者，三县、一设治局。函覆各县人口总计为二，四六六，二〇六人，如加上未函覆各县区的人口，那么热河省的汉人数约有三百万，居全省人口十分之六。可见今日的热河，已遍布汉人的足迹了。

在历史上，热河虽是国内各民族的接触地，但自民国成立以后，汉、回、蒙、满、藏等各民族都是组成民国的分子，所以在政治地理上说，热河显然是国土的一部。现在，它被日帝国主义占据，在它的地形上讲，这是日帝国主义为要巩固他在满蒙的势力必然的行动；同时，也是为着热河的丰富财源的侵略。

热河有五十九万方里的面积，但只有四百多万的人口，平均每方里仅有五·一人。我们拿它西南的河北，和东面的辽宁来比较：河北的人口密度为每方里六十三人，辽宁为每方里十六人，这两省的人口都远较热河为密。但热河的人口密度到了饱和点了么？它的物力不能供给么？为什么人口这样稀少？这是有原因的。

三　硗瘠之地

第一个原因乃是热河的硗瘠之地太多。在上面我们已经知道热河是一个倾斜的台地，在这台地上面，山岭硗瘠之地，殆居其大半。至平原旷野，则仅于西喇木伦河、老哈河、滦河等流域附近，偶一见之。因之农田很少，而农田的生产率，也远较辽宁、河北二省为小。农田不及二省的丰肥，移民数便大受影响。所以到现在，热河人口密度的所以小，硗瘠之地不适于农垦，乃是一个重大的原因。

四　气候的影响

第二是因为气候的寒冷而较近大陆性。热河与辽宁省同纬度，辽宁省（以沈阳言）平均温度：一月为华氏七度，七月升至七十九度。以热河言，热河地热高亢，又处于内陆，海洋的调剂不及辽宁，所以在气温方面，当较沈阳为寒冷，且其较差亦大。热河北部近哲里木盟的气候：一月为华氏零下六度，七月升至七十度，较差七十六度，较沈阳七十二度多四度。以此推想，热河的气候，较辽宁省为近大陆性了。次就雨量说，我们可把沈阳和北平二地测得的吋数，来推想热河的情形。沈阳全年雨量二十吋，大部分在六、七、八三月降毕；北平全年雨量为二十二吋，其十分之九在五月至九月间降毕，七、八两月尤甚。盖此二地受季风的影响很著。热河介于二者之间，惟地近内陆，自东南季风带来之雨量为东南部之松岭山脉挡住不少，但其西北有兴安岭山脉为障壁，故随季风而带来的雨量常止于兴安岭东麓地带。我们推测热河的雨量，大约全年在十五吋左右；在滦河流域较多，西喇木伦河和老哈河流域较少。所以热河的气候，是一个较辽宁、河北二省为寒冷少雨的大陆性气候。人口密度的较两省为稀少，那是当然的了。

但热河全省属于季风带区域，夏季多南风和东南风，薰风之来，草木蔚然，盖热河也是一个良好的草原地带。东南季风九月始尽，九月以后，即随之以自西伯利亚和外蒙沙漠吹来的西北季风和西风。西北季风从亚洲大陆中心吹来，干燥凛冽，是它的特点。自外蒙沙漠吹来的西风，则常挟黄沙以俱来，所以在热河中部旷野地方，土质常带半沙漠状态。西北季风至三月渐尽，此后又转变为东南季风。热河季候的大概情形如此。

五 丰富的财源

热河多硗瘠之地，气候燥寒，近大陆性，我们已大略说过了。但热河的人口密度，就这样决定了么？热河有丰富的财源和未垦的土地，将来的发展和人口的移殖，是可以预卜的。我们现在把它的财源依次摅述如下。

第一，就农产说。热河农产以玉蜀黍、高粱、落花生、麻菇等为大宗。现在我们把热河的产量、田圃亩数和河北省来比较，就可以知道热河农产的概况（根据王金绂《中国经济地理》）：

省份 农产种类	热河省		河北省	
	面积（亩）	收获量（担）	面积（亩）	收获量（担）
玉蜀黍	二三二，五六九	一一五，八四三	九，五一二，六〇二	五，六三一，八四六
高粱	七，一一三，二四一	二，九九九，二三六	一七，八五五，七四五	一〇，二三七，〇一七
小麦	六七三，六八九	一九五，七三五	一八，八〇九，七六八	九，二八四，七一四
大麦	一二一，三六八	四九，九八七	三，一一四，八二五	二，一〇九，一〇八

续表

农产种类＼省份	热河省		河北省	
	面积（亩）	收获量（担）	面积（亩）	收获量（担）
豆类	一，〇七〇，五八八	四六〇，〇九五	一一，三一三，八四七	七，一五九，〇五四
稻	二一，七九二	一七，六五一	九二〇，八五四	四一七，九七二
落花生	一，五三八，〇九七	三，九八九，七二〇	一，九五五，一三九	二，九二三，四〇九
蔬菜		一七六，二六三，一四六斤		九〇一，〇〇六，六五八斤
果品		二，九八八，三二四斤		二五五，五七三，二二九斤
药材		八四七，四八八		七，六四六，二一九
棉	一三，七三六亩	一四五，三七八斤	五，一七三，九一四亩	三五，九〇三，一九六斤
麻	六七，五八四亩	二，四四四，三三一斤	四二五，三七二亩	三〇，八〇〇，六九七斤
烟草	四二，四五三亩	三，九二八，四六一斤	一三一，一一五亩	一二，五五二，七四八斤

就此表看来，热河省的农产物，除落花生的产量较河北为多外，其余各项均不及河北。这是因为热河的田圃面积远不及河北的广大，人口数亦相差远甚。我们看了下表，就可以明白了：

	面积	田圃面积	人口数
热河	五十九万方里	三万方里	四百五十余万
河北	四十八万方里	十八万方里	二千一百万

田圃和人口的数目相差这样大，农产的数量当然要相差远甚了。但在这里我们可以明了热河全省垦地面积的狭小，只有十八分之一；其余可垦的土地当然很多。并且我们可以认识热河农产的前途，正无限量；热河的人口密度，正可以增加呢！

第二，就林产方面说。热河四境多山，曩时林植很盛，而尤以围场县为最著。围场县为昔清帝狩猎之处，天然森林蓄植最盛，面积广袤五百里，主要产品为松、柏、槐、榆、楸、枫、杨、柳等。合计全省国有、公有、私有森林面积共二十一万二千余亩，树木二千五百余万株。热河省的森林，自光绪时启林禁以来，人民采伐颇多，所以近年来，面积已逐渐缩小了。

第三，就畜牧方面说。热河多草原之地，丰草遍野，最适于畜牧。热河蒙人又多以牧畜为业，故马、牛、羊、骆驼等均盛产。今据日人籐冈启所著《满蒙经济大观》所载热河的家畜及家禽数目如次：

家畜	头数	家禽	头数
马	六一六，〇七八	鸡	一，七四〇，五三九
牛	二〇一，六一〇	鸭	二九八，五二一
驴	一一七，四五九	鹅	五四，〇九八
羊	五九四，八五四		
豚	四五七，二九七		

牛羊为蒙民恩物，饮其乳，食其肉，寝衣其皮，且售其皮、毛、骨、角，绵羊每头约可得毛三磅。马为热民最良的交通工具，载重骑人，无不利赖。此外骆驼、蚕茧亦多畜养。所以热河畜产之盛，更是无可疑义了。孙中山先生曾说热、察、绥三省为中国的阿根廷，可见热河在我国畜产上的地位，是很重要的。

第四，便是矿产的富藏。热河地质属太古界及元古界的变质岩和花冈岩，覆以近代之火山岩，如斑岩及玄武岩等，分布极广。

间有侏罗纪及第三纪煤田，如阜新、朝阳、凌源一带，及赤峰附近。所以热河全省，几遍地皆矿。蕴藏之富，尤为特色。如围场、隆化、丰宁、滦平、承德、平泉、赤峰、朝阳、阜新等地的金矿；阜新、朝阳、凌源等处的煤矿；隆化、滦平各县皆有铅、银矿；而平泉银矿尤富。兹将各矿每年的产额列下：

金	年产八百金两
银	年产一万七千余两
铅	年产一万八千六百两
煤	年产六万九千吨

热河产银为中国第一，煤储量约九百三十余兆吨（辽宁储量为九百八十五兆吨），此外凌源附近尚有丰富的石油矿，现未开采。西乌珠穆沁旗有湖盐的出产，每年产量不下一百五十万贯（日量名，每贯合我国百两即六斤四两）。东自洮南，南自赤峰、张家口一带，西自库伦，均赖此盐作食。热河矿藏之富，于此可见一斑了。

六 都市和贸易

热河的畜牧、林、矿虽富，但人口稀少，因此热河的都市和贸易也不见得繁盛。现在比较繁盛的都市，只有赤峰、承德、朝阳三个。其余如凌源、围场、阜新、开鲁、北票等大概都是矿产或军事上的重地。今把赤峰、承德和朝阳的大概情形略述于下。

（一）赤峰是热河省主要的商埠。蒙名“乌兰哈达”，译名赤峰，因城东北有赤色孤峰耸峙。城频〔濒〕西辽河支流老哈河平原上面，恰居本省中心，是东部蒙古土产与中外货品交换的枢纽。人口十万（多河北、山东移民），在民国三年开为商埠，其土货之来源，系在附近之小河沿、建平、巴林、林西、经棚、乌珠穆沁等地。至于外来物品，萃于赤峰，亦分散于上述各地。洋货多来自天津、烟台，本国货若绸缎、纱罗、靴鞋、文具等则来自北平。本地物产以粮米、麻油、羊毛、烟叶、皮张等为大宗，其次为牛、马、猪、羊、毡鞋、毛毯，又其次为线麻、麻菇、瓜子、芥花、莱菔子。各土产之输出处：粮米类若小米、小麦，则运输于承德、隆化、凌源、朝阳、平泉等地。牛、马、狐狸、狼、鹿各皮，则运售于锦县。毡鞋、毡帽，则运销于沈阳、三姓、宽城子。烟叶之输出，年约一百万担（自汤玉麟主政后，鸦片之种植尤盛），销路最广。十余年来商业情形，大略如此。至晚近商业之盛，当非昔日可比。其输出品，谷类以芝麻、小米、小麦、豆类、高粱、胡麻，年约二十四万石。面粉类年约十八万斤。兽皮年约九十四万张。羊毛绒、猪毛鬃、马尾鬃、驼牛毛年约三百余万斤。牲畜年约三万三千头。药材七十三万斤。输入品以棉布、爱国布、洋布、夏布、搭连布、哔叽、厚呢、绸缎、毡毯、金属及金制品、纸类、果实、杂货、酒、烟草、磁器、海产等为大宗。

（二）承德是热河的省会。地滨滦河支流热河西岸，故旧称热河。全市无城，长约十余里，位于四围山间盆地之中。形势险要，春秋时为山戎地；汉武帝属塞地；唐时属契丹；辽时为中京大定府属地；元属蒙古；明兴州卫，废入朵颜卫。清康熙四十二年，建避暑山庄，周约十多里，依山傍水，宫殿辉煌。雍正时设厅，乾隆时改府，民国改县。人口约四万，商业也很繁盛。附近农产物、药材、皮毛等，多在这里集散，输出至天津各处。输入品以棉布、砂糖、茶、麦粉、磁器、杂货等为大宗，工业有麻油、麻绳、家具、毛毡等出品。

（三）朝阳为热东门户，滨大凌河，是东蒙谷物、皮毛和内部货品的集散中枢。此地为晋代北燕（慕容）故都；隋营州辽西郡，唐营州柳城郡，辽、金兴中府。向为蒙古部所属，清初设三座塔厅，后改朝阳府，民国改县。人口约三万，全为汉人。古迹有三古塔，今存其二。佑顺寺有喇嘛二百人，是口外大寺之一。北票有著名之煤，今有铁路通锦州，贸易亦以锦州为最盛。

七　台地的交通

以上我们把热河省的地形、民族、地质、气候、物产、都市等已大略说过了。这里我们可以认识，由于地理环境的影响，热河还是一个未曾开发的土地。这个原因，不能不归之于交通的不便。热河省交通的情形怎样呢？这是我们要讨论的。

热河是一块倾斜的台地，山岭重叠，道路崎岖。所以在交通方面，极为困难。就陆道说，陆道可分铁路、汽车路和道路三种。热河的铁路，几乎没有，现在已经建筑成就的只有北票通锦州的锦朝铁道，这条铁道是由北宁铁路的余款修筑的，专为北票煤产运输之用。第二条便是从开鲁通通辽的郑白延长线，这条铁道是借日款兴筑的，其目的是发展西辽河上源的富源；将来这条路还要从开鲁展筑，经赤峰以达承德，那便是洮热铁路。洮热铁路是日本要求袁世凯承认的满蒙五路建筑权之一，这是日帝国主义侵略东蒙的惟一策略，关系我国热河方面的主权至巨。所以自袁世凯承认后，全国人民群起反对，此路至今尚未完成。此外有本国计划的路线，便是平热锦铁路。这条路从锦朝路向西延长，经凌源、平泉达承德，长一百八十英里，再由承德展筑，经古北口达北平，长一百四十英里。孙中山先生计划的北方大港多伦线也经过承德，和滦河流域各地相连络。这两条路如果完成，那末热河的地位，便顿形重要；热河的开发，便容易了。

汽车路已筑成的是平热汽车路，和承德至赤峰、承德至朝阳、赤峰至多伦的几条主要干线。北平经古北口至承德一线最为重要，道路建筑亦较优良。此外普通道路，大概多为人迹、车辙、驴马所造成，宽狭不一，雨后泥泞不堪。其主要路线除上列汽车路之外，尚有自承德沿滦河上流，经滦平、丰宁，达多伦的路线，和自承德沿滦河下流，经平泉、喜峰口，入长城的路线。

至于水路的交通，以滦河为最重要，西喇木伦河、老哈河、大凌河较次，但大多只能通行民船，至减水时，则民船亦不能通航。航行期自四月至十月，十一月至翌年三月，河水冰结，便不能通航。滦河本流通运之程九百里，自河口达郭家屯为止。在热河省内，滦河流域之丰宁、隆化、围场、滦平、承德、平泉等县多赖此河运输。普通航行之船，可阔八尺、长二丈四尺，载重上航三千五百斤，下航五千斤。航行时期以五月至九、十月间最盛；盖此时是农忙时期，且为多雨之季，道路泥泞，不得不取道河运也。辽、凌两河上流则大多鲜航利，一般搬运惟赖陆道。

热河省的交通情形大略如此。我们假使估计道路和河运的总里程，则大约铁道百里，汽车路千里，道路二三千里，河运千里。以热河一省之大，大于河北，大于江苏一倍半，而仅有此些少里程的交通，我们不能不为热河的发展上忧虑。热河的交通所以不发达，一方面固然是地形的阻碍，但人为的开发不能辞其咎。热河在现在人口密度这样稀少，丰富的财源弃于地，以至于被日帝国主义垂涎、侵略，交通的阻碍，实是最大的原因。

日本帝国主义侵略热河，为的是要攫夺丰藏的财源，巩固伪满洲国的边疆，并且要进一步压迫我国的生命，现在是于热河的地理方面证实了。

《地学季刊》
上海中华地学会
1934 年 1 卷 3 期
（李红权　整理）

内蒙现状与今后努力

竞 武 撰

外蒙和东蒙都已丧失，现在剩下的只有东蒙一部（即锡林格勒盟）和西蒙。其面积虽没有统许〔计〕，大约五六百万方里，要比察、绥、宁三区还大的多。假定日本一伸手，我们的版图又缩小一大片，同时察、绥、宁三省，立刻就会骚动。多伦的日本特务机关殆无一时一刻不在设法想占蒙古。现在蒙古已和九一八前夜的东三省有同样的危险，仅仅靠三十万（蒙人自计）毫无自卫能力的蒙民捍卫几百万方里国土，事实上决不可能。

现在要保全蒙古，只有大家起来研究，用政府和社会的力量，来扶持蒙古三十万同胞，来任国防前哨。

蒙古交通从绥远到百灵庙，汽车行程七小时，中间绥远、武川间有九十里，超越大青山，比较困难，其余之百里完全草原。以百灵庙为蒙古中心，东至张家口一千二百里〔百〕里，东至德王府（滂江附近）六百里，再东至多伦六百里，西及宁夏阿拉善旗约一千五六百里，北至外蒙边境，最远不过六百里。如许大的一块草原，无崇山峻岭，巨流大川，除去长城附近（阴山山脉）及一二小沙漠外，其余地方，完全可通汽车，每日行程，至少可达五六百里。日本要用武力攫蒙古，只须在多伦集中一二百辆武装汽车，一星期间可蹂躏全蒙以成其满蒙帝国之梦。

蒙古政治与自治。蒙古制度，仍如满清旧制，二十三年过程，只于民族如王公晋秩一级之外，始终与政治不曾发生甚深关系。这次蒙古自治委员会，还是德王等少数人感觉危亡，才要求自治，他们这次集会，将来有无力量表现，固在委〈员〉会本身能否精神团结，与自身觉悟，然与素无政治组织的盟旗，一旦负起重任，能否支持危局，确是疑问。自治委员会，既已成立，今后唯一任务，端在各委员自身努力。蒙旗政制，未具雏形，各扎萨克总管，对于本旗制度之改善，已完成各旗自治基础，其事至多，其有待于中央援助指导者，中央也应慨然自认，社会知识分子，又应组织协会，为蒙古同胞后盾。

内蒙人口据各旗自称，当有三十万，然以云王一旗计算，只有六千人，则最多不过二十万。云王一旗，有喇嘛一千。各旗照此计算，则二十万余人中有喇嘛三万余人，妇女占八万，老幼又占三万，合蒙古各旗壮丁，至多不过六万人。人口密度，察哈尔及锡蒙〔盟〕各旗较多，西蒙则人口极少，以数万方里面积，其人口之衰落，自堪惊异，其最大原因，一由喇嘛太多，一由死亡太普通，蒙人家因前数原因，其能聚同宗室至五服以外极少。大约最近一百年，蒙古人口之减少，已属最衰落之期，内地人口过剩，蒙古则人口之繁殖，殆为而蒙古自治会，今后惟一要务，清廷以灭种政策待蒙古，致有今日人口衰落之惨剧。现在稍有知识者，均已觉悟，然整个民族，已有数百年宗教信仰，在势不能一旦废除，若能由政府明令规定干涉，非兄弟有三人以上，不准充喇嘛，则壮丁即可增加。蒙古卫生之不讲求，与死亡率至大，虽蒙人自身亦不能讳言，其原因至简单，地方辽阔，无医药治疗，天花与花柳其为害之烈，为人类所无。今后卫生医药之输入，各旗王公加以提创，死亡必可减少。

蒙古经济及工业。蒙古民族，完全在游牧时代，实无经济可言，谈到工业，虽不发达，实亦非无工业者。其所作之工业，多为制造皮革、靴鞋及粗毛织品，如能使其与内地构通，则经济亦可发展，工业亦能随之渐臻进步。综合蒙古之弱点，不外其素日政治无组织，因政治之不良，故人口日渐衰落，而蒙地在外之青年稍有知识者，则不愿再回蒙地，致蒙地之一切事宜，均无与内地构〔沟〕通之机会，遂有蒙古今日之现况。

依上言之，内蒙现状，危险已极，故以个人之观察所得，对蒙古有三种希望：（一）内蒙自治政委会既已成立，盼〔盼〕政会本身，暨各委员精诚团结，合力作复兴内蒙之工作；（二）政府应以经济实力扶殖内蒙一切事宜之进步；（三）社会一般人士，亦应对蒙古加以注意，或组织团体，或专门研究，以多方之力量帮助蒙古一切事宜之发展，此为对蒙事最后希望也。

《蒙藏月报》
南京蒙藏委员会
1934 年 1 卷 3 期
（朱宪　整理）

绥省蒙旗现状

作者不详

土地与人口　绥省所属十八县、局，乌、伊两盟，土默特旗，及绥东之镶红、镶蓝、正红、正黄四旗，疆域面积，共计一百一十二万三千余方里，现在已设县治者，约占五十三万七千余方里，留于各盟旗牧畜者，五十八万七千方里，此就已设县治及未设县治疆域之面积而言。此十八县、局之土地，非完全垦放，内中除沙漠、碱滩、山谷、河泊外，留有蒙人之牧场及随缺地，实际上已垦土地，不过二十九万六千余顷。在绥远境内，蒙人占居之土地，在全省面积半数以上。又绥远人口二百一十一万五千余人，内有汉人一百九十六万五千余，蒙人一十五万，蒙人仅当汉人十三分之一，土地则占半数以上。

蒙民之生计　全绥蒙民，除土默特旗及绥东红、黄等旗之蒙人如汉人务农外，所有乌、伊两盟之蒙民，多以游牧为生，逐水草而居。近年天气每多亢旱，水草不丰，生殖欠繁，又内地各省，迭遭奇灾，农村破产，购买力锐减，以致蒙民赖以生活之牛、马、羊等，既不能多量产生，又不能以高价出售，加以盟旗文化低落，故蒙民生计，极感困难。

盟旗之组织　查盟旗组织，旗有旗王，盟有盟长，以旗为统辖单位，旗王为最高长官。盟长之设，原为各王公共举之首领，用以对外，遇事便于召集，但在盟旗政治上，无甚益处，各旗军政大权，大多操于王公之手。

盟旗之兵力　查达尔罕旗有游击队五百名，杂色枪一百枝。四子王旗有游击队二百名，杂色枪一百五十枝。茂明安旗有兵四十名，杂色枪四十枝。乌拉特后旗有兵一百五十名千〔名〕，杂色枪一百枝。乌拉特中旗有兵三百名，杂色枪二百枝。乌拉特前旗有兵二百名，杂色枪一百枝。准噶尔旗有骑兵九百六十名，步兵一百名，杂色枪三百余枝。达拉特旗有兵百名，杂色枪三百枝。郡王旗有兵一百五十名，杂色枪一百枝。乌审旗有兵三百名，杂色枪二百九十枝。杭锦旗有兵四百八十名，杂色枪一百九十枝。鄂托克旗，有兵六百名，杂色枪一百八十枝。札萨克旗有兵一百八十名，杂色枪一百二十枝。绥东镶红、镶蓝、正黄、正红四旗，有兵二百余名，枪一百五十余枝。全绥盟旗合计共有兵五千一百余名，枪二千四百余枝。

蒙民之负担　在乌、伊两盟之蒙民，多为游牧生活，各由旗王统辖，至在土默特旗及在镶红、镶蓝、正红、正黄四旗之蒙民，均务农商，虽与汉人杂处，仍归总管统辖，故在乡村种地者，不纳村差，不缴田赋：对县政府、区公所、村公所无有负担。

蒙汉感情　绥省旗县重叠，蒙汉杂处，如绥东之镶红、镶蓝、正红、正黄四旗之蒙人，均已从事农业，皆与汉人比邻相处，感情融洽，婚嫁不分种族，庆、吊如同一族，其他生活状况、风俗习惯，以及国家观念、民族思想，与汉人无差别，即乌、伊两盟之蒙人，为数不过十余万口，而在该两盟从事农商之汉人，反有十七万之多，婚嫁亦无界线，生活尤能互助，故相安无事，而各旗汉人日见加多。

《蒙藏月报》
南京蒙藏委员会
1934年1卷3期
（朱宪　整理）

游察哈尔后的回忆

克　勋　撰

中国“地大物博”，差不多已成为我们向外人夸耀的口头话了，的确，中国实在是“地大物博”，确有使我们自豪的余地，即以我们中国人——多数的中国人向不放在眼中的察哈尔一省来说，就可加以证实。占有面积八十三万余方里的察哈尔，在中华的领土内，我们一向都是漠不关心的，毫不为意地将他丢在脑后，甚至有多数同胞，不但不明晓察哈尔的位置及内部情形，恐连察哈尔这三个字的名称，都不晓得罢？这决不是我的造谣，尽有着许多事实的证明。但中国人尽管不理他，可是我们的仇敌——国际帝国主义者，尤其与我们有不共戴天之仇的日本，无时无刻不在对于察省加以调查和计划如何吞并之中，若我们依然如故保持我们的旧态，对于察省不再加以注意时，恐怕不久，八十三万余方里的察哈尔，也要踏入东北四省的前辙了！今将游察哈尔后的见闻，贡献给国人，希国人急速于〔予〕以注意和切实营救，以免三百九十余万的察哈尔同胞，又有饱餮山河变色之痛呢！

一　察哈尔之位置及在历史上之价值

察哈尔在中华本部十八省以北，北部紧接外蒙古，南连河北、山西，东界热河，西邻绥远；当蒙古高原尾间，即大漠以南地方之一部，古时之内蒙古也。面积约八十三万余方里，在汉朝为上谷郡，晋为拓拔氏地，隋唐时为突厥占领，辽时为上京及西京地，元为上都、兴和等路，至明季为插汉儿部，即近边的意思，今乃转音为察哈尔。其大部古时皆为蒙古部落，因在大漠以内，故称曰内蒙古，所以逊清时除外长城以南之地而外，概称为内蒙古，至民国三年，划为特别区域，直至民国十九年七月才改建为行省。察哈尔省因和热河、绥远紧连，更因古时都为内蒙古所属，故三省间有密切之关系，更因形势之所驱，东附满洲，北控朔漠，西顾陇右，南瞰幽、燕、秦、晋，故唇齿相依，呼应相助，实河域之屏藩，筹边之要地。自古以来，北族肆扰，皆凭陵于此，可见察哈尔一地在历史上实有很重要的价值。

二　察哈尔之气候及出产

察哈尔的全部，因在中国的北部，全省的气候，故都为大陆性；冬季严寒，夏季酷热，但也因各地位置之不同，气候亦因之而改变；就拿阴山的南比〔北〕来说，就可见其气候之大相悬殊，如山南空气较为润湿，温度平均；冬季约在华氏寒暑表零下十度左右，夏季在百度左右。山北则空气干燥，温度变化颇剧，往往正午之热度在沸点以上，至夜半降至冰点以下，甚至人民终年不脱皮衣；但在张家口以南各地，气候少为平和，约与北平相等。

察哈尔因阴山干脉，横亘中央，层峦叠嶂，络绎不绝；更因地质以火成岩为主，花岗岩、片岩等次之，间有石炭岩及沙岩散于各地，故对于农产品，不宜生长，仅空气较和平之地（张家口附近）尚可种植，以油麦及马苓薯为大宗，间有种植玉蜀黍、高粱、大豆者，但均不甚茂盛。在宣化附近，亦有种植稻米者，产量亦寥若辰星，且质量甚坏，不过仅供给本部一部分之食料而已。在极北部为沙博尔台沙漠及伊林塔拉大沙漠，极目无垠，大半为不毛之地。

既然察省大半不宜于农业，故蒙人专恃畜牧为生，牛、马、羊、骆驼等家畜，均甚蕃息。张家口之皮货，冠于全球；其所产之马，精悍善驰，尤有良驹之名目。至察省之矿产，则极为丰富，煤铁为尤著，可惜缺乏资本，致开采者无几；已开采而有成效者，如龙关、宣化之龙烟铁矿，鸡鸣山之煤矿，所产之煤极丰，更有一种无烟煤极佳，号为天然木炭。此外有沽源之石棉，出产亦丰，惜大都用土法采取，不能尽启其利耳。

三 察哈尔之风俗及人民之生活

察哈尔全省人口约三百九十余万，因该省大部属于内蒙古地，故住民以蒙族为主体；自内蒙垦辟后，汉人始多移于长城缘边外之乡镇间，然尚未有逾阴山北麓者；汉人大都为燕、鲁、秦、晋诸省人民移来者，故一切俗尚，与原地无相差异，本其勤苦耐劳之精神，或设肆营商于城镇之间，以经营贸易；或负耒持锄于畎亩之中，以从事农耕。但因交通之不便，政治之不良，教育之落伍，故人民之思想，多仍保留封建之余毒。如妇人之裹脚恶习，存在于乡村之间，及交通不便之城市中，但已受相当之教育者，则不易多见。最使人可叹者，为吸食鸦片之风甚盛，因该省之烟，廉而且美。更有一种恶习，即凡大城市（张家口、宣化等地），淫风甚炙〔炽〕，凡普通住户，无正当职业及恒产者，家中妇女多半操神女生涯，此实因生活过于困难的原故。这种现象，决不是一朝一夕所造成的，这是近廿年来军阀、政客，循环往复的剥削，以及成千上万的土豪劣绅剥削之所致，才形成了这种恶劣的结果。

蒙人之风俗与汉人则大不相同，蒙人性情骁勇，粗犷蛮悍，精驰骋之术，乏机巧之变。至今男女之服装，仍着古时之马蹄袖长袍，无论男女，以红、赭、紫、黄色者为最多，足踏高靴，服饰多随古时之形，男人至今仍留发辫，但亦有除去者。男女居住不分，普通生活犹有未开化民族之遗风。

四　察哈尔之政治、教育及商业

察哈尔之省会为张家口，所以政治中心、教育中心、商业中心，都集中在该地。察省的政治，因着时代的变化，和民族的复杂，遂也随着复杂化起来。

察哈尔总辖十六县、锡林郭勒盟五部十旗、察哈尔部八旗，及达里冈厓牧场，除外长城以南之一部分土地外，古时尽属于内蒙。至民国三年，划为特别区域，设都统于张垣，总理全个特别区域之最高政权。然内蒙方面，则权限仍不能及。至国民革命成功以后，中央政府将内蒙改为省制，东部划入热河，西部并入绥远，中部则尽归为察哈尔，所有土地，除已改设县治外，其余亦成为省之一部分。内蒙二字，仅变为历史上之名词了，在地理上，已无所谓内蒙矣。政治方面，已改县治地域之行政，直辖于省府，其余仍保存王公制度，而属自治性质，盟旗以内之行政，省府无权过问；最高行政首领，即为各盟旗之首长，历代相传，子孙世袭，政府只居于监督地位，向未加以干涉，故省府之权限，则不过只实施于有多数汉族居住之地。该省因交通之不便，文化落伍，虽改为一省，然不过仅具一政治组织之雏形而已。

察哈尔的教育，也因着人民生活困难的问题，不无大受影响。察哈尔的省会——张家口，因在察省的南部，并有交通的便利，所以自然的成为察省的教育中心；市内有第一师范一所、第一女子师范一所、第一中学一所、第一职业学校一所。以上各校，皆为省立，为察省最高教育学府。学生约有八百余人，教员及设备，倘〔尚〕称完善。其余有私立塞北中学一所，小学十余处，幼稚园一处，为第一女子师范附设幼稚园，儿童约三十余个，多数为各机关长官之子女，本地儿童甚少。次则为宣化，有第二师范、第二女子师范、第二中学、第二职业学校各一所，及小学约七八处。宣化［内］旧时直辖于河北省，名为宣化府，故教育尚称发达。至多伦，则为通商要地，故教育亦有可观；其余各县，设立中学者甚少。其他较大及交通较便之乡镇，有设小学者，有设私塾者不等。总而言之，因全省交通不便，人民生活困难，故小学教育不能普及，失学儿颇多，甚为可惜！

上面所述为汉人方面之教育。关于蒙族教育，与汉族比起来，则相差更远矣。蒙人仅首长之家族及家景较丰者，方能受相当之蒙文教育。阴山以北之蒙民，每日过着游牧式的生活，哪有时间来受教育呢？蒙民学汉文者亦有，但不能使汉文普遍的流行于蒙族中，故张垣、多伦等地之党部标语，及商店之招牌、广告等，为使蒙人明了起见，皆一半汉字，一半蒙文，实为内地之少见者。

张家口为察哈尔之省会，并正当长城要隘，北通外蒙，南达燕、幽，东连热河之承德，西接绥远之归绥，实为吾国塞北最大之商埠，更吾国内地及塞外互通之枢纽，故称商业可甚为发达。交通有平绥铁路横过，连络南、西，至外蒙有张库汽车路直达库伦，又有直达多伦之张多汽车路，故南北东西货物，都能集中于此，为塞外进出货物之中心，商业甚盛。自内地输出至外蒙之主要货物为茶及火柴等。输入内〈地〉者，则以皮毛、麻菇、鹿茸等为大宗。据云在中俄未绝交以前，张垣货物每日堆集如山，全市几无空房，商店利市三倍，此实为张垣商业最盛时代。

至中俄绝交以后，商业则一落千丈，专与外蒙来往之商店，几尽关闭，只余驻张家口之德商德华公司，尚可来往，中蒙之商业，仅留此一线之生命。直至今年三月政府宣告中俄复交以后，久闷之中蒙商业，遂又复活；前被政府查封之驻张外蒙商店及货物，亦逐渐启封，外蒙扣留驻蒙之中国商店货驻〔物〕亦复发还，至此中蒙商业，遂又现一活跃现象；商人因有绝交之前辙，对于中俄商机，现尚不敢轻易尝试，想不出年余，定能回复中俄绝交以前之状态。

总观上述察哈尔之情形，我们可以看出并认清察省确为吾国未来极大之富源。吾国若有一系统之计划，果能尽量加以开发，同时教化蒙民，使与汉人同化，一面移置边民，尽辟漠南土地，多筑铁路，便利交通，则阴山南北，可尽变为耕牧之场，旧蒙各旗，无非内向之民，若交通利捷后，对蒙政事，易收指臂之功。至此汉蒙一家，地利无遗，岂直可用为障内防外之资而已哉？

《平凡》（半月刊）
上海平凡编辑社
1934 年 1 卷 4 期
（朱宪　整理）

赤俄操纵下之外蒙

作者不详

（一）外蒙古人民共和国产生史略

外蒙古人民共和国的创造人为土木巴托尔，他生于恰克图附近一个偏僻的所在，父亲是个“褐儿宏”（蒙语，即穷人），给“丹加特”（富豪）牧放牲畜，过极惨淡的生活。土木巴托尔十余岁时，父亲就亡故了，他于是给丹加特牧放牲畜，为人勤苦好学，在工作时间还设法读书，因此，为他人所敬爱。后与其母迁往恰克图住，在一家作坊里学徒。恰克图与俄境紧接，俄人甚多，彼开始与俄人接近，学得一口很好的俄语。

那时正当俄国国内战争结束后不久，在恰克图也有俄党人的活动，土木巴托尔是最先与他门〔们〕接近的一个（传说他曾到俄国内地学习一个时期），不久他发起蒙古人民革命党的组织，号召蒙古人驱逐蒙境白俄军及王公、喇嘛的武装，建立蒙古人的独立国家。在这种口号下，他在恰克图与库伦之间的合绍（县）聚拢了数百人马，先协同苏俄红军驱逐了盘踞在恰克图的白俄军的残部及附近王公、喇嘛的势力；继则败中国边防军高旅（系徐树铮旧部）于库伦，遂正式成立外蒙古人民共和国，以库伦为国都，改名为乌兰巴托尔，后又扫荡东南部的王公、喇嘛势力和中国边防军的残部，俨然形成一个新的国家。

（二）外蒙的政党

（1）人民革命党与第三国际的关系

土木巴托尔所手创的人民革命党及其附属组织——革命青年团，为外蒙唯一无二的政党，其他各党皆不许存在。人民革命党在土木巴托尔领导之下，听从第三国际的指导，接受其指挥，它采取共产党的组织原则，奉行共产主义，名义上不直接称共产党的原因，只不过第三国际估计游牧经济的外蒙，还不够共产革命的资格，只能在国民革命的阶段。党内有共产党所组织的党团，操纵一切，其作用以便贯彻第三国际的主张，党的高级干部，大都系留俄生，为布尔雪维克党员。人民革命党有代表出席第三国际会议，第三国际亦派有代表驻蒙指导党务，其第一任代表为喀尼亚夫，现任代表为克尔基斯人拉拔氏。

人民革命党虽受第三国际的指导和指挥，但还不是第三国际的正式团员，换句话说，并不与各国共产党为第三国际之一支部一样，他和第三国际的关系，正与中国国民党在联俄容共时对第三国际的关系相仿佛。

（2）加入人民革命党的手续

党员有正式党员与候补党员两种，在成为正式党员之前，须经过候补党员的阶段，入党的条件与候补时间的长短，依人的职业成分而有不同，他划分为三类：

（一）无产阶级贫民兵卒。

（二）不使用他人劳力的畜牧者、家内手工业者及农民。

（三）以前贵族和官吏。

属于一、二两类的，须有正式党员二名的介绍保证，经过考核后，始能入党，一类的人候补期间为四个月，二类的人为八个月，属于第三类的，须有在党三年以上的正式党员介绍保证，经过考核，始能入党，其侯〔候〕补期间为一年。在侯〔候〕补期间，参加党的会议，只有发言权，而无表决权。

（3）人民革命党第八次党代会决议的内容

一九三一年八月二十五日，该党举行第八次党代会，决议的主要内容，约略如左：

（一）关于政治的：

1. 特别保护平民的权利。

2. 党应指导国家的事务。

3. 改善各民族的关系。

4. 应慎重与资本主义国家之交际，对于欲在政治上、经济上侵略蒙古的举动充分加以监视。

5. 应起草驿递制度改正案，开辟汽车交通路。

6. 改善国家的产业经济，与苏联增进亲善的关系。

7. 国家银行帮助平民从事生产。

8. 预防兽疫。

9. 改善模范农场。

10. 防止蒙俄经济机关的竞争。

（二）关于组织的：

1. 与第三国际继续维持原来的关系，与各国共产党及东方弱小民族的国民革命运动发生密切的关系。

2. 设立二十四个方面委员会。（不详内容）

3. 征求地方机关的意见，在一九三二年六月举行第九次大会以前，制成最合理的党纲及党则。

4. 党的附属组织——革命青年团

革命青年团为人民革命党的预备团体，亦即培养党的干部之学校，他附属于人民革命党而受其指挥，对少共国际关系，与人民革命党对第三国际关系相同。

普通未满二十一岁的青年，可以入团，经过相当时期，按照规定手续，即可入党为正式党员。据一九三二年一月统计，团员约一万二千人，过去十二年间曾将六千团员送入人民革命党。

（三）外蒙的政治

（1）赤俄操纵下的外蒙政治

外蒙古人民共和国的国家组织，可以说完全脱形于苏俄，无容烦述，所不同的是政府机关都离不掉有许多的俄国顾问，特别是军事机关、经济机关，及格拍乌机关内最多。这些机关内的俄籍职员数目几与蒙古工作人员相等，俄国顾问的职权高出一切，各该机关长官对顾问无不唯命是听。因此，什么政治、经济一切大权，都完全操纵在赤俄手中，形成了蒙古机关俄人作官的怪现象，引起蒙古人的普遍不满。赤俄也感到有“脱离群众”的危险现象，于是在一九三二年春间，由人民革命党中央，颁布了一条命令，宣布“提高蒙古人的工作技能”，“一切机关蒙古化”。但是实行结果成绩欠佳，各机关的主要职员，仍然是俄人占据了。

（2）“赤化”后的政治改革

外蒙古于一九二〇年改称共和国以后，组织国民议会“波拉尔登”，废弃蒙古历史的行政区域的盟旗制度，基于民主主义而施行共和制度。

一九二〇年在第一次改革中，将封建时代王公分营〔管〕的地方统治权，收归中央之手，承认劳动者也有人权平等权。同年又举行第二次改革，对于营中等生活以上的人，只准许其日常中的必需品有私有权，此外一切财产均予没收。于是，中等以上有资产的人，差不多消灭殆尽，剩下来有一点积蓄的劳动者，在一九三二年春季，也一律举行全部没收了。

每次的改革，都由赤俄在后面指使。它的策动积极，于是对旧贵族、喇嘛等的压迫也更积极：青年人全部被强迫服兵役，否则要供公营事业的驱使，增加蒙军，奖励青年劳动者军事教育，武装劳动者，寺院已不为国家管辖，宗教信仰、集会、结社均可自由，施行一般免费教育制度，不问人种如何，人权一律平等，代表所谓无产阶级谋利益，向共产主义方面前进，举凡过去一切旧的制度，都完全根本改头换面了。

(3)“大波拉尔登”与“小波拉尔登”

蒙古人民共和国的一切权利，属于劳苦人民，人民经过“大波拉尔登”及“小波拉尔登”所选出来的议员而发动其最高权力。

所谓“大波拉尔登”，为议决重要国务的人民会议，与苏俄的苏维埃相似，为全国最高权力机关，其职权所掌管之事项如左：

一、对外代表国家缔结外交条约。

二、缔结变更国境、宣战及媾和条约。

三、关于内外公债募集的事项。

四、管理国内贸易事项。

五、计画国民经济，许可及变更利权专卖权。

六、管理运输电信事业。

七、组织并指导全国军队。

八、核准国家收支预算，规定租税制度。

九、规定货币及信用制度，发行纸币，铸造货币。

十、规定土地使用法，画定“爱马克”及“贺旬”的境界，决定土地、森林及其他富源的利用法规。

十一、制定诉讼法、裁判所构成法，及民、刑事法。

十二、制定国民教育法规。

十三、制定国民保健的总则。

十四、制定度量衡。

十五、确立统计组织。

“大波拉尔登”以“爱马克”、市民及军队的代表组织之，议员的数目，以选举人的人数为比例而决定。议员的选举，根据“大波拉尔登”选举法，画分选举区域，选举所定的人员，通常在各“爱马克”中选举，若该大会未成立时，以各“贺旬”的代表者为议员。议员的任期为一年，通常大会期为每年一次，由“小波拉尔登”决定而召集之。临时大会，由“小波拉尔登”的决定，或“大波拉尔登”议员三分之一以上或选举民三分之一以上的请求，而召集之。

大会从来每年由十一月下旬至十二月上旬举行约一个月，而一九三二年第七次会议后，决定改在六月举行。

“小波拉尔登”，酷似苏联的中央执行委员会，在“大波拉尔登”闭会中，执行国家最高机关的职权，只对“大波拉尔登”负责，其所掌管之事项如左：

一、颁布法律命令。

二、统辖政府的高级机关。

三、决定“小波拉尔登”干部会及政府事务范围。

四、监督基本法律及“大波拉尔登”决议之实施。

“小波拉尔登”，通常每年春秋二季召集会议，临时会议则由

“小波拉尔登”干部会的决定，或“小波拉尔登”三分之一以上委员的请求，而召集之。

(4) 中央政府以下的行政系统

中央政府以下的行政系统，为“爱马克”、“贺旬”、“司蒙”、“巴克”、“阿尔班”五级。“爱马克”即过去外蒙“汗”之更改，如“车臣汗”改名为“享尔究爱马克”，“土谢图汗”改名为“希克多汗爱马克”是。“贺旬”亦即“旗”之改名。“啊〔阿〕尔班”为十户之集团，五“阿尔班”为一“巴克”，与我们之乡村组织系统相仿佛。其地方行政，采取自治制度性质，根据此制度而设立“波拉尔登”，“波拉尔登”各选举其机关执行委员，执行委员的任期一年，执委直接对其被选举出来的“波拉尔登”负责。

(四) 外蒙的经济概况

(1) 商业

外蒙地旷人稀，其面积大过东北四省，但人口不上百万人。地属亚洲内陆，为大陆性气候，土地硗确，不适耕种。蒙人大都营游牧生活，一群一群地人口牧畜着东奔西走，散布各地，经济落后，自不待言。因为历史的关系，外蒙早与我国内地通商，一切日用物品，都由我国供给，经张家口、多伦等地运往，甚至连一针一线都得仰给我国。他们输出的交易品，大都为牲畜、皮毛、药材、鹿脯、鹿茸等物。这种交易关系，从通商以后，即在继续发展扩张。不幸外蒙“赤化”以后，对我商业渐渐采限制政策，至一九二九中俄战争时，它一方面断绝中国的通商，另方面对个人营业，课以极重的税率，蒙政府将营业税分为七等征收，计：

一等　年额五万元以上

二等　年额三万元以上

三等　一万元以上

四等　五千元以上

五等　三千元以上

六等　二千元以上

七等　一千元以上

此外，另加附税三厘，店员一名，征收年额百元的人头税，因征收税率过高，故中俄商人中密秘买卖之行为甚多，若被蒙政府发见，则课以商品十倍的罚金。普通商业者往往被课一等或二等税，只有少数俄商人才被课六等或七等税，因此大商店几皆停闭，个人营业者更不能立足，只有苏俄及蒙古官营的合作社才能发展。所以赤俄操纵了整个的外蒙经济，垄断了外蒙商业，它在外蒙设了几个商业机关，主要的为中央合作社、俄蒙贸易公司、蒙古转运公司和银行等，就由这几个商业机关，支配了外蒙贸易的全部。

自提高税率断绝我国与蒙古贸易以后，外货在蒙几告绝迹，俄货遂乘时占领市场，但苏俄本国物质缺乏，哪能对外蒙尽量供给，这就引起物价高涨。据日人调查外蒙物价，约如下表：

一、茶砖	每块	一·五〇托格利克（外蒙货币单位）
二、麦粉	上等每包	九·一四
三、牛肉	每磅	〇·一四
四、羊肉	每磅	〇·二三
五、白糖	每磅	〇·三五
六、方块糖	每磅	〇·五〇
七、面包	每磅	〇·一五
八、粗布	每匹	二·五〇

物质缺乏，物价腾贵。人民生活困难，市场衰退，外蒙的商

业是急剧地破产低落了。

（2）工业

以游牧生活为主要生活手段的外蒙古经济，当然谈不上什么工业，可是在赤俄五年经济建设计划的口号之下，外蒙也跟着赤俄去实施经济建设，主要不外就现有的产业基础上，实行生产合理化，借以提高生产率，添设几个新的生产部门借以扩大生产，最高限度的要求，也不过达到自给程度。现有的产业，大致为：（A）库伦有制酒工厂、制毯工厂、皮革工厂、制靴工厂四所，最大的只容得五百人工作，其余三二百人不等。（B）恰克图、博因土木几处小镇市，不过有几个手工业作坊，在恰克图的毡靴作坊算是较大的，但还不满六十人工作，博因土木的几个作坊，如毡靴、皮鞋、缝纫，都只有十人或二十人工作。一九三二年初，为满足蒙古人民的需要在各处镇市添设许多手工作坊，像制糕饼、制蒙靴、制马鞍等等，并成立一个全蒙手工业组合，从事计划的生产。在这个系统下工作的，统计亦不满千人，所制造的产品，还难满足蒙古人的需要，大部分的日用品仍需由俄国运去。

这一些工厂的创设，完全由俄人一手包办与操纵，机械不用说要从俄国高价购买，就连建筑房屋的砖瓦，也得要俄国供给。管理工厂的，名义上有一个蒙古人，实权完全在俄人之手，所有机师、机匠都是俄人，他们享有很高的待遇，无限制的汇兑权利。俄国工人很多，中国工人亦不少，有一些中国工人是被没收财产的商贾不得已去劳动的。因为机器采用的不高明，工人们又多不见熟练，因此生产率并不佳，生产的结果除付给高价的俄籍机师工人的工资外，盈余几等于零，有的企业甚至还亏本。这就是外蒙在赤俄领导之下的工业建设，实际完全是赤色帝国主义剥削蒙古人的巧妙手段。以高价购买俄国机械，这就是很好的证明。据闻，蒙人在东边区布翼尔湖开办一所渔场，由海参威〔崴〕买到一只拖两只帆船的小汽艇，购买和运费总共耗费一万数千“托格利克”（蒙币），但如从哈滨购买，连运费至多不到七千蒙币。这种事实，完全暴露了赤色帝国主义者的真面目。

以那样落后的蒙古经济，怎样谈得上什么共产主义的经济建设，削足适履另有用心的结果，在五年计划第二年度（一九三二年）作总结时，也无用其掩饰喊出“全蒙企业仍是踽踏于原有的地位”。外蒙的工业，不过如是而已。

不过我们还可以看到，许多面包房的添设，新建筑房屋的增加，但这不是外蒙产业发达的表现，而是赤俄含有军事意义的军事设施。

（3）农业

蒙古气候冷暖无常，土地又乏灌溉之利，以天时地利而言，都不适于农业的发展。事实上外蒙的人民，在其客观条件之下，适合于以游牧为生，营农耕种，不过是附业而已。自“赤化”以后，俄人在外蒙提倡“发展国家农业”，组织什么“国家农场”，大约在一九三〇年时，由俄国运往库伦两架耕种机，在城郊首作农业试验，结果，由人民革命党中央决议组织国家农场，并提出消灭富农的口号，把牲畜较多的“丹加特”（即富农），强行没收其牲畜，令其加入国家农场，许多“丹加特”因此逃出外蒙，跑入我内地，其所没收的牲畜，都被赤俄赶去，这样两方面撵走牲畜，主要的牧畜业也现出衰落的情况，剩下来集中到国家农场的牲畜数量很少。一些参加农场的人，不过榨点牛乳，收集些牛粪，谈不上什么生产效力，施行于耕种上的两架耕种机，就是国家农场的生产资本，在库伦附近曾划出一个农业区去实行，然而经常地仍然是歉收，农业的难于发展，于此可见一般〔斑〕了。

（五）外蒙的军事

（1）蒙军的起源史略

蒙古军队称为蒙古国民革命赤卫军，其起源始于一九二一年，当时人民革命党首领等，为从库伦驱逐中国军队计，乃在亚尔垣普乌梭附近组织义勇队五百，由总司令土木巴特尔将军指挥，先后与中国军队及白俄军战，败之。是年末，副司令汉东巴特尔及其啊巴尔散率领的“巴尔栖扎”队来汇合，共约二千余人，于一九二二年春改编成联队，同年四月，蒙政府派军委会主席林特诺夫至莫斯科，接洽供给武器及派遣教官事宜，及归国，乃着手新的组织，十一月并编成定员的预算，外蒙赤军，至是始成现代的军队。

（2）蒙军的内容和编制

蒙军的中心干部，大都系留俄学生，中下级军官渗〔搀〕杂有很多的布里亚特人，军队有与俄军一样很精密地〔的〕政治工作系统，党代表的权威也是高过一切，军队的精神还很团结，再加上严密的“格拍武”工作笼罩着，蒙军算是赤俄的忠实工具了。

蒙军全系骑兵，除骑兵外，没有别的兵种，其编制法如下：

达斯克	十五名
莎　拉	三达斯克为一莎拉
梭　蒙	三莎拉为一梭蒙
贺　诺	五梭蒙为一贺诺
特壁基	三贺诺为一特壁基

据上表所示，达斯克约合我国一班，莎拉为一排，梭蒙为一

连，五连为一贺诺，约与我一团不相上下，三团为一师，即蒙军之所谓“特壁基”是。

（3）蒙军的兵器

蒙军所采用的兵器，与俄国骑兵相仿佛，每人都有抢〔枪〕、大刀各一柄，枪械大部为新式的苏俄制造品，另外有特种兵器，据日人一九三二年五一节调查，在库伦市内游行及各地所有的特种兵器，所得统计如下：

野　炮	三十门
山　炮	五十门
装甲汽车	六十部
铁甲车	一部
飞　机	二十架（包含邮用飞机）
（其他不详）	

（4）蒙军的人数和驻防地点

外蒙古的常备军，在一九三一年前，还是以团为单位，直隶于军事委员会，总兵额约三万人左右，但满洲事变后，蒙军大加以扩充，将近七万人，另外又添了装甲兵种，俄国想利用蒙军，以阻挡满洲袭来的日本，据日人一九三二年调查，蒙军分布驻紮〔扎〕地点如下：

一、库伦驻蒙军一师，其所属部队为：

骑　兵　　第一贺诺

机关枪　　第二贺诺

野炮兵　　第三贺诺

其他士官学校学生约一千名

二、图臣汗部驻蒙军约三千名，部队为：

骑　兵　　第三贺诺

骑　兵　　第九贺诺

三、土谢图汗部驻骑兵第五贺诺，附有特务队，人数约千五百名。

四、贝加尔湖南岸一带，驻蒙军约二千名，部队为骑兵第十五贺诺，无特务队，但设有青年军校一所，学生约二百余名。

(5) 关于军事教育

蒙古在最近两年来普遍的进行国民军事训练，加紧国民的军事教育，规定凡十八岁以上至四十五岁的男子，都有服兵役的义务，只有已经登记住在寺院的僧侣，以及正在学校中肄业的学生，才能免去服役。兵役期间前定为三年，一九三二年改为二年，缩短了一年服役的期限，虽然蒙政府对国民军事训练十分认真，连侨民都不免，可是仅限于几个中心镇市是这样的奉行，但成绩并不见若何的好。

负责教育的人员，除一部分是蒙古军校的学生而外，再就是俄国来的二百五十名俄国军官。

在战时，大约蒙古全国连民兵在内，可动员五十万人之谱。

(六) 蒙古的文化自由

蒙古教育程度向来很低，人民通文字者极少，自“赤化”以后，蒙政府乃创办学校，注意教育的普及。

(1) 学校

库伦为蒙古文化教育的中心，公立的中学和实业学校不下数十所，专门学校计有教育学院、司法官养成所、簿记专门学校等四五校，以速成为主，成绩优秀的可抽派为官，并不限定毕业。另有工业专门学校，其学课为机械、制鞋、制鞍、裁缝、汽车等科。小学在全国计有一二三所，另外还设有预备留俄的党校。

(2) 学术委员会的设立

学术委员会为人民革命党所提倡创设，设立的目的，在集中学术界的人材，作深切的科学研究，借以提高文化教育，增进科学知识。一九三二年人民革命党开第八次大会，对学术委员会学务有如下的决定：

一、扩张国立图书馆。

二、为编辑爱马克（即省志）计，应搜集旧有地图以作参考并应实地调查。

三、增加博物馆的动植物标本。

四、编纂蒙古历史地图。

五、扩张库伦测候所。

六、增加能通华、“满”和法、英等国文字的翻译人员。

七、研究矿植物的测量，并作考古学的调查。

我们看了上面的决定，可知该会为外蒙学术研究的最高文化机关。

(3) 其他

蒙古正实行改革，拿拉丁字母来代替旧有蒙古字母，新出版的书籍，大都为蒙古字与拉丁字相间，可是机关通行的文件，仍旧用的蒙古文字。

教育部充满了俄国顾问，一切教育法规、计划均出自彼等手中，教科书的内容完全仿效俄国，因此，共产主义的思想，笼罩了整个的文化教育机关。

在省会中心的地方，有图书馆、俱乐部的设置，在劳动者稠密的所在，设立有所谓“红屋”，这些都是文化教育的补助机关。

（七）满变以后的外蒙

自满洲事变发生以后，与满为邻的外蒙国防，突现紧张。赤俄对日本之侵满，抱有十分严重的戒心，赤、白帝国主义原是势不两立的，当然战争的危险因地域的接近而更加危迫。赤俄为了保障外蒙的统治，防止日本的侵蒙，她不得不集中大部注意力于远东，特别重视她的保护国蒙古，而且蒙古在地势上为赤俄的左前卫，对于日俄战争有很大的关系和作用。因此，它为未雨绸缪之计，首先在外蒙加紧“赤化”工作。在政治上，积极强迫执行苏俄的政策，加紧阶级斗争，努力铲除王公、喇嘛势力，以固其根基，另外大肆暴露日本帝国主义的残暴，日本侵蒙的野心，在报纸上、无线电广播间，加紧其宣传鼓动，以提高人民仇恨日本之心，鼓起其反日作战的情绪。在军事上，动员赤色蒙军，集中“满”蒙边境，坚守呼伦贝尔南境，以防日军之北进，同时扩大军力，蒙军原额仅三万人左右，很快的新扩充到七万人，又实行普遍的国民军事训练，以为预备军。总之，九一八以后的外蒙，整个国家，都在紧张的空气笼罩之下。

（八）最近外蒙的变乱

外蒙在赤俄统治之下，残酷的阶级战争与经济掠夺，不满者大有人在，内部变乱时在酝酿中。过去曾有人民革命党领袖名丹巴者，他是个卓越有识的人，在党内素负众望，他的声名并不下于党的创造人土木巴托尔，当中国革命潮流高涨，北伐军底定南京之时，曾企图与中国联邦，可是事机不密，被格拍乌〔武〕所探知，诱往莫斯科监禁起来，丹氏的同党，多被格拍武杀戮殆尽，虽然这次丹氏的政变，未达目的，然而变乱的原因——不满赤俄的暴虐政策，并未根本消灭，时时都有再发的可能。最近外蒙又生变乱，但因消息隔绝，真相不易明了，据报纸所载情形，有如下述：有反对苏维埃政权之赤军及劳动者，于十一月十八日，嗾使蒙古人，企图倾覆政权，以库伦之司法大臣秘书那姆萨林与蒙古骑兵联队长麦特麦那克拉为首脑，率领暴徒三万二千名，仓卒起事，由驻屯北部国境买卖城之赤军骑兵三千与飞机五架，铁甲车八座，前往镇压，进击暴众，除击毙暴动首要外，且惨杀暴徒数千，始得戡定，除此以外，我们再也不知道其他情形。

——转载上海《内外类编》第十九期

《新蒙古》（月刊）
北平新蒙古月刊社
1934 年 1 卷 4 期
（李红菊　整理）

蒙古现状概述（中）[①]

孔　德　撰

内外蒙古虽然是气候严寒，不适于耕耘，但尚不失为最大的牧场，尤其是在国防上，内外蒙是居很重要的位置。惜乎我国鞭长莫及，外蒙已无形受苏俄之统治了，现在内蒙则又亟亟可危。孔德君之《蒙古现状概述》，对蒙古情况言之颇详，用特介绍，以供研究蒙古问题之参考焉。

编者识

（五）　农业与林业

蒙古有世界牧场之称，至于农业则颇不适宜。盖农耕之条件，与地势的高低，土壤的优劣，雨量的多寡，及气候之寒暖均有关系。如此等条件不适合，则无论如何，农业终少有发达之望。蒙古之地形，与土壤及雨量与温度均详于“地理与气候”一节中。土地多沙砾，寒暑悬殊，雨量不满二十时〔吋〕，地面高出海面千五百公尺，一望无际，真所谓平沙千里，实无多少可耕之地。计全国可耕之地凡百十万方哩——即四十六万万亩，蒙古虽占全国六

---

① 本篇之上、下两部分暂未见。——整理者注

分之一但可耕之地则仅库伦一隅、色楞格河流域及中部蒙古三音诺韵等地，总面积不过二万六千方哩——即约一万万余亩，仅占全国面积四十六分之一而已。以故研究蒙古者，对于农业多略而不述。本文的要旨在对蒙古一切的一切，作一概括之报告，使国人对蒙古有一整个的认识，所以不问其在比较上地位重要与否，亦均与以讨论。考蒙古的农业之发生，迄今不过百余年间，耕地与农民均微乎其微。就所垦地面积言，据民国十八年的调查，仅三十余万亩而已，约占可耕地总面积的三百分之一。就耕种人数言，尚无最近的统计，但依民国十三年的报告为二千八百余人，故今日估计为三千三百人，当无大错。农业之不发达可以概见。考其致此之原因，除气候与土壤外，一是蒙古的民族性，因宗教的信仰，为喇嘛者，不事生产，已如上述。其余民众，本性既属惰懒，而因地理上关系，又皆以牧畜为生，农耕之道则很少有人注意。一是蒙古地处漠北，交通不便，而气候并言语、风俗等均与汉人迥异，汉人亦多不愿远至漠北，于百般不便中从事耕种。所以今日之蒙古，农耕者百余年间仅有三千三百人，而其三千三百人中又百分之九十皆为汉人，蒙民仅三百余人而已。至于耕种状况，当清室中叶，汉民在蒙古耕种，概可免税，以故每年之汉农来蒙者均有小数目的增加。至清末朝政日非，路〔复〕规定在蒙的汉农，皆须纳税，于是汉农几皆裹足不前，三四十年来汉农之去蒙者至多不过六百人而已。彼现在三千三百人的汉农，当有五分之四系免税前移来蒙古。至蒙古独立，此纳税制犹存。税率之决定以耕地的优劣为标准，分上、中、下三等税则。上等税地每亩抽现洋四角三分，中等地抽现洋三角六分，下等地抽二角九分。但蒙古乃宗教势力下的蒙古，本无政制之可言，所以税金亦时高时低，上述税率不过就大体上言之罢了。其耕种方法，以犁、锄为惟一农具。播在春季二三月，收获在九十月之间。自播种后以至收获时凡七阅月间，一概任其自然，方法之简陋可见。以故耕地的生产力，五六年间即减一等。如今日上、中、下三等地各一亩，五六年后其上等者即变为中等，中等者退为下等，下等者则无人耕种，亦不堪耕种矣。几十年来蒙古耕地面积之不增加，即系每年所增加的部分，均偿每年减退的部分之故。所以蒙古农业之前途，故期其发达，固应由内地迁移大批农民去蒙古从事农耕，同时又非对农耕方法加以改良，土质加以营养，以保持或增加生产力不可。不然每年所增加者必为每年所退减者之偿补，结果如不增加等。进言之，即云其增加面积能偿所渐减少面积而有剩余，而此剩余部分之价值，亦必不及所减少部分的价值之为大。此为发达蒙古农业的首要问题。如此问题，不作适当的解决，蒙古农业发达之望，自不待言。即一万万亩的可耕之地亦必依此生产力的递减尽变为不可耕之地矣。现在蒙古耕地的生产力——亦即收获量，以所播种的种子为比例，上等者约十四至十五倍，中等要十至十一倍，至于下等则均在六七倍以下。一人二马可播二千四百斤种子，故上等地每年可收获三万三千六百斤（十四倍计），中等地可收获二万四千斤（十倍计），下等地则收获一万四千四百斤（六倍计）。更依上述蒙古现有三千三百农人，今以之平均分为耕种上、中、下三等，则每年所播下种子上、中、下三等均同样为二百六十四万斤，合为七百九十二万斤。收获量，上等地为三六，九六〇，〇〇〇斤，中等地为二六，四〇〇，〇〇〇斤，下等地为一五，八四〇，〇〇〇斤，合为七九，二〇〇，〇〇〇斤。除保留为来年的种子（亦即提偿本年所播的种子）每等二百六十四万斤——合为七百九十二万斤外，耕上等地者，合得三四，三二〇，〇〇〇斤，耕中等地者，合得二三，七六〇，〇〇〇斤，耕下等获者，合得一三，二〇〇，〇〇〇斤，合剩七千一百二十八万斤。这就〈是〉蒙古现在农业每年的总收获量。至于农产物的种类，亦受气候与土性的限制。该农产物以麦类——即大麦、小麦、燕麦等占绝对最大多数，豌豆及蕃薯占极小部分，他如豆、谷及黍等简直是等于没有。

蒙古的森林，就大体上观之实远不及牧畜，但较之农业实强得许多了，其故亦不外地理的环境关系。盖举凡适于牧畜的地带几乎无不有广大的森林，此世界所有牧场都可以证明我们这个推论的实在性，因为适于牧畜之地带，必为刍草丰茂之处，该处现适于草木之繁植，森林与草类同一属性，亦必可有观于森林。就以中国除蒙古外其他各地饲养畜的小牧场而言，于刍草之外亦必有茂郁的树木杂诸其间。以此而言，蒙古为世界的牧畜场，即云其亦如我们的小牧场那样有星殊的树木杂诸其间，而括全面积五百七十一万方里的蒙古合而计之，亦已是很伟大的森林了。但世人对此则殊多误会，即中国人本有喜用“显微镜”看事体的恶根性，尤其是对于一般事务的“缺点”常作去“事实”不知几千万里的“扩大宣传”，蒙古不幸即被这般恶根性的人所“扩大”。析言之，即蒙古的地理，固不及本部及东三省为肥美，但亦的确不如一般人所说那么一文钱不值的坏法，同时更有他认为坏的好处。人们都以为蒙古地方，是沙漠荒野硗瘠不毛之地区，实则既不如他们所说之甚，同时彼所谓荒凉不毛之地只限于极南部戈壁一带，他处并不如此，不然“不毛之地”必无“草”之可言，无草可言即“畜”又何以“牧”，那还会被称为世界牧场吗？此种观念吾人应根本打破，应实事求是的研究并论述一切。计蒙古今日之森林，实在有诸多地带，而其最值吾人详述之价值者，亦有三处，一是黑龙江上游的克鲁伦河畔，二是东蒙边境的内兴安岭一带，三是西北山地如唐努乌梁海盟与科布多等地。其在克鲁伦河畔者，林木极为葱茂，高六七丈之白杨，所在皆是，计长凡二百廿余里，沿河绵亘，居民呼之曰“森林城”，其密度可知。至今约有千三百年之历史。两岸居民的燃料殆尽取诸森林，将来能以雄厚的资本利用天然的黑龙江水运，必获厚利，为蒙古大富源之一。此种水运的便利实为其他二处所不可得之优点，所以此森林虽为三者中最小的一处，而就交通不便的现在言之，其价值实有过之而无不及。其在兴安岭者，林木之茂与在克鲁伦河畔者等，木多松、柏，高十余丈，当有数千年的历史。面积如何，今尚无确切勘查，大体言之，几有二倍于克鲁伦河者。因在克鲁伦者为平原地，而在内兴安岭者为山地。以平面地积言，在内兴安岭者，已较在克鲁伦河畔者大三分之一，若以平原与山地的地面面积为3：5之比推计，自不难为二倍以上。所不及克鲁伦河畔者，惟交通上颇为不便。如能开运河或致轻便车道通黑龙江，则其利之厚，便若在克鲁伦河畔者之上。其在西北山地者，为三处森林中最大的森林，举凡唐努乌梁海及科布多二盟境内的山地，几无处不是林木，茂郁尤较前二处上之。考其致此之故，不外该地已入西伯利亚森林带的区内，受西伯利亚适宜森林气候之影响。以故萨扬山的林木尤较他处为优好，有松、柏，有白杨，又有桦、桧，参雄〔杂〕丛生与森林带中无异。只是交通十分不便，遂使此大好的森林，不能“物尽其用”，殊为可惜耳！

《中央公论》（半月刊）
天津中央公论社
1934年1卷7期
（朱宪　整理）

绥远印象

锦　祍　撰

绥远在西北，平绥路西北部，应当算一个政治或经济的中心。向北去，是包头，皮货的大市场，南看，有丰镇、集宁……粮食的大批发处，绥远却在这两者之间。同时，绥远也拥有大量的鸦片特产，廉价的劳力、生活、地价，又是内蒙政治中心，所以绥远这地方，无疑的，是很重要的一个所在。

没有到过绥远的人，或许以为绥远是建筑在沙漠之中，人们都住在蒙古包内，遍地牧马成群，满有游牧时代的风味。但是，事实不然，绥远已经近代化了，而沙漠、蒙古包等蒙古特产，却在绥远附近二三百里之外。

绥远分新、旧二城。新城，在车站附近，有很大的城墙，满含诗意的城楼，很平坦的马路，是政治同教育的中心，省政府、建设厅、教育厅……都在那儿，中等学校，在新城或新城附近的居多。由新城到旧城，有一条很不坏的马路，两旁，树荫鸟声，不绝于耳。

旧城，是现在绥远商业集中的地方，为了商业，所以饭馆、旅馆、烟馆、酒馆、菜馆、电影院、戏院、妓院，凡新城没有的，旧城都有。

旧城最闹热的街道，要算大南街，南街虽不大，但也有三四层的洋房，女人时装衣店，无线电的收音机，红绿的电灯，入夜以来，满街彳亍的妓女。

饭店最大的要算绥远饭店同蜀珍饭店。绥远饭店设有西餐部，并绥远唯一的电影院，凡中央往来的要人，大多住此。蜀珍饭店，不卖饮食，设备自然不及绥远饭店，四川的豆瓣酱，唯在此处可以买得。

烟馆，绥远最多，大约漂亮的饭馆同澡堂都有，这是除“隐者居”以外的。吃烟的人真多，大至达官，穷而学生、跑街，都通此术，商人，黑了良心的商人，自然，更与黑土同道，因为普通商人的人生观，依然如十五六世纪，找钱、买房屋、土地、女人。

戏院，有两家，因为此地是山西的殖民地，所以都唱的山西啷〔梆〕子，自然，好是说不上，但是，中国那儿又有好的呢？在大南街的路口，有“永大”商店，设有收音机，听的人真不少，无钱的多集于此，三四流的妓女，也以为此地是个好的诱引处。

交通是比较进步，除了电车外，汽车、马车、人力车、牛马车、独轮车都有，书店有中华书局同明善堂较大，书是比较贵，社会科学书籍，不怎样销行。

生活比较低，吃白面过活的人，一人一月三圆就足，吃油面或白面过活的人，二圆上下就够一人吃一月，吃小米炒面过活的人，一圆钱，也足够一人吃一月。房租很贱，一间大屋，不过二三圆就够，粮食店最多，山样的堆着粮食，但人们无饭吃的，满街都是。蒙古庙都称为召，此地著名的有哈喇图召、小召、新召等……喇嘛们除了念经与做佛事之外，他们还要念鸦片烟经，同窑子经。

绥远的自然环境，作者很爱，一边是碧绿无际的大青山，一边是茫茫浩浩的平野，这儿有一个龙泉公园，虽设备欠佳，而一种严肃天然的景物，自能沁人脾胃。

古迹有昭君墓、焦赞墓等，昭君是生长南国的女儿，远嫁于单于，一般老学究们常常为她叹息不置，我不知道，将肉身贡献于一个昏庸好淫的昏君同贡献于一个匹马单枪的蛮王，若说清白，有何区别?

气候不常态，冬天冷得要人命，热天却不热，且时时变易无定。俗有“朝穿棉袍午穿纱，抱着火炉吃西瓜”谚语，诚非虚语。学生，勿论男女，朴素的较多。我认识的朋友——学生朋友们，十分之七以上的，他们都钦慕长衫短褂而去，西装革履而来的中央军校学生。新女性，我也认识几个，她们都具有蒙古风的躯干，这是她们可爱的地方。

《新生》（周刊）
上海新生周刊社出版
1934 年 1 卷 30 期
（李红菊　整理）

乌盟之茂明安乌喇特东中公三旗

作者不详

一　茂明安旗

由白灵庙西行八十余里，有地名敖拉盖，再西行五十余里，则至茂明安旗王府。王府地点，名察干敖包，因府后有白石小山一座，故名。计王府有蒙包八顶、家庙一座、北土房三间，系冬季齐贝子所住者。东面土房五间，为存粮之所，西面土房三间，专供招待宾客之用。再西有毡包二顶，即旗公署，为蒙员办公之处。东南有土房院一处，内放碾磨。王府地势甚佳，周围有小山，南通绥远固阳县。王府迤南，距新垦之地（俗名新地），仅六七十里。该旗报垦之地，已占全旗三分之二。由垦局领回垦地约百余顷，交汉民承种，每年二八劈粮（蒙旗得二成，佃户得八成）。旗公署组织，有协理台吉二员，梅伦一员，管旗章京一员，扎兰章京二名，佐领四员。旗境东界达尔罕旗巴音博克多及和林河，西界乌喇特东公旗巴音敖梅楞河，东北界库列庙，南界固阳县新地及五当召（广觉寺）新垦之地，正北界汗博岱敖包，与乌喇特中公旗接壤，西北界那木塔拉哈勒台，与乌拉东公旗（后旗）毗连，南北长百余里，除已垦之地外，草地仅百里，东西宽百余里。王府西北三十里有曼都林庙一座，喇嘛百名。东南二十里，有沙拉齐老庙一座，念经时，喇嘛百余名，常住者四五十名，庙主均系呼毕勒罕。王府正南百里有黑教堂一处，蒙名察干齐老，在固阳县北七十里。教堂为法国马、白二神父主持。固阳县署亦有教堂一处，归黑教堂管辖。垦地汉民有入教者，蒙民素奉教，无一入者。该旗保安队带枪者四十名，均杂色枪，归乌拉吉呼图克统带。蒙旗均征兵制，凡成丁者，均有当兵义务。该旗贝子财产，有马八十余匹，羊五百余只，牛四五十头，驼八只，日用极简单。旗公署每年经费约二三千元，全靠垦地岁租，并无他项收入，如不足时，悉由各蒙户匀摊。其婚嫁一节，与内地相似。先由媒人介绍，婚龄二十岁上下不等，聘礼送牛羊或银币。至婚娶之期，由媒人陪伴新郎，乘马迎娶。新妇穿新服，亦乘马而归，至蒙包，绕行一次，始入包，拜祖、拜火，及家长、各亲友。归宁日期无定，先由娘家备礼省视后，方可归宁。丧礼极简，亲友不通讣闻，病重时则延喇嘛诵经祈祷，如病故，先定弃尸方向、地点，令喇嘛前往念经。致祭后，如非凶日，即日将尸用马、驼抛弃之。孝子亦不穿孝，惟弃尸后二十或四十日内，遇宾客不通寒暄，不剃发，不喝酒、不作乐，以示哀悼。其财产承继权，与内地相同，有子传子，无子传女，子女全无者，则传近族，绝户者，财产归该管佐领、人民共有之。境内无名山大河，亦无其他矿产，野兽黄羊极多，千百成群，遇人则飞奔而去，速度极快，为他兽所不及。气候极寒，雨量亦少。土质尚佳，地多平壤。但人口过少，每佐三四十户不等，不及垦地汉民三分之一。按当初编佐时，凡足一百五十户者，即编一佐领，现蒙旗各佐及额者寥寥，蒙人减少，大有今昔不同之概。该旗财政困难，为乌盟各旗之最，并无其他痛苦。所希望者，已垦之地，每年应得岁租，如数拨旗，或省府酌予增加耳。

二　乌喇特东公旗（后旗）

由茂明安旗西行一百六十余里，即乌喇特东公旗王府。该旗扎萨克贝子名额尔和色庆占丕勒。协理之缺，至今未放。仅有管旗章京二员，佐领六员。该旗在绥远包头县正北三百八十里，东界茂旗，北界外蒙墨尔根王旗，西北界中公旗，南界黄河及土默特旗，南北长四百余里，东西宽百余里。王府所在地，名巴拉嘎孙托罗，又名城库伦府。北半里许，有旧土城一处。府西北百里，有砖城一座，均不知何代所建。府西北四五十里，有水晶矿，迄未开采。府正南百余里营盘湾，产煤甚旺，现归汉南公司开采。西南方有昆都楞山，产石棉，又府东方与茂旗接壤处，有墨晶、水晶等矿。旗中收入，端赖岁租，及私垦地之分粮。近以荒歉，岁租多未征收。旗中每年经费，约需四五千元，如年月较好，收支相埒，蒙民可减负担。如不敷用，即由蒙户按贫富平均摊派之。旧王府原在现王府正南五十里之桑根达赖地方，近以报垦故，前年始迁于此。该旗报垦之地，占全旗三分之二有强。府南二十里，有私垦地一段，计东西三十里，南北二十里，归汉民郑四娃子承种，年给租钱四十余吊。府南二十里大四股地方，为甘、绥运货之孔道。该处汉民营商，获利倍蓰。府北四十里为绥新汽车大道。该旗除矿产外，药品则产柴胡、枸杞。全旗人口不繁，只六个佐领，每佐人口二三十户不等，男女蒙民不过一千余人耳，不及该旗垦地汉民五分之一。天气奇寒，雨量稀少，土质尚佳。全境山峦起伏，不似茂旗之平坦。府西梅楞河，土地肥沃，河之下游一带，去岁已报垦。有阿布盖、图博勒嘎、孙图赖果勒等庙三座，每庙喇嘛二三十名不等。其旗公署，在王府西里许，极简陋。额贝子私人财产，仅马四十余匹，羊五六百只，牛二三十头。其婚丧习惯，与茂旗相同。该旗蒙、汉杂处，相安已久，诉讼事甚少，对中央政府及省政府，亦极表遵从。

三　乌喇特中公旗

由东公旗西北行五百余里，经羊肠子濠沼锡列山麓、红果尔塔拉、德特齐林庙，而至黑萨图，该处为甘、绥运货必经之路，驻有中公旗蒙兵三十余名，专为护送商人至白灵庙而设。复西行约八九十里，即至该旗王府博尔罕图。该王府无地〔他〕建筑，有蒙包二十余顶，因班禅昔来旗时在诵经处筑以墙院，分东、西、南三门，内有极大蒙包一顶。旗公署在府南里许，有蒙包五顶，为蒙员轮流办公之所。其旧王府原在府东三百余里，温都尔居斯楞地方，民国五年，因绥远卢匪猖獗，曾迁至巴尔罕山，复以匪乱，始迁于此。该旗协理台吉二员，管旗章京一员，梅伦二员，扎兰章京二员，佐领六员，每佐设昆都一员，即副佐领是也。旗公署蒙员轮流值班，以三个月为期，每年分班值班，主任即以协理、管旗章京、梅伦等充之，为义务职，均不支薪。每年春秋两季，各开会一次，谓之楚克拉嘎（旗务会议）。届时上至协理，下至佐领、昆都，均到场与会。商议旗务及旗公署用费若干，以公款收入抵补外，下余不足之数，悉由蒙户按贫富平均摊派之，协理司官，亦在摊派之中。是以各〔该〕旗关于用款，司官特别注意，因与个人有利害关系。各〔该〕旗财政，量出为入，故无多预算。每年支出，大致在一二万元左右。该旗西界阿拉善旗，西南界伊盟，西北界外蒙西部扎萨克旗，北界外蒙土谢公旗，东北界外蒙墨尔根王旗，东界茂明安旗及东公旗，南界伊盟，东西宽七百余里，南北长六百余里。王府迤北仅百余里，即与外蒙交界。该处沙多水缺，附近均无蒙户。该地原系平坦，无险可守，内外蒙交界处，以敖包（石堆）为凭。该旗扎萨克林贝子以防务重要，除王府西北方驻扎蒙兵外，并不时派骑前往交界处，视察敖包有无变动，以资防范。该旗富庶，实为乌盟之冠，人口较他旗亦多。大小喇嘛庙，共计四十余座。最大者为昆都仑召，有呼毕勒罕二。乌拉山为该旗之大山，东西长三百余里，南北宽七八十里。河之大者为梅伦河及昆都仑河。乌拉山以前之地，均已放垦，全旗草地最多，每届春季，内地住该旗营商者，络绎不绝，惟须由旗公署发给商票，方可营商。票分大小，大票每年收费三十六两，小票折半。

《蒙藏月报》

南京蒙藏委员会

1934 年 2 卷 1 期

（朱宪　整理）

伪兴安省概况

作者不详

（一）疆界及人口

日人近来见于蒙古人可以利用，于是遂将已设置之伪兴安省扩大分为四个分省，其设置地点述下：东分省札兰屯站，北分省海拉尔站，西分省设于热河界开鲁，南分省设辽源县。兴安省之位置，即分化黑龙江省西部、奉天北部、热河北部而成，此四大分省之范围。西接内外蒙古，北邻苏俄，地广人稀，乃西北之屏障，亦军事上之重镇也。总面积约计三八三，四三四，三五〇平方粁，人口总数九六五，四五〇人。兴安东分省面积一〇四，〇五六平方粁，居民九七，三〇〇人，原有旗民五，八〇〇人，其他三八，九〇〇人。南分省面积六六，五一四平方粁，居民五一〇，四〇〇人。原有旗民三四九，三〇〇人，其他一六一，一〇〇人。西分省面积五七，八〇〇平方粁，居民三一，五五〇人，原有居民一五八，七五〇人，其他一五六，八〇〇人。北分省面积一五，五六五平方粁，居民四二，二〇〇人，原有旗民二，七〇〇人，其他一五，〇〇〇人。（旧蒙古地域蒙古人五四〇，八〇〇人，省内之俄人以北分省为主，北满沿线及三河地方，约有六，〇〇〇人在彼居住。）

（二）行政区域

兴安总署设长春，内置总务处、政务处、勤业处三大处，指挥并监督四分省及各旗掌管内一般行政事项。现东分省有五旗，南分省有七旗，西分省有六旗，北分省有六旗一市，各自划定行政区域。此四分省内，北分省省长稜〔凌〕陞（某王之二少爷），东分省省长额某，名不详，此二省完全为蒙人，其署内所用之各厅各处等人员，亦完全蒙人（日人不准其中有汉人，恐其说日人之黑幕）。因此日人得以完全利用蒙人，伪意的优待蒙人，现蒙人之情形，真是荣幸万分的态度，其愚民政策如此而已。（菊竹现接兴安总署次长，去岁十二月二十接任。）

（三）附表

兴安东分省　（札兰屯）
喜札嘎尔旗——索伦
特哈旗——札兰屯
荣旗——黄花岭
力达瓦旗——布西
彦旗——和礼屯

兴安南分省　（达尔罕王府）（辽源）
科尔沁左翼前旗
科尔沁左翼后旗
科尔沁左翼中旗
科尔沁右翼中旗

科尔沁右翼前旗
科尔沁右翼后旗
札赉特旗（巴彦喇嘛）

兴安西分省　（开鲁）
札鲁特左翼旗——鲁北
札鲁特右翼旗
阿尔克尔心〔沁〕旗
巴林左翼旗
巴林右翼旗
克士克腾旗
开鲁
林西

兴安北分省　（海拉尔）
索伦旗——南屯
新巴尔虎左翼旗——阿木古郎
新巴尔虎右翼旗
陈巴尔虎旗
额尔克纳左翼旗
额尔克纳右翼旗
海拉尔

《东北通讯》（半月刊）
北平东北通讯社
1934 年 2 卷 2 期
（李红权　整理）

乌盟之四子王府

作者不详

由喀尔喀右翼旗至四子王府，计程约四五百里。四子王旗，东界锡龄果勒盟之西苏尼特旗，西界巴音布拉霍吉尔敖色，与达尔罕王旗毗连，西南〈界〉土默特，北界外蒙垒尔根王旗，南界察哈尔右翼正黄、镶蓝、镶红、正红各旗，东西南北各四五日马程，约合四五百里。面积甚广，土质腴润。已报垦之地，达二万六百余顷。已报未垦，尚有七百二十余顷，属武川县管辖。至该旗私垦之地，究有若干，未知确数。本旗人口，较他旗为密，约万余人，汉人四五百名，多入耶苏教，蒙人无入者。旗署及王府所在地，名察干布拉克。闻该札萨克之私畜，有牛百头，马四五百头，骆驼数十头，羊千余头。本旗政治组织，扎萨克之下，有协理台吉二人，管旗章京一人，梅伦章京二人，扎兰章京四人，各管佐领五员，共佐领二十。本旗财政状况，闻每年开支约二万元左右。其收入，恃故垦地之押荒及岁租。岁租由该旗自向垦地汉民征收，未设专员，由司官料理，闻每年约收入七八千元。岁租之外，复有私垦地之分租，及汉人在旗经商营牧之执照税、水草费等之收入。若不敷用，再向蒙民摊派以补足之。其支出多耗于办公、招待、派遣、馈赠、礼佛诸事。至官吏无薪，兵役无饷，为蒙古惯例。教育、交通、司法、警察等事，蒙地无之，故其公用甚少也。本旗有杂色枪二百余枝，故有游击队二百名，王公护卫队五十名，用以维持境内治安。该旗民众，亦如达尔罕旗，历来服从王公治理，事无巨细，俯首听命，号称安谧。本旗接近垦地，土质肥沃，同化程度较深，其余操国语之人亦较少。地当台站孔道，东通察省，西连新、甘，南抵绥远，北至外蒙，介于锡、乌两盟之间，镇内御外，皆为军事要地。本旗有庙二十余座，以胡特勒额耶台庙，俗名锡拉木伦庙，为最大，四山环绕，清水长流，最擅形胜，有喇嘛千余人。此庙东通锡盟德王府及张家口，东南通四子王府，西南通绥远，西达勒庙以接绥新大道，北接外蒙。闻时有外蒙游民，来去无常。地当要冲，国防布置，极为重镇。本旗河流以锡拉木伦河最为大。王府东南百里，有云滚山。本旗与垦地接近，蒙、汉杂居已久，向来相安无事。惟间有入耶稣教之汉民，一经入教，多恃外人势力，不肯照数缴纳岁租，久之，即不入教者，亦渐染此习气。履霜坚冰，殆非一朝一夕之故。据蒙吏言，前清庚子年，蒙人反对教堂教士，与内地一致行动，《辛丑和约》告成，须赔偿教堂，当时无款付给，乃以地折算为六千六百六十六顷，在王府西南界内，约占六七十方里之地面，归该旗天主教堂所有，维持〈因〉交涉粗疏，仅指划该项地段，并未实行清丈，以致所指地面，大有盈余，该地主管天主堂，已招致入教汉民放垦一半。兹本旗以地权攸关，难容多占，曾经呈报绥省傅主席，要求准对教堂照数清丈划给后，将余地还旗，并要求其对于已垦之地，应照〈收〉岁租，不得推诿，业蒙允准，尚未实行。

《蒙藏月报》
南京蒙藏委员会
1934年2卷3期
（朱宪　整理）

蒙古概况

王开江　撰

导　言

在中国史上活动最盛，影响中国最剧的有五种民族，即：

1. 汉族；
2. 匈奴族；
3. 突厥族；
4. 东胡族；
5. 蒙古族。

匈奴、突厥最盛时代，正当中国汉唐时代。中国方面出了旷世英雄刘彻、李世民，都以打伐外族为事，结果匈、突虽盛，总不能踏进中原，反到败退，分裂，西徙而引起欧洲人种上的大变动。我现在要重述这段故事的原因，是要表明出匈、突、汉三族活动关系之密切及互相影响之大。我们看汉代的征服西域，就是为了断匈奴的右臂，和印度及西南夷的关系，也都或多或少与对付匈奴有互相连带的关联。这些事，一方面使得东西交通，文化交换，另一方面因为连年用兵，也促进了汉代财政的困难和衰亡。唐代受到突厥的影响也不小，单看当时西北方面能和亚拉伯人发生那样的关系，及当时胡乐的盛行，就可知其影响之大。至于在欧洲方面的影响，更不用说了，人种的大迁移（日耳曼蛮族），西罗马古国的灭亡，以及今日匈牙利、土耳其在欧洲的存在着更是明证。不过因为时机的关系，匈、突总是对汉族以劣弱者的地位结束剧战。东胡族和蒙古族就大不然了。他们的机运实远好于匈、突百倍。蒙古族（东胡族、突厥族的混合种族）所遭遇的，在东方是衰弱的南宋，更加是宋、金、夏鹬蚌相持疲罢之际，给蒙人很好的机会来统一中国，入主中原。在西方正值继续二百余年的十字军大战争之后，诸侯武士，死亡狼藉，回、耶两教，交相困乏，又给蒙人侵入欧洲的好机运。这样在最短期间，造成蒙族空前绝后的大发展。八十余年间，蒙人对汉人总是居在主人的地位。更值得特别表明的，蒙族大度包容的气魄，容纳西方色目人，既因军力打通了东西的交通，又能兼收并蓄的吸收西方各种文化，这些事对以后汉人的影响也是很不小的。不过成为遗憾的，就是蒙人不能以待遇色目人的精神来对待汉人，对汉族的过度压迫，致对汉文化也不肯吸收。当时分人民为十等，而将智识分子的儒置于第九位。另一方面更过度的放纵喇嘛，重违汉族人民心理。所以蒙人空空的在中原做八十余年的支配者，等到武力一衰，被朱元璋驱逐回到漠北时，又回复了游牧的生活，一直到现在，大部蒙胞，还是过原始的游牧生活，这不能不说是蒙族一个大的损失。这个损失是当时的赚小便宜所补偿不来的。我们要明白，这不能用数计的损失，是当时蒙人忽略了汉人的文化，拒绝了汉人的文化，背弃了汉蒙的合作所致。东胡的命运，起初也和蒙人相同，趁着明代的内乱，吴三桂的向导，很不费力的做了汉人的皇帝。但是他们的手段比较聪明些，他虽也猜防汉人，可是不和元代的那样鲁莽，结果他能吸收了汉人的文化，所以今日他们的皇帝虽失掉，他们的文化水准并不低。我重复这些旧账的原因，上文已竟〔经〕声明过，并不是抑扬谁，褒贬谁，而是要借着指明已往的错误找出将来应走的道路。至于怎样可以来建新的蒙古，当然不是小的问题，而是有待于实地的研究计划。但是在消极的方面，我觉得可不是仅仅崇拜讴歌几回大英雄成吉思汗①所能收效的，也等于国民政府修缮黄帝的陵寝，和唱上几遍岳飞的满江红词，是收不了复兴民族之效的，甚而至于再多讴歌几遍秦皇汉武也还是没有用的。任何民族，都会有几个民族英雄出现，好象〔像〕马群中必会有几匹能走的骏马一样，虽然也可引为欣慰，但是却无须作过度的对之留恋。我很盼望蒙古同胞都要认清，现在的时代已不是一二个民族英雄所能为力的时代了。现在已是全靠民众努力的时代了。论政治，则人民来参政，我们不再希望什么圣君贤相来济世救民。论外交，则是国民外交，已不是一二个外交人才纵横捭阖所可收效。论建设，更是在全体民众齐心努力来干，而不是一二个慈善家来兴利除害。论国防，更是全国民生产力、文化力的总较量，而不是恃一二个勇将猛士所可徼〔侥〕幸致胜。我们若先认清这几条粗浅的道理，那么我们就可明白怎样来建设新的蒙古及建设新的蒙古的责任是在谁身上了——无疑的，是在民众身上，尤其是青年身上。亲爱的蒙古同胞！可爱的蒙古青年！我们齐心合力的，来从事经济的建设，文化的建设，一切社会的建设吧！新的蒙古，将要在新的社会建设之上出现。我以下打算要从这两方面来说：

（1）系统的介绍蒙古概况；

（2）怎样达到新蒙古之道。

① 后文又作“成吉斯汗”。——整理者注

第一　系统的介绍蒙古概况

（一）蒙古族史的发展——拟另专文论述，现在姑略述其变迁

“蒙古”本是一小部落的名称，十二世纪中页，在黑龙江上源幹〔斡〕难河（就是现在的鄂嫩河）流域，有一小部落人民游牧为生，这就是蒙古人。十三世纪初，产生了一位英雄成吉思汗，逐渐把附近各族吞并，进而征服中亚。以后部众日多，各种不同姓氏的部落被征服后，就随从蒙军去征服别的部落。被征服的对再被征服者就也以征服者自居，而不客气的自认为蒙人了。于是“蒙古”遂成一个大的种族之名。

成吉思汗于一二二七年灭西夏，死于六盘山旅程中。第三子窝阔台于一二三四年灭金，一二三六年征服俄国，进侵波兰，破北欧诸侯联军，在倭尔加河岸建设金党汗国。一二四一年窝阔台死，子贵田立，仅三年而死，窝阔台之弟拖雷的儿子蒙哥立。蒙哥使他的兄弟忽必烈南征，使旭烈兀征波斯。旭烈兀更侵到小亚细亚，建设伊儿汗国。以后忽必烈即帝位，定都燕京，改国号元。一二七七年完全灭南宋，统一中国。

一三七〇年帝国瓦解，元顺帝被朱元璋驱逐，逃亡于多伦诺尔北部。自是改称鞑靼，又复为分裂的游牧民族。十六世纪初，在张家口附近的瓦剌大盛，掳明英宗。十七世纪初满族兴起，清太宗征服察哈尔的林丹汗，内蒙各蒙全降。到了康熙时代（二十七年）外蒙因受噶尔丹的袭击，又举族降清，一六九六年噶尔丹被清军败死，外蒙平定，乾隆时又平定达瓦齐及阿睦撒纳而平定西蒙，（西蒙是蒙古族别系的额鲁持〔特〕族），到了一七七一年蒙古遂全属于满洲族的清代。

蒙古族多自认成吉斯汗为始祖，现在蒙族可用成吉斯汗为中心来说明。

1. 为成吉斯汗的直系者
2. 为成吉斯汗的旁系者
}多住于内外蒙和东蒙。

3. 为成吉斯汗的臣系者——多住于西蒙（科布多、阿尔台至新疆，及青海、甘肃北部）。

（二）旗和其他行政机关

蒙古虽臣属于满清，然在政治上则是属于地方自治的，满清政府大体上只拥有宗主权，对蒙人的内部行政，地方事务，既不划县设治，也不派官治理，完全委之蒙人自治，因此蒙古的政治制度，颇为特殊，在全国中，现仍保存各别状态，综计有盟、旗、部、佐领等名称，大体上的区别，盟、旗、佐领是属于政治上的组织，部则是指同血统的种族的集合而言。分述于下：

旗（Hoshum）——是自治机关的主体。是行政上的单位，也是军事上的单位。这是唯一的政治机关和自治区域。这个名称的原因，是因清太宗收编归降的蒙人时，各与旗帜，模仿满洲的八旗制度而来。旗既是自治的单位，可以自由办理一切地方事务，满清政府，只是在高处行使监督权。

“旗”，有旗长，蒙语叫做札萨克（Jacax），札萨克为最有实权及最尊贵之领袖（其办事处，蒙语叫做Tamaga，一名王府），乃由王公中世系最正密者敕选，原则是世袭，“公中”的制度则为例外（公中制度，就是当没有合适的继承人时，就不分别爵秩高下，而选任为札萨克，青海蒙古有此例。按世袭就是传亲，公中就〈是〉选贤）。在军事方面，每一佐领的旗，平时可有兵五十名，战时可增至一百五十名（增加佐领之旗，累进推算）。每年春天，各旗之兵会集一处，经过盟长巡阅，有战事时，则受中央政府任命的官员统辖。札萨克又承受民刑诉讼的第一审，不服者可控于盟长，再不服者，可控于理藩院。蒙汉诉讼时，则由中央任命的札萨克会同预审，由将军、都统等覆审。由这些事情看来，札萨克是集行政、司法、军事之权于一身的全能者。

旗又是人民活动的范围，若是越界游牧、狩猎，无论官民都要处罚。所以旗这种制度，是很特殊的，在世界各国的政治制度里，找不到什么和他类似。这种制度创始于清太宗，初只实行于内蒙，到了康乾，始渐扩充到外蒙、西蒙。行这制度的本意，无非是要隔绝蒙人的联络，使他们的活动局限于旗内，把蒙人的生活封锁起来，好容易统治吧〔罢〕了。

盟（Chigalgan）——是综合一旗或数旗〈的〉较高级政治组织，但不能干涉旗内的行政，只有特别重大的事情，才会同札萨克共同处理。

盟，设有盟长、副盟长，由札萨克中选举，站在监督札萨克之地位，故须常注意各旗内的行政设施。扎萨克若有不正当行为时，负告发于中央政府的责任。每年必检阅各旗的军队，作战时则须统率盟内各旗兵临于战场。所以他对于各札萨克是居到优势的地位，往往因他的意思决定札萨克的去就。

不别设蒙〔盟〕的旗［的］，则受中央任命的地方官管辖。青海蒙古、西套蒙古即是。

“佐领”则是组织旗的基础团体。

部（Aimak）——是同族的集合名称。如辽宁省沿边的科尔沁六旗，和河套的鄂尔多斯七旗，皆属一族，就是明例。所以一部就可视作一族，和“旗”“盟”性质上是不同的，不过也有例外，也有一部内包括两族的，如卓索图盟的土默特部，左翼为成吉斯汗系，右翼是臣系，这因为地理上的关系。

于旗、盟的固定组织之外，又有会盟制度。就是把同盟的各旗集合于指定的地方，受中央特派员的检阅，每三年实行一次，这是中央与地方联系的惟一机会。

（三）旗与区域

A　内蒙古

内蒙现在计共六盟，二十六部，五十二旗，一千二百九十五佐领——原是二十四部，四十九旗。

（1）哲里木盟——五部，十一旗，二百三十四佐领。

1. 科尔沁部，六旗，一三四佐领；

2. 郭尔罗斯部，二旗，五七佐领；

3. 杜尔伯特部，一旗，二五佐领；

4. 札赉特部，一旗，一六佐领；

5. 伊克明安部，一旗，二佐领。

本盟位置——位于内蒙的最东北角。除西南外，都与东三省相综错联接，难以清楚的区分界限。

族系——上列 1、2、3、4 四部十旗为旁系（成吉斯汗弟哈萨尔系），伊克明安部则为额鲁特种。

管辖——此十一旗，因所在地受东三省管辖。

（2）卓索图盟——三部，六旗，三三二佐领。

1. 喀喇沁部，三旗；

2. 土默特部，二旗；

3. 喀尔喀部，一旗；

本盟位置——在内蒙南部，连接河北省和东三省西南部。

族系——喀喇沁部三旗及东土默特旗——臣系（济拉旗后裔）；西土默特旗、喀尔喀部——直系。

管辖——属热河省。

（3）昭乌达盟——八部，十二旗，二九八佐领。

1. 敖汉部，二旗；

2. 奈曼部，一旗；

3. 巴林部，二旗；

4. 札鲁特部，二旗；

5. 阿尔科鲁沁部，一旗；

6. 翁牛特部，二旗；

7. 克什克腾部，一旗；

8. 喀尔喀左翼部，一旗；

本盟位置——内蒙南部。

族系——阿尔科鲁沁部——旁系（哈萨尔）；翁牛特部——旁系（干楚因）；其余六部——直系。

管辖——属热河省。

（4）锡林郭勒盟——五部，十旗，一一三佐领。

1. 乌珠木沁部，二旗；

2. 浩齐特部，二旗；

3. 苏尼特部，二旗；

4. 阿巴噶部，二旗；

5. 阿巴喀那尔部，二旗。

本盟位置——内蒙中央偏北；位于交通要路。

族系——上列45两部——旁系（成吉斯汗异母弟别里克台）；其余各部——直系。

管辖——属察哈尔省。

（5）乌兰札布盟——四部，六旗，五二佐领。

1. 四子部落部，一旗；

2. 茂明安部，一旗；

3. 乌拉特部，三旗；

4. 喀尔喀右翼部，一旗；

本盟位置——内蒙西北部。

族系——喀尔喀右翼部——直系；其余三部——旁系（哈萨尔）。

管辖——属绥远省。

（6）伊克昭盟——一部，七旗，二七四佐领。

部名鄂尔多斯。

伊克昭，蒙语就是大庙之意，因元朝历代陵墓多在此地。

本盟位置——河套地方。

族系——直系。

管辖——属绥远省。

此外又有叫做内属蒙古者，计有二部。

（1）察哈尔部——当林丹汗败死后，降于满洲，游牧于辽西之义州，一六七〇年乘吴三桂之乱谋反，被康熙平定，遂移其部众与今地。并取消其自治权，不设札萨克，编为八旗，行总管制，作为直接管辖。

（2）归化城土默特部——为成吉斯汗的直系，以俺答为始祖。后被并于林丹汗，归降满洲后，旋因罪被废。改编其部众为二旗，设左右翼都统，不再设札萨克。乾隆二十八年改归绥远将〈军〉管辖，其部众散布于归化城、托克托、拉萨齐等处。民国三年旗代表请愿于蒙藏院，结果模仿察哈尔各总管之例，设土默特总管一人。

总之，内蒙若以察哈尔为中心，可分成东四盟和西二盟两大组。

B　外蒙古

外蒙全区分为喀尔喀、唐努乌梁海和科布多三部。喀尔喀又分为四盟：

1. 东路——喀鲁伦巴尔和屯盟——即车臣汗部，领二十三旗。

东接黑龙江的呼伦贝尔，西北部是成吉斯汗诞生地。

2. 后路——汗阿林盟——即土谢图汗部，领二十旗。古罗格沁部落附牧于此。位于外蒙中央，库伦和恰克图〈两〉重要城市，即在此部内。

3. 中路——齐齐尔里克盟——即三音诺颜部，领二十二旗，额鲁特部前后二旗附牧于此。元代和林城旧址在此部内。

4. 西路——扎克必拉色钦毕都哩雅诺尔盟——即扎萨克图汗部，领十八旗，辉特部一旗附牧于此。南接甘肃西北部，西南达新疆，为通新要路，乌里雅苏台在此部内。

科布多又分为：

1. 杜尔伯特部——系额鲁特族，姓卓罗斯，与内外蒙古种族不同，乃元臣孛汗的后裔。初分左右翼二盟十四旗，置以辉特、扎哈沁、明阿特、额鲁特四总管，到了民国，外蒙自治政府把总管制改为旗制，故现在则有二十旗。

2. 辉特部二旗。

3. 扎哈沁部一旗，附扎哈沁信勇公旗。

4. 明阿特部一旗。

5. 额鲁特部一旗。

唐努乌梁海又分为：北至萨彦额〔岭〕，南至唐努山，东北有库苏固尔大湖，为叶尼塞河源流地，土民并少游牧种族，完全营狩猎生活，也不是一系。土民自称为“动巴”，俄人称他为“索约特”。学界多主张他是丁零系，而属于土耳其系蒙古。言语、风俗、习惯各异，不养马而饲多角鹿，乘之用之，刻树皮做屋，穿兽皮做衣。旧制分为五旗四十六佐领，即：

1. 库苏固尔乌梁海旗；

2. 萨尔吉格旗；

3. 陶吉旗；

4. 唐努旗；

5. 肯木齐克旗。

五族〔旗〕共有四十六佐领：

1. 旧乌里雅苏台署所属二十五佐领；

2. 旧扎萨克图汗所属五佐领；

3. 旧三音诺颜汗所属十三佐领；

4. 旧哲布尊丹巴胡图克图门徒所属三佐领。

外蒙的范围，现在较满清时更为扩大。本是哈尔哈的独占区域——哈尔哈是蒙语“寨”的意思。元太祖十五世孙达延臣汗（巴图蒙克）有数子，都随从着来到漠南居住，独留他的末子格埒森扎赉尔珲台吉在漠北镇守，他招集所部，号为哈尔哈，成为外蒙的始祖。他又把万余部众分成七旗，使他的七个儿子各统领一旗。设三汗，即土谢图汗、车臣汗、扎萨克图汗。康熙二十七年被噶尔丹所逐，随〔遂〕避居漠南。到了三十六年噶尔丹死后，才又回到漠北原来牧地。编设三部，分为五十五旗。雍正三年，该族的策凌因击准噶尔有功，赐准其率近族十九扎萨克另外编成一部，即是三音诺颜汗部。于是外蒙成了四部七十四旗。乾隆年间增至八十三旗，而附以辉特一旗、额鲁特二旗，遂为八十六旗，一律号外扎萨克。民国以来，外蒙独立，把科布多参赞大臣所管辖的杜尔伯特旗也加入外蒙区域内，增加了廿旗，外蒙的区域，遂扩张到西蒙的最北部，由八十六旗成为百〇六旗。

此外青海、新疆等处，初亦为蒙族繁衍地，称额鲁特蒙古。在元代分为四大部：

和硕特——治迪化

准噶尔——治伊犁

杜尔伯特——治喀尔济斯

杜尔扈特——治塔尔巴哈台

号称四卫拉（全体则叫做额鲁特）。后杜尔扈特移于俄国境内，隶属于杜尔伯特之辉特部遂代治其地而为四卫拉之一。和硕特移到青海时候，其地遂变为准噶尔各台吉的公牧地。现在可按其地域简述于下：

一、西套蒙古（因位于黄河套之西，故名）——二部，二旗，九佐领。

1. 阿拉善额鲁特一部一旗八佐领——甘肃的东北部有贺兰山，土人称阿拉善山，因以得名，和青海的和硕特同族。康熙时被噶尔丹所逐，逃到这里。

2. 额济纳旧杜尔扈特一部一旗一佐领——位于甘肃省的甘州肃州的北边，因其地有额济纳河得名。康熙时其西〔酋〕长因谒见达赖喇嘛，被准噶尔拒不得归，彷徨于嘉峪关外，康熙始给以此处为牧地。

二、青海额鲁特蒙古，五部，二十九旗，一〇六佐领——因境内有库库诺尔湖，译意即青海，故名。

a. 青海和硕特部，二十一旗，八十六佐领（哈萨尔系）；

b. 青海卓罗斯部，二旗，六佐领（准噶尔族，附牧于三音诺颜者叫额鲁特，附牧于青海者叫卓罗斯）；

c. 青海杜尔扈特部，四旗，十二佐领；

d. 青海辉特部，一旗，一佐领；

e. 青海哈尔哈部，一旗，一佐领。

三、杜尔扈特蒙古。

1. 伊犁珠勒图斯南路旧杜尔扈特部，四旗，五十四佐领；

2. 珠勒图斯中路和硕特部，三旗，十一佐领；

3. 东路库尔喀喇乌苏旧杜尔扈特部，二旗，二佐领；

4. 西路精河旧杜尔扈特部，一旗，四佐领；

5. 北路霍博克萨里旧杜尔扈特部，三旗，十四佐领；

6. 布勒罕河新杜尔扈特部，二旗，三佐领；

7. 哈弼察克新和硕特部，一旗，一佐领；

8. 阿尔乌梁海，二部，七旗，七佐领；

9. 阿尔泰诺尔乌梁海，一部，二旗，四佐领。

以上各部各属新疆省。

（四）中央的统治关系

满清把蒙古和西藏同样看作外藩。在中央政府特设理藩院，于各地方，则设将军、都统及大臣等的亲任官以为管辖，不过，中央仅有宗主权，关于旗内的行政，完全听各扎萨克处理，已如上述。

理藩院创设在顺治时，到光绪三十二年改为理藩部。民国成立后，以五族共和为国是，不复存宗主藩属的观念，元年八月，发布蒙古待遇条例，改称蒙藏事务局。三年五月，又改称蒙藏院。

理藩院的责任是“掌管外藩的政令，制定爵录〔禄〕，决定朝会，矫正刑罚”等项，组织则重要职员为：

大臣一名，满人；

左侍郎一名，满人；

右侍郎一名，满人；

额外侍郎一名，蒙人。

大臣和侍郎之下，有六司：

1. 旗藉〔籍〕清吏司——掌理内蒙各旗的疆界，各王公人等的封爵、系图和其他官属部众的会盟以及军事、邮政等事。

2. 王会清吏司——掌理内蒙各王公旗人的俸禄、岁贡、飨宴和奖赏等事。

3. 典属清吏司——掌理外蒙邮政车站事务，颁布商业上的禁令，以及管理内外蒙喇嘛的事务。

4. 柔远清吏司——掌理外蒙的王公、喇嘛的俸禄、年贡、年班等事。

5. 理刑清吏司——掌理内外蒙司法事务。

6. 徕远清吏司——掌理回部各部落的行政和年班、朝贡等事务。

各司设郎中一名至三名，员外郎四名至八名不等，多满、蒙参用。

民国之蒙藏院，其重要人员则为：

总裁、副总裁各一人；

参事二人；

司长二人；

秘书二人；

佥事十二人；

编纂四人；

翻译官十人。

以下设二司：

1. 第一司——又设三科：

a. 民治科——掌理户口、选举、警务、教育、赋税、仓储、币制、慈善、卫生、诉讼、刑罚及一切禁令等项。

b. 劝业科——掌理田产、森林、牧畜、渔猎、工、商、矿、交通等项。

c. 边务科——掌理边界及卡伦（关税），发给外人游历护照，戌〔戍〕防、团练、军需及各种军政事项。

2. 第二司——亦设三科：

a. 封叙科——掌理封爵、王公谱系、俸禄等。

b. 宗教科——掌理京内外寺庙喇嘛之札付、度牒、印信、册籍、钱粮，喇嘛之封叙，呼毕尔罕转世掣瓶，及其宗教教育各种事项。

c. 典礼科——掌理会盟、年班、宴宾及王公、喇嘛等之一切礼节。

满清时代除中央政府之理藩院外，还有特派的大臣、将军及都统等之亲任官，以监督各扎萨克和盟长，担任外国交涉等事。计有：

1. 热河都统——驻热河。治理游牧蒙古，关于区内汉人事务，则与直隶总督合议。

2. 察哈尔都统——驻宣化。

3. 绥将〔远〕将军——驻绥远城。

4. 归化城军将——驻归化城。

5. 定边左副将军——驻乌里雅苏台，管辖外蒙各部，监视外蒙汉蒙间的交易。其下有四大臣：

a. 定边参赞大臣 b. 乌里雅苏台参赞大臣	各驻乌里雅苏台，统辖外蒙及乌梁海的兵员。
c. 科布多参赞大臣 d. 科布多帮办大臣	各驻科布多，并办理阿尔泰区事务。

6. 西宁办事大臣——驻甘肃西宁府，管辖青海全境。

7. 伊犁将军——驻伊犁，管辖伊犁及塔尔巴哈台地方。

8. 库伦办事大臣——驻库伦，担任与俄国交涉事宜，除处理蒙汉间交涉事件外，还管理车臣汗、土谢图汗部的行政。

民国以来，亦适应地方的特殊情形，在热河、绥远、察哈尔设置都统。外蒙则自辛亥革命即宣言独立，后虽经中、俄、蒙会议取消独立，亦允其自治，官制方面，遂不得不变。民国四年，派陈箓为都护使，陈毅为副都护使兼乌里雅苏台佐理员，刘崇惠为副都护使兼科布多佐理员，张寿增为副都护使兼恰克图佐理员。以库伦为办事中心，以监视外蒙自治政府，使不违反中国宗主权及人民之利益。以后外蒙政情日变，中国亦于民国八年七月改设西北筹边使的制度，统辖外蒙，任命徐树铮为长官，同年十二月裁撤原设之办事大员及佐理员。民国九年，又改为库科乌唐镇抚使，这是最后的中央统治外蒙的官制了。此制实行不久，外蒙政治日益不定，民国十年二月，库伦陷落，此后外蒙遂与中央断绝和平关系。

（五）军事、宗教、教育

军队的编练法，以佐领为基本单位，旗则按佐领的多少而增减其数目。编制法如下：

1. 佐领的组织为：

佐领一人，骁骑校一人，骁骑兵五十人现役，预备兵百人。

2. 旗的组织为：

扎萨克一人，协理台吉二人，管旗章京正副各一人，参领一人，佐领六人，骁骑校六人，领催三十六人，现役兵三百人，预备兵六百人。

这是内外蒙古的编制法，至察哈尔，则编为八旗，与满洲八旗一样。

预备兵平时虽不当兵，但也要养现役兵一人，军器和马匹各为自备。男子自十八岁至六十岁为服兵期（喇嘛例外），佐领时常检查户口，如有隐匿，自扎萨克至佐领、什长、下役都要连带负责受罚。从这方面看来，这实在是很严密的征兵制度。就是现在西方各国征兵的严格也不过如此。

各部军队有属于扎萨克者，有属于驻防大臣者，更有受盟长之节制者，统辖权很不一律。但是检阅的方法却是很严。每年春季各会集于一定的地方，检阅军器和军容。乾隆元年以后，把内蒙分为二组，锡林格勒、乌兰察布、伊克昭三盟为一组。哲里木、昭乌达、卓索图三盟为一组，规定每年六月，盟长和扎萨克等均集合于一处，受理藩院的大臣检阅。外盟〔蒙〕则受定边左副将军的检阅。对马匹买卖的取缔，也限制很严，非受理藩院的许可，不得交易。康熙后虽准在归化城买卖，也以带有院的印文为限。咸丰十年又规定，卖马时须记清数目，经院许可。自然军器的买卖也是同样严禁。

一提到蒙古的宗教，就令我们寒战，马上想到宗教是多样奥秘，狠毒，和可被利用为万恶之源。马克斯说过，“宗教是雅片”，尤其是喇嘛教，直是结核病菌和淋病菌——其是蒙古人受到他的败坏。我们记得蒙古族本是健武有为的民族，曾做出了好些赫赫的武功；但是元代统一中国之后，便想利用喇嘛教来帮助他的统制，尊哈思八为帝师，更令各喇嘛分布州县，可是喇嘛做的事情，却是横暴无理之极，无非是抢男霸女，想淫乐，想发财。元代政府又极力保护他们，竭力压制人民的反抗，规定“欧〔殴〕西僧者断其手，詈西僧者断其舌”，这可说是保护喇嘛到极度了。可是元代的失掉人民拥护，很短的期间就被驱逐出去，喇嘛教是有很大的力量的。这是蒙古人想利用喇嘛教的第一着就是失败。以后就是别的族利用喇嘛教来中毒蒙古族了。

第一先说俄国人——十七世纪末，喇嘛教传入后贝加尔地方的夫里耶人，俄国就利用机会，特别加以保护。我们知道，俄国是惯用宗教、民族的口号，作为侵略的工具。在东方领土中有了喇嘛教徒，自然就是侵略蒙古的好机会了。立刻就建筑僧院，保护起喇嘛教来。这遂给予俄人以后侵略外蒙上好多方便。这是俄国利用了喇嘛教来侵略蒙古。

第二再说满清——蒙古第一代的哲布尊丹巴喇嘛（一名叫做温笃格根汗），是土谢图汗衮布多尔济之子，当噶尔丹侵入外蒙，他就主张投降满清，因此清代就特别优遇他。满清皇帝也是想利用喇嘛教帮助他的统治，到处建筑喇嘛庙，历康、雍、乾三朝，北平、热河、多伦诺尔、库伦各处各大庙都先后造成，自然有了喇嘛庙就不能没有人来允〔充〕当喇嘛。乾隆更特别奖励建庙。规定每旗必有一庙，佐领也要有一小庙，一家若有男子二人，必要一人为僧侣。政府既这般提倡，蒙人也就很愿意的走上圈套中。乾隆、嘉庆两朝，可以说是喇嘛教的黄金时代。

满清更设特定的制度，以处理喇嘛，据《会典》记载：

凡喇嘛之道行高尊者曰“胡图克图”。转世者曰“胡毕尔汗”。秩贵者曰“囷〔国〕师”“禅师”。其次者曰“扎萨克大喇嘛”、副扎萨克大喇嘛及扎萨克喇嘛，又次者曰大喇嘛、副喇嘛。上者给印，余者给付札……不守戒规者，则按法治罪。

又规定各重要城市寺庙留驻各等级喇嘛人数及哲布尊丹巴朝贡礼例。

所谓扎萨克喇嘛，是和“旗”的扎萨克一样握有一定部内的支配权，掌握政教两权，通常称为游牧喇嘛。如内蒙之锡埒图库伦扎萨克喇嘛旗，外蒙之哲布尊丹巴胡图克图旗，额尔德尼班第达胡图克图旗，青海之察汗诺纳罕旗皆是。

此外更生纠纷的就是“呼毕尔罕”。这种办法起源于宗哈巴临终的嘱言，以后即永奉行。他们相信凡胡图克图，永不会死，不过仅有转世罢了。所以在胡图克图寂灭时，立刻于各地搜找诞生的小儿，用金瓶抽签法决定哪个是胡图克图的化身。在西藏、青海，则置金瓶于布达拉庙，在蒙古则置金瓶于北平之雍和宫。虽是抽签，却也不能没有弊病，后来规定“不得由蒙古王公或扎萨克的子弟及达赖、班禅的族中掣出呼毕尔罕”。

据《会典》记载，蒙、藏共有胡图克图一百五十八人，他不但受清政府的优待和人民的敬仰，自己也有很丰富的收入。所以各旗皆竞争当选呼毕尔罕，因此旗和理藩院间遂发生贿赂，旗和喇嘛间也现出债权债务关系，最后还是民众增加了重的担负，但都希望万一当选即可本利兼收，这〈和〉赌博一样，也和拿钱买官一样。

僧庙到处皆是，喇嘛到处皆是，呼毕尔罕也到处皆是，蒙古人民却日渐减少，穷困，衰弱了。

谈到蒙古的教育，更觉可怜，恐怕没有再比这可怜的了。论说蒙古族的聪明材智并不下于他族，他的与外世界文化接触也早于满洲人三四百年。他的包容并举，能够吸收外来文化，更非他族所及。蒙古文字成为满洲文字的先河，这是他在几百年前，已尽了开导低级民族的责任，来到现在却反成了一个混混噩噩的游牧民族——弄得除了游牧外无所知了。这不能不从教育方面找原因，因为满清治蒙的根本政策是在如何使之愚。除了封锁之不使与外界交通外，又摧残其固有的文化和教育。

乾隆七年把蒙古书文献全没收了，而另印行满蒙合璧的《圣谕广训》和《观音经》。除此外蒙人无书可读。学校呢，更不用说，只有以下三种：

1. 唐古特学校——以养成藏文人材为目的，备理藩院选充吏员或派往西藏。人数以二十四名为限。

2. 托忒学校——以养成青海语文人材为目的。限于新旧杜尔扈特族子弟始可入学。以后扩充为凡通托忒文的蒙古八旗子弟皆可入学。

3. 咸安宫蒙古学校——以养成蒙古语翻译人材为目的，限蒙古八旗子弟始得入学。

以上三学事务由理藩院大臣管理。

光绪三十四年再令理藩部设蒙古学校，也是以养成翻译人材为目的。并且还都是限于特定阶级子弟才可。简单说句话，这些学校都不是为蒙古人民增进智识，谋社会幸福而办，完全是为造就支配者支配工具而办，可以说对于蒙古人生活上完全没有关系。

此外更限制到蒙人的各种生活方面：嘉庆二十年，禁止蒙人歌舞汉人剧曲，及模仿汉式房屋。其理由是要蒙人发挥固有的天真，不可染汉人习惯。道光十六年又禁止命名须采蒙古或满洲字义，不得采用类似汉名字义。十九年又禁止学习汉字，公文诉讼等件，一概不得使用汉文。王公贵族亦不得招聘汉人教授汉文，违者各有重罚。咸丰三年和光绪二年都反复着这样的禁令。直到宣统二年才把这些禁止废弛。

民国以来，虽设有蒙藏学校，以开发蒙藏文化，造就地方自治人才，与清代政策迥不相同，一方劝导各方派送子弟入学，一方用蒙藏文字刊印白话报，完全注重新智识的输入，但是蒙人教育，离着“普及”二字还不知几万万里哩！

《新蒙古》（月刊）
北平新蒙古月刊社
1934年2卷3期
（李红权　整理）

伪兴安省鸟瞰

王世安　撰

在暴日凌迟政策实施下的东北，凭空产生出来所谓“兴安省”，已竟有二年之久了。自然，我们深知暴日这种宰割的计画，是要贯彻他由“满”到“蒙”的阴谋一种圈套，当然谈不到有什么政治的建设在其间，不过在暴日所谓“兴安省”的地域里，天然的利源，是最丰富的。远一点，和他打算劫持蒙人，以遂其私图，是有同一的倾向。所以在这里，应当把目前的伪兴安省赅括的介绍一下。

为〔伪〕兴安省是在黑龙江、辽宁、热河、察哈尔、蒙古以及苏俄的中间，占有东北西境一大广泛地域。从地形上说来，该伪省北部是斜贯兴安岭的山岳地带，由此地发源的河流，东有嫩江，西有亚尔古拉河，南部则突入东北平原，并有由热河发源的西喇木伦河，经此而入于辽河。

在行政上，伪方将该地带划分为东、西、南、北四分省。该地带总面积虽拥有三亿三千八百三十万平方粁①，而总人口则不过九十六万五千人，故其密度实甚低微。此外更有旧蒙古地域的蒙人

① 此处及本篇以下各处“粁”似有误。——整理者注

五十四万余人。该地带侨居之俄人，以北“分省”为多，在中东铁路沿线及三河一带约六千人。

日人统制这一块地方的伪机关，就是伪兴安总署。在伪兴安总署之下有所为〔谓〕总务处、政务处、劝业处四〔三〕处。总务处又分为总务、会计、调查三科；政务处又分为旗政、县政、警务、文教四科；劝业处则分为畜产、农矿、工商三科。此外更设有伪兴安分省公署。其下设有所谓总务厅、民政厅、旗公署、兴安警察局及县公署。总务厅又分总务、会计二科，民政厅又分地方、劝业、文教三科，旗公署又分总务、内务、警务三科，及其他所谓旗自治会等，伪兴安警察局，下设警察署，伪县公署则分为内务、警务、总务三科与所谓县自治会。

伪兴安总署的职权，为指挥并监督东、西、南、北四“分省”以及各旗，与管掌“省”内一般行政事项。目前在行政上，把东“分省”划为五旗：喜札嘎尔族〔旗〕（索伦）、布特哈旗（札兰屯）、阿荣旗（黄花岭）、莫力达瓦旗（布西）、巴彦旗（和礼屯）。“南分省”划为七旗：科尔沁左翼前旗（西札哈齐）、科尔沁左翼后旗（吉尔嘎郎图塔拉）、科尔沁左翼中旗（巴彦塔拉）、科尔沁右翼中旗（察尔森）、科尔沁右翼前旗（乌兰哈达）、科尔沁右翼后旗（代饮塔拉）、礼〔扎〕赉特旗（巴彦哈喇）。“西分省”划为六旗：机〔札〕鲁特左翼旗（鲁北）、札鲁特右翼旗（桃儿山）、啊尔科沁旗（昆都）、巴林左翼旗（林东）、巴林右翼旗（大板上）、克什克腾旗（经棚）、开鲁县旗（林西）。“北分省”划为六旗一市：索伦旗（南屯）、新巴尔虎左翼旗（阿穆古朗）、新巴尔虎右翼旗（啊尔坦教喇）、陈巴尔虎旗（马珠尔和砚）、额尔克纳左翼旗（奈勒穆图）、额尔克纳右翼旗（吉勒穆图）、海拉尔市（海拉尔）。

以上是伪兴安省政治上的大概情形。至于经济的情况，约述于次。

该伪省区的产业，虽以牧畜与农业为首位，可是金、石炭、矿油等矿产的资源也颇丰宽〔富〕。其他天然特产物，如食盐与渔业，均为不可轻视的产业，尤其是大兴安岭山脉地带的大森林区。至于工业方面，虽说生产材料比较的丰富，惟尚少值得特别记述的东西，仅仅适应各地的情形，而有油房业、制粉业、窑业、烧锅、碱业、兽毛加工业等小工业，所以与其说是工业区，毋宁说它是原料的供给地。

先述畜牧业。

伪“分省”由于近年耕地的增加，而牧畜者因之减少，加以年来社会的不安，以致家畜的数目显著地减少。减少的头数，此〔北〕部较南部为多，大略绵羊约减一万二千只，山羊三千只，牛一万头，马一万五千匹。伪南“分省”因久为义勇军之根据地，尤以南部各地为甚，故畜产减少的实在数目，虽未调查清楚，但知羊数减少者为最多，牛则次之。大约绵羊约减少二十四万一千五百只，牛十五万四千头，山羊十万只，马（骡亦包括在内）九万四千匹，骆驼二百头。伪西“分省”畜产颇盛，以牛为最多，羊次之。巴林左翼旗、阿鲁和〔科〕尔沁旗方面，对于马的饲育，最为盛行。但近来因南方农耕事业渐兴，致纯以牧畜为业者，有减少之倾向。推算畜产减少的数量，则绵羊六万九千五百只，山羊二万八千只，羊九万三千头，马（包含骡子）五万四千匹，骆驼四千七百头。伪北“分省”是“省”内的纯牧地，居民大部分以牧畜为生。畜产数量，大约绵羊可九十二万五千只，山羊五万一千只，牛十三万四千七百头，马十一万五千匹，骆驼四千九百六十四头。

次述农业。

伪东“分省”以布特哈［特哈］旗之中东铁路沿线，与莫力达瓦旗之诺敏河及其支流流域为农耕主要地带，在阿荣旗、巴彦旗各河流沿岸，也有若干的土地。农产品以谷子为最多，间产小麦。布西附近产大豆、高粱、玉蜀黍。耕种者，南部一带以汉人为多，后因汉人之往北迁徙，蒙人从事于耕种者，亦日益增多。耕地面积，大约既耕地为六十一万二千平方粁，未耕地为一千一百四十八万平方粁。

伪南“分省”除北部山脉地带外，耕地亦比较不少，尤其在科尔沁左翼中旗以南的耕地为最多。耕地面积，大约既耕地一千零八十四万平方粁，未耕地为一千二百四十三万平方粁。汉人、蒙人，均从事于耕作。又辖区内经营水田的朝鲜人数约二千人。农产品，全区以高粱、谷子、黍为最多，大豆、小麦次之。利〔科〕尔沁左翼中旗以南以高粱与粟子为最多，大豆、包米次之，在札赉特旗一带产粟较多。又札赉特旗、科尔沁右翼前旗，以及科尔沁左翼中旗南部，尚有若干水田，岁产大宗水稻。

伪西“分省”在锡喇木伦河流域以北之平原地带着〔有〕若干耕地，从事于农业者，为汉人与蒙人。主要农作物为谷子、荞麦、瓜子、高粱等。在林西、克什克腾旗地方，颇产麦（燕麦）、小麦，耕地之面积［实］，未有详细的调查，然据推算的结果，大约已耕地为二千二百平方粁，未耕地为九千九百平方粁，计划开垦地面积约一万二千平方粁。

伪北“分省”以中东铁路沿线、额尔克纳流域地方，以及三河流域地方为主。而中东铁路沿线，则由汉人与俄人耕种，以牙克石、海拉尔、札赉诺尔附近为主要地。额尔克纳河流域一带的汉人与俄人，多从事于农耕，三河一带的土地，比较的肥美，俄人之从事于农牧者，约五千人。农产品，中东铁路沿线以蔬菜之类为主要产品，而额尔克纳河与三河一带地方，则以小麦、燕麦为主，也栽培自用的蔬菜。耕地面积，大约已耕地为三十四万一千七百平方粁，未耕地约一千三百七十万平方粁。

次述矿业。

该区内地下埋藏矿产的种类与分量，虽无精确的调查，可是石炭、矿油与其他矿的埋藏，确也不少。如以现今的调查，或过去的调查来说，东“分省”内巴彦旗方面，有甘河炭矿（现在休止状态中）与同旗利礼屯方面的水晶矿。西“分省”内有札鲁特右翼旗的炭境〔矿〕、巴林左翼旗之铁矿，也产水晶。南“分省”内科尔沁右翼前旗二龙索口地方有炭矿，在索伦山方面发现有露出的石炭。在北“分省”内则有中东铁路经营的札赉诺尔炭矿。其次吉拉林河沿岸以及奇乾各地方，实行着沙金的采集。

次述渔业。

“省”内渔业地区，虽以北“分省”之呼伦池及贝尔池之二大湖，及属于二大湖泽之各水系为最盛，然的以马尔顺河背面之呼伦他〔池〕为主要地，其他尚有东“分省”内之甘河、诺敏河、雅鲁河，以及南“分省”之归流河、嫩江支流等产地。呼伦池去满洲里东南约十六粁，为一椭圆形大湖，周围百七十粁，湖内所产的鱼类以鲤、鰤（鲋）为主，他如鲶鱼、白鱼等，亦复不少。在夏冬二期，以曳网捞鱼，捕获的鱼类大部销售于满洲里市场。札赉特旗内之绰儿河与其他地带所产的鱼类的，以鲤、鰤为最多。

次述森林。

伪“省”内的森林以北“分省”东北部与索伦一带以及克什克腾旗西北部的大兴安岭及其支脉地带之唐松、白桦为主，其他尚有杨类、柳类、赤杨等等树种。产木地积，大约东“分省”约有五万八千八百平方粁，西“分省”内约一千二百平方粁，南“分省”内约八千平方粁，北“分省”内约五万三千二百平方粁。

最后则为盐。

弥漫于本“省”内地之亚尔加利一带，在某个时期，虽也产盐，惟未达采用的程度，仅北“分省”内的盐湖，在“东北事变”以前，每年采盐约二三十万贯而已。

《黑白半月刊》
上海黑白半月刊
1934年2卷8期
（李红菊　整理）

布列耶蒙古之今昔观

作者不详

苏俄在西比利亚于一九二三年卒击败白俄后，即使布列耶蒙古成立社会主义共和国。共和国成立之初，其人口有五十万，多数为游牧民族，幅员四十万方公里，既无工业，又无道路，人民之不识字者占百分之九十二，旧农及喇嘛之势力甚大，彼等至一九二九年尚有肥沃耕地二十万公顷，其所有牧畜占总数百分之十七。第一届五年计划期内，工业建设方面之投资达二千三百万卢布，造成印刷所二，机器制造厂、汽车修理厂及电气厂各一。本年投资一千万卢布，建筑机关车、汽车修理厂（工人一万四千人）、玻璃厂（年产一万二千吨）、肉厂及大煤矿工场各一所。该国全面积之百分之七十八为森林地带。现已建成锯木厂二，以为发展木材资源之初步。农业方面之发展亦极可观。现时农户中百分之六十五已加入集体农场，后者所耕田地已占可耕地总面积百分之八十三，其所有耕畜占总数百分之六十二，一九二八年尚无耕种机，现有机器耕种站十五所及刈草站十九所。十年来播种面积已自一八〇，〇〇〇亩增为三七六，〇〇〇亩，其最重要之结果即为四万六千游牧户中已有一万二千营定居生活矣。此地文化亦与经济并驾发展。现时识字人数已占总人口百分之七十八，并实行强迫初级教育，采用拉丁字母。现有技术学校九所，大学三所，研究所三所。首都正建造大规模之文化宫一所。西药应用日益普遍，公共卫生预算自一九二三年之二十万卢布增为一九三三年之三百万。该共和国进步之铁证厥为人口之空前增加，即于十年内已增加百分之十七。第二届五年计划期内将建设大规模锯木厂一所（年产木材十八万立方公尺），编织厂一所（年制造值四千五百万卢布之货物），皮革厂一所，并将完成列车修理厂一所。一面铁路建设亦将进行，内有一线自首都通至乌克塔，乃将该国与苏联流通之第一线，迄第三届五年计划时将实现昂加尔斯罗依大厂计划，将该地成为世界最重要工业中心之一。境内已发现大宗铁矿及金、银、铝、锌、锡、镍、铜、煤、煤油诸矿，至于阿立伯石墨之藏量允推世界第一。为使上述富源成就社会主义建设计，须用大量电力。此项电力即能由昂加拉河（自贝加尔湖流至叶尼塞河）供给，其费用每瓶〔瓩〕小时价值〇·六五哥比。据马列希夫教授报告，昂加拉河及其支流所能供给之电力，占苏联全境水电百分之七十三。布列亚〔耶〕蒙古院〔原〕有伟大之水电泉源以及丰富之矿产，自能成为全联邦若干工业（即需要多量电力、非铁质金属、轻金属、综合橡皮、铁质合金、优等钢等等之工业）之中心云。

《苏俄评论》（月刊）
南京苏俄评论社
1934年6卷6期
（朱宪　整理）

蒙古锡林果勒盟鸟瞰

关震华　辑

一、位置

蒙古锡林果勒盟，在察哈尔省之东北部，地当兴安岭之西北，东接呼伦贝尔之索伦，及辽宁省境内之哲里木盟之西北境，西接绥远省境内之乌兰察布盟，南与察哈尔八族〔旗〕及热河境内昭乌达盟之西北境相连，西北一带，接近外蒙，面积约有十九万八千余方里。

二、地势

本盟之地势，大致属于高原地带，戈壁之沙漠，自西北过本盟之南境，迤逦达于东南。本盟东南一带，有兴安岭山脉围绕，西北部因沙漠逐渐低下，故本盟境内之水道，大半向西北流，没于沙中，亦间有潴为湖沼者，有名之达巴苏诺尔，即在本盟乌珠穆沁古〔右〕旗与浩齐特左旗之开〔间〕，产盐甚盛，详见产业章。

三、旗分

本盟系由五部十旗构成，其名称如左：

甲、乌珠穆沁部，计二旗：

乌珠穆沁左旗，——俗呼东乌珠穆沁。

乌珠穆沁右旗，——俗呼西乌珠穆沁。

乙、浩齐特部，计二旗：

浩齐特左旗，——俗呼东浩齐特。

浩齐特右旗，——俗呼西浩齐特。

丙、阿巴哈那尔部，计二旗：

阿巴哈那尔左旗，——俗呼东阿巴哈那尔。

阿巴哈那尔右旗，——俗呼西阿巴哈那尔。

丁、阿巴噶部，计二旗：

阿巴噶左旗，——俗呼东阿东〔巴〕噶，或阿巴噶大王。

阿巴噶右旗，——俗呼西阿西〔巴〕噶，或小阿巴噶。

戊、苏尼特部，计二旗：

苏尼特左旗，——俗呼东苏尼特。

苏尼特右旗，——俗呼西苏尼特。

四、沿革

甲、乌珠穆沁部两旗之地，在辽时为上京道之北境，金时隶北京路，元时隶上都路，明初为蒙古所据，清崇德间，隶入版图。

乙、浩齐特部两旗之地，在辽时为上京道之西境，金时属北京路，元时隶上都路，明初为蒙古所据，清顺治间，隶入版图。

丙、阿巴哈那尔部两旗之地，在汉时为上谷郡，晋时属于拓拔氏，唐初入于突厥，辽时当上京道之西境，金时为北京道之西北境，元时属上都路，明初为蒙古所据，清康熙间，隶入版图。

丁、阿巴噶部两旗之地，在晋时，属于拓拔氏，隋唐时入于突厥，辽时为上京道之西境，金时隶北京路，元时隶上都路，明初为蒙古所据，清崇德年，隶入版图。

戊、苏尼特部两旗之地，在汉时为上谷郡，后汉时鲜卑、乌桓居于此，晋时为拓拔氏之地，隋唐时入于突厥，辽时置抚洲，金仍之，属于西京路，元时隶于兴和道，明初为蒙古所据，清崇德间，隶入版图。

五、世系

本盟之五部十旗中，乌珠穆沁部两旗，浩齐特部两旗，及苏尼特部两旗之札萨克，皆系元太祖之裔，其阿巴噶部两旗及阿巴哈那尔部两旗之札萨克，皆系元太祖之弟布格博勒格图之裔。兹分述于后：

甲、乌珠穆沁部　元太祖第十六世孙图噜博罗特，由杭爱山徙牧瀚海南，子博第阿喇克继之，其第三子翁衮都喇尔，号所部曰乌珠穆沁。翁衮都喇尔之少子多尔济，初服属于察哈尔，因林丹汗不道，偕兄子色棱及所部，复徙牧瀚海北，依喀尔喀。清天聪九年，大军收察哈尔，偕车臣汗、浩齐特、苏尼特诸部通贡。崇德二年，率属来归。六年，封札萨克亲王，是为乌珠穆沁右旗设立之始。翁衮都喇尔长子绰克图之子色棱，于崇德二年来归，顺治三年，封札萨克贝勒，是为乌珠穆沁左旗设立之始。

乙、浩齐特部　元太祖第十六世孙图噶〔噜〕博罗特，再传至库登汗，号所部曰浩齐特。库登汗长孙奇塔特札干杜棱土谢图，早卒，子二：长噶尔玛色旺，其母因避密〔察〕哈〈尔〉林丹汗之虐，往依喀尔喀车臣汗。顺治八年，噶尔玛色旺率弟斑第墨尔根楚琥尔及所属来归，十年授札萨克郡王，是为浩齐特右旗设立之始。库登汗次子奇塔特昆杜棱额尔德尼车臣楚琥尔之子博罗特，初以避察哈尔林丹汗之虐，徙依喀尔喀车臣汗。顺治三年，授札萨克贝勒。是为浩齐特左旗设立之始。

丙、苏尼特部　元太祖第十六世孙图噜博罗特，再传至库克齐图墨尔根召吉，号所部曰苏尼特。其长子布延晖召吉之子绰尔衮，居苏尼特西路，版属于察哈尔，因林丹汗不道，徙牧漠北。崇德三年，绰尔衮之子素塞率属来归，七年授札萨克郡王，是为苏尼特右旗设立之始。布延晖召吉少子布尔海楚琥尔子塔巴海达尔汉和硕齐，居苏尼特东路，服属于察哈尔，因避林丹汁之虐，亦徙牧漠北。崇德四年，塔巴海之子腾机思率属来归，六年授札萨克郡王，是为苏尼特左旗设立之始。

丁、阿巴噶部　元太祖之弟布格博勒格图，十七传至巴雅思瑚布尔古特，长子塔尔尼库同，号所部曰阿巴噶。其曾孙多尔济，初服属于察哈尔，因避林丹汗之虐，徙牧漠北。崇德四年，率属来归，六年授札萨克郡王，是为阿巴噶左旗设立之始。多尔济之从孙都思噶尔，亦避林丹汗北徙，顺治八年来归，授札萨克郡王，是为阿巴噶右旗设立之始。

戊、阿巴哈那尔部　元太祖之弟布格博勒格图，十七传至巴雅思瑚布尔古特，其次子诺密特默克图，号所部曰阿巴哈那尔，其曾孙色棱墨尔根，初依喀尔喀，康熙初，慕化徙牧漠南，乞归诚，允之。六年，授札萨克贝勒，是为阿巴哈那尔右旗设立之始。色棱墨尔根之弟伊思喇布，康熙四年来归，授札萨克贝子，是为阿巴哈那尔左旗设立之始。

据右所述之事实，可以察知左列各点：

一、本盟各旗，系因被虐自动来归，并非清代取武力征服者。

二、清代因各部固有之领袖，畀予名义，以资统辖，并非清代有意以王公名义，牢笼愚弄蒙民。

三、本盟各部归顺清代，大半在清代入关之先。此点与清代之兴，明代之亡，具有绝大关系，读史者应加注意。

六、政治组织

清代初叶，于蒙古各部来归之后，即仿照满洲八旗之制度，将蒙古各部编立旗分，并划分牧地，以免争执。其制，每壮丁一百五十人，置佐领一员领之，合数佐领，置一参领，更合数参领，编立一旗，置札萨克一员统辖之。札萨克之外，别置协理一人二人或三四人佐理之，更置管旗章京一人，副管旗章京一人或二人，承办旗务。札萨克系世袭罔替，协理例由札萨克之同族中，遴员充任；管旗章京、副章京，则平民可以充任。处理旗务，例由札萨克、协理共同负责，以防札萨克专擅。札萨克有故障时，即由协理护印，故旗务不致无人负责。管旗章京、副章京，由平民充任，以便平民得以参政，此种办法面面俱到，在承平时期，殊不失为良好制度也。

合数旗或十数旗乃至二十余旗，编为一盟，于一定时间，令各旗集合于一定之地点，会盟一次，检阅军实，并就便处理重大事务，即就其会盟地点，以为盟之名称。例如本盟之五部十旗每三年应于锡林果勒河畔会盟一次，故名锡林果勒盟。

盟有盟长、副盟长各一人，主持盟务，事实上皆以旗之札萨克兼之，更有设置帮办盟务一人或二人者，惟本盟及乌兰察布盟未设，别设备兵札萨克一人，其职务为钤辖全盟蒙兵。本盟亦有此缺，此本盟政治组织之大略也。本盟及各长官之衔名，详见附录。

七、社会概况

本盟各旗，因地居察北，距离内地窎远，迄今未受汉化。衣、食、住及风俗、人情、语言，均保持蒙古固有之风气，全盟不见一尺之农作地，亦未有移住之内地人，一般蒙民，均住于蒙古包内，驱牲畜，逐水草，以为生活。性勇敢，体强壮，惜以教育未与，知识落伍，滋可惜耳。

八、交通

本盟为由张家口至库伦，及由张家口至满洲里必经之大道，位置极关重要。旧日交通，全凭台站，国家设官管理之，迄今仍未全废。兹将自张家口台站至本盟各旗之里数分述如下：

甲、自张家口台站西路第九台起：

至苏尼特右旗札萨克府一百五十里；

至苏尼特左旗札萨克府七百五十里；

至阿巴噶右旗札萨克府一千一百五十里；

至阿巴噶左旗札萨克府一千四百五十里；

至阿巴哈那尔右旗札萨克府一千六百七十里；

至阿巴哈那尔左旗札萨克府一千七百七十里；

至浩齐特右旗札萨克府一千八百八十里；

至浩齐特左旗札萨克府一千九百九十里；

至乌珠穆沁右旗札萨克府二千三百一十里；

至乌珠穆沁左旗札萨克府二千九百一十里。

乙、自张家口台站头台起，沿东路台站，至乌珠穆沁右旗，计八站，约一千四百五十里。

台站交通，完全用马，平均每日以一百里计之，则由张家口台站第九台起，至本盟东端之乌珠穆沁左旗，约需三十日；由张家口头台沿东路台站，至乌珠穆沁右旗，亦须十余日。若普通行人，则大半乘坐牛车，迟钝更甚。且沿途并无旅馆，行人只得借宿毡帐之中，烦闷欲绝，交通之不便如此。

本盟东端之乌珠穆沁左旗，其东南与科尔沁之图什业图及达尔罕两旗，暨昭乌达盟之札噜特旗、阿噜科尔沁旗为界，又乌珠穆沁右旗南与昭乌达盟之巴林旗为界：故此二旗，与热河之距离较近。例如由热河之赤峰县（两翁牛特旗之地）北行二日，可抵乌丹城，过巴林桥（桥跨潢河，石工坚致，略与芦沟桥相似），再三日，可达大坂；复西北行，约十日，可达西乌珠穆沁与东浩齐特之间之达巴苏诺尔盐池。由是可知由赤峰至盐池，共须十五日，较之由张家口台站前往，实更便利。现在热河已入日人掌握，本盟之危险，自无待言。

又昭乌达盟翁牛特右旗境内之乌兰布通山（清康熙二十九年，噶尔丹进犯，曾大败于此）与察哈尔之多伦诺尔，相距仅二百里。多伦诺尔为张家口东大道之要径，日人若由热河北境进取多伦诺尔，则本盟与张家口东道之交通中断矣。

本盟各旗，不通邮政，公文递送，全凭台站。

张家口北有地，蒙古名哈木呼，汉名滂江，为由张至库伦汽车路之一要站，该处距西苏尼特王府不远，有电报局一，故中央与该旗可以通电，本盟其他各旗，则不能。此本盟各旗交通上之大概情形也。

九、物产

本盟各旗，纯系游牧社会，故物产以牲畜为大宗，农作物则绝无，人民所需，多由热河北境输入。

乌珠穆沁右旗，产马甚有名，体不大而健走，清时曾以进贡，惜无麸料，故马有驰力而无耐久力。

本盟各旗产骆驼亦不少，尤以两乌珠穆沁及两浩齐特等四旗所产为多。吾人旅行各该旗时，常见数百成群，背峰凸出之黑影，映于夕阳，诚朔北之异观也。

兹将本盟各旗每年所产牲畜之约略数目，列表于左：

锡林果勒盟各旗每年牲畜产量调查表

旗名	牛数	马数	羊数	骆驼数
乌珠穆沁左旗	四五，〇〇〇	一〇〇，〇〇〇	一三二，〇〇〇	一，〇〇〇
乌珠穆沁右旗	一二〇，〇〇〇	二五〇，〇〇〇	三四〇，〇〇〇	四，〇〇〇
浩齐特两旗	四〇，〇〇〇	四〇，〇〇〇	六〇，〇〇〇	二，〇〇〇
阿巴哈那尔两旗	三〇，〇〇〇	二〇，〇〇〇	一〇〇，〇〇〇	一，〇〇〇
阿巴噶两旗	八〇，〇〇〇	六〇，〇〇〇	一五〇，〇〇〇	一，〇〇〇
苏尼特两旗	二五，〇〇〇	二〇，〇〇〇	一〇〇，〇〇〇	一，五〇〇
总计	三四〇，〇〇〇	四九〇，〇〇〇	八八二，〇〇〇	一〇，五〇〇

本盟西乌珠穆沁与东浩齐特两旗之间，有一盐池，蒙名达巴苏诺尔，池周约三十余里，水面结成盐冰，水底率成盐粒，随取随结，永无尽止。盐色明洁若水晶，味至鲜美，远胜海盐。每年阴历四月至八月之间，出产最旺，销路极广，所请〔谓〕“大青盐”者是也。现由口北蒙盐局运售，每年由盐务署拨给该两旗办公费各六千两，订有合同。

又苏尼特右旗境内，亦有盐池，面积较小。

十、人口

本盟各旗，尽系蒙人，移住之内地人，几可谓绝无仅有。其人口总数，向无精密之统计，兹据调查之略数，列表于左：

锡林果勒盟各旗人口统计表

旗　名	人　数	备　考
乌珠穆沁左旗	八，〇〇〇	境内无移居之内地人
乌珠穆沁右旗	一八，〇〇〇	同　上
浩齐特左旗	六，〇〇〇	同　上
浩齐特右旗	四，八〇〇	同　上
阿巴〈哈〉那尔左旗	八，〇〇〇	同　上
阿巴〈哈〉那尔右旗	六，〇〇〇	同　上
阿巴噶左旗	一〇，〇〇〇	同　上
阿巴噶右旗	一〇，〇〇〇	同　上
苏尼特左旗	一三，〇〇〇	同　上
苏尼特右旗	一〇，〇〇〇	境内稍有移居之内地人
总　计	九三，八〇〇	

注：全盟面积共计十九万八千余方里，而各旗人口总数，只有九万余人，平均每二方里只得一人。

十一、宗教

本盟各旗蒙民，均笃信黄教，各旗大半有喇嘛庙数座，一般蒙民虽皆住于蒙古包内，而喇嘛庙则多为美轮美奂之建筑物。喇嘛庙之大者，并有活佛，以为住持。活佛圆寂后，照例由其弟子，寻访灵异幼童二人，呈请中央签掣一人，为其呼毕勒罕，以传衣钵。自清代乾隆末年以迄现在，均系如此办理。兹将国民政府成立以后，掣定本盟各旗之呼毕勒罕，列表如左：

国民〈政府〉成立掣定锡盟各旗呼毕勒罕调查表

旗　名	庙　名	呼图克图名称	呼毕勒罕人名	掣定年月
阿巴噶左旗	广化寺	活佛喇嘛	普噶尔札玛	十九年□月
浩齐特左旗	崇善寺	毕里克图诺们罕	齐拉棍巴图尔	十九年八月
阿巴噶右旗	广法寺	南吉特多尔济呼图克图	拉吉布噶尔玛萨迪	二十年八月
乌珠穆沁左旗	惠缘寺	坐床呼图克图	乌勒吉巴雅尔	二十年八月
乌珠穆沁右旗	锡迪寺	坐床呼图克图	林沁	二十年八月
阿巴哈那尔右旗	霍达拉乌勒济图庙	额尔德尼默尔根呼图克图	罗布桑丹津	二十一年九月

十二、从史地学上观察本盟现在之危险状况

日人既已取得热河，吾侪依史地学上之见地，预料其行将进取本盟，其理由如左：

1. 本盟之乌珠穆沁左旗，邻接辽宁省之科尔沁右中、左中两旗，不取本盟，则辽宁省之西北不固。

2. 本盟之乌珠穆沁左右两旗，邻接热河之巴林、札鲁特、阿噜科尔沁等旗，不取本盟，则热河之西北不固。

3. 本盟之苏尼特右旗，为由张家口至库伦汽车道所经之路；乌珠穆沁左右两旗为张家口至满洲里（所谓东大道）之大道，取得本盟，可以断绝苏俄与中国之交通。

4. 本盟西邻乌兰察布盟，南接察哈尔左右翼八旗，取得本盟，则西可进取绥远，南可进攻张家口，以席卷长城外各蒙旗。清代入关之先，对于明室，即系采取如此之包围形式。

5. 本盟地势，东高而西低，攻取较易。

6. 本盟孤悬察哈尔省之东北隅，交通困难，防御空虚，日人

新胜之威，取之殊易。

此外尚有政治上之原因，暂从省略。

十三、从史地学上之见地筹议巩固本盟之办法

据以上所述情形，可见本盟在今日所处之地位，实属危险已极，吾侪依史地学上之见地，酌拟办法如次：

甲、治标办法：

1. 应于多伦诺尔地方，配置重兵，以资控制本盟，并以杜遏日人由热西犯之路。

理由：查多伦诺尔地方，为察东重镇，南距张家口五百四十里，能通汽车，一日可达，马行约四五日可达；东去热河之赤峰、林西、经棚等县（即蒙古翁牛特、巴林及克什克腾等族地），北距本盟之乌珠穆沁右旗，均不甚远，且为东大道必经之地，亟应配置重兵，一以作本盟之声援，一以防遏日人西犯。

2. 应由多伦诺尔至西乌珠穆沁、东浩齐特两旗交界处之盐池地方，布置防线，以固本盟防务，并以保护利源。

理由：查乌、浩两旗，居本盟之东部，如能扼守此两旗，则本盟西部各旗，均可不致动摇。又盐池所产之盐，关系口北民食，利源极大，尤所必争。故应以多伦为后路，而布置防线至于该处。

3. 应于滂红〔江〕地方，配置重兵，以固张、库间之交通，并以防遏日人进窥绥远之乌兰察布盟。

理由：查滂江为张、库间之要道，西距乌兰察布盟之四子王旗不远，故应配置重兵于此，用资维护。

4. 应从速便利各地之交通。

理由：查张家口至多伦间，及张家口至滂江间，现在均已通行汽车，惟多伦以北，及滂江以东，暨本盟各旗间，汽车尚未畅行，

亟应从速修治。至于沙漠不便行车之地方，可仿照清代于公成龙在本盟运粮办法，砍代〔伐〕细柳，颠倒束而铺于沙上，则车轮不致没于沙中矣。

乙、治本办法：

1. 应划本盟各旗及热河昭乌达盟北境各旗为一特别行政区，遴任熟悉蒙情大员，畀以军政大权，积极开发，以固永久。

理由：查本盟东部各旗，及昭盟北部各旗，均在索岳尔济山左右，东扼吉、黑两省西道之冲，为日人西上所必经；北控制外蒙车臣汗部落，为外蒙南下必由之路。地跨热、察两省，广袤凡四十余万方里，而蒙户寥落（本盟各旗每二方里只得一人），一望荒芜，实不足以言守御，且各该旗去该管省政府极远，不惟鞭长莫及，且分隶于两个省，政府事权不一，呼应亦难期灵敏，故须另组统一的机关，统筹办理，至于详细办法，当另篇详之。

附录一　锡林果勒盟长官衔名表

官　名	姓　名	备　考
盟长	索诺木喇布坦	亲王
副盟长	德穆楚克栋鲁音〔普〕	亲王

附录二　锡林果勒盟各旗长官衔名表

旗　名	官　名	姓　名	备　考
乌珠穆沁右旗	札萨克	索诺木喇布坦	亲王
乌珠穆沁左旗	札萨克	多尔济	郡王
浩齐特左旗	札萨克	桑达克多尔济	郡王
浩齐特右旗	札萨克	松济克旺朝克	郡王
苏尼特右旗	札萨克	德穆楚克栋鲁普	亲王
苏尼特左旗	札萨克	林沁旺都特	亲王
阿巴噶左旗	札萨克	布特伯勒	亲王
阿巴噶右旗	札萨克	松诺栋鲁布	郡王
阿巴哈那尔右旗	札萨克	索特那木诺尔布	贝勒

续表

旗　名	官　名	姓　名	备　考
阿巴哈那尔左旗	札萨克	把拉贡苏隆	贝勒

《新亚细亚》（月刊）
上海新亚细亚月刊社
1934 年 7 卷 3 期
（李红菊　整理）

阿拉善旗现况

黄举安　著

旗务组织

阿拉善旗（定远营）现任扎萨克达理札雅清〔亲〕王，其人甚精明，对于目前国内外情形颇为熟悉，且彼之汉文程度甚好，时阅报章。盖彼住居北平多年，闻今方学蒙古话；而作者与彼晤面数次，彼之汉语甚为流利。当作者在旗之时，彼曾有禁令多起，如禁娼、禁酒、禁烟，并禁止街上随意便溺及堆垃圾等污秽之物于街头，种种设施，颇与现行之新生活运动相吻合。当时作者曾云，定远营可为蒙古之模范区也。该旗政治组织颇为简单，扎萨克以下设政务处，主持全旗政治；次为典仪处，管理全旗祭典事宜；再为理事官厅，主持全旗诉讼事宜。兹列表如次：

- 扎萨克
  - 政务处
    - 护印协理台吉一员
    - 记名协理台吉一员
    - 管旗章京正副二员
    - 梅林章京正副二员
    - 参领正副四员
    - 左领八员
    - 骁骑校八员（管理军事）
  - 典仪处
    - 三品排坛达一员
    - 四品排坛达一员
    - 五品排坛达一员
    - 三品典仪员一员
    - 四品典仪员一员
    - 五品典仪员一员
    - 巴各三十六员（管区或部长之意）
  - 理事官厅
    - 设总管达拉古一人（管境中诉讼事件）
    - 书记若干人

工商业

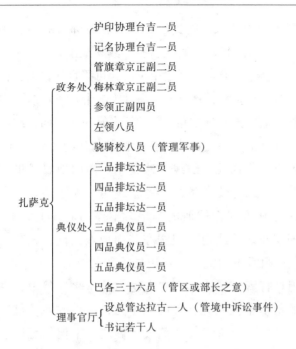

阿拉善为内外蒙古及包头、甘、宁、青各省之商业中心，过去商务极为发达，近年因受世界经济不景气影响，而毛皮价格且渐低落，且以民十八惨遭西北军抢劫，迩来商业甚为凋零，目前均仅维持现状而已。大小商号共约二百余家，其资本多至二三百万者，但仅以数元来回周转而借以糊口者，亦颇不乏人也。然其特点，经济权多操诸镇番（民勤县，甘肃）人之手，此地虽各省有人，而镇番人占总数百分之八十以上故也。不仅商业上有此特征，其他如工、如农以及入蒙旗籍为蒙人招赘而事牧畜者，皆为镇番人占优势也。盖因镇番人能吃苦忍耐之故耳。

蒙古尚在畜牧时代，本无所谓工业。此所谓工业系手工业，如织扎绒褥子及马鞯者约十余家，能销于内外蒙古及邻近省份，中以马鞯及坐垫为最易销售之货，因蒙人善骑，故易推销。

织毛布袋的利息也还不错，如厂主用十四元可买百斤羊毛，梳洗净净〔尽〕，可得尽〔净〕毛七十余斤，可织二十六条口袋；青年人每日可织一条（老年人六日方可），每条价值一元三四；纺线时搬车童工，每月可得工资一元；能织的学徒，每年得工资八元，二年出师后，年可得二十四元。纺线方法是用一向内地农村里纺线相似的车，车上有钉，可绞十条，但每条线用一人添毛。当车转动时，一人抱包已弹得如棉绒似的羊毛，不停的向线上添毛，而愈添愈长，此即织布之毛线也。织法亦与内地农人同，先穿经线，与内地全同，惟织时不用机头，不用梭子，在地上以手作梭，将线来回互穿，用具打紧，甚速，但亦太吃力耳。此外是做蒙古包的，蒙古包小的价值十五六元，大的二十元，因小的墙子仅用二百余根棍子，大的用三百来根，他们成本做墙子木棍每百根值二元，作成功后值四元，做顶子的每百根三元，做成就值五元，此外仅加门筐〔框〕及蒙古包之圆顶，而便成蒙古包的骨干也。此外铁匠、木匠、裁缝、皮匠、铜匠为最多。此因蒙人不善工业，一切衣食住房全赖汉人造就，而已则只事牧畜，但又不知改良，此亦为蒙古社会不能进步之一大原因。定远营之蒙人较进步者，衣物没有那样笨重，而汉蒙界限不若他旗之严，以是招赘者日多，混血儿亦触目可见也。

教 育

阿拉善的教育尚在萌芽时期，城内仅有两所私塾，是商民联合办的，中以汉人子弟为中心，他如满、蒙子弟亦不少。每校学生约四十余人，学生每年束脩四元起码乃至八元不等。教本是经书，方法旧式注入法。这是旅蒙的汉人所办，与王爷无关，只能征求同意而已。据前日张副官的来信说，现在已成立国民小学校了，这是阿旗设立学校的先声呢。

建　筑

阿拉善的建筑全采北平式，凡到过定远营的都会知道，胡同的排立与街道的样式都与北平差不多，不过没有那样宽大，没有柏油马路罢了，民房建筑高矮，与屋子方向，及其采光等等无不相同。如贵族或喇嘛住屋内都油漆，且多绘图案，天板多用新式花纸所糊。吾人置身于其中，如在北平，而忘掉在沙漠之中。如王府花园中，亦砌了不少的假的石山，这多是模仿北海的工程。

阿拉善建筑能够模仿北平式，是因为当年和碍〔硕〕公主（鹅掌公主）驾〔嫁〕与该旗王爷的时候，所带去的满洲人，当时据说仅八家，而今蕃殖到不知有多少家了。且今日在该旗满人还有相当势力，现在王府中作官的大都是满人，普通收租吃饭的大概亦占三分之二呢。

此外西花园、四和园、二和园等也值得介绍的。西花园已经颓废了，现为王爷的跑马场，当中是一条阔广的大道，道旁沿途均种了柳树。作者当时在路上走的时候，恍如尚在南京的中山路上散步呢。后来进了四和园的大门，窥视当中的布置，当时不知花了多少血汗与工程，楼台水榭及凉亭真是无一不备，读书斋、赏月亭尤为精致。树木如松柏、桃李、苹果等树皆甚齐全。当作者在园中之际，桃花已放，地上绿草葱葱，且有一条如带似的流水，水声潺潺。而贺南山即掩映于前，谁料沙漠中有如此的乐园呢。当作者未至此时，亦未料及，可是不幸得很，我们看的都是败瓦颓垣了，而从前种花草的数十亩肥沃的地，今已为农人的园地了。

有的房屋仅存墙壁而无屋顶，有的仅存屋顶而墙壁已塌，实令人不禁浩叹之致。据云此园毁坏原因有二：一说是迷信，云屋中有鬼，时常出没，故尔拆毁；一说是民十八西北军到时，人民久困无柴，故拆作燃料；又有说为兵烧。总之，勿论怎样说，此园是沙漠中独一无二的建筑，它的被拆实出于不幸，当地人而今追惜，有如吾人之惜“圆明园”是同样的感慨。

陵 园

蒙古人死是用火烧，或置诸于荒山及沙漠之上的（有的亦用土葬，与汉族相处的如是）。贵族如札萨克者，死后则用棺材土葬，但有陵园王公在这儿初见。陵园是在定远营的东关外，距城约四五里，该园共有四个，每个约数十亩阔大，中有很高大的房屋，有两重围墙，并有古松老柏及其他种树木。作者以为当中有碑记及古物，殊进去一望，除屋外，并无一物，不禁令人失望。由一位看墓者告述我说，这是老王爷的墓，第二个二代王爷的墓，至四个为进〔近〕代王爷及家族之墓八个①，因年代的关系，而第四院的树木甚少且小，而不如老王爷院中之树木苍老也。

城隍庙的碑碣文

盖惟神明普照千秋，肃瑟视之，诚感不爽，百代仰恩德之大粤。自定远之地，古有兵部右侍郎过〔通〕智、大理侍〔寺〕正卿史，奉钦差筑城于贺南，督理工务，感神之灵，梦寐显应，因

① 原文如此。——整理者注

而建玄庙宇。侍郎通智于是即将灵应书之在碣，其书文曰：定远营土神祠，雍正八年夏，余课工来兹，思及土地有维持社稷之责，城内西北高阜处，土五色，爰择斯地于六月初六日吉辰营基立木。先一夜，梦八九人，叠立一处，内有浅蓝脸、短红发者，自称判官二、台官一、力士二、军牢二、童子二、鬼使一，即此处土神乞旨兴祠，问土地神何在？指一人曰："此是也。"观其形，年甚少无须，戴长翅乌沙〔纱〕，着一旧金黄色元领，两手握带，自上而下，立于中庭，对余言曰："吾辈，唐人也，守此土数百年矣，今得之庙，无城隍处，土地职即与城隍职等。"言毕即向东、西、北三跃。判官袖内飞出纸钱金光。余乃悟，夫阴阳一理，此地建筑设兵福庇保护，大有赖焉，爰如其像貌衣冠而塑之，以示来者。长白通知〔智〕。

雍正八年庚戌秋七月吉日立

嘉庋〔庆〕丁丑年和碍〔硕〕亲王玛哈巴拉后敬录以勒石，欲今〔令〕永垂万古，以示不朽之意。

乾清门行走阿拉善和碍〔硕〕特额勒持〔特〕扎萨克和碍〔硕〕亲王加一级玛哈巴拉率子。

长子　囊都布隆
次子　喇谟素隆
敬立

《边疆事情》（月刊）
南京边疆事情社
1935 年 1 期
（苏日娜　整理）

西蒙政治核心的百灵庙

金　铬　撰

自廿二年秋季硕果仅存之西蒙要求自治属〔屡〕次集会于百灵庙以来，孤僻诵经之灵城，一跃而为西蒙政治之中心，声名四播，遐迩咸知。然以平素之寂然无闻，故其实际情况，仍为大多人士所不知。记者去秋亲经考察，仅以见闻所得，介绍于国人之前，丁兹西蒙危急声中实堪注意也。

一　百灵庙之地位

百灵庙在绥远省北部，西蒙三盟之一，乌兰察布盟喀尔喀右翼旗（亦名达尔汗部）西南境（约当北纬四十度半，东经一百十度半地方），距北平一千六百里。该旗东邻四子王旗，南界绥省武川、固阳两县，西南与茂明安旗接壤，西北连乌拉特前旗，面积约五万九千余方里，有蒙人三万余，来往经商之汉人五百余。自历史方面言之，在汉为定襄、云中二郡北境，唐振武军地；辽为丰州地，属西京道，金因之，元属大同路，明入于蒙古，清季来归，编为旗。康熙廿五年，帝亲征噶尔丹，夜间驻营于此，闻有女子弹乐之音，次晨起巡视，见南面一山，名女儿山，较他山为低，气象雄伟，觉有帝王祥瑞，怕产生真命天子，故建此庙以镇压之。原名达尔汗亲王贝勒庙，今转音成百灵庙。民国三年，四子王继外蒙之后，倡议自治“收复失地”之口号，集会于是，张绍曾都统劝阻无效，调兵与外蒙大将伊落战争于此，败之，庙稍被毁。民国四年重修，七年外蒙再进犯，蔡其洋率兵又败之，十年重建，遂至于今。据云附近常有箭矢发见，足证该地之成为要地，历来久矣。

二　百灵庙之形势

百灵庙处于山水环峙之中，形势险要，蒙语称此地曰“白图哈格索磨”（译音），即“坚固之门”之意。四周之山，均高约三五百尺不等，山有九口，通绥远、察哈尔、外蒙古、新疆等处，故又称“九龙口”。其西山及西南山有河水之道，深二三尺，阔五六尺至丈余不等，汇流而过，名塔儿红河（译音），环绕庙后，入山回拆〔折〕西南流而下。中为平原，广约十二方里，可屯兵万人，有井五口，更足

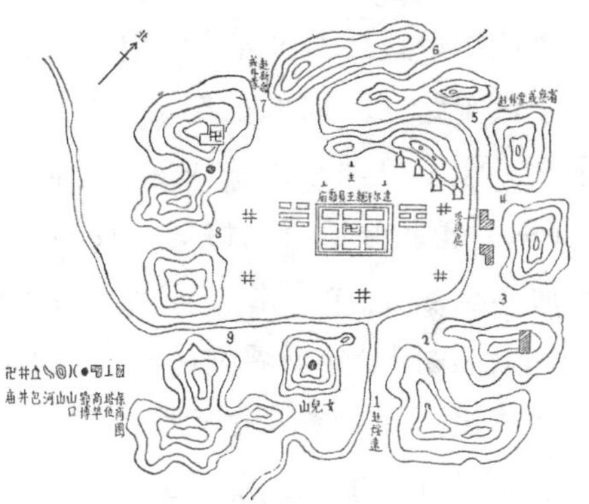

百靈廟形勢圖

称贵，盖漠外地燥缺水焉。河西为政委会办公处及贝勒庙，河东为商埠及保商团。女儿山及西山上均有“鄂博”（译音，蒙人分界或祭祀之所），白色石堆，插有木杆无数，成为斗形，杆上悬彩色绸布甚多，细书经文。庙西五里山巅处有康熙营盘一所，相传帝征准格尔时驻军遗迹，大石磊落，成斜方形，周约里许，远眺四境，可及数十里。东北一百廿里与四［西］子王旗交界处，有湖泊一形，各〔名〕天池，德王驻军于此。

三　百灵庙的交通

百灵庙为赴外蒙及新疆孔道，南达绥远省归缓〔绥〕县，西南可通包头，均绥省最重要之区域，兹顺叙于下。

（一）至绥远　由该庙南口，循大道而行，一百廿里至庐家义（蒙名义义）；七十里至召河，驻有保商团二队，附近有鸿记大商店；六十里至武川县，沿途平坦；前行九十里至绥远省省会。归绥途经蜈蚣坝，道途较险，全程共计三百四十里，汽车一日直达。由此乘平绥路车，东行廿小时，可达北平，西行四小时，可至包头。

（二）至包头　出南口西南有大道，约二百二十里至固阳县；又一百四十里达绥西水陆重镇包头县，汽车一日可达。循此西行，有包宁汽车路，一周可抵宁夏，通甘肃、青海、新疆等省。东可乘平缓〔绥〕铁路车，一昼夜直达北平，赴华北各地。

（三）至新疆　由北口向西而行，经伊克诺尔、波力套即盖、居延海，至新疆省哈密、迪化，共计七千五百四十里，本属鮀〔驼〕道。民国廿年新绥长途汽车公司创办成立，没〔设〕总局于归绥及迪化。自归绥出发至庙后，即循此道前进，共计五十八站，客运价洋三百五十元，十日或八日半即可达到。将来如沿途修筑平坦坚实后，可缩短至七日，较驼行分八十余站，约需三四个月，客运每人价洋五六百元者，自不可同日而语。该公司资本百万，车辆五十余部，按以往统计新绥贸易最盛年份，有车八十辆，始可足用。至于往返开到次数，原定每月四次，嗣因新变方定，商业尚未复原，货物无多，故每月开往不过一二次，通哈密为止。将来政治安定，货运起色，则发达可期，希望政府及有志西北者，予以匡助。新绥交通既发达，则西北前途之发展自可预卜。

（四）至库伦　自北口向西北行，为绥蒙大道，经张毛胡同入蒙境，过赛尔乌苏、托里木，抵库伦，乃两地直达之捷径，为程二千余里，驼行月余可达。现因外蒙防备森严，沿边有兵警巡哨，交通往来，检查极厉，动遭扣留。前数年有赴新疆商人驼户数十家，为避免内线（即现绥新汽车道线）沿途之苛税起见，绕走该道，结果被外蒙将所有骆驼两千余匹、商货四千余担，悉数扣留。后经竭力交涉，仅放还一成，总计损失约在三百万元，予新绥商业以一重大致命之打击，故目前遵循此道来往外蒙者，为数极罕。

（五）至张库大道　自东北口而行，有大道约二百里至沙喇木伦（即十六台），与泊张库台站道合。循此北口八十里至鄂兰都呼克，六十里至节斯台，入蒙境，经漠和尔格顺、那林、赛尔乌苏、博罗布林驷站，直达外蒙政治中心库伦，为程约二千三百里。由沙喇木伦南下，则一百里至鄂伦呼都克，一百里至锡拉哈达，一百四十里至乌兰哈达，八十里至钦代，六十里至察察尔图，五十里至商都，一百十里至五台，一百十里至张北，九十里抵塞外重镇张家口。若由沙喇木伦再向东北前进，则四百里弱抵滂江，与西蒙最重要之交通干线张库邮电汽车道合。经蒙境乌得、叨南、叩林，至库伦，为程约二千八百里，存察省与外蒙境者各半。现有德商德华洋行汽车通行，四五日可以到达，来往采办货物，垄断贸易，常引起吾国商人之反对。

以上为百灵庙至各地之大道，若其他小道，则多系旗间往来，或结果仍归于大道，恕不赘述。然就此而观，百灵庙之地理便利可以知矣。内蒙自治高唱开会集议于此者，亦以便于各方代表之往来耳。若假以时日，将来定有造成内蒙大都市之希望，更何况军事上有特殊之价值耶！

四　百灵庙的解剖

百灵庙依其性质而言，可分为宗教、政治、商业之区域，前已约略言之，兹再分别详叙于下。

（一）宗教区　即达尔汗亲王贝勒庙，吾人所称百灵庙即转音于此。在河西，基地面积周围约占四里，有大庙一、中庙四、小庙十，均为本旗公共产业。庙之四周有塔凡十一座，喇嘛约四百人，最盛时有三千余人，住房六百余间，拱卫两旁，连绵若市街，均喇嘛之个人产业。

大殿称广福寺，汉式建筑，广可五十公尺，四周均有璧〔壁〕画，气韵优越，大约出于大同、张家口之画人手笔。图皆释伽故事，惟有数尊欢喜佛较异于他处，额上有蒙、汉、藏、满四种文字，向左序列，殿门上两旁有梵符，旁注汉字曰："凡在此符下经过一次，消除千百卅〔世〕之罪孽。"柱上悬经文牌两幅，方格纵横，有如棋盘。外柱上有铁壳木质、高约三尺、直径约一尺之圆形物一对，名"苦他那"（译音），外书藏文"六字真言"（译音）字样。中储藏经，传云向左旋转一次，等于念经百遍。殿内前半为经堂，藏名称"缺那"（译音），条板横列于地下，可容千人。四壁满绘图画，精美灿烂，代表吾国艺术，正中为班禅驻兵时诵经法座。后半即佛堂，庭柱四，粗可二抱，阴沉黯晦，烛光摇曳。释迦摩呢佛三大尊，高与屋齐，下为黄教主师宗喀巴真客〔容〕数尊，头戴黄帽，手披黄袍，鼻扁，额平，颧身〔骨〕突出。再下为达来佛替身，案上满陈水、香、花、灯、塔五种供祭必需物品，无虑百件。中有铜灯一座，尤大高，约有三尺，直径尺许，满盛黄油，荧光回绕，终年不熄，藏语称"却米"（译音），蒙语称"蒙若刹那"（译音），汉意为"万年灯"。殿之两隅，有金色柱形物各一，直径二尺，高与人齐，分三层，为宇宙之象征。边刻印度文字，上层楼阁重叠，大殿一座高耸于外，周围十二小殿环拱之，代表日、月、地球、东、西、南、北之意，是为上天。中履〔层〕为水，而有波浪纹。下层为地，西藏物焉，称“满达那”（译音），其他各殿结构无殊，不过规模较小而已。

（二）政治区 即蒙古地方政务自治委员会办公处新区域。自廿三年春季中央准许设立后，即开始在此办公，直隶于行政院，并受中央主管机关指导，总理各盟旗政务。委员长为乌兰察布盟旗长喀尔喀右翼札萨克亲王云端旺楚克（下简称云王），年已六十又六，终日诵经念佛，对政可〔事〕不大处理。前年内蒙要求自治，乃被其侄沙贝勒扶持，不得不为。幕僚亦多持反对态度，但云王尝因细故（注一），不满省府，故在自治会议中赞助德王。后见中央意志坚决，乃又首先接受中央方案，态度软化。国府以其德高望重，故任之为委员长，驻节于此。副委员长一为锡林郭勒盟旗长、乌珠穆沁右旗札萨克和顾〔硕〕车臣汗亲王索诺木喇希坦（下简称索王），身体肥重，头脑甚旧，与外界少往还；二为伊克昭盟旗长、鄂尔多斯右前末旗（俗称札萨克旗）札萨克多罗郡王沙克都尔札布（下简称沙王），与省政府感情比较融洽，自治会议始终未曾参加。其副盟长右翼前旗札萨克阿拉拱瓦尔齐（下简称阿王），且至百灵庙劝各王公维持现状，不可遽与省府脱离，行政措施亦颇新颖（注二）。另有委员廿一人。经费月定，由中央拨发三万元，〈其余〉任归地方自等〔筹〕，其组织下列。

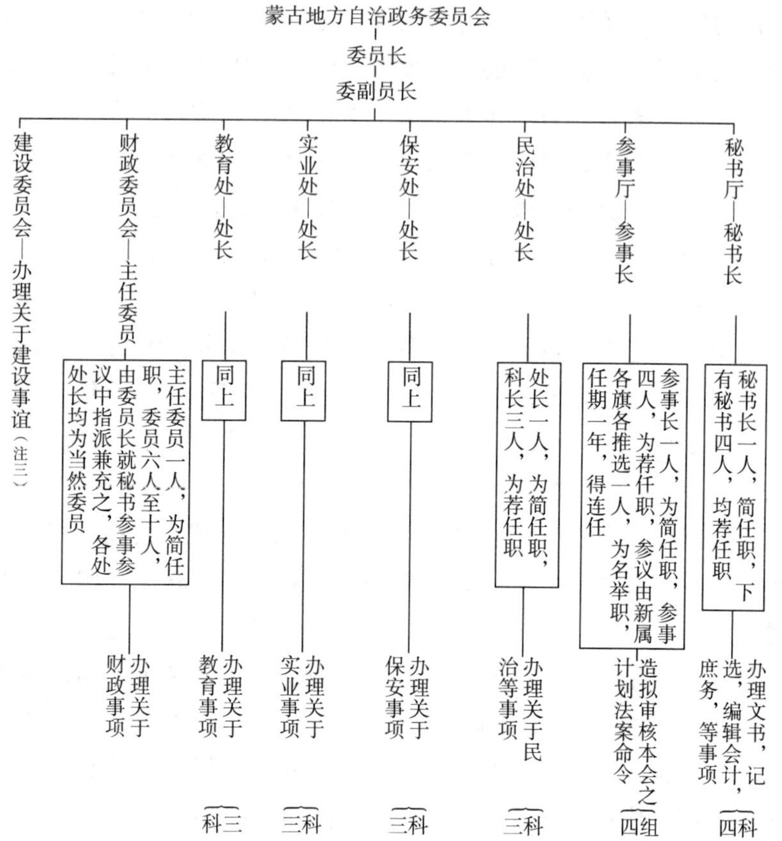

该会一切实权，均操之秘书长德王之手，云王不过具画诺签行之责而已。德王年方卅四岁，通汉、日、英各种文字，思想新颖，见闻较多，蒙人均称之为“蒙古的孔夫子”，亦可见崇仰之深。长驻会中，每日整理会务，训练军队，孜孜不倦，实干才焉。

政委会之办公处，即以各旗捐赠之蒙古包约六十座构成（注四）。处北山之阳，作东西分布状，点缀零落，白幕青山，宛如军队野营。云王、德王各据其一为办公室，顶有黄红色花饰，表示贵显者之所居。计有职员约卅余人，席地而坐，桌高不满尺，俯伏办公，初习者颇为不惯。包多为兵士所居，约三百人，由各旗选派，归政委会节制，每日早晚上操二次。因经费困难，服装稍久〔欠〕整齐，然英勇之精神奕奕。待遇菲薄，每月发面粉卅斤、米一斗、羊一颈〔头〕、砖茶三分之一块（即三人每月合领一块），无薪资，将来会中经费充裕，当可改善。枪支、马匹，均各人自备，教官由中央军官学校及滂江学生队（注五）之毕业生担任，采用日德二式混合教练，九月（去年）中起拟全部改用德式，口令均用蒙语。政委会方面计划拟将蒙古全部兵士均授以新式操典，先自各旗兵士抽调，六个月完毕，然后继续而行，此为第一批。按蒙人素以骑射著名，加以相当锻练后，将来即可成为劲旅，值此东亚风云紧急之秋，实为国防最前线之壁垒也。

云王日处东北角之一包中，除顶上有黄红色之花饰外，别无异状。内部持〔特〕别清洁，地上毡毯厚约一寸，宛如西式家庭，矮小红漆木桌分列两旁，以备宾客，红金色木柱四支撑于包顶，中为地灶，上置铜锅，西北角供有神位，水香均备，东北隅有红漆木柜一座，上陈各种电木、碗碟、钟、水果等，正上方为红色金椽木坑，云王即盘坐于是，旁置经书数册，前有茶一壶，不时饮之，面容清瞿瘦长，胡长约二寸，灰百〔白〕色，着紫色绸质汉服便装，身高约六尺，精神甚佳。

德王之办公室即在云王之西首，外有蒙兵终日荷枪守卫，包内整洁与云王大致略同。惟东隅有书籍，如《俾斯麦传》、《理藩院则例》、《辞源》、《中华历史》等，及其他公文甚多。年三十又四，面容清秀，身体较云王矮而肥，着蓝色绸袍，腰束帛带，悬烟袋，操流利汉语，满口辞令，文字挺秀，世界大势，亦甚清晰，实蒙人中不可多得之人才焉。

会中职员均属蒙人，惟多曾至南京、北平等地，汉语纯熟，思想亦新，对社会科学有相当认识，好政治运动，力谋地方之改革，更有少数失业青年，为寻找出路，与彼等联合，乃成内蒙自治运动之重要成分也。

（三）商业区　商店均在河东，与宗教、政治两区可自由来往。店肄〔肆〕约廿，主伙均山西大同人，最老者已有一二百年历史，最大者召〔为〕集义公，资本千元，亦有四五十年，每年赢利四五千元。营业为收买蒙人羊皮、毛货，出售日用布匹、面粉、茶叶、白糖等品。集义公等四家兼营绥远长途汽车，日常有汽车来往，客价每人十元。蒙人交易，多以货以为借贷，每届年终，即出外收账，以牛、羊、马匹偿还，商人往返，可获两重利息，故纯利半。然近年亦竞争甚烈，除商号外，另有三四人一组之行商百余组，来往各包营业。商店在此地盖房，除给地租价外，应另缴建筑费百余元不等，尚须赴王府递呈听候驳准。不许盖大门，不许带眷属，不得在院内置石磨，不得捞鱼，不得设立浴池、理发所等店。各商所畜牛、羊、马匹，应缴王府水草费，牛、马每头每月缴二角，羊每头月缴二分。

邮局二，设于此，土屋三间，分为办公室、骡马室、夫役室，局长为北平刘炳榕先生。马差四人，专通绥远，用马传递，廿三年五月一日开办，每隔日收发信件一次，约廿卅封。挂号、快信、包裹，均可办理，每月售邮票约廿元，开支在一百八九十元，月有赔累，但为文化、政治种种关系，只得继续举办。

无线电台属于政委会，新由北平军分会运往，可通南京、北平、归绥及德王府等处，台长为东北大学毕业生关君。

保商团（注六）为第四队，商家对之极为信任，沿站驼运，均归之保护，即以所抽税银作为酬劳费。外商人在此居住，先报知商团呈王府登记，每人年纳费四千另，合大洋八元左右。又有禁烟善后局一所，属绥远省政府，为稽查烟土货运而设，年缴王府税费四千五百元。凡甘肃驼运凉州、甘州、兰州烟土（注七）经此，每两缴税三角，以百分之五作为护送费。每来一次，骆驼常在三四百头，母〔每〕头载重二三百斤，故可抽税至四五十万元之巨，护送费约得二万余元，数目之大，可谓惊人。闻绥省当局从事贸迁，业已多次，获利甚厚，蒙人眼热，要求另定抽税办法，乃成目前蒙绥严重之一问题（注八）。又有征收分卡一处，每年缴王府税费六百元，每张驼票，本省一元五角，外省八角，另有教育费捐额一角。

（注一）据云，云王不满省府，乃因省政府向彼抽收货税，满清向例，蒙古王公等每届年节，得向内地购买用品一次，沿途概免征税，其免征数量之多少，以王公之阶级而定，超过规定之数量，仍按普通货品抽税。近年以来，各王公每届年节，滥购用品，要求免税，省政府以民国无优待条例，乃仿满清规章办法，以是某次云王购货时，时为省府所留难，乃衔恨焉。

（注二）蒙旗向例，土地归公，去年阿王将该盟所有牧也〔地〕分旗民，每户得宽一里、长十四里之地，永归该户子孙掌管，不准私售汉人。如此办注〔法〕，可变游牧为定牧，由定牧而趋向农垦，实内蒙土地分配办法之新纪元焉。

（注三）建设委员会系本月间设立，故组织未详。

（注四）近来该会已定自建公署，经费共十二万八千元，地点在百灵庙附近西北方，俟春暖冰解，即可兴工矣。

（注五）德王兼察省滂江警备司令职，辖精兵一团，采用新式操法、武器，设有干部训练组织，召蒙古青年任之，毕业后即分配于队伍中，学生队即是焉。

（注六）保商团归绥远总商会管辖，共有四队，一队驻武川，二、三两队注〔驻〕召河，四队驻百灵庙。

（注七）凉州土，每两估价一元八角，甘州一元四角，肃州土一元三角。

（注八）本年二月八日适有大批烟土抵境，蒙兵加以扣留，绥省当局大为不满，遂派王靖国部兵士两团前往武力索取，德王亦自滂江加调骑兵一营至庙对峙，并向绥省提取出沿蒙边设卡及劈税成分增多两条件。而绥省以向无成例，乃坚决反对，双方各不相让，迁延至今，仍未解决。

五　结论

基于以上之概述，百灵庙实情已剖析陈列于读者之前矣，吾人于此应深切注意者，目前察、绥两省已成为西北之国防最前线。热河失陷之后，东方门户多伦又被侵占，察省成一残缺无可守之区域，一旦战事爆发，无论为日军进攻苏俄或我国，抑或赤俄南下，在察省决无长久之挣扎战争。其重心或将西移绥远，南迁居庸关内。届时百灵庙处西蒙之中心，其举足虽不敢云为可以左右全局，然决不能断为对全局无剧烈之影响，何况日俄两国剑拔弩张，积极备战，各欲于战争爆发之时，必先占领内蒙古之主要区域，以为战争之周回地耶，更何况日人树立蒙古帝国以与外蒙之俄国势力相峙之野心蓄之已久耶。

百灵庙握西蒙政治之重心，王公虽对中央稍有所不满，然并非无法补补〔救〕，所患者，日人进行之积极，超于吾人十倍以上，将来即使蒙人无异心，然孰能保证日人无异心？又孰能保证苏俄无异心？故为今之计，惟有对此西蒙司令台施以切实连络扶助，使其将来能为吾人之助，若以为自治实行之后，即置之不理，则或有他人来治之矣！

廿四，三，十六，上海

《复旦学报》
上海复旦大学出版委员会
1935年2期
（李红权　整理）

绥远印象

许振华　撰

溯自国难以来，半壁山河，已非我有，国人惊觉之余，开发西北之呼声，因以日高。惟西北地域既广，盖藏又富，开发工作，要非一朝一夕所能成就，而当地人民，因受历年来之天灾人祸，已颠沛流离，困苦万状。吾人于谈开发西北之先，尤应注意改良西北之社会，救济西北之农村，扫除民族间一切隔膜，改进游牧蒙人之生活数点，庶克有济。

兹就不佞月余以来在绥远各地观察所得，公之于下，想亦为关心西北者所乐闻也。

一　包头一带之雅片、娼妓、土匪

雅片①、娼妓、土匪为绥远社会之三大致命伤。以包头一县而论，雅片之普遍，有甚于纸烟。全城商店计一千一百十四家，而烟馆竟有百余所，大街小巷，随处可见红纸方灯之烟馆标帜，或书“略香室”，或书“安乐窝”，更有书种种滑稽对联，如“此中自有佳处，以外不知所云”、“本地土，吸几口，多加精神；要快

① 本篇“雅片”、“鸦片”混用，整理过程中未予改动。——整理者注

乐，最好处，明灯一盏”等，光怪离奇，名目不一。马路上出卖雅片烟具之小贩，多不胜计。吸食者则以本地人占多数，上至缙绅，下至苦力，莫不面有烟容。不佞曾于城外草棚中见一乞丐，身披两块老羊皮，斜卧泥污中，亦在吞云吐雾，询其生活，则谓每日行乞所得铜元一二十枚，以半数作烟资，以半数供膳食，间亦有仁人君子以雅片作布施者，故尚不致作雅片饿鬼耳。绥省雅片流毒，于此可见一斑。

细察雅片盛行之原因，一力〔方〕面固在积习已深，革除匪易，另一方面亦因政府之收捐图利，有以致之。查包头一县，一年田赋仅八千元，而各项杂税达八万元，其中即以鸦片捐及花捐二者为大宗。烟税征收方法：农民种一亩地之鸦片，先由禁烟稽查处征收地亩税二十元，至生土出卖成交时，再收落地税每亩二角，共二十元二角。至于开设烟馆，则所征各税，项目甚多，最小烟馆，每月应纳计禁烟善后局六元，财务局二元，地产局二元，公安局二元，印花局四元，商会费一元三角二分，营业税一元六角七分，共十八元九角九分。北〔此〕外尚有妓灯捐、良房灯捐等，捐税重重，按寓禁于征之意，雅片气焰，当可稍敛。惟事实上，农民仍多种植，商民仍多贩卖，盖耕种五谷，良田每亩收获最多二十元，如种雅片，可产土百两，每两以六角计，即有六十元，除捐税外，尚余四十元，较种五谷，利过其半。至设烟馆大约每二元五角之烟土可售三元，除捐税外，利虽至薄，但以吸者众多，终不难于多中取利也。

与鸦片有密切之关系者为娼妓。包头系西北商业、交通之总汇，娼妓数目，尤堪惊人。一般行脚商，往来各地，以数年心血之所得，往往不惜于花街柳巷中作一二月之挥霍。妓有官私之别，官妓分四等，归军警宪联合稽查处管理，头、二等居平康里，卷发革履，服装入时，三、四等居大定襄巷一带土房中，服装奇形怪状，无所不有，顾客尽为贫民苦力。其捐税亦按等级分纳，计有妓捐、妓门捐、妓灯捐、良房灯捐、稽查费等名称。妓门捐，头等每户每月二十一元六角，二等十六元八角，三等十元八角，三等以下则无门捐。妓捐，头等每名每月二元四角，二等一元八角，三、四等及青妓均一元二角。妓灯捐系抽妓女之烟灯捐，头、二、三等妓女，每人均备有一烟灯供客，头等每月抽捐十一元二角，二等八元四角，三等五元六角。所谓良房灯捐，则系指官娼下班之后，在自己家中设有烟灯，以饷来访之熟客者，亦须抽税，头、二等每月每名七角，三、四等五角。稽查费，头等每月每名一元一角，三、四等八角。

公娼之外，又有私娼，俗称破鞋，街巷中凡见有衣服略为入时、态度略带风骚者，大多可以问津。

西北穷荒，而娼妓所以能盛行不替者，考其原因，约有三端。一由于人民生计艰难，赡养妻女不易，而一般妇女又乏生产能力，于是迫而为娼。二由于盗匪横行，旦夕数惊，农村中妇女不能安居，相率避入城市，而城市中谋生更难，贫穷妇女，舍卖淫而外，别无生路。三由于社会风气所致，包头一带，汉、蒙杂处，蒙人男女，并无礼俗妨嫌，汉人亦多受其影响，贞洁廉耻观念甚为浅薄，男女离合，亦极自由，男子在外经商一二年不归者，其妻即可任意改嫁，此种改嫁妇女，俗称“活人妻”。

至于土匪，一则因过去政局混乱，散兵为匪；一则因生活艰难，衣食不周，一般狡黠者，类多挺而走险。自傅作义氏主绥以来，竭力征剿，终难肃清，乡野中行人商旅为之裹足。惟土匪最惧蒙人，盖蒙人精于骑射，百米之内，拔枪鸣中，虽孤处荒野之蒙古包，匪亦不敢侵犯。以是包头行商，多请求各蒙旗王公为之保护，各王公亦因之而大做其保镖生意，自包头至宁夏驼队，凡派蒙兵保护者，每一驼，收费五角，沿途出险，则照货价如数倍偿。

以上所述为包头一带之普遍情形，亦为绥远全省之通病也。

二 绥西农村中之地狱与天堂

绥远全省面积凡一百四十九万方里，山地占百分之三十五，沙漠占百分之二十五，平原仅百分之四十。而一部分平原，又因时受含有碱性山水之冲淹，变为黑碱地，不宜耕种。其余亦因气候雨量之失调，生产力甚为薄弱，所产五谷杂粮，仅莜麦、糜米、荞麦、玉蜀黍等几种，有时种一亩之莜麦，只收二百斤，每斤价洋二分五厘，合计大洋五元而已。土地价值如此，而又捐税重重，农民生计，可想而知。乡野间一片荒凉，往往行四五十里，或一二百里，始见一村，村或二三十家，或四五十家。房屋构造，多为黄土，间亦有凿山洞而营窑居者。其法先削山崖斜坡面为平壁，横凿一二丈深，顶为拱圆形，室之一半为炕，炕旁为灶，灶以土罐接成烟囱，上通山顶。窑之入口为门，门旁更凿小孔为窗，以通光线。雇工凿窑，普通亦须十二三元一间，与建土房所费相等。农民衣料，夏则土布，冬则羊皮。食品以莜麦、荞麦、糜米、羊肉为［为］主，至于白面，价格稍昂，只款待上宾时，偶一用之，非日常所食也。农民之衣、食、居，如此简单，计一人一日所费，值洋五分而已。然多数农民犹家无隔宿粮，余等一行十余人，于赴昆多伦召途中，曾投宿一小村，名因〔日〕六窑子，晚间购买食粮时，村民竟谓五六家中，所有余粮，不足十人一餐，其生活贫困至此，直不啻人间地狱矣。

但在绥西此等地狱般之农村社会中，有时竟可发现塔尖高耸之西式洋楼，四周围以城堡锁〔枪〕炮，警备森严，盗匪不敢正视。室中设备，堂皇富丽，电灯、沙发、地毯、钢琴、无线电，举凡都会中最新物质享受，应有尽有，与一般村民日常生活相比，真无异地狱中之天堂。惜度此天堂生活者，均为外国宣教士，我可怜之同胞，仍不过为其牛马而已。

绥西之天主教势力，实不容吾人忽视。全绥远今已有教徒五万，教堂四十八所，隐隐之中，社会上经济、政治、教育等权，均操于教堂之手。每一教堂，均有大批地产。如萨拉齐县之五神宫村教堂，有地百顷；小巴拉盖村教堂，有地五百顷；包头之山洱儿村教堂，有地二百顷。耕种教堂土地者，率为教民。收租办法，三七分成，教堂得三成，佃户得七成，国税由教堂负担，地力〔方〕税如村公所公费、修筑城堡费，及各种杂捐，由佃户担负。教堂中神父，即为大地主，一年收获甚富。

此其经济侵略情形，至于文化侵略，更不容忽视。绥西一带乡间，国人自办之学校，寥若星辰，即有一二小学、私塾，亦多残缺不全，而教区乡间，则大多附有学校。今以萨拉齐县之二十四顷地村为例，该村共有居户百余，人口二千，而教民占十分之九以上。教堂有地一百十顷，创办男女初中各一所，男女完全小学各一所，男幼稚院一所，教职员共二十余人，内比国女教士五人，专授法文、理化、算学，男女生六百余。此外又设有孤女院一所，凡贫家女婴，父母无力赡养者，教堂为之收养，供衣食，授教育，此等女子，长大后，多终身为教堂服务。以二千人口之一小村，教育发达如此，诚属可惊，今全村识字者已有十分之七，男女儿童，无一失学，数年之后，将全村尽成知识分子。惟此等知识分子，由教堂一手造成，受宗教之麻醉已深，心目中但知上帝、神父，而不知有国。不佞曾于二十四顷地村问一年约十龄之高小学生曰："你是哪里人?"对曰："二十四顷地。"又问曰："二十四顷地归哪一国管?"而该生竟瞠目不知所答。小学教育如此，国亡无日矣!

又教区人民，惟神父之言是从，即教外人，一闻神父二字，亦莫不该〔谈〕虎色变，教区中之神父，实无异一部落中之酋长。新近陕北三边农民，因不堪法国神父之虐待，派代表赴西安请愿收回教区土地。嗣由陕省府派员来平，协同冀、晋、察、绥、陕五省外交专员靳志，与法方交涉，法方要求，以原价三分之二由中国赎回。此事交涉，迄今尚在进行中。按三边为安边、定边、静〔靖〕边，地本属绥远，在伊克昭盟之南，后归陕西管辖。庚子拳乱时，有法教士为当地乡民所杀，翌年法与陕甘总督交涉，将三边土地一方，划与法人建筑教堂。法人得寸进尺，围占民地，后自收租税，处理人民争讼，侵占民地益广，俨若其殖民地。教堂势力，实为西北一大问题，幸国人注意及之！

三 内蒙政治中心之百灵庙

贝勒庙，原名鸿鳌寺，汉音误为百灵庙。庙在武川县北二百七十里，离归化县城三百六十里，房屋三百余所，俱为方形平式之西藏式，梵宫宝塔，庄严华丽，系康熙间取内帀所建。庙产周围四里，有九山口，尽极险要。交通有大路四条，南通归化，东通锡林郭勒盟，北通外蒙，西北可去新疆、西藏。据最近报载，蒙民因班禅大师去五当召诵经，于百灵庙、五当召之间，筑一新路。百灵庙前，有一小河，名哈尔红河，民国二年，张绍曾与外蒙大将伊落战于百灵庙，即以河之东西为两军阵地，伊落败后，民七年再犯，蔡其洋又率兵败之，是役百灵庙之一部被毁，后复重修，现庙中住有喇嘛千余人。

庙之东，土山斜坡上，有蒙古包数十，即为地方自治政务委员会办事处。按政务委员会组织，有委员二十八人，下分二厅四处，一独立委员会。二厅为秘书厅、参事厅。秘书厅又分四组，参事厅又分四科。四处为民治、实业、教育、保安，每处之下，亦各分二科或三科。独立委员会，为财政委员会，专理财政。政务会委员长为乌兰察布盟正盟长云王，副委员长为沙王、索王。但云王、沙王、索王均为蒙古旧式王公，头脑顽固，不知大体。云王名虽驻百灵庙办公，实则日在蒙古包中喝奶茶，吸鼻烟，念佛经，一切事不闻不问，大权悉操秘书长德王一人中。德王名德穆楚克栋鲁普，为苏尼特右旗札萨克和硕杜陵亲王，同时为锡林郭勒盟副盟长，少年英俊，能操英、法、日语，汉语亦极流利，甚得一般蒙民信仰。

政务委员会系根据中央法令之新组织，各王公旗下，仍沿旧例。王公爵位，公最小，公以上为贝子，贝子以上为贝勒，贝勒以上为王。王分郡王、亲王，亲王又大于郡王，但蒙民普通称呼，大小王公，均呼王爷。至其行政组织，最高为盟，盟下分旗，右旗地位，高于高〔左〕旗，有时可加以指挥。盟有正盟长、副盟长，三盟长各一人，由各旗公选，处理全盟事务，并监督所属。旗有札萨克一员，处理全旗事务，职系世袭。札萨克之下，有东西协理各一人，辅助札萨克处理旗务。其下又有管旗章京一人，听命札萨克及协理，办理事务。章京之下，又有东西梅楞各一人，再下尚有参领、佐领、骁骑校、领催等官，办理地方事务，每旗有一行政衙门，蒙名“黑少沙”（译名）。官吏服务，完全尽义务，不支薪给。每一官一年仅服务四个月，余外时间，仍可以事私人事业。以一旗之黑少沙论，其日常办事长官，正、四、七、十月为管旗章京，二、五、八、十一为东梅楞，三、六、九、十二月为西梅楞。即书记、传达官、庶务等下级官吏，亦每一衙门有三人，轮流分期服务。蒙旗政府，略似君主立宪制度，札萨克为王公，地位甚尊贵，但其权限，亦有限制。如旗中贮藏钤印之木箱，即备有钥匙三付，札萨克与东西协理，各执其一，若非二人完全同意，不能启用。

但内蒙各旗，旧制虽存，而对于政务会之新政令，亦能接受服从。政务会政费，除由中央每月津贴三万元外，余由各旗分派。办事处之蒙古包，亦由各旗捐送。至于军备，政务会并无直接步〔部〕队。蒙人行征兵制，男子十八以上，五十以下，均有当兵义务。军队向由各旗统治，以前称游击队，今改称保安队。绥远两盟十三旗，共有军队约五千，以准葛尔旗最多，占五分之一。今百灵庙所有驻军二三百人，则系由各旗调来，一以保护政务会，一以使军队受新式训练者。

政务会成立未久，而经营不遗余力，德王及其属下，办事均极认真，每日办公时间，上午自七时至十时半，下午二时至六时半，遇有紧要事件，全体职员，连夜办公。百灵庙市场亦逐渐发达，哈尔〈红〉河东，汉商已有五十余人家，人口五百，邮局亦于今年五月一日成立。然而汉、蒙人民，生活方式、语言文字，各不相同，彼此感情，不无隔膜，每因细故，互相残杀，加以蒙人智识浅陋，多不明了民国组织，自政务会成立后，更误解自治二字，以为自有政治中心，不知中央为何物，此种情形，殊非良好现象。

四　游牧蒙人之生活礼俗

绥远蒙人，计乌兰察布盟六旗，伊克昭盟七旗，共十三旗。外又有土黙〔默〕特一旗，其人民杂居汉人县治已久，与汉人同化，风俗习惯，均无差异。至乌、伊两盟十三旗中，除达尔汉一旗属喀尔喀种外，其余均属额尔多斯种，故其生活礼俗，虽与汉人各别，而各旗彼此之间，则大同小异。

蒙人生活，简单朴素，大多从事游牧，不善耕种。居处多为蒙古包。包为拱圆形，普通周围约二丈，圆顶结构如伞，外被羊毛毡，门开东南向，设木框，装小扉二。包可拆解携带，盖游牧生涯，逐水草而居，时须搬迁，不得不如此也。包之解拆结构，多出妇女之手，其动作甚为敏捷，二十分钟之内，可以解下，半小时之内，可以搭起。包内设置，地铺羊毛毡毯，正中为灶，西边为男子坐卧处，东边为妇女坐卧处，并放置木柜、水缸等家具，夜间就寝，既无床塌〔榻〕，亦无被褥，和衣横卧于地毯上而已。食物以炒米、羊肉、茶砖、牛羊乳为主。乳有多种制法，用火徐煮，取其上凝结之脂肪层为奶皮子及黄油，残余部分，于日光中曝干，捏成圆块，名为酸奶，其味既酸又臭，要非习惯，决难下咽。此外将乳汁和鸡子、白糖煮干，为敬客珍品之奶豆腐。又将乳汁贮缸内，使之发酵，可成乳酒。至于衣着，除王公富户有穿绸缎者外，平民均为棉布，来源悉仰给于汉人，式样尚沿满清旧制，长袍束带，男女无大差别，惟颜色上略有出入。大概普通男子，衣蓝色、灰色，有孝服者，衣青色，女子则年轻衣红、绿，年老亦衣蓝、紫，而喇嘛则衣红、黄、紫三色。新衣上身后，穿至破烂为止，自始至终，不加洗涤。综观蒙其〔人〕衣、食、住三者，无一合［无］卫生条件，染有疾病，亦无医药，故人死亡率甚高。

蒙人当喇嘛者甚多，家有三男，必有一为喇嘛，故喇嘛人数几占全人口三分之一。人民之所以喜当喇嘛，除迷信成佛，希冀来世幸祸〔福〕外，尚有其他三大原因：一为避免徭役，喇嘛不归王公管理，可免一切徭役；二由于虚荣，喇嘛地位尊贵，对王公亦不须下跪，一家之中，如无喇嘛，必为人所耻笑；三由于喇嘛生活安闲，每日除请〔诵〕经外，不必再为衣食挣扎。喇嘛多住庙中，终身不得娶妻。乌、伊两盟，共有大小喇嘛庙凡三百六十八所。

至于蒙人礼俗，结婚亦由父母、媒妁决定。普通男子十五六岁议婚，女子则恒长男子三四岁。财礼为牛、马、羊、衣服、珊瑚、银器等，多寡视贫富而异。结婚之日，先由新郎骑马至女家迎亲，女家亲友立于门外，作拒纳状，然后新妇出门上马，绕己家蒙古包疾驰三匝，再由戚友一二十人陪行，与新郎并辔同至新郎家，新妇下马入包，拜灶神毕，由男家男子长辈一人，手持竹筷一支，将新妇头发，从中间向两边分开，是为“分头礼”。盖蒙俗处女，发向后梳，出嫁之后，则向左右分开，分两鬓挂珊瑚、银板等为饰，故分头礼，为出嫁之重要仪式。行分头礼后，乃款待来宾，婚礼遂毕。又出嫁妇女于未养子女之先，可以任意返家，既养子女，则必俟其长大成人，能独自骑马在外驰骋，然后经喇嘛诵经，始许其母往娘家行走。若夫妇不和，男女均可提出离异，惟女子提出离婚，须返男家财礼之全部或一部，离婚后，男女均可自由再婚。此为婚礼大概。

丧礼仪式，少数学汉俗用棺柩埋葬，大多数行火葬与弃葬二种。火葬又多行于富有之家，其法将死尸火化，取骨灰研细，和以面粉，捏成人形，长约数寸，藏于大庙之灵塔中。弃葬最为普通，即将尸身抛弃山野，任鸟兽啄食，如三日之内，尸尚完整，则为死者生前罪业深重，必请喇嘛为之诵经忏悔。

蒙人生活简单，婚丧之外，别无其他特殊俗尚，一年节目〔日〕，仅注意祭灶过年，仪注亦甚简单。至若其他文化教育，更无足言，除喇嘛识藏字、能念经外，普通人识字者，百不得一。际此世界文明日新月异之时代，蒙人生活，就〔竟〕复如此简陋，若非速谋改进，则将来恐不易与其他民族作生存之竞争也。

综观上述各节，可知绥远社会腐败，民生艰苦各种状况。救济办法，虽不易言，但依不佞管见，首应禁止鸦片，救济妇女，废除娼妓，政府财政固难，亦应另筹办法，终不能因噎废食，遗害人民。烟、妓既除，社会根本元气恢复，然后再言剿匪。剿匪办法，宜多设乡村保卫团，切实训练，人民若有自卫力量，匪即不难肃清，匪患既除，农村基础稳定，再须设法收回教堂地产，限制教堂非法势力，使不致为害村民，而后可言各种建设。另一方面，应兴筑通内蒙各旗道路，便利汉、蒙人民往来，教导蒙人耕种方法，以改进蒙人生活方式，兴办蒙人学校，灌输科学智识，破除佛教迷信，提倡汉、蒙结婚，使种族间隔膜泯灭。如是则汉、蒙人民，均能安生乐业，而开发西北，庶几有望。

《政治期刊》（年刊）
上海复旦大学政治学会
1935 年 4 期
（朱宪　整理）

谈一谈乌拉特前旗的近况

五　虎　撰

因为旗是蒙古政治组织中的一个单位，所以在未叙述该旗的状况以前，不妨我们把蒙古的旗制检讨一下。现在蒙古各地所有旗的组织，是清太祖仿照他们的八旗兵制而制定。迄后历代的君主逐渐实施，并且规定各旗的牧界，断绝各旗的交通，保护各旗的牧畜，由牧界的规定，交通的断绝，牧畜的保护，乃形成他们的思想封建，文化不求上进，而影响于他们文化的进化，殊非鲜浅。

直至光绪年间，对蒙的羁縻〔縻〕政策，方先后嬗变，在二十五年，胡聘之首创放垦蒙地之议，嗣后逐次放荒招垦，并且派大臣督办开垦事务，于是燕、晋贫民相率的前往贸易垦殖者，日渐增加，而蒙民的牧地因此大减，生活更感困苦。在乌兰察布盟的乌拉特前旗更甚，其牧地被强迫开垦者，三分之二有余，兹详细叙其近况如下。

所谓乌拉特者，是西公、中公、东公旗的总称，现在所检讨的是西公旗的近况（乌拉特前旗）。该旗旗境东至包头察汗恼包，西界阿拉善旗，北界外蒙墨尔更王府，南界伊盟的达拉特旗与杭锦旗。全旗土地面积，东西南北四百余里，全境山派〔脉〕最大者，即乌拉山，此山松柏丛生，丛翠可爱，在民国二年包头驻军，因在乌兰恼包建筑营房，将成材的树棵砍伐殆尽。

本旗设札萨克一人（总揽旗务），下属协理太〔台〕吉二人，是札萨克的辅佐员。由王公、台吉中选出管旗章京一人，为旗内重要职员，其任务，统管旗民和土地，或直接处理司狱事务。札兰章京三人，统辖兵员，及取缔地方的租税事务，或掌理旗内重大事件。梅伦章京二人，受协理台吉的命令处理旗务。佐领十二人，处理租税、户口及上司的命令和传达等事务，其于下属职员，都是采取轮流办公制（不俸薪水），每年分为四班，每班服务期限，以三个月为度。所有职员，服务忠实，吃苦耐劳，非内地各机关的职员所能比拟的。至于旗署办公费之来源，全赖已垦地租税的收入，而租地耕作十之八九是汉族同胞，他们不时借驻扎该地的军力，借词推诿，不肯诚心缴纳，以致旗署经费难能维持，人民生活维艰（因为牧地减少，牲畜不能发展，生活资料断绝）。汉族同胞更持以势凌人的观念，常与蒙民发生争端，在民国二十二年之秋，驻防该旗的三区官佐兵土〔士〕，突于夜间冲入王府，击毙王公公子一名，嗣后蒙民据实呈报包头县府，而县府不但不惩戒该区官佐兵士，反而侮辱蒙民。又往往因为细做〔故〕的争执，不询理由若何，随便扣押蒙民，更有强词夺理、侵占蒙民牧地者多多矣。

在去年八月间，汉民欺辱蒙民更为严重，而绥远各省报章杂志长篇大论，毁谤西公旗之民众（乌拉特前旗），并言蒙民苛待汉人甚重，（西公旗）该旗兵士随便掠夺人民之财产，奸淫良民之女；此种谎谬之言论，满载报纸。当时蒙民顷阅之余，殊为疑感〔惑〕。旗署负责人对于本旗情况及当地蒙汉人民情感，尚属了然。惟此次之执，实关系我们整个中国民族之分崩折〔析〕离，于是特地调查该事之发生及真情实况，以贡〔供〕社会人士之明了，改正以前种种荒谬之言论，及错误之观念，以谋精成〔诚〕团结，共御外侮。事因该旗境内所属梅力更庙之卜吉村，原为西公旗之牧地，于民国十三年间，该旗因修理梅力更庙经费不足，特将该地出租于附近汉民，以补建筑之费用，期限二十年为满。自该草地为附近汉民开种以来，日渐繁荣，而人民生活，亦颇富庶；唯因近年来该地附近土匪骚扰，人民颇受影响，于是该旗官厅为人民生计设想，图谋地方之治安，防范土匪之搔扰起见，特派该旗保安队队长红克尔，前往该地驻扎，以维持地方之治安。每年军粮由该村住户摊配供给。自该队驻扎以来，人民安居乐业，相安无事。惟该地户高满喜等，持〔恃〕势凌人，横行无阻，无所不为，每于摊配军粮时，舞弊甚多，据该地人民之报告，由二十年至二十三年之中，竟吞军粮一千余石，大洋九百多元，人民因其势力之威吓，敢怒而不敢言，而高满喜等更横行无忌。可值去年七月闻〔间〕驻该地队长红克尔辞职，该旗又重派郝世英负该队之职务，但郝氏自负责以来，办事颇为认真，致于一般投机取利之高满喜等，所营私之利益，大受影响。谁料该氏等中饱成性，一旦利益断绝，心甚不平，于是对该队之军粮，竟然不与供给，后由该队队长派士兵贺有名前去请求照原发给，而高氏等竟老羞变怒，意图原利，诬称贺有名〈有〉规〔轨〕外之行为，便起诉于当地省县政府。当经省县政府详细去调查，结果毫无切实之证据，无法判决。该高满喜等见势不佳，于是以金钱从中活动，竟致诉案搁置不理，而当地省县政府，反助该高满喜等压制蒙民，虽经旗署札萨克备文向县政府交涉，亦属无效。观上所述事实，殊属不平，蒙古民族是中华民族中的一个，应该在总理首创“五族共和、民族平等、共存共荣”原则之下，以求各民族的生存，以期达到世界大同，此希望国人应注意之一点也。

《蒙古前途》（月刊）
南京蒙古前途月刊社
1935 年 19 期
（萨茹拉 整理）

新外蒙古共和国

石　轩　译

一　外蒙共和国之诞生与苏联

外蒙古民族反抗中国政府之压制，始引起独立运动，此在清朝末期，即于一九一一年十一月乘革命之际，遂于帝俄支持之下宣言独立。

俄国之传统政策，即为实行其东方经营政策，早已注意外蒙古之政治的意义。因与外蒙保持了密切的关系，故继续努力。

外蒙古对于中国政府之压制的统治，平素即抱不平之意，俄国熟知乎此，于是利用此种不平之良机，次第扶植其势力，不少间断。因此，帝俄之对外蒙经营，与夫期待外蒙之独立宣言，颇为活跃。至独立之第二年（即一九一二年十一月），俄国已和外蒙缔结修交条约，成功了掌握对外蒙的政权。

中国政府最初不承认外蒙之独立宣言，对俄蒙条约提出抗议，继续与俄政府交涉，直至一九一三年，两国间始成立谅解，以中俄两国之名发表共同宣言，望“俄国承认外蒙古属于中国宗主教〔权〕之下，而中国亦承认外蒙古之自治权”。宣言虽如是，但是中国尚不得派遣军队于外蒙古及殖民之事。俄国对此，除领事馆护卫兵以外，亦不得驻屯军队，互约不干涉外蒙古之统治。

外蒙古遂即宣言取消独立，复归中国政府主权之下。其后，一九二五年，中、俄、蒙三国间缔结密约，是亦不过扩充上述之协定而已。

当一九一七年俄国革命暴发之际，中国良机来到，于是乘机恢复对外蒙之中国宗主权之完整。一九一九年十一月，又取消外蒙之自治权，一九二〇年十二月，命徐树铮为西北筹边使，派遣管辖外蒙。

一方面在俄国，一九二一年秋有为赤色革命军所追逐的白俄军队约二千，由温哥仑将军率领着逃入外蒙首都库伦，乘势驱逐了驻扎库伦之徐树铮军队，因之组织成功以喇嘛教的法王活佛为君主的新外蒙古共和国。

当时中国因有内争，无暇顾及于此，外蒙古二次脱离中国统治之事遂成。

先是，外蒙的亲俄派得苏维埃政府之援助，屡欲计划外蒙古之独立，于是在一九二一年二月，于买卖城召开第一次外蒙国民革命党大会。是年三月，组织外蒙古人民临时政府，临时政府之军队遂与红军协力进攻库伦，于一九二一年七月，击破温哥伦将军之白俄军。

临时政府深知活佛在外蒙势力之绝大，故奉戴活佛为君主，政体虽属君主制，而其实权则不及国民革命党，其首领鲍特自任总理兼外务大臣。

但是一九二一年所组织之外蒙青年同盟，皆为受过苏维埃教育之急进主义者，对于新政府采取君主制，以及对于喇嘛与王族之妥协态度，均甚为不满。于一九二四年五月，以最后的活佛之死为契期，与国民革命党一部之温和派的抗争渐渐激烈化，青年同盟派与国民革命党之过激派占胜利，是年六月遂宣言成立蒙古国民共和国。至于今日，外蒙共和国实直属苏俄支配之下，因之，外蒙政府、军队、国民党和青年同盟会中，多数的苏俄人士占据重要的地位而活跃着，外蒙的政策以及政治设施等，一般的成了为苏俄人士所决定的状况了。总之，一切全属于第三国际的指导和监督之下。

二　住民之现状

内蒙古老早就是中国的殖民地，住民以移殖该地之汉人最有势力，原来土著蒙古人的势力反倒小了的样子。内蒙古与外蒙古相比较起来，外蒙古尚保持其特有之民族性，固有的文化、生活、风俗和语言等还维持着。

外蒙共和国之人口，据说约六十八万，以与面积相比，人口之密度至为稀薄，每一平方公里不过〇・七。其人口据一九二六年之调查，较一九一八年增加十四万人，到现在约为七十五万人。外蒙古国民虽然衰微，如就其出生及死亡之比例看来，每年多少总有增加的倾向。

外蒙古的国民主要是以牧畜为生，大别之为，一、游牧民，二、喇嘛，三、旧王族三种。

居民大部分为哈卢哈人，分布于西部，其他则为杜尔伯斯特人、奥来特人、索勤人、蒙哥特人、奥屯人、乌梁海人、布里雅特人等。

哈卢哈以外之民族，无论哪一种，都是少数民族，他的地域也只限于局部。其次则如杠尔柏斯特人，主要的住地在西蒙古科布多河流域，约六万人。布里雅特人约三万，住北部。奥来特人均住于科布多区，约三千人。索勤人住于蒙古阿尔泰山，约五千人。蒙哥特人和奥屯人散在科布多区内。

此外，中国人约十六万，苏维埃人、西藏人、英人、德人等合计约一万人。

三 风土与交通

一说到蒙古，我们立即联想到大沙漠，在蒙古有名的戈壁大沙漠。外蒙古和东南内蒙古相接壤的地方是沙漠，西北之山岳地带、东北之克鲁伦河、鄂嫩河两河流域为富源地带。

外蒙古之西北为山岳地带，有几条平行大山脉，东西蔓延着，诸山之麓为森林所覆，中有无数河流贯穿其间，大小湖沼，星罗棋布，平原则有优良之牧草，繁衍旷野，此诚天惠蒙古人之游牧地也。

蒙古之阿尔泰山脉与俄领阿尔泰山脉相衔接，纵绕外蒙，延于东南，止于戈壁大沙漠。东走至唐努乌梁海共和国国境时，广努鄂拉山脉与萨彦岭山脉相合。其中杭爱山脉更延至东南境，于内蒙边境附近又与兴安岭山脉栉比相邻。东北于西伯利亚间，遂成外兴安岭之余脉。

外蒙为一大高原，西北山岳地带的平均高度为拔海一千四百米，高山之上，终年积雪，其最高峰达四五七五米。首都库伦，拔海一千三百米，乌里雅苏台一千六百米，科布多一千四百米。

所谓杭爱山脉的“杭爱”，即富于森林、牧草、湖河，而能满足游牧民族的理想之乡之谓。

外蒙古及西伯利亚之大河流，欲溯其源，皆在此山岳地带，如鄂比河、叶尼塞河、伊犁河诸大河，无一不由此山脉流出，而流贯旷野者。

位于山岳地带之湖沼，第一必须举出者，当为库苏古尔。库苏古尔湖为蒙古最大之湖，拔海五千尺，是四面围以断崖绝壁之淡水湖，水深达五百米。蒙古人称此湖为海（达拉伊），湖上有小汽船航行。

次于库苏古尔湖者为乌普萨湖、吉尔吉兹泊、喀拉乌苏湖等。

此等湖沼多为咸水湖，中多产良质之自然沉淀盐。

气候自然是大陆性的，冬季严寒，夏季酷暑。西风及西北风甚为强烈，当冬季寒冷时，旅行尤属困难。一日中之温度虽极易变化，但仍属大陆性气候。

外蒙尚无铁道之敷设，内外交通悉沿古来之道路，只有与自昔骆驼队商人往来干线的通行小路。

兹将以库伦为中心之主要干线通路举列如左：

（一）由中国之张家口至库伦　其距离约一千六十公里，此道可通汽车。

（二）由库伦至北方苏维埃国境之买卖城　此路亦通汽车，货物与旅客的往来频繁，路长约三百七十公里。

（三）买卖城经乌里亚〔雅〕苏台而达科布多，又有〔由〕科布多通西方苏俄联邦之科未亚克其村　库伦至乌里雅苏台，其间距离为一千六十公里，乌里雅苏台至科布多之间为四百五十公里，科布多至科米〔未〕亚克其村为三百七十公里。

（四）由库伦东至萨百思　七百二十公里。由此更延至满洲里者，亦有汽车路。

（五）由乌里雅苏台经赛尔乌苏至张家口　其距离为一千七百里。

此等交通机关，主要交通工具为马、骆驼、马车等，近年汽车亦渐渐增加。

于此种道路之外，即为河流之交通，色楞格河及其支流鄂尔浑河，有国营之色楞格河汽船公司。

电话则惟买卖城及库伦有之，库伦尚有无线电之设备。

航空路操于苏维埃政府之手，乌兰乌歹、买卖城，以及库伦之间有定期飞航。

电信在这些主要都市中，大体上是都能通的。

四 主要的都市

前边所述新的都市很多，故有说明何者为主要的必要。原来蒙古的都市都是以喇嘛庙为中心而发达成的，大部全是宗教都市。

都会之有名者为库伦，是为全蒙喇嘛教教主即活佛所建立的大喇嘛庙。其他的都邑，不能叫他做都市，不过简单的部落而已。施行市府制度的约自库伦开始。

乌兰巴图尔为外蒙独立后所改正的，在独立以前名叫库伦。库伦者即宫殿，寺庙之意。

活佛之建立大寺院于此地，是一六四六年之时。人口正确的数目不知道，普通说是大约七万。

吉包兰图　原来之乌里雅苏台改称吉包兰图（有威严的意思）。称为乌里雅苏台的，大约是因为附近杨柳繁茂而得名（杨柳多叫乌里雅苏台）。在独立以前，中国总督驻此，为政治的中心地，现在有苏维埃领事馆，亦为经济的中心，人口约有六千。

吉尔喀兰图　此旧名为科布多，吉尔喀兰图者，即幸福、安乐之意。此为西部之中心地，独立前为中国副总督驻在所，现有苏维埃领事馆。人口约三千。

阿尔丹布洛克　此为从前之恰克图，是跨苏联与蒙古国境的大街，其在外蒙方面，主要的是中国商人和蒙古人居住着，在俄国方面，则为苏维埃人所居住。中国人称此为买卖城，俄国人则将蒙古语恰克图谈为鸦库图。

新名阿尔丹布洛克者，乃金泉之意。为自来俄蒙贸易之中心地。去年，苏俄政府将恰克图与邻近之特仑易兹克赛克市合并，现在大约没有恰克图这个市名了。

五　主要产业的牧畜业

外蒙古之住民，多从事于牧畜，以谋自己之衣食住，大部分只以牧畜继续其自给自足的生活，完全是原始的生活。故于产业方面，几无足称述。

蒙古人以牛、马、山羊等家畜之乳为原料，制作种种的饮食物。以茶、羊肉等为家常食品，至于谷类或麦粉等，几不入口，野菜又非普通所食，农业因之遂完全未发达的状态。如此状态，故蒙古人之经营农业者，除极少数的布里雅特人外，差不多可说没有。在外蒙从事于农业的，多为中国移住民。

其视为唯一产业的牧畜，还是自然的放牧，非常原始的。蒙古之家畜，只限于牛、马、骆驼和山羊等五种，至于豚、鸡之类，则不饲养。其中最主要的还算是羊。

但是外蒙古因为大陆性气候的激变，家畜之损害颇巨，多不建牧舍，不知为防备不时的灾害把割掉的草贮藏起来，家畜之恶疫时常流行，其视为唯一之财产的骆驼和羊，每每因以致死。

于是，共和国政府培养兽医人材，派遣到各地方去，对于国民则倡建牧舍，奖励牧草的贮藏。

家畜对于蒙古人，可说是他的全部财产，所以也是国家之重要的资源，按着家畜之多寡而判断其贫富。即在今日购买物品时，尚多有用羊以代替货币的情形。

今举列外蒙古家畜数目的统计如左（一九二六年调查）：

羊	一二，七二六，〇〇〇头
山羊	二，五二九，〇〇〇头
牛	一，九五七，〇〇〇头
马	一，九五〇，〇〇〇头
骆驼	四一九，〇〇〇头

如举其年别，合计牛、马、羊、山羊、骆驼等观之，亦有逐年增加之倾向。

一九一八年	一，二七〇万头
一九二五年	一，六四五万头
一九二七年	二，〇〇〇万头

此种情形是否为实数的增加，抑或住民对政府之调查有加以隐匿的情形，尚不可断言。

其次再者由家畜所采之畜产，即兽毛、皮、肠等。

羊毛	一〇，六〇〇吨
骆驼毛	一，〇六〇吨
山羊毛	三二〇吨
马皮	三八，〇〇〇张
羊皮	一，八〇〇，〇〇〇张
牛皮	一，五七二，〇〇〇张
肠	三〇〇，〇〇〇个

六　其他的产业

前述的农业所不能看到的还有他的组织，亦即耕作、播种等，完全是原始的，适宜于耕种的地方，北部俄国国境附近之库伦、鄂尔坤河、哈拉河、色楞格河等流域以及科布多地方是也。限于大麦、小麦、裸麦、黍、豆类等，耕作地合计有四万三千亩。其中中国人之耕地，占三万九千亩。

所以能成如此状态者，完全由于苏维埃政府极力奖励农业的结果。在科布多有国营农场，又在各地发起组合，经营集体农场，这可说最近渐渐完成的。

关于林业，在西北山岳地带拥有相当的茂林，政府禁止滥伐，并采取森林保护政策。

外蒙之河流，皆富于鱼类，这因为蒙古人信喇嘛教的关系上，不以鱼类或鸟类为食物所致。此类物品，主要的留为外人之食用呢，还是输出国外呢？因无正式的统计，故不能明了。

矿产虽有金、银、白金、石炭、铅、石绵、岩盐、铁、铜等类，但是充分的调查尚未完成，故目前尚不能尽量的采掘。矿产自然是在山岳地带，金像砂金似的产出颇多。

七　进展贸易

外蒙之贸易，独立以前是握诸中国人和俄国人之手的，独立之后，则为国营的机关，以孟勤恩克都（译音）为主，当然，此外尚有其他蒙古银行、苏维埃国营机关的苏蒙贸易公司、英国商会，以及由中国商人所经营的机关等。

主要的输出品为家畜、兽肉、毛皮、皮革、兽毛、肠、麝香、脂肪、黄油等。输入品则为麦粉、□类、砂糖、茶、烟草、米、酒、药品、石油、火柴、金属制造品、罗纱、绵布、杂货之类。

兹列输出、输入之表如次：

	一九二四年	一九二七年
输出	一九，三七六千卢布	二五，二五三千卢布
输入	一八，一九六千卢布	二四，六〇八千卢布
合计	三七，五七二千卢布	四九，八六七千卢布

由右表的金额看，可知苏联与外蒙古共和国之贸易，及其飞跃猛进之一斑：

	一九二五——六年	一九二七——八年
外蒙输入	三，六七〇千卢布	七，五四六千卢布
外蒙输出	三，七三五千卢布	一二，〇八九千卢布
合计	七，四〇五千卢布	一九，六三五千卢布

由以上大体上可知外蒙共和国之现状，至于说到政治机构、财政状态等，因限于篇幅，故从略。

那末关于工商业呢，外蒙古的工业以皮革业为第一，其他工业虽次第建设工场，亦是很小规模的，故亦省略。

——本文译自《世界知识》，日本昭和十年十二月出版

《西北论衡》（月刊）
北平西北论衡社
1935年22、23期合刊
（李红权　整理）

外蒙政治经济与宗教之现状

［日］吉林忠三　撰　　历史系三年　李祖伟　译

蒙古之宣布自治，始于十数年前，惟其政治组织及经济状况，我国人士，向无人注意及之，虽知识分子，亦鲜有知之详尽者。我国之所以受侮于人，非仅武器之不利也，其他一切又何尝能跻于国际之林。今日之国难，可谓深且重矣。际兹国防吃紧之时，边疆情况实有详究之必要，现有日人吉林忠三者，著有《外蒙现势》一书，内容尚称详实，兹特节译数章，以飨读者。

译者

Ⅰ　政治

一、外蒙共和国建设之沿革

自清代末期，中国在殖产兴业之名义下，扩张国权，为防止俄国势力，奖励移民。复因当政者对蒙人之强压，渐次酿成蒙人之不满。以库伦活佛为中心之喇嘛与五〔王〕公，得俄国之援助，乘中国革命之时机，遂宣言独立。然一九一五年之《恰克图条约》，又有如下之规定：

（一）外蒙为中国领土，中国宗主权仍然存在。

（二）外蒙有自治权。

惟一九一七年，苏俄发生革命，俄人在蒙之势力，一落千丈。中国政府，依据西北筹边使徐树铮之意见，于一九一九年十一月，宣言取消外蒙自治。徐氏同年十二月决行入库伦。惟因翌年七月安直战争失败，以致在该地之权势动摇。

徐氏失败后，陈毅继之维持中国势力。惟蒙人对中国政府不满之气焰，日渐高涨。司卫·巴特里、乔伊·巴里萨、路苏里等，遂组织国民党。得苏联之援助，建设独立国家之阴谋，渐形暴露。

由于远东情势之变化，脱离苏联压迫之巴隆·翁开林将军（注一），率千余人，于一九二〇年自满州〔洲〕里侵入外蒙。在恢复“蒙古自治”之旗帜下，集合奇奔·帖里王等蒙军，攻入库伦，驱逐中国军队，政权遂落于巴隆·翁开林之手。一九二一年，活佛复辟，政府共设五部。

此时已入俄之司卫·巴特里等，显然系受苏联及第三国际之援助，由俄归国。一九二一年二月二十二日，招开第一次国民党大会于买卖城，三月十三日组织临时政府，同时宣言讨伐翁开林军。以外蒙各地革命党员，组织别动队，以义勇军五百人，编成蒙古国民革命军。在司卫·巴特里指挥下，大破买卖城之中国军队，六月复进击库伦。革命军曾一时危机频殆，后得苏联赤卫军之援助，始破翁开林军。七月六日入库伦城，十一日国民政府遂承继外蒙国权，以活佛为元首，以国民党首领贺德为总理兼外务大臣。

然此政府乃王公、喇嘛及国民党之合组者。对王公、喇嘛之特权，未加任何限制；革命青年党之要求急进的改革，亦未见诸实行，致生纠葛。一九二二年十二月，因与青年党武力冲突而至瓦解。

其后，王公、喇嘛与青年党间之和议成立，并组新政府：

一、承认活佛为君主。

二、保护宗教。

一九二四年五月二十日，活佛入寂，人民政府与蒙古国民党遂宣言外蒙为“共和国”。七月六日，对各国亦发出同样宣言。

人民共和国政府成立后，政府遂着手准备召集宪法会议之大国民会议。惟因当时无地方自治制度，选举殊为困难。遂以一九二一年九月之临时国民议会为代行会议而召集之，以各“阿伊玛库”及“沙壁”（注二）之代表为议员。该议会有立法权及对重要国务陈述意见之权能。其主要职务如下：

一、规定王公之权限。

二、地方自治制之制定。

三、大国民会议选举法之制定。

此等职务完了，议会即归解散。

其后，宪法会议准备完毕，十一月八日遂召集大国民会议于库伦。参加会议者七十七人，其内台吉六名，喇嘛九名，其余六十二名皆为平民。此七十七名议员，若按党派观察，则国民党及青年同盟占六十四名之多数。

在此议会，基诺耶夫（G. Zinowjev）（注三）、加林宁（W. L. Kalinin）（注四）、奇卡林（Tschitschevin）及苏联在蒙全权代表瓦希里耶夫，Commintern（注五）之代表雷斯库诺夫、布里雅特自治共和国政府总理爱里巴诺夫及蒙古国民党中央执行委员长达木巴特奇等，被选为名誉干部。

在该会议通过宣言与宪法，制定国旗与国玺，又由于Commintern代表之提议，首都库伦改称“乌兰·巴特里·后特”（注六），十一月二十八日遂行闭会。

“外蒙古国民共和国”以此成立。至其改革事项，则列举于宪法内《蒙古勤劳国民权利宣言》之中，其要点如下：

一、改立宪君主政体为民主共和国。

一、土地、森林、冰〔水〕及其福利归诸国有。

一、一九二一年以前缔结之国际条约及公债之废弃。

一、对外人之个人及营造物之债务废弃及连带责任制度之撤废。

一、企业国营及外国贸易之专卖制。

一、征兵。

一、政教之分离。

一、言论自由。

一、集会结社之自由。

一、教育之普及。

一、对平民职工之援助。

一、男女、民族及宗教之同权。

一、王公、贵族之称号及特权之废止。

二、议会

大国民会议以“阿伊玛库”民、市民及军队代表组织之。议员数目以选举人数为比例而规定之。第一次大［全］国民会议决议：议员为九十五人以上；议员之任期为一年；会期通常大会每年一次，依照小国民会议之决定而召集之，临时大会由小国民会议决定或有大国民会议议员三分之一之请求时召集之。

外蒙古国民共和国之一切权力，属于勤劳人民，其最高权力，统归大国民会议及该会议所选举之政府，使之发动，故宪法第四条规定，在大国民会议闭会期间，最高权力，属于小国民会议，小国民会议闭会期间，属于小国民会议之干部会及政府。

小国民会议，与苏联之中央执行委员会相似，为大国民会议闭会期间之国家最高机关，其职务对大国民会议负责。议员数最初为由大国民会议选举之议员三十人，惟依照一九二五年之第二次大国民会议之决议，增至四十五人。小国民会议通常大会，规定每年开会二次以上，于每年春夏召集之。临时大会，由小国民会议之干部会决定，或根据政府之申请及小国民会议议员三分之一以上之请求召集之，会期约十日，其职务对大国民会议负责，有报告工作成绩之义务。

干部会系由小国民会议之总会选举五人组织之。其执掌之事项如下：

一、小国民会议议事之指导。

一、小国民会议会议材料之准备。

一、向小国民会议总会提出法律案。

一、小国民会议决议实施之监督。

一、政府之指导。

一、大赦、特赦问题之解决。

一、小国民会议闭会期中法令之认可，政府命令之改正或停止，但此种场合，得于最近开会之小国民会议总会解决之。

一、大臣之任免。

一、各省间之问题及争议以及对于各省诉愿之解决。

三、政府之组织

政府为国家实行普通行政机关，依宪法第二十七条之规定，以下列之十三名政府官员组织之：

总理　经济会议长　内务大臣　财务大臣　副总理　军总司命〔令〕

外务大臣　经济大臣　军事会议长　国务检查员　军务大臣

司法大臣　文部大臣

军事会议，在军务部之上级，监督“军”之行动及国家之任务与军务之关系，为军事之最高机关，类似苏联之革命军事会议。

外务部自一九二一年以来，由总务南方及北方之三课与邮政电信厅成立之。经济部于一九二四年自财政部分出，同时设置经济会议。

复次，外蒙为国事犯之搜查，及对内外敌人之警戒，设有所谓“内防处”，具有绝大之权力，为政府之直属机关，与苏联之保安队相似。

外蒙古政治组织

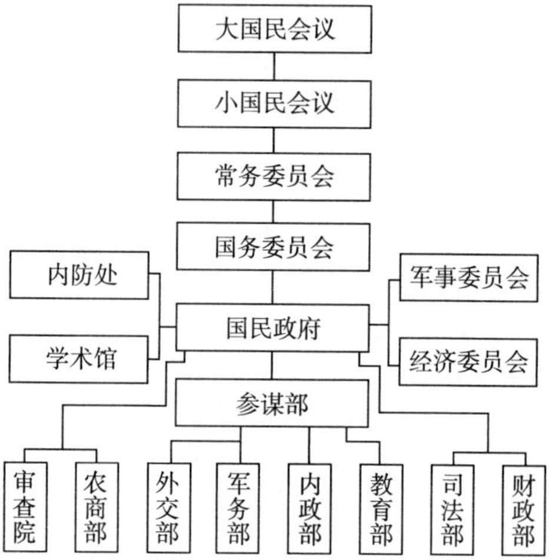

四、地方自治

外蒙自治制度，喀尔喀始于一九二三年，科布多始于一九二四年，至达里冈厓实行更晚。

外蒙地方自治行政单位，有“阿伊玛库”、“后西营”、“索门”、“巴谷”、“十户”与市等。此等行政单位，皆依自治制之规定，设有国民议会。各国民议会再各选其执行机关，其任期为一年。

兹就各行政单位，略述如下：

“阿伊玛库”——此乃蒙古地方行政制度上之“后西营”

(旗)的上级机关。昔时原系有亲族关系之各旗之联合体，其长称汗，据称为成吉思汗之直系后裔，然因年深日久，现在之“阿伊玛库”，仅系在一定区域内各旗之联合体。在喀尔喀有车臣汗、土谢图汗、三音诺颜汗、札萨克图汗等四“阿伊玛库”，在科布多区则有“达拉伊汗”与“索来库特汗”二“阿伊玛库”。

“阿伊玛库”之行政，每年各“后西营”与“沙壁”之首领或代理者，举行会议一次，课征各“后西营”之赋税。至“阿伊玛库”之军事，则由政府任命阿伊玛库将军管辖。

“后西营”——亦为地方行政单位。惟旗长之权限甚为广泛，关于旗内行政，殆属专制。对于一般秩序之维持，法律之实施(非立法权)，司法、征税等均有监督权。以及各旗公务员之任命、征兵、旗民出家之许可等事宜，皆归其掌握。彼之权能，通过称为“达摩喀”之旗公所而施行之。

“巴谷”——系为行政上之便利，区分“后西营”而成者。即一定区域之游牧地也。惟户数多少不定，普通约在五六十户。

“索门”——原为军制上分割“后西营”而成之单位。约当一中队，动员队系以兵士百五十名编成者。“索门”之户数为一〇〇——一五〇户，每“索门”之中，含有二三“巴谷”。

“十户”——原系分“巴谷”而成者，在军制上出兵十名，惟其户数可达至二〇——二五户。乃自治行政上之最小单位。

“市”——市政现时仅施行于库伦。

此外尚有所谓“沙壁”管理区者，乃活佛之直领地，即“沙壁诺尔”所住地带，约有八万五千人，彼等多无固定居住区域，随地游牧。“沙壁”在行政上与“后西营”相同，其首领称为“该根·后特库特”。沙壁之行政，向由“杉索特巴”(注七)统辖，在自治蒙古时代，与大臣同级，惟不列于阁员。

蒙古民国为消灭阶级之差别，实行政教分离，“沙壁诺尔”之特权，遂行消灭。经过一九二四年大国民会议之审议，“沙壁”仅为一行政单位矣。由人民赋课寺院经费之制度，亦被废止。且“沙壁纳〔诺〕尔”亦与普通人民同样负纳税及课役之义务，即其地域亦渐次使之加入普通“后西营”。

五、政党

在外蒙除蒙古国民党及革命青年党外，并无其他政党或团体。

（一）国民党之沿革

蒙古国民革命党之起源，发端于一九一九年北京政府实行取消蒙古自治之三月后，亲俄派青年所组织者。其时之党员多去俄国。一九二一年三月一日，司卫·巴特里、贺德·团森及乔伊·巴里萨等为发起人，集合十八党员，以团森为议长，以达木巴为书记，召开第一次党员大会于恰克图。

关于该党之组织与目的，按一九二一年在莫斯科举行之第一次远东革命团体大会议事录观察之，大要如下：

一、政府以根绝封建制度为目的，制定新法，并无阶级之差别，使全国人民一律服从兵役之义务及裁判之判决。

一、全国人民各级平等之纳税义务制度之设定。

一、奴隶制度之废止。

一、速开小国民会议，至宪法会议开会时为临时立法机关。

一、虽仍认活佛为立宪君主，而政府与国民会议共同制定法律，报告活佛，以国民之名义颁布之。

一、宣战、媾和以及预算权属于政府及大小国民议会。

选定中央委员会与外蒙古临时政府之党员，决定十条纲领，并立即见诸实行，司卫·巴特里率国民革命军，攻取买卖城，并改称为“阿里坦·布拉斯库”（金键之意），党本部与政府同时移入该地。国民军与苏联赤军更共同夺取库伦，至侵入该地之情事，已如前述。

然以活佛为君主之民国政府方针，与革命青年同盟之“蒙古革命，不止于民族关系，且扩大至阶级革命，废止上流阶级特权，四民平等”之指导方针，不能相容，与国民党之斗争渐次激化。以一九二一年十二月之小国民会议为楔〔契〕机之贺德政权，遂至倾覆。

其后，国民党与青年同盟之和议成立，再建新政府，惟随青年同盟势力之增进，树立应付新局面之方策，实属必要。一九二三年八月，于乌兰博特里召开第二次党员大会。其时并决定实行其他之改革：

一、以勤劳民阶级为党及革命之主体。

一、为排击非革命分子，实行党员之陶〔淘〕汰。

一、外交方面密切〈与〉Commintern 及苏联之关系。

一、政体为君主立宪，召集大国民会议而确立民主制度；改革自冶〔治〕制，巩固革命的政权与秩序；整理税制，发达消费合作同盟。

根据国民会议之报告而观察，在政府重要问题之最后决定以前，总理须征询国民党中央委员会之意见，使与国民党大会之决议一致。此后，国民党遂成为国务之指导机关。

一九二四年五月二十日，活佛圆寂，因政教首脑已失，外蒙政界遂发生波折，以国民党本部长兼国民军总司令之团森为首领之右翼派，与国民党多数派之左翼，发生冲突。左翼派与革命青年同盟相提携，借 Commintern 之力，遂于六月十一日，宣布共和。

为讨论此次骚乱之善后方策，于一九二四年八月四日召开第三次国民党大会，议决：

一、“阿拉特”（注八）之独裁。

一、“阿拉特”为党之基础。

一、外蒙古之经济依非资本主义而发达。

此次大会，党之势力，完全为左翼派所掌握，由此届大会所选出之党干部，直至今日，每年之改选，几无变动。

第四次党员大会，于一九二五年九月二十三日开幕，此次大会，基于第五次全世界共产国际协议会之决议，通过中央委员会总会所采择之国民党党纲与党则，党之基础，愈趋稳固。在此次大会，尚有可瞩目者，即国民党对农村经济之注意与向封建制度之强烈攻击，其主要决议事项：

一、对于走向乡村之“阿拉特”广开门户。

二、改革币制。

三、清查活佛之财产。

四、旧王公之对华人负债问题。

第五次党员大会，召集于一九二六年九月二十六日，决议事项，最可注意者如下：

A. 关于政治者

一、与资本主义国家之交际，特别慎重，认为对于外蒙之政治或经济侵略之举措，须充分监视。

一、利用布里雅特人于官署，以改善各民族间之关系。

B. 关于组织者

一、继续保持与 Commintern 从来之关系，设定与各国共产党、东方小民族之国民革命运动之密切关系。特别注意充实蒙古人种国家之革命党并援助之。

（二）国民党之组织

蒙古国民革命党之组织，规定于党则，乃一九二七年之第六次党员大会所决议者。其党则与组织，几与苏联共党无异，仅对地方之特殊情形，稍加考虑。

党员分正式党员与候补党员二种，入党者在一定期内为候补党员，诠衡后而为正式党员。候补党员之条件：

一、无产者与兵卒。

一、不使用他人劳力之牧畜者、家庭工业者及农民。

一、以前之诺音、台吉及官吏分为三级，属于第一、二级者，须有正式党员二人之保证，属于第三级之官吏，须有在党三年以上正式党员三名之保证时，始得诠衡入党。至候补时期，属于第一级者四月，第二级八月，第三级为一年。

此种条件，较苏联共党为轻，但候补党员仅有参加会议权而无表决权。

党之组织，按地域设置各机关，全国分为各“阿伊玛库”，“后西营”与市，代表大会及协议会为各个之最高机关，至执行机关，则有委员会。在“索门”“巴谷”官厅、军队，均有党之细胞，其执行机关，则为事务执行所。

党员大会，每年一次。但“后西营”与“阿伊玛库”之大会，最后举行。

中央执行委员会——由党员大会选委员三十五人及候补委员数人成立之。每四月开会一次。由中央委员会更选十三人为常务委员，再互选议长、书记长与部长等执行党之常务。再者，中央委员会，每年必须召集“阿伊玛库”与市支部及军政部代表会议一次。

为审查党务机关之事务与会计，于党员大会选十二名中央监察委员，其被选资格，党籍须在四年以上。

“阿伊玛库”大会，规定每年召开一次，“后西营”大会，每年二次，其执行委员数目，前者九名，后者五名。

复次，于一九二六年之大会，决定设置“方面委员会”，分全国为二十四方面，指导数“后西营”之党务。

细胞为党之基本单位。“索门”、“巴谷”等之村落、官厅、企业、军队等，有党员三名以上时，即设细胞。在都市之细胞，每周开会一次，在地方者，每二周一次。

国民党之党费，出自会费及上级机关之补助金。会费按党员各自收入之程度，分为四等：即收入之二百分之一、百分之一、百分之二、百分之三。然如游牧民之无定期收入者支部得根据中央部之规定而决定之。至入党费则为收入之百分之三。党费集聚于各细胞后，扣除全额十分之三为细胞事务费，余款送交“后西营”支部，“后西营”以上各级，皆扣除十分之一，再送交上级机关。

国民党在其党则规定，须服从共产党国际协议会之指导并严守其规律。且派代表出席该协议会之大会，惟不为正式会员。

（三）革命青年团

蒙古革命青年团乃蒙古国民革命党之一部。普通以未满二十一岁之党员组织之，乃完成国民党预备团体任务者。

青年团之成立，始于一九二一年，彼等前曾避难俄国，其后当翁开林军与俄国赤军战争时，因俄国之援助，始得归国之青年三十名，先在库伦组织团体而成立者。当时，青年团与国民政府及国民党共同从事翁开林军之扫荡，惟因国民政府，及握有实权后，政府与国民党持妥协之改革政策，而青年团则主张急进，对旧王公、高僧等特权之存在，极力反对，国民革命须进于阶级革命，立即实行大规模之改革。一九二一年，在苏联之援助下，倾覆贺德政府，青年团遂得有独立政党之资格。由团员产生官吏，且军之政治部长由青年团中央委员会长兼任。

再者，青年团与国际青年共产党有密切之关系。

（注一）该人系白俄败将，此次出动，由日本供给军械。

（注二）二者皆为蒙古之地方行政单位。

（注三）生于一八八三，俄国劳农政府之主要人物。

（注四）生于一八七五，苏联中央执行委员会议员。

（注五）共产党第三次国际会议之略称。

（注六）赤色英雄之都之意。

（注七）活佛会计之意。

（注八）勤劳者阶级。

Ⅱ 经济

一、苏联之经济侵略

叙述外蒙之经济状况，绝不能漠视其与苏联之关系，俄国对蒙之经济侵略，乃历史上之一贯政策。战前帝制政府所怀抱之计画与理想，在过去十年间，已由苏联见诸实行。自苏维埃政权出现后，苏蒙之关系，虽为之一变，而内部之势力，则仍保有极密切之关系。在廿世纪初期，从事于对蒙事业者，非俄国之商人或公司，乃其帝国政府。至苏维埃政府，为使对蒙贸易，为其掌握，亦同样的努力于指导的布置，中央集权之国营贸易机关，大肆活跃。

俄国之对蒙政策，无论战前战后，其特征即在政治、经济双途并进。政治之权谋术策，对经济之支配，具有莫大作用。一九二一年苏蒙缔结修好条约如下：

一、对于苏联对蒙之输出与以最惠国之待遇。

二、苏联市民有土地买卖权。

三、旧俄政府所属之邮政及电报设备，承认蒙古收回。

一九二四年，颁布以苏联为规范之宪法，依此宪法，宣言：

一、否认一切私有财产。

二、所有天然资源，统归国有。

三、采用由国家管理之统制经济政策。

同时声明，外国贸易，亦渐次走向独占，外蒙与苏联之间，由第一次外蒙古宪法会议，加林宁与奇卡林及其他苏联政治领袖被选为名誉干部一事观察，亦见具有密切关系。然成为遂行苏联经济政策有力工具之协定，在一九二三年，即已缔结：

一、为国家之开发，依苏维埃之组织，废止贵族之土地及财产世袭权。

二、无主之土地，给与蒙古与苏联之贫民耕种。

三、关于天然资源之开发，以及产业及贸易之发达事项，委诸苏联专家办理。

四、矿山移交于苏联消费组合同盟，与蒙古劳动者，协同开发。

五、苏联代表得为蒙古裁判所员，处理关系俄人事件。

关于贸易方面，自一九一九年，苏联之西伯利亚地方消费组合同盟，已在蒙活动。惟直至一九二四年，贸易迄未发达。然自该年“羊毛输出部”“西伯利亚国营商业部”及“纳弗得·新基特”等苏联公司，开始活动，更存〔由〕蒙古中央消费组合开设的结果，苏联对蒙贸易，显有急速发展，同时，垄断内外汇兑业务之蒙古银行，亦借国立银行之协同出资，因以成立（莫斯科国立银行出资本二分之一）。

蒙古银行成立后，外蒙始有通货，制定币制为银本位制，新通货之单位称为“都开尔格”，含有纯银十八瓦（克兰姆），相当墨西哥银一元。关于此种制度之制定，苏俄之经济学者，颇为尽力。且苏联以此制度，称为对华人高利贷之金融束缚的解放，国家预算之确立，以及采用金本位制的准备等之唯一手段，大加赞许。在外蒙之现状下，关于蒙古银行与新通货，得到绝对信仰的情报，殊为困难，惟蒙人依此制度而排挤中国商人，则为无疑之事实。

于是，一九二六年以来，苏联之商业交换，益超〔趋〕发展。

反之，向在外蒙营业顺利之各国，特别是华商，由于外蒙政府之压迫私营贸易，渐次陷于没落之厄运。

其后，一九二八年，外蒙通商代表团，出访莫斯科，进行关于与蒙古中央消费组合合并之商议，结果，除“纳弗得·新基特”外所有苏联贸易机关，尽行合并，名为“蒙苏会社”。此种合并政策，立生效果，苏联对蒙贸易急激发达，英、美及中国大受打击。一九一八年，有华商四百，俄商仅五十，惟至一九二六—二七年度，华商遂减至六十，最有力之二英国商行，亦迫不得已而退却，外蒙所产羊毛百分之八十入于苏联之手。结果，苏联对蒙之输出入总额比率，一九二四年仅百分之十七，一九二六年遂增至百分之二十九。关于羊毛之输入，一九二四年仅为百分之十八，一九二六年激增至百分之七七·七。关于羊毛贸易，蒙古之输出，事实上，自一九二八年，已为苏联独占。最大之外国羊毛公司，亦必假苏联之手。

现时中国对蒙贸易，仅有少量茶叶输出，向来华商经营之羊毛、毛皮、生皮以及鞣皮等之委托贩卖品，已完全不见于中国市场矣。苏联贸易之增进及中国贸易之衰退，据赤塔驻华领事之报告如下：

苏联与中国之对蒙贸易（单位：千“都开尔格”）

	苏维埃联邦		中国本部	
	输　出	输　入	输　出	输　入
一九二七年	四，〇〇〇	一六，九〇〇	二七，六〇〇	一二，〇八〇
一九二八年	七，一〇〇	二一，〇〇〇	二五，四〇〇	一〇，七八〇
一九二九年	二，三〇〇	二一，五〇〇	八，七〇〇	六，〇〇〇

苏联对蒙之输出中，谷类与石油，特多于其他货品。然大战以后，更逐年增加，而来自满洲之农产品，特别是高粱，对蒙古

市场，历有相当输入，惟现时已不见其踪迹。苏联之大麦、燕麦、高梁〔粱〕等，则遍布市场，占绝对优势。苏联谷物输出激增之情形，按俄国自一九一三年以来，关于对蒙输出之麦粉及其他谷物之统计而观察，即可明了：

一九一三年	一，八〇〇吨
一九二五——二六年	三，二一〇吨
一九三一年	二〇，〇一二吨
一九三二年（自一月至十一月）	二一，五七一吨

石油之输出，亦与农产品有同一现象。一九一三年，仅输出九十一吨，至一九三二年则增至二千余吨。其他如布帛、砂糖、洋灰（Cement）、电具、金属及其制造品、食品、烟草、化学药品、糖果、花生及干果、通心粉（macasoni）、细手工品、香水、石碱、感光膜（film）、蓄音器、鸡子、硝子及陶器等之输出，亦逐年增加。在巴黎之苏联通商代表部关于苏联一九三一年度之国外贸易之记述如下：

在输入苏联货品之国家中，其种类之多，以外蒙为第一。

若依统计观察，则在一九二九年及三〇年度之苏联对蒙贸易，在输出方面，增加百分之六五，他国之输出，则依此比例而减少。又一九三一年度之苏联输出额，较上年度又有如下之猛进（单位：留）：

	石油及同产物	火柴	糖果及甘味类	洋灰	化学药品
1930年	495，000	28，000	266，000	19，000	49，000
1931年	1，090，000	111，000	901，000	58，000	139，000

在此种状态之下，苏联对外蒙之输出总额，一九三〇年为一七，八一九，〇〇〇留，一九三一年则增为三七，三四三，〇〇〇留，于是，外蒙成为苏联商品在东方之最大输出国。在欧战前，俄国对蒙贸易，常为入超，自一九二九—三〇年度，始转为出超。

近来更继续好转，在一九三二年一月至十一月期间，现有输出四一，三九五，〇〇〇留，输入一九，二七八，〇〇〇留之佳况。

苏联对蒙贸易统计（单位：千留）

	一九二八—九年	一九三□年	一九三一年	一九三二年
输出	一六，四〇〇	一七，八一九	三七，三四三	四一，三九五
输入	一五，二〇〇	一九，七四五	二八，八三三	一九，二七八

实际上，外蒙确受苏联二重利用，即苏联以蒙古为世界革命之实验室，同时认其为供给苏联必需原料之贮藏所。若对过去五年间，英美及华商在蒙惨败之历史，稍加思索，即可预料将来外国之对蒙贸易，亦必陷于微弱且甚困难之境遇。再者，苏联对蒙之经济侵略，正明确的表现，对积极的世界革命之国际的经济反应有如何结果者。事实上，以自由竞争为基础，而短期间驱逐中国贸易，恐不可能。

苏联对外蒙之宪法与经济机关，按照已意，加以改造，为其劲敌之华商或羊毛、毛皮竞争者之英、美商人，所经营之个人企业，均认为非法贸易，应使杜绝，对本国贸易机关则尽扫其障碍，以解决对外竞争问题。

然这种布尔塞维克（Bolsheviki）的政策，到何时也不会成功。中国商人的不满，酿成暴动勃发的机运，以致苏联当局亦提出三项妥协条件。

最近，受苏联压迫而逃亡满洲里的库伦消费组合书记布尔雅特人坦巴氏，关于外蒙之近况，作如下之谈话：

一九三三年，外蒙之经济状况，已窘到极点，至现在始渐趋缓和。以前货品交换，仅由消费组合实行者，今则由个人之自由商业经营矣。市场尽为苏联商品所笼罩。此种苏联商品，概假于一九三三年来，在库伦所般〔设〕立之苏蒙商会之手而分配于各地。至中、俄商品之比较，苏联占总商品百分之八十，仅百分之二十为中国之商品。

二、财政

（一）政府之预算

外蒙政府，初未编制国家收支预算，遇必要时即行支出，惟此种办法，对国家之收入科目，亦难调查矣。至一九二三年，始编成岁计预算。外蒙之岁出岁入，分国费与地方费二种，而两种区别，并不明确。如邮务费，乃普通国家事业，惟按过去习惯，则由地方费支办。费目亦非常简单，各机关均分（一）薪俸，（二）办公费，（三）家屋维持费，（四）修缮及物品购置费，（五）交际费，（六）杂费，（七）预备费等七项。自马粮以至调查费，其未列入费目者，全部加入杂费，最为纷杂。

预算之编成，错杂而不统一，各机关各别统计其收入，直接提出预算委员会，而该委员会系由各省代表组成者，时有应从根本审核之事件，其事务常延至数月之久。

出纳亦采中央集权主义，惟预算之七成在库伦，其余三成在地方。会计年度，以前从旧历三月一日开始，惟自一九二五年以来，已采用阳历。

（二）租税

外蒙政府之收入，租税约占其半，惟政府则采用避免设定直接税之方针，对主要财源，征收间接税。间接税中，最重要者为输出入关税。关税率在普通货物，从价六分，烟草制品为十二分，更附加五厘为其他市税。

一九二五年之大国民会议，改订关税，规定差别税率，决遵本国产业保护主义，根据商品，设定等级。在此会议，并决议关税应按重量或品物单位课税为原则，从价税仅限于特别场合。

若依关税法之规定，税关共四十一处，惟尚未全部完成。

国民政府，关于商工业之税捐，除关税外，并设有营业税、基金税、收益税、店员税等。一九二二年，为图商业发展，遂将收益税与店员税废止。关于租税政策，在一九二四年之大国民会议，曾有如下之决议：

一、直接税应顾及人民之过重负担。

二、累进税须以实际救济贫民为宗旨。

三、个人商业因有抑压必要，故须课以重税。

蒙人主要财产，即为家畜，故对家畜之租税亦甚多。财部于一九二五年秋，制订单一家畜税法案，其根本原则，于同年之大国民会议通过，至一九二六年之大国民会议，更决定自一九二七年实施。该法案之原则如下：

一、废止地方自治机关之独立课税权。

二、一切税率取决于政府。

三、累进税之最高税率为单位之二倍半。

四、寺院家畜，亦与普通者同样课税。

五、五“厚德”以下之财产免税，以示对贫困者之特别优待。

六、从事于邮递之马匹免除本税。

七、征税期分二月、七月二期。

三、通货

(一) 币制

外蒙在一九一一年宣言独立时，尚无自主货币制度。向以汉堡制银块、马蹄银、米银等为主货，各地更有以砖茶、皮为代用货币者。外蒙政府，认为使用外币，非仅金融界为外国所操纵，且外蒙之经济，亦蒙有极恶劣影响，实有制定自主本位货币之必要。一九二四年之大国民会议，亦有此决议。

国民政府成立不久，即着手准备币制之改革，惟其实行，则迟至一九二五年十一月，蒙古银行始发行纸币，至银、铜货币，自一九二六年三月，始行流通。外蒙货币之本位，亦有主张金本位者，惟政府顾到人民惯于用银及银货，遂采银本位制。银币之单位为“都开尔格”，每“都开尔格”等于一百“蒙沽”，相当纯银十八瓦。

（二）纸币

外蒙政府成立时，即已准备制定本国通货，惟因政府资金缺乏，无准备发行纸币之正货，遂于一九二一年向苏联当局，成立一百万金留之借款，作为发行纸币之准备金。协定签字时，外蒙政府收到廿五万留。其后，外蒙政府于一九二三年，从人民征集三百万两，决定准备发行，一九二四年，以官吏在各地征集家畜，以为上项资金。惟因贫困与饥馑，滞纳或申请不能付纳者甚多，征集又行中止。已征迄之相当一百万两之家畜，一部输入俄国，偿还债券，其他用为军部食料，由此得银一百万两，保存于财政部，以为准备金。

一九二五年二月二十二日，外蒙政府决议予蒙古银行发行钞票之独占权。关于纸币发行之目的，则以调节蒙古通货及增加蒙古银行营业资本为主旨，依上项之规定，钞票种类分为一、二、五、十、五十及百“都开尔格”等七种，于券面载有可兑换银额及其宗旨等，于一九二五年末，遂开始发行。

（三）硬货

蒙古银行，受政府之委托，于一九二五年，在列宁格勒（Leningrad）造币厂，付托苏联，铸造货币。至一九二六年三月，遂行通用。硬货之本位币为银币一“都开尔格”及五十“蒙沽”二种，其纯分之重量，前者含纯银十八瓦，后者为九瓦，铸于币面。至其成分，则以银九铜一为比例。故一“都开尔格”之银币总重量为二十瓦，五十“蒙沽”者为十瓦。其他小银币有二十、十五及十“蒙沽”三种，铜货有五、二及一“蒙沽”三种。

Ⅲ 宗教

一、喇嘛教政策之利用

元世祖利用喇嘛教为征服吐鲁藩之政策，以八思巴为国师而领有西藏，其势甚盛。以后历代君主，均继续保持喇嘛之尊信。因此，国费负担增加，僧侣跋扈日甚，遂为元代灭亡之一因。

喇嘛教自清代以来，对蒙古民族生活方面，虽具有民心教化的功绩，然俟后僧侣堕落，教义颓废，致养成此民族因循懒惰之风气，且促进生活、经济之穷乏。惟喇嘛教在蒙古民族，特别是王侯阶级，至今仍保有相当势力。在蒙昧无知且又无任何安慰之民族，信仰之要求，原为自然之趋向，惟喇嘛教之势力，对蒙古民族，非仅单纯的心理之支配，即在军事上、行政上，亦有最高之权威。

近来由于一部青年之觉悟，虽有痛恨喇嘛僧侣之堕落颓废者，惟尚难普遍。苏联为共产主义之普及，尽力扑灭外蒙之喇嘛教，已为不可掩蔽之事实。彼等“赤化”青年，对喇嘛之攻击，颇值注意。然苏联操纵喇嘛，以为经略外蒙之第一步，已完全成功。其概要如次：

以俄领叶尼塞河上流之颚喀河与昂哥拉河附近为中心之居民布里雅特族，原为蒙古种之一支，苏联遂加意利用其言语以及其他相同之各点。布里雅特族原奉虾蛮教（Shamanism），自十七世纪，始依奉喇嘛，至十八世纪后期，该族已普及于杂巴喀里地方，为增加其势力，从蒙古不断招聘传道僧及医僧等，苏联政府，更于一七八五年在塞肯司库东南国境附近，建立寺庙，并任命锡呼团

（僧院长），更任命班弟达堪布喇嘛为总教长。

一八五三年，僧侣达三百人，后更增至一万五千人乃至二万人，宗教势力，已侵入蒙古矣。苏联更进而介绍高僧特吉耶布与西藏达赖喇嘛通好，另方对库伦之哲布尊丹巴辄进贿赂、甘言，总之，举凡能求其欢心之手段，无所不施，以笼络之。与以外蒙共和国君主之名，而己则掌握外蒙之实权。

二、苏联之反宗教运动

苏联虽以操纵喇嘛，为经略外蒙之手段，而其内心则竭力图谋扑灭之。

外蒙共和国参加苏联之际，适为苏联领内反宗教运动猛烈之时。当时之反宗教运动，并无任何组织，仅系盲目杀害宗教界之主要人物。

俄国之希腊正教信仰者与蒙古之喇嘛教信仰者，宗教心之热烈，相差无几，但宗教家在民间之势力，则大不相同。蒙古之喇嘛僧，乃蒙古之最高智识阶级，握有文化、政治、经济、之伟大势力。从数目上观察，喇嘛僧亦约占蒙古男人百分之四十，其在民间之势力，实非俄国之希腊正教所能比拟。

过激派在外蒙之反宗教运动，最初，如在俄国同样的采取猛烈的断然实行，以致失败。现在，僧侣与民众，固无论矣，虽支持过激派之蒙古国民革命党之内部，亦甚反对。

外蒙之反宗教运动，认真的活动，系自一九二九——三〇年顷开始，适当苏联树立反宗教五年计划之际。外蒙之反宗教运动，乃苏维埃反宗教运动之一部，概有同一之经过。

苏维埃之反宗教运动，与产业五年计划并行，拟彻底扑灭宗教。彼等运动之中心，在封锁教堂、歼灭宗教家。然在消灭宗教家以前，须先消灭宗教家之养成机关。因此，具有一亿六千万人口之苏联国内之宗教学校，固不待言，即一切宗教书籍，亦皆禁止。官民双方强行反宗教教育，反宗教运动，以及反宗教宣传等。苏联国内宗教家之激减，当为不待讨论之事实。此种方针，直接影响于外蒙之僧侣数目。外蒙之喇嘛僧数目，列表于下：

年　度	僧侣数	对总人口比率（%）
一九一七年	一一六，五七七	二一·四八
一九二四年	一一二，六七二	二〇·六三
一九二五年	八六，六七一	一三·三九
一九二六年	九一，二六九	一三·三四
一九二七年	九二，三一〇	一三·二一
一九二八年	九四，八五七	一三·三五
一九二九年	不　详	不　详
一九三〇年	一一〇，〇〇〇	一五·〇九
一九三一年	九三，〇〇〇	——
一九三二年	八二，〇〇〇	——

僧侣对全人口之比率，从二〇%降到一三%。然其比率之高，恐世界仍无能及之者，若更与男子总数比较，则见有喇嘛占外蒙男子之半数的特殊现象。喇嘛僧与外蒙男子数之比率如次：

年　度	对男子数之比率
一九一七年	四一·九五%
一九二四年	四〇·五五%
一九二五年	二三·二九%
一九二六年	二六·四五%
一九二七年	二六·一五%
一九二八年	二六·三〇%

如前表所示，一九三〇年僧侣数目增加，因受此种刺激，同年之第八次党员大会，对宗教之弹压，更加强化。严禁十八岁以下之青年加入僧院，年少之喇嘛僧，强使归俗，从事生产事业。

因此，一九三一以后，喇嘛僧数愈形减少，在一九三〇年，占总人口之一五·〇九%，但至一九三二年则减为八·四%。所以减少之原因，恐系由于第八次外蒙国民革命党会议有如下之决议：

喇嘛从事于商业与贷金业，与外国之反革命势力结合。利用医术信仰，振摇民间政治魔力。此事对于外蒙革命之完成，实属不利。吾人此处议决，力求宗教之扑灭。

《师大月刊》
北平师范大学
1935 年 23 期
（朱宪　整理）

绥远农村状况

□录十月二十五日北平大学农学院教授□□□先生演讲

□□□　演讲

……绥远、宁夏、热、察北部以及青海一部，气候土质，大致相同。今次我们虽只谈绥远农村状况，而同时这一带的情形，全可大致知道了。

此地人烟稀少，原先大部是荒地，光绪二十年间，才派人前往开垦。本地蒙人不善耕种，因他们是游牧生活，只要有些炒米(叫糜子)，养上几条牛，随地可取以食用，一年不再耕种也没关系了。他们种庄稼的方法更是有趣，下种时用一条驴驮着两袋种籽，袋上留一个小孔，赶着驴在地里来往行走，种籽随着就掉到地上去，再赶一群羊遍地一踏，此后就任他长去，成熟后再来收割。

因地多人少，所以耕种也就这末不甚注意，不过现在已是进步了许多。此地人口多是由他处移去的，总计新来的住户占有过半数，并在此居住两代的已经很少，所以农民彼此间的关系极为涣散，去年曾在那里办合作仓库，地方是找好了，所需资金亦商妥由中国银行□支，但因农民不能合作，结果终未成功。曾闻有土匪三人窜入某村，连续抢夺了五家，在土匪抢这一家的时候，别的人漠不关心，及至到了自己家来，那就束手无策了，村中有壮丁二十余人，而土匪三人□得横行无忌，其缺乏合作精神，可见一般〔斑〕。至每村户数亦少，且各村寥落四散，不易联络。

此地气候较寒，九月二十左右下霜，十一月初就结冰了，次年清明节，约在四月中旬，地上才有些化冻，五月间化尽，五月底始过霜期，总算起来一年内耕种时间，仅有三月半。一年内农民大部时间无事可作，种种不良习惯因之发生，人民性情迟缓，恐也是环境造成的。

在民生渠一带，每户人口平均为五·一，且男女人数不均，约成为三与二的比例。女人帮忙耕作的地方很多，如一日三餐，料理家事，全是妇女的职务，计算起来，一个农家妇女，可作一个男子四分之三的事情，此地农业不振，此亦重要原因。男子没家眷，则易于流荡，影响地方治安极大。查女子稀少的原因，是重男轻女的风气造成的，所生女婴，多被抛弃或杀害，据该地某天主教堂报告，自光绪二十六年到现在，曾收养女婴近万余人。

该地每亩收获，年内可获利一元九角，若统计地价利息、人工价值、籽种、肥料等，已是入不敷出，惟地价利息与人工除外时，则尚可获利二角，可知其人民生活极苦。又此地交通梗塞，所产粮食，不易运出销售，致价格低落，收成不好，粮食不够吃的，年景好了，又谷贱伤农，仍是赔本。惟去年民生渠一带，情形极好，因周围全闹灾荒，独有此地丰收，粮食价格因之暴涨，不过此种机会不多。

其人民经济状况，据八四六户的统计，其宅舍所值可占百分之八，土地占七五，牲畜占一·五，其他为一五·五，如此可知农民虽有土地，却无耕种的资金。至本地利息之高，尤为惊人，最高者可至八分。

振救济此地农业，可采以下二种办法：1. 举办合作社，设立仓库，借以周转资金，提高农产物价格。2. 提倡农村工业，尤以提倡糖业为宜，借可利用数月之闲散时间。

《同仁通讯》（旬刊）
华北农业合作事业委员会
1935 年 34—35 期
（李红权　整理）

固阳农村杂写

王维经　撰

“农村崩溃”、“经济破产”，已成今日疮痍满目的普遍现象，僻处边陲的固阳，本不是世外桃源，焉能逃出例外。农村之衰落，或者更有盛于他县，兹拉杂分述于左。

一　土匪

固阳本绥省紧边于内蒙南部之一县，山峦重叠，人烟稀微，一切的一切，皆落伍于他县，致年来匪患，几无时无之。只以去冬间，杨白皮、刘迷糊股匪，窜扰于境内者，达半年之久，人民逃避，几至一冬无家可归，银钱财物、粮粟牲畜，抢掠殆尽，生活艰难，已达极点。此实为固垣〔阳〕农村最大之障碍，此患不除，则农村永无可以繁荣之一日。现在农民，一闻匪患，其逃避之情形，如惊弓之鸟，即流连载道，死命奔走，真大有谈虎色变之概。

当道者亦有鉴及于斯，近亦竭力督饬修筑围堡，以便防御。但人民穷困，财力实即最难解决之问题。堡之小者，亦得需款千元，故年来成就者，亦寥寥无几。现二区有兴顺西围堡一座、合窖堂围堡一座、沙力木素村园〔围〕堡一座；三区有永德成围堡一座（现尚有开工修筑未成者二处）；四区有广业公司围堡一座。距堡之近者，亦可济一时之急，远者只得受其蹂躏而已。

二 人民负担

固县款项，皆由各乡乡长起收交县。每顷地约摊青苗款九元余，支差费一元（以上二项，无总确数目，每年各异，此系按去年而言）。粮银一元余，岁租一元（系蒙人起收，蒙人在固阳设有岁租局），乡经费一元余，牲畜费二元（因每顷地，得需牛二条耕种，土人叫一具，每条牛应纳牲畜费一元）。此系捐固定者而言，如其他一切临时摊款，均不在内。且时支应过往军丁住宿之草料及食用，每年每村亦需数十元之多，但每顷所种之田禾，就以莜麦言，丰收之年，每顷地可收获三十石，每石约值洋三元，共洋九十元。一切杂款，共约去三十余元，工资、种籽及食用，约需洋十余元，可剩成〔约〕五十余元，除家中一年之一切费用外，实即所余亦无几。若稍遇有捐〔损〕失，霎时即起生活恐慌之忧。设有天旱或雨潦，年岁歉收，生活即为最难解决之大问题。

今岁固阳，始则大旱，继则鼠啐，未几又加冰雹之打，半饥馑之年已成，人民早已发生恐慌，望当局者，注意及之。

三 建设

固阳农村，除有几座土堡外，几无他建设可言，即以固阳县城内言，亦无可言之建设。但自海禁开放以来，外人之在中国传教者，几无处无之，固城所以有现势者，亦以旧城教堂之设而始召人民、商号聚集于彼也。距县城九十里，有一合窨堂堡，外人建有围堡一座，凡入教会者，始得居其中。其中建有学校一座，街道亦稍具雏形，商号有五六家，维新镇镇公所设其中，设备亦较他处乡公所稍佳，可称固县乡村建设中之精华也。

自去年县政府附设之师范讲习所毕业后，各乡公所，皆设有乡立初级小学校一所，并各区堡内，均有县立初级小学一座。其他亦无可纪述之处。

四　交通

“山岭”为固县占其一半面积之物，崎岖凸凹，往来行人，甚感困难之至。乡村皆多住于山之凹中。行路者，或徒步，或乘马；运输者，皆以牛拉木车，其载重量，至多不过一千斤，每日行程，只不过六七十里，实属艰难缓慢之至！

所有邮政交通，于六月间，经北平总局派员来固视察后，已在各乡村设有邮政信箱数处，只雇用邮差一人。由县出发，经兴顺西第一处信箱、合窑堂第二处信箱、白灵淖第三处信箱、水德成第四处信箱、大榆树滩第五处信箱四县〔处〕，五日一周，虽对交通稍有补助，但转遽〔递〕迟缓，亦一病也。

自包头至固阳县城之途中，其行走艰难更盛。去年曾修筑包固公路，至冬已工竣，现较为平坦多多矣。

前数月间，包头汽车公司，曾往来驶行于县城者一月有奇，但客人稀少，营业萧条，不久即停驶矣。

五　土产

固阳出产，较为不少，兹摘录分述于下。

1. 白盐　产于固阳北面之海湾村，村中有盐海二。制造盐人，系将海畔之土抬回，用锅盛海中之水，将土下入内，烧火沸之，熬十七八小时，将水质熬完，即成为雪白之面子盐，名为白盐。

每年产额，无总确数，若遇天旱，海中之水干，即不能熬矣。

2. 白泥　亦产于固北之冯圪卜村。用铁锹挖地，深及三四尺许即出，无经营人，任人挖掘。

3. 蘑菇　固阳西北边出产，生长于寸草滩中，居人多挖回食之。

4. 石绵　固阳东边四区山中出产，居人采回时出售，每斤约售徉〔洋〕二元及数角不等。

此仅就知者而言，系捐非平常之物，其余如农民平素种植之粮粟，如莜麦、小麦、莞豆、芥黄（俗民〔称〕菜籽子）、山药等种类甚多，实丰富莫及之，所惜无人开发耳。

总之，以上所言，已将固县农村大概，皆已略述一班〔斑〕。但自十七八年以还，各村农民，受荒旱及匪灾之蹂躏，他徙者，可达半数之多。现一村之内，房屋坍颓者，居大半之数。村之大者，仅居有十数家；村之小者，五六家、七八家不等；甚或有一家村者，实属衰落之至。然自现在以后，匪患平靖，不遇荒旱，则固县农村，或可日上一日，反之，则固县农村永无繁荣之希望矣。

一九三五，八，廿七，完稿于固阳兴顺西村

《绥远农村周刊》
归绥绥远农村周刊社
1935 年 73、75 期
（李红权　　整理）

西北都市包头的现状

——包头通讯

作者不详

包头是绥远的一个属县，为西北的国防重镇内蒙西部的一个都市，地点在绥远的西北方，平绥铁路绥包线的终点。这地方，是绥远的一个著名的水汉〔旱〕码头。平绥路车站在城的东门外二里半，黄河就在二里半的旁边。包头叫它南海子。

南海子　每里〔至〕夏天的时候，这个南海子水码头最为热闹，由黄河上流来的皮筏子特别多，一列一列的排在黄河中。这些皮筏子上，都运着甘肃兰州运来的水烟。一个上就装十来箱，由早上到太阳落，水烟一箱一箱的往岸上抬着，那些工人们，都是赤条条的一丝不挂，在水中来往着，边唱边抬。岸上的闲人，与商人小贩，也特别多，看去如过庙会一般。

转龙藏　从南海子往北十五六华里，有个包头的名胜叫做转龙藏。读者觉着这个名种〔称〕怪吧，的确，这个名称真使人“莫明其妙”。

本来转龙藏是个山上流下来的瀑布，后来当当地人在山坡面，修了个龙王庙，在这个瀑布的下面，作了一个石池，山壁上按了三个石龙头，这瀑布流下来，经过石龙头，即流入池内。因为年久了，转龙藏这个名称亦不知道是何意。每到春夏天，来这个地方纳凉的人很多，游人亦不少。坐在山下的水池旁，清风徐来，瀑布声如一个人低唯〔吟〕，“沙沙哩哩”地，旁边的干柴车一列一列地相应着走向西门去到了包头城里。包头最繁华的九〔街〕道是前街与后街、平康里三个地方。

国货街市　前街，是沙子等路。山西人开的布店、杂货店、米马〔面〕杂粮店最多，余如本地的烟馆茶馆街。在这些商家中，高大的建筑很少而多是平房。每当过节过年，前街上各村来的农人很多，他们都来前街上买土布土货，卖农产品，所以前街便被叫做国货街市。

现代化的街市　后街，是包头的最现代化的街市，有高大的洋房，有平、津分设的洋货店，有银行，有包头饭店，有大饭馆等，每到夜间，收音机、留声机，一齐放送着。四面都是大减价的传单飞舞着。马路上也多是包头的太太与摩登女士。乞丐也比他街多，每一个百货店门外一定有不少人，在听着收音机与留声机的放送。

堕落场所　平康里，这个地方是包头的消遣所。有两家戏院，有说书场，有“小班”——即官妓女，有大烟馆，而且还有个平康公司。每到夜间，小班外都站着“摩登佳人”，在做生意，拉客。大烟馆外，都是烟气迷漫，实在热闹，而亦别有风味。

文化机关　包头的教育文化可不发达，除有一个设备简陋的省立包头初级中学校外，本县只有小学十数所，回教小学一所。民众教育只有虚名而已。报馆只有一家，是每日出刊四开小张的《包头日报》。书店，更可怜，只有一家卖小学的课〈本〉与唱本的明善书局。

工商业　工业呢，也甚可怜。用机器的大工业，根本没有。有的，是本地人工的地毯、毛布工厂六七家。他们每月不过出个数十匹毛布，或数十张毛地毯而已。说到这里我又想起来了，包头还有个电力不足，官商合股的包头电灯公司，该公司，还附席

〔带〕着磨卖一种骆驼牌粉面。包头的城内外，交速〔通〕还算便利，交通有几条马路外，代步方面，有洋车与落伍的轿车。这两种车价都不很〔便〕宜，差不多五六里，就得两三角的代价。

经济情形　市上流行的纸币，除了本省官钱局兑换券，与山西银行的兑换券外，还有中国、交通等大银行的纸币，但也是很少。

现在包头的交通上方便的更多了。欧亚公司在包头设了包宁线，每由甘、宁回来的飞机一落，包头就增加了热闹的空气。

《拒毒月刊》
上海中华国民拒毒会
1935年90期
（李红权　整理）

察哈尔蒙旗调查

纯　撰

察哈尔即《明史》所称之插汉，系元太祖第十五世孙达延车臣汗之裔，明末其首领林丹汗无道，凌虐蒙古各部，故各部相率投降满洲，清太宗徇各部之请亲征之，后，林丹汗走死于青海，其子额哲依请降，封亲王，尚公主，位列内蒙四十九札萨克之上（彼时内蒙只分四十九旗），迁其众于今辽宁省义县之边门外。康熙初，三藩事起，其首领复叛，大学士图海讨平之，自此改设总管，不立札萨克，并定其总管为任命制，复迁其众于大同、宣化边外，即今日之牧地，此察哈尔八旗之来由，及其编制与其他各蒙旗不同之原因也。至于四牧群在清时，或隶于内务府，或隶于太仆寺（九卿衙门之一，主管马政）。清季太仆寺裁并于陆军部，故察哈尔各旗群，遂归陆军部管辖。民国三年，划一外省官制，明定察哈尔八旗，隶察哈尔都统管辖，其职官之任命，及垦务局之设置，统由陆军部主办，此又察哈尔各旗群隶属上之沿革也。记者兹觅得关系方面之察哈尔蒙旗，各种系统的详细调查，陆续在本刊发表，希读者注意焉。

察哈尔蒙旗调查之前提

（1）中华民国管辖区城之系统。

（2）察哈尔管辖区域及蒙旗机关之系统。

（3）察哈尔八旗境土之调查。
（4）察哈尔四群境土之调查。
（5）察哈尔八旗额设官兵数目既现任总管、参领姓名之调查。
（6）察哈尔四群官兵之组织系统。
（7）察哈尔蒙兵游击队之组织系统。
（8）察哈尔八旗官兵之升补系统。
（9）察哈尔八旗佐领之分类。
（10）察哈尔四群官兵组织暨升补之系统。
（11）察哈尔台站官兵暨寺庙喇嘛升补之系统。
（12）察哈尔八旗官兵俸饷之数目。
（13）察哈尔八旗官兵俸饷之统计。
（14）察哈尔口外各县代征各蒙旗王公之私租。
（15）察哈尔口外六县带〔代〕征蒙旗之另租。
（16）察哈尔十二旗群蒙古审判处之调查。
（17）察哈尔十二旗群教育之调查。
（18）察哈尔十二旗群户口之调查。
（19）察哈尔各蒙旗机关之经费。
（20）察哈尔各牧场职员之编制及其薪饷数目。
（21）察哈尔三牧场实存各种马匹之数目。
（22）察哈尔各旗群寺庙喇嘛之调查。
（23）察哈尔张家口台站管理局所属台路之系统。
（24）察哈尔锡林果勒盟十旗之职员。
（25）察哈尔各蒙旗机关现任首领之姓名。
（26）察哈尔八旗职员之考核。
（27）察哈尔四旗职员之考核。

《蒙藏旬刊》
中央宣传委员会蒙藏旬刊社
1935 年 98 期
（朱宪　整理）

东北的蒙古民族

阿瓦林　著　　钟羽译自《帝国主义与满洲》

帝国主义时代在蒙古地方的殖民，虽亦有些地方尚在保持其原来的性质，但同时亦带有许多的特点。这些特点，好象从前美国在印第安人曾经占领过的草原上殖民一样。

最先而最为合法在蒙古地方“殖民”的为中国的汉族，其时约在一八七〇年末。经过若干的时期，该地方从前所有的情况，逐渐演变，渐至酿成与前相反的形势。最后民族的统治者遂为汉人而非蒙古人了。

因为蒙古土地被“外族”占领的关系，遂以促成蒙古的变乱，这种变乱通常的结束，或为发动变乱者的灭亡，或为被压迫退至蒙古的腹地。

满清帝国主义的“殖民局”，在拳乱以后，益为增加其组织的机能，更为发挥其殖民的作用。贿诱蒙古王公以收买其大量的牧场，然后再转卖于中国的农民。同时中国封建的官吏，高利贷的商人，亦袭用这种手段，在其相当的范围内活动。于是这样被强迫的各游牧旗群的蒙古民族，因受帝国主义的阴谋与欺骗，遂丧失其可资游牧的土地。

一九一一年中国发生革命以后，外蒙相继宣告独立。在此时期中，蒙古各区的蒙古人民以遭遇这样的非常事变，死亡甚多。如一九一二年初内蒙各旗群与呼伦贝尔一带的蒙古人民所掀起的反对中国统治运动，同年八月中国以一万五千人进兵哲里木盟，杀伤当地蒙民，不可计数，凡北方王旗，如土什业公、扎萨克图、土谢图王所属的地方，多遭毁灭。（注一）这些蒙古地方就是曾被划入辽宁省的洮南区域。其后一九一六——一九一七年蒙古以受日本煽媾的结果，对中国的武装反抗，尤为剧烈，但终归失败而消散。当这种压迫蒙民并图将蒙古土地合并在东北区域内的政策施行的当时，日本帝国主义曾组织并支持蒙古的独立运动。

蒙古与一般马贼皆由日本供给大量的武器及教练官。每当中国军队击败蒙古——马贼大队的时节，日本则借口保护南满沿线的安全，要求停止军事行动，以掩护此项蒙古军队的撤退。（注二）

日本帝国主义者对于蒙古的利用，亦完全以其需要的程度如何为转移。如在不需要的时候，日本军官或其教练官，反参加中国军队，以其所得的经验，去助剿所谓蒙古的反叛。

在欧战的初期，帝俄在蒙古的活动，亦甚积极。一九一五年呼伦贝尔地方的蒙古王公曾实行自治以代替从前的三二统治者的制度，这就是完全由于帝俄的支持。直至日本进占东北以后，犹有若干形式上自治的残余在保存着。至于一九二八年日本在呼伦贝尔所教唆的蒙民反对中国的运动，因其未能为多方而普遍的救助，终至于很快的同归于失败。

呼伦贝尔的蒙古民族，洮南与热河残留的一部分蒙人，其所受民族与经济上的压迫，与日俱增。日本帝国主义者、封建军阀及中国统治阶级的商人——高利贷者，皆为蒙古民族生存的威胁与毁灭者。这种威胁的程度，吾人可以中国的洮南——索伦屯垦区为例说明之。这个屯垦区所有的土地，虽系由满清的“殖民局”所收买而转让与东北当局，但实际则有无异为消灭哲里木盟南北两王的属地而设立，近年消灭的政策，恰已完成。据中国方面的统计，从一九二五年至一九三〇年的时期已有四万人从事于垦殖。这个数目并且是尚在增加中呢。

在一九二九年至一九三〇年期间，此屯垦区以军队之一部与垦民混合，称作“屯垦军”，以实行种植。因此不断的与蒙古爱国派发生冲突。据一九三〇年辽宁官家出版的《第一年兴安屯垦区的屯垦大纲》十分诅咒“蒙古匪军的扰害”，欲图剿灭，亦感困难，因“若辈马术甚精，趋避极快”。曾经数度与此种“匪军”作战，且诱该匪军于火线之内，而以炮队尽日轰击。

日本帝国主义者斯时亦正倾向于支持东北当局，以图消灭此蒙古民族。故凡关于金钱、军火、及教练官等，多由日本帝国主义供给。但其后日本以图占东北并为准备一切打算，对于蒙古又思取得好感，因在蒙古民族中又作其亲善的工作，尤其是封建的王公与神圣的喇嘛，更尽其联络之能事。

田中奏折载称：“关东长官的女儿福岛冒险赴蒙古的土什业图地方，置身于不开化的蒙民中，而作其王公的顾问官且以尽其服务皇家的天职。”（注三）

蒙古的王公，很显然的可以看出，已经在潜伏中受着“与彼有深切关系者的保护人的保护”，日本所施的恩惠，闻在土什业图地方已经有十九名日本军官在以“秘密的方式”实行其帝国主义的政策，田中所拟计派遣四百名化装的日本军官“去外蒙及内蒙地方，以攫得蒙王的统治权”的计划，不啻实现。田中更谓：“在必要时机的到来，须善运用其军事的力量，无论如何，必将内外蒙古，取在吾人掌握中。”

一九三一年春，在日本拟行进占东北的前夜，据传：“日蒙联欢会社又在大连复活”，蒙古王公多赴大连参加开会，彼时日本曾极力煽惑蒙王，使其反抗中国。（注四）

实际日本对于贿诱蒙古王公的企图，不无多少成功，已有若干蒙王甘为日本利用，甚至不惜作彼占领者的武器。日本军部曾组织数队武装蒙古兵，一方利用此蒙古军队以抵抗中国民众的反日团体，一方更利用以消除蒙古间之反日的爱国组织。

由于日本帝国主义反复利用蒙古政策的结果，在东三省与热河残余的蒙古民族，遂遭受甚大的危害，其消灭的趋势，简直与当年欧洲帝国主义在美洲、在非洲用其文化上的同情的侵略，以灭亡其土人，毫无二致。

总之，以“宗教”与“科学”的势力来消灭蒙古的种族，这是日本帝国主义与中国的资产阶级，所同具的志念。不过日本帝国主义更有进一步的打算，它要将蒙古民族合并于所谓满族，使之成为满蒙民族，以与其他的民族，表示区别。然后使这样的混合民族，或充作日本帝国主义征服下的奴隶，或灭其种族而夺其土地以为彼日本民族繁殖的外府。

在民族自决的抗日战争上，日本帝国主义者不断的利用民族间的界限，来分化其联合的战线，尤其蒙古对汉族的仇视，日帝国主义更极尽其挑拨离间的能事。

中国的激烈分子在东北各地方的工作，对于日本帝国主义的这样恶意宣得〔传〕，应当不遗余力的抨击与纠正，应当在东北树立为蒙古革命的基本理论。所有在东北的民众，尤其是劳动大众，无论为汉族，为蒙古民族，均当切实而广泛的提携，以反抗日本帝国主义的侵掠，及地方傀儡统治阶级的剥削。

中国的觉悟分子更当唤起蒙古民众反对任何帝国主义占取蒙古土地的斗争情绪，反对帝国主义出卖蒙古土地于中国富农，反对帝国主义对于劳动大众，无论汉族或蒙族，任情在劳力上的剥夺，务使这种斗争的情绪扩大，实现汉蒙民族大联合的反帝国主义运动，然后增高生活的水准，而东北全域的生产力，亦庶有发展的希望。

（注一）马尔得闹夫著之《东北铁路事业》，一九一二年莫斯科出版，八十五页。

（注二）参考《外交档案》第二四四号卷，苏联驻沈阳总领事的报告。同时可参阅一九一八年之 United States Foreiga Relations，第二四一页，美国驻华公使列仁萨（译音）及驻沈阳美领的报告。

（注三）《共产国际》三三——三四号，一九三一年，第五十页。

（注四）Paking and Tiontsin times，一九三一年五月十八日。

《东北问题》（周刊）
北平东北大学东北问题编委会
1935 年 222 期
（李红权　整理）

蒲利亚特族生活之特征

外论社呼伦贝尔通讯

作者不详

一　蒲利亚特族之流入

住居现在呼伦贝尔尤其锡尼克地方之蒲利亚特族，为后贝加尔布〔蒲〕利亚特，而在苏联革命时，该族即以后贝加尔湖为中心而集居于此者也。彼等流入于上地者，以不满意于苏联政府之对异族政策，一九二三年以后贝加尔为中心，设蒲利亚特穆阿尔自治共和国，以治理陆续流入之蒲利亚特族。从俄国革命兴起，迄一九一八年流入霍罗巴尔者，约一，五〇〇人。彼等流入之路径有二：

一、以萨铁满洲里支线沿线都利亚波尔加为中心之地方，并以北之蒲利亚特，经额克纳河与旱河之合流点，斯特罗尔及北方诺尔哈夏而入三河地方；

二、以阿克夏、克尔斯泰为中心之萨铁以南之蒲利亚特，由外蒙北部经满洲里南方，入新巴尔虎右翼旗及达赖湖西部地方。

二 蒲利亚特族之制定

新流入之蒲利亚特，在帝俄时代，曾吸收相当文化，比其他之原住蒙古族，思想文化，皆非常进步。因之，后贝加尔之蒲利亚特，立于原住蒙古族上，乃占居指导地位，遂有种种策动，与蒙古族便缺乏对立圆滑。结果霍罗巴尔政府之地方统治，往往发生障碍。一九二九年对蒲利亚特，给与一定地域，企图其集合于一处也。此所给之地方，由伊敏河东方锡尼克河至土克河地方者也。因之散在全霍罗巴尔之蒲利亚特，即定住于锡尼克地方，形成新的蒲利亚特旗，并设一旗长、四佐领矣。当时之户口，不得其详，但约八〇〇户。住居于锡尼克地方之蒲利亚特，因受地方不良分子威胁，乃组织自卫团，购买武器，以资防患。一九二九年中苏纷争时，苏军侵入霍罗巴尔，蒲利亚特大部分，转徙于享霍尔旗方面，远的则逃避于乌珠穆方面。但事件终结，则又回归至旧地锡尼克。

三 蒲利亚特之人口

蒲利亚特族人口，近以出产增加，颇有增加之倾向。由后贝加尔及外蒙方面入境者，虽不能谓全无，但其数极形减少。入境之大半，大抵为喇嘛僧或为逃亡之青年，但皆缺乏知识之无产阶级。入境后，多为一介之劳动者，常寄食于他家，据一九三三年末旗公署调查，总人口二，三〇〇人，其中男一，二一六，女一，〇八四人。

四 教育

蒲利亚特比其他蒙古族，思想较为进步。蒲利亚特人，几全部皆懂俄语。日常交易，皆使用俄语，然通俄、蒙两国文字者，则殊鲜也。彼等之干部，以文化向上为目的，重视少年教育，去年七月一日在锡尼克庙附近，开设小学，实施儿童教育。学生现在五十余人，多自七岁至十四岁者，彼等对于教育，已有相当之认识矣。

五 生活

蒲利亚特生活，原则为家族主义，以牧畜而为自给自足之生活。其他与蒙古族同样。彼等有简单坚牢之俄国式马车，用以积集干草。各户皆有乳酪制造机，彼等随牛马之生活而移动，牧羊集合数家乃至一部落协同进行，一任专任之牛饲家畜之中，骆驼及羊，每年显示减少之倾向。该族之冬季牧畜地带，在土克河谷，以其不含盐分也。反之，锡尼克河谷一带，因含盐分，故不问冬、夏两季，皆属贵重之牧畜地。关于家畜减少，论者有谓为农业转向之原因。彼等在蒙古族中，显然进步，物质生活，精神生活，皆优于其他蒙古族。

彼等对喇嘛具有绝大之信仰心，但不受蒙古族强烈的影响。彼等大部分住居包内，在巴因哈奥东方锡尼克河谷及其上流，爱尔雅多莫霍布拉克等地，颇有较小之固定家屋。小屋内部三间乃至四间，屋墙系以柳围绕，兼筑以土泥，从一门出入，有小窗二三，以通空气。蒲利亚特现时之小屋固定家居，即将来半农半牧生活之象征也。

六 牧畜地带

现在蒲利亚特之牧畜地带，以伊敏河为中心，东至锡尼克河以南，乃至韦士克河谷之间，西迄辉果勒一带地方，夏、冬以雪水、气候等关系，而无一定之牧地，但大体所定地域如下：

（一）夏期 自五六月间开始移动，适应各季节、可资牧畜地者如次：

1. 锡尼克河谷及其附近 此区大体以爱尔雅特为中心地带，东西至河谷、河岸高地，因该地多含盐分，适宜羊、骆驼之生育。由锡尼克庙至上流之主要部落，为穆霍尔布拉克、爱尔西依特、西尔特拉科、布尔滋等。

2. 伊敏河谷及其附近 此区牧畜之中心地带，由霍伊哈特山东方河谷，至乌拉哈尔雅其之间，甚至于海拉尔西部安把诺尔附近海拉尔河岸，皆有进出。

（二）冬期

1. 韦士克河谷及其附近 韦士克河谷，两岸甚高，冬季除烈风外，牧草良好而不积雪，为冬期牧畜之最良地，从十月下旬在锡布特河谷者，续续移动，其主要地为威尔特黑、亚波都奥波、哈尼克卡伊、爱利克敌。

2. 辉果勒河岸一带 夏、冬两季居于伊敏河谷及其附近者，系自晚秋开始移动，经特敏霍西奥波附近，进出于特林索利以西。

3. 伊敏河岸 冬季大部移于辉果勒河岸。一部年中沿此河谷向南北小移动。由霍哈特附近，迄乌兰哈尔雅拿，皆有散居者。

七 将来之展望

蒲利亚特族将来之展望，不外或者维持现状，或者向农业方面发展。二者皆可由主观之论断。维持现状论者，以为蒲利亚特为蒙古族之一，与其他蒙古族并无异处。以农业为主业论者，乃不忽视自然之条件，惟彼等与其他蒙古族有不同者，即（一）思想程度之进步；（二）文化之意识向上，文化之咀嚼力强；（三）采用某程度之生活方式。总之，蒲利亚特族，有发展之可能性，就农业方面言，锡尼克地方之农业可耕地域，为锡尼克河、韦士克河谷及伊敏河谷等，以此等河谷，此〔比〕其他地方含盐分甚少，灌溉用水，非常方便。且野菜种植，皆适宜也。海拉尔河岸之满人农业，颇有可观，将来控制哈依兰尔之消费市场，农业经营，确有相当希望也。

《外论社通讯稿》（日刊）
上海外论编译社
1935 年 1212 期
（朱宪　整理）

苏俄控制下的外蒙

——译自《大亚细亚主义》

宝 德 译

一 外蒙古的区域及沿革

蒙古族是向来在克鲁伦河及肯特山一带游牧的部落，后来渐次移居塞外，清初以大沙漠为界，将蒙古分为内外蒙古，漠南称为内蒙古或漠南蒙古，漠北称为外蒙古或漠北蒙古。至民国成立，内蒙改置行省，外蒙为一特别区，民国元年外蒙王公宣言独立，一时以库伦为中心而建立独立国。民国四年《中俄蒙协约》缔结后，将前库伦办事大臣、乌里雅苏台将军及科布多参赞大臣所辖地划为外蒙自治区。然实际上，唐努乌梁海的一区与沙尔基克旗已投入外蒙扎萨克图汗，库布苏泊乌梁海编入土谢图汗，其他克穆奇克旗等地区多已各自独立。其后至民国十三年，唐努乌梁海共和国成立，外人称之为唐努土哇共和国（TanuTuvaRepublic），而与外蒙共和国形成对立之势。科布多属于今日的外蒙共和国版图，然其种族则异。外蒙本部属喀尔喀种族，为成吉思汗后裔，而科布多属额鲁特种族，为元臣孛汗的后裔。此两种族因有长久关系，故今日中国外蒙古行政区域乃包括外蒙本部喀尔喀四部及唐努乌梁与科布多二区，而称为外蒙共和国者，则仅为外蒙本部，喀尔喀四部汗而已。

外蒙全境占有沙漠以北之地。东与黑龙江，南与大漠及察哈尔、绥远、宁夏、甘肃各省相接，西南与苏联接壤。由东径〔经〕八十八度到百二十度，由北纬四十二度到五十四度，其面积共有一，六一二，九一二平方基罗米达。清代以前，无一定行政区划，依蒙古族旧制，仅分部族，置酋长而总理族务。至清初始分蒙地为若干族〔旗〕，以山河为界，无山河之地，则以石筑鄂博（积重石为境界标志之称）为界。旗大体上为蒙古地方自治之单位。旗有旗长，处理一旗内之事务，旗之上有盟，在一定期间集合各旗旗长（札萨克），处理与各旗有共通利害的事件。盟之名称以会盟地名之，置盟长、副盟长各一名，由各札萨克互选任之。部则由同族构成之团体，部有部长，大体一仍旧制。

外蒙喀尔喀一区分为四部八十六旗，即土谢图汗、车臣汗、三音诺颜汗及札萨克图汗四部。各部大抵形成一盟，置盟长及札萨克。科布多由杜尔特伯特、札哈沁、额鲁特及明阿特四部二旗而成。此外则有准部旧地、唐努乌梁海，分为五旗四十八佐领并占有乌里雅苏台之卡外。清初科布多各旗尚未有札萨克制度，唐努乌梁海仅分佐领而皆施行总管制，其后渐次设札萨克，与喀尔喀采行同样制度。中央政府之驻防军，清初在乌里雅苏台城置定边左副将军及乌里耶〔雅〕苏台参赞，统辖喀尔喀地，科布多参赞大臣驻在科城，统辖准部地方。雍正五年（一七二七年）时，中俄边地贸易渐次兴盛，尤以库伦、恰克图一带之交易频繁，故增设库伦办事大臣以为监视。其后职权渐次增大，遂与定边左副将军分割外蒙，前者在库伦，管辖土谢图汗、车臣汗二部所属，后者管辖三音诺颜汗及札萨克图汗二部，并控西北蒙古之唐努乌梁海及科布多等地。其后民国四年中俄条约成立，承认外蒙自治，遂改设库伦办事大臣，驻在库伦而监视自治政府，并于乌里雅苏台、恰克图、科布多及唐努乌梁海分设佐理专员。民国九年外蒙自治消解，还政中央，再设库乌科唐镇抚使驻扎库伦，而为外蒙之总辖，另以参赞分驻乌里雅苏台、科布多并唐努乌梁海各地，于恰克图设置民政专员。自此彼等职权渐大，中央政府于外蒙之势力，曾盛极一时。然而不久外蒙独立运动成功，一时苏俄势力亦即侵入外蒙，中央与外蒙之关系乃于此而告中绝。

二　苏联与“外蒙古共和国”之成立

民国元年之外蒙独立，既已暴露帝俄对外蒙之黑幕，然而不久，帝俄因革命而崩坏，而外蒙古的自治政府亦随之陷于崩毁之途。苏俄政府后以“赤化”政策侵入蒙古，库伦之兵变，即为此事件之序幕。今略述事变之原因及经过，以明了外蒙独立运动之真像。

民国八年外蒙取消自治，政归中央之时，为中央撤〔彻〕底整理外蒙政治之一大转机，若当时中央政府，能出以适当的政治设施，即可防后日之事变，又可置蒙疆于安全的位置。但不久之后，徐树铮辞西北筹边使，后任陈毅接事之时，外蒙既已抱有脱离中央政府而谋独立之心，当时白系俄人领袖谢米诺夫与在库伦之俄国领事计议，欲将外蒙为白俄复兴根据地以为策动，一方日人亦在背后援助谢米诺夫一派，以期收渔人之利，因此外蒙之事变随而爆发。

民国九年春北京政府派兵至满洲里一带，以防谢米［米］残党侵入，然对应重视之的外蒙边地的防备甚为疏忽之故，陈毅虽改西北筹边使而称库乌科唐镇抚使，职权较前扩大，而陈则止于北京，迟不赴任，仅派总务厅长桑宝代行职权，加以当地军队之食粮与军械，断绝接济，士气颓丧，在外蒙之谢米诺夫随乘此时机，愈益期其野心之实现。同年八月二十六日，驻库伦之旅长褚其祥，对当时之报告，甚为详细：

> 京畿内战勃发，而库伦之王公则与俄托话以煽动活佛，时至今日，彼等运动活佛之事已告成功，据密报谓：活佛与俄国领事季叶洛夫及库伦王公谋议第二次独立，遂密派蒙人三名，与谢米诺夫会面，要求派遣骑兵以为援助。更据参谋处报告：谢米诺夫军三千已进击至车臣汗边境云。要之谢米诺夫此举，活佛已在事前与之连络，此事由活佛最近之行动即可证明。今顾以上各种情报，危机已在目前。为今之计，如不为一切准备而作适当之处置，将来外蒙前途，恐将不堪设想矣。

而且参谋部亦相继接到惊报谓："谢米诺夫使日人、鲜人入蒙，并与王公协议募兵之事，以谋大举，一方日人濑尾荣太郎受谢米诺夫之密令，于东京协议夺取东清铁路，并援助外蒙独立之方策，日本当局对此亦表同意，并将机关枪数架，弹药百五十万发，经濑尾之手，交付谢米诺夫云。"十月三日东清路局警务处长张曾渠之报告："日蒙间已有密约成立，蒙古接受日本军械之供给并借款，将来外蒙独立后，以森林、矿产权酬报日本。"如此惊报，相继传来，使北京政府终不能静观，遂与张作霖协议，任张景惠为库伦军总司令，以为外蒙对策，但实际上，则无任何效果表现。

当时在库伦之兵力，仅褚其祥旅及高在田团两部，其兵力之薄弱已可知矣。至九日褚闻谢米诺夫部维克尔率白军三千余进击，乃速请求派遣援兵，陈毅此时知库伦已至危境，急任命褚为总司令，高为副司令，并着手积极准备军需食粮，但为时已晚，白俄军于十月二十五日即进击至库伦。最初在毛笃庆之东南布龙地带与白俄军接触，乘翌日寅夜进击，库伦之围乃解，陈毅接报，已知库伦紧急，职责綦重，即时动身，单独赴库，但既无食粮之接济，又无援军之到来，蒙事前途终置暗淡之境。陈氏至库伦，基于以往之怀柔政策，将活佛送回旧宫，派兵两连护守，以作监视，一方积极布置防务，然陈毅缺乏军事经验，一切对策皆由褚、高行之。此时白系俄军散驻库伦附近，日谋乘机进击，陈已知兵力薄弱，援军绝望，天候不顺，现状难以持久，由当时看来，即已失去斗志。

翌年二月一日，谢米诺夫军及乱党猛犯库伦。白俄军计划，将分为三路，一路攻击后方以断粮道，一路向叨林阻止中国援军，然后以主力部队攻击库伦。陈毅与褚商议，使高团专任后防，陈则恐惧库防空虚，而未决定之时，高团各营已被突击，全部溃灭，库伦一时由褚旅维持治安。此时，俄军、蒙军千余，又突然分途进击，一部向大毛笃庆，一部向小毛笃庆同时进攻，小毛笃庆防备军之警备线被突破后，大毛笃庆亦随之失陷，俄、蒙军乃由汗山侵入，进击镇抚使公署矣。当时公署附近，不过驻有一连守卫兵而已，陈乃电褚旅，即时派兵应援，俄、蒙军则转矛分兵击袭佛宫，守兵不敌，活佛遂受俄军之监视。此时之库伦险要外防尽被破坏，四面各山已由匪军占领，人心动摇，士气畏失，褚旅遂退至东营子。然而不久，东营子亦被陷落，陈等仓惶出来，至此，库伦乃告失守。

当白系俄军计划进攻中国边境时，苏俄政府再三向中国政府主张共同讨伐，但北京政府不愿干与赤白两党之党争，若［每］事件发生在本国内时，由中国解除其武装即可，强认无共同讨伐之必要，而拒绝苏俄政府之要求。库伦陷落，维格〔克〕尔入城，唆使活佛宣布独立，组织临时政府。但外蒙与苏联边境密接，白俄军盘据外蒙，使苏联政府对之大感不安，乃再三向中国政府发出声明，谓："中国政府如不派遣军队，驱逐维克尔，则苏联政府认为有出以适当处置之必要云"，当时外蒙王公连名请求政府出兵援助，全国舆论亦为声援，劝告政府对外蒙出以积极行动。政府至此，亦设置蒙疆经略使，但以当时奉直战争正将勃发，实际政府对于蒙事亦无遑顾及。

此时，外蒙临时政府对谢米诺夫之统制大抱不满，欲实行改组，属于激烈派之蒙人，相率北走，与俄赤党托话，以谋举兵讨伐。苏联极东共和国政府，认谢米诺夫之存在外蒙，有危害国家基础之虞，乃即援助蒙古青年党人，向恰克图出兵以谋驱逐谢米诺夫，恰克图、买卖城后随被赤党相次攻取。至此，外蒙青年王公在赤党操纵之下，于恰克图召集蒙古民族会议，组织蒙古国民革命党，并组织蒙古临时政府，与维克尔之库伦政府对峙。

赤军攻取买卖城，组织蒙古临时国民政府，使在库伦之白党极度狼狈，维克尔率领部下向北方进攻，赤军遂于此时与之试行最后之决战。由五月下旬，赤白两军于买卖对敌月余之久，白党军队终于不支，全军溃败，赤军于七月上旬南攻而侵入库伦，随即由蒙古国民革命党组织蒙古国民政府，推活佛为元首。同年十一月五日，外蒙政府与苏联政府缔结第一次条约，其大要如次：

一、苏联政府承认蒙古国民政府为蒙古唯一合法政府。

二、蒙古国民政府〈承〉认苏联政府为俄国唯一合法政府。

三、两条约国负有左记各条义务：

（一）两缔约国在双方领土内，对反抗两方政府并颠覆为目的底团体或个人不须存在，同时对双方国家以战争为目的底军队，若有在双方领土内动员或募集义勇队之事，绝对禁止。

（二）对两缔约国以直接或间接的战斗行为为目的底武器输入，禁止通过两方国境。

四、苏联政府派遣全权代表驻在蒙古首府，于科布多、乌里雅苏台、恰克图等地，派驻领事。

五、蒙古国民政府派遣全权代表驻在苏联首都，并派领驻于协约所载之俄境各地。

六、苏蒙国境由两国政府所派之委员会决定之。

七、各缔约国国民，当居住于一方缔约国领土内，享受最惠国国民待遇。

北京政府发觉第一〈次〉俄蒙密约缔结后，大为狼狈，再三向苏联政府提出抗议，苏联终无若何回答。至民国十二年二月二十日，第二次俄蒙密约又告成立。

第二次俄蒙密约

一、外蒙政府宣言，将一切森林、矿产及土地皆归国有，将荒地给与蒙古贫民及苏联农民居住耕种之。

二、外蒙将一切天然富源禁止私有，一切矿区由苏联实业家雇用蒙人开采之。

三、全蒙矿业，由苏联工会或工团承办之。

四、立时废止从来外蒙贵族土地权，实行土地自由交易制度。

五、外蒙政府宜招聘苏联技术人材，以之开发富源，并发展实业。

六、外蒙政府实施劳工制度时，受苏联工会之参加指导，以期改善工人生活。

七、外蒙政府招聘苏联专门家，当指导之责。

八、外蒙政府，将一切政权归人民政府所有，并先设置革命委员会、军事委员会，并召集议会，计议制度〔定〕审〔宪〕法。

九、苏联政府派军驻扎外蒙，与蒙军协力以巩固国防。

十、活佛及王公之头衔一律废止，以活佛为革命委员会委员长。

自此以后，苏联在蒙古之势力渐次巩固，于民国十三年五月二十日活佛逝世，外蒙政府乃宣布成立民主共和国，同年十一月于库伦召集蒙古大国民会议，制定新宪法，此次之宪法，完全模仿一九一八年苏联宪法而成。其《蒙古劳动国民权利之宣言》上声明，将蒙古主权属于劳动国民，并否认私有财产制度。如此皆与苏联宪法中之《劳动及被剥削人民权利之宣言》同一性质，至此，苏联对外蒙“赤化”之阴谋，乃告一段落。

三　外蒙共和国概况

“外蒙共和国”之政权，由蒙古国民党及青年团所掌握。外蒙最高政治机关为党之中央执行委员会。政府行政方面虽决定于“大国民会议”，但将议案先经党讨论通过后，然后提出。此种政党独裁制度，亦为仿效苏俄之制度。

外蒙国民党最初称为国民革命党，其成立时期为民国九年，外蒙经三次独立，该党皆为运动之中心。党中主要人物在成立当时，贵族、大喇嘛占主要部分，因其思想大部显为右倾，后来由留学苏联之青年及平民组织蒙古革命青年团，而组织则皆模仿共党青年团组织。当成立之初，在表面上尚为国民党附属团体，不敢公然干与政治活动，然而不久，即有反国民党策动，民国十一年秋国民党内部发生分裂，蒙古革命青年团乘此时机，得苏联之援助，亦开始活动，因而内部纠纷益烈，多数右倾国民党首领，以反革命之名而被排斥，革命青年团遂于此时，一跃而踞国民党之主要部位。此后国民党亦渐左倾，至民国十四年，对右倾分子完全清除，改订党纲，乃确立为社会主义之国家。

“外蒙共和国”政府之组织，以民国十三年颁布之宪法为根据，中央政府设有大小“国民议会”，“大国民会议”为全国最高政治机关，议决重要国务，以及在国际间代表国家，缔结政治、经济条约，宣战、媾和，宪法修改诸权皆属之。在经济方面的内外贸易之管理、赋税之征收、公债之募集、土地之利用及公共经济之设计皆属之。在军事方面将蒙古全军置于统制之下，其如国家政策之表决、政治机关之监督，则与其他国之议会相同。

“大国民议会”之代表，由各部、旗根据人口之多寡而选出，任期一年，常会由每年一次之“小国民会议”召集之而例在十一月开会，民国二十一年改为六月间开会，遇必要时得召集临时会议。临时会议之召集，由大国民会议，或小国民会议代表三分之一，或选民三分之一的请求而召集之。

“小国民会议”在大国民会议闭会时，为外蒙最高政治机关。其代表由大国民会议选出而负全责，每年开常会二次，于必要时，由常务委员会之请求得召集临时会议，小国民会议闭会时，由选出之五名常务委员，组织常务委员会以行使职权。凡政府行政之监督，各部间争执之处理，各部长及以下各官吏之任免皆属之。

外蒙国民政府的国务委员会，由人民委员会主席副主席，及军事委员长，经济委员长，参谋总长并各内政、外交、财政、司法、教育各委员长组织之。以上人选则皆由小国民会议选出之。各委员会及各部事务由法律决定。此外有内防处及学术馆，在〔隶〕属于中央政府。内防处一名国政保安局，独立行使宪法所付与之权限，凡司法及警察权，旅客出入侦察，地方住民行动之警戒皆属之，若彼等行动之可疑者，或有反动嫌疑者，则直接而施以相当之处罚。此种组织甚类苏联政府之国家保安局。学术馆为一纯粹文化机关，负保存蒙古天〔文〕献及编译之责。

会中外蒙主要人物，皆由左倾分子所占据。其中操纵彼等者，则为驻库伦之苏联代表及各部之苏联顾问。最初外蒙政府之重要职员，多由苏联籍人担任，近因蒙古新近青年文化程度渐次提高，大部已渐由蒙古青年所替代。

无产阶级与共产主义之推行，为苏联“赤化”政策之中心，若就今日外蒙现状来观，已有部分的实现，如一九二四年宣布之宪法，明确的将蒙古主权，宣言属于蒙古劳动者所有。将以前贵族、喇嘛及商人非劳动阶级之选举权皆被剥削。对私有财产权亦加以相当限制，在封建时代之蒙古王公财产，大〈部〉皆已没收，中产阶级，只限其保持日常必需品之所有权。其后数度改革，渐次转入共产主义之途。最显著者，则为一九二九年私有财产权之全部否认，个人商业征以重税，以为消灭私营商业等。一方又模仿苏联制度，制定外蒙五年经济计划，以期图经济之发展，而促进共产主义社会化之实现。

因外蒙政治之渐次左倾，乃引起右倾分子之不满与反感，其后民国二十二年，曾有反政府之政变，主动者为蒙古政府司法部长那姆萨林氏及蒙古骑兵队长受达青耶克拉氏，其他尚有参加者二万余，但此种势力究属微弱，不久即为蒙古政府之青年派所平定。

四 外蒙古之经济

外蒙北部与苏联边境接壤甚广，对中国国防上占极重要之地位。地势带高原性，气候寒冷，戈壁沙漠横〈亘〉中央，分蒙古为内外蒙古。中国国民认外蒙为荒漠之地，无经济上之价值，然事则甚相反，天然富原〔源〕极为丰寄，牧畜大盛，即如农业，前途亦甚有望。

农矿业之前途

农业之发达与土地之自然有密切关系，外蒙高原平均为一千公尺，土地平坦，一望千里，山岭、沼泽甚少，形成所谓老年地形。

除冲积层之外，外为砂砾之地，不适耕种，气候每年暑寒兼烈，一日中恒有激变，尤其雨量更少，每年不过为二八八米厘①，八九月间即开始降雪结冰，如此自然现象下，农业不能显著发达，乃为当然之结果。然蒙古农矿业之将来，则不能谓之绝望，如色楞格河流域、小唐努乌梁海、乌尔〔鲁〕克穆河流域，灌溉则甚便利，土地肥沃，为外蒙最有希望之农植地带，如以科学方法改良耕种，将来发展必甚可期。今日外蒙农业只有少数农人耕作，库伦以北地势较低，气候温暖，灌溉亦为便利，及唐努乌梁海之盆地亦以灌溉便利见称，土地较为肥沃，现正由外蒙政府及唐努政府开始垦殖，并采取机器耕种，其成绩已甚可观，将来之希望更有待也。

农产物之主要者为大麦、小麦、燕麦，并有玉蜀黍、碗〔豌〕豆及蔬菜等。据民国十七年调查，外蒙耕地面积，约五二五，〇〇〇亩，农产约二二，九五〇吨，其价格约四，八〇〇，〇〇〇蒙币。然自外蒙五年经济计划实施后，今日之成绩定必可观。

蒙地矿业极为丰富，其位置多在边境，交通不便，故至今日，尚无详细调查，但据最近之发表者，石炭、金矿及银、铅、亚铅、石墨矿藏甚富，其中已有开采者，唯开采情形不详，殊为遗憾。但于外蒙五年经济计划实施后之今日，其矿业已有发现而转入开采时期。又加苏联技术之援助，其将来之发展必可期也。

牧畜业概况

蒙古人生计以牧畜为中心，等于他国之商工立国。蒙地荒凉，

① 应为二八八粍。——整理者注

耕种不适，广漠草原散在各地，与彼等牧畜以天然牧场。然蒙人徒守旧法，不事改良，其成效不甚可观，若能采用科学方法，努力改善，此丰富之天然富源，于蒙古牧畜前途俾〔裨〕益非浅。

蒙人之游牧生活极为简单，尚处于原始社会生活。土地皆为公有，属于旗者，任何人皆可使用，故每人无一定之牧场，一定之住所，人畜皆逐水草而居，因气候之关系，于冬夏季恒易牧场，夏季则遣至水草丰富之地，冬季则徒〔徙〕温暖山阳之地。一过冬季则复迁移而至他处，若有争执，则由旗排解。

家畜大体为牛、羊、马、骆驼四种，羊为绵羊与山羊，绵羊较多。家畜为蒙人唯一财产，约占社会总富之半数，又为对外贸易之主要输出品。家畜之统计尚无可信赖之数字，如由俄人之统计如左：

肉及脂肪	六〇〇，〇〇〇 担
羊　毛	一二〇，〇〇〇 担
驼　毛	一三，〇〇〇 担
马　毛	一一，〇〇〇 担
羊　皮	五〇〇，〇〇〇 担
小羊皮	七〇〇，〇〇〇 担
牛皮及其他	八四，〇〇〇 担
马　皮	七〇〇，〇〇〇 担

此外尚有乳及乳酪之输出约一，三二三，〇〇〇，〇〇〇磅，兽皮一二，〇〇〇，〇〇〇元。由以上观之，牧畜业之对外蒙经济，其重要可以知之。

交通概况

蒙古交通主要者为陆上交通，现在尚为驿站制度，旅行者及商运，大部尚由牛车、骆驼队行之。驿站制度始于清初，当时仅限于内蒙，后康熙进兵西北蒙古，于漠北随亦设立军台，此即阿尔泰军台。此纵贯道路，即在今日亦为交通主干，电线及邮路皆沿此道路前行。

库伦不但为外蒙政治、经济中心，同时亦为交通中心，北通恰克图，与库伦间有汽车驰行，更由恰克图北行达乌丁斯克，与西伯利亚铁道连络，为蒙、苏间主要交通线。库伦南至张家口有张库汽车路通行，经张家口与北平、天津连络，为库伦至内地之主要干线，其距离约二千八百里，分十站，四日可达。汽车公司设于民国五年，后因中东路事变而中止，近又有恢复之传说。其通行时，有汽车百余辆来往其间。

由库伦向东经克鲁伦达呼伦贝尔之大道，为由外蒙入黑龙江之主要干道，全长约二千里，已通汽车，唯货物运输主要尚赖骆驼。

乌里雅苏台及科布多，为外蒙西北之重镇，库、乌间之大道为其主要交通干线，长约二千余里，沿往时之库乌台站大道已通汽车。由乌城出东南布彦图可通宁夏，西南出库林盖可通新疆的镇西，东南经赛尔乌苏可达张家口。科布多来〔东〕经乌可达库伦，南可通新疆之奇台，北可至唐努乌梁海。

外蒙通苏联之道路除恰库线外，东有尔斯基线，由克曾〔鲁〕伦可达西伯利亚支线之博佳日，西有同金斯基线，由乌里雅苏台经库布苏泊可达后贝嘉铁道之库尔脱克。科布多线由科城通苏联之皮依斯克，为苏蒙交通之西部干线。

河流之可以通航者有四，色楞格河、乌鲁克穆河及库希〔布〕苏泊[①]。色楞格河最著名，已由苏联技师测量，其可通航之距离，在本流约四百基罗米达，支流一四五基罗米达，但航行仅五月至

① 原文如此。——整理者注

十月可行。苏联于一九二四年设立色楞格轮船公司，现已有良好成绩。乌鲁克穆河为业尼色河之上游，苏联人民之赴唐努者多由此道，一九〇九年俄国技师测量之结果，证明有一二五基罗米达可通航，但于萨彦岭山之附近，舟行颇为危险。苏联政府对乌鲁克穆河线之开发，亦渐努力，于一九二七年秋，米辛诺斯克大瀑布间可通行六百匹马力之汽船。

最近外蒙之交通，多由苏联操纵，自民国十八年，外蒙对内地封锁后，输出之货物遂多改由西伯利亚铁道。且为控制陆上交通，于库伦特设一汽车交通委员会，购有汽车千辆，长备苏、蒙及蒙地之运输。今日外蒙道路业已修筑良好，与各镇已有汽车连络，乌丁斯克与库伦间已有定期航空通行，铁路之修筑已在计划，唯修筑期尚远。

商务及金融

元来蒙古商业，多由汉人经营，至民国初年汉人在蒙商业甚盛，后经数次革命，至民国十三年后外蒙政府已设有国营机关，后因社会主义经济政策之渐次实行，私营企业明令废止，汉人于外蒙之商业，随至没落之途。

今日外蒙商业，由苏蒙贸易公司及蒙古中央合作社所独占，中央合作社成立于一九二一年，与蒙古银行同为外蒙经济组织之中心。中央合作社经营范围颇广，不仅限于贸易及实业，制造及运输，即其他业务亦甚发达。

苏联对蒙贸机关有极复杂之组织，一九二七年来，苏联为独占外蒙贸易，对从未有竞争关系之商务公司，如石油、羊毛之独占组织等皆合并于苏蒙贸易公司。该公司于一九二七年成立，与蒙古中央合作社连络而垄断内外贸易。其后至一九三〇年，张家口至库伦交通被封锁后，外蒙市场乃全被苏联所独占，最近三年来之贸易统计如次：

	外蒙输入	外蒙输出	合　计
一九三〇年	一七，八一九，〇〇〇	一九，七四五，〇〇〇	三七，五六四，〇〇〇
一九三一年	三七，三四三，〇〇〇	二八，八三二，〇〇〇	六六，一七五，〇〇〇
一九三二年	四一，三九五，〇〇〇	一九，二七八，〇〇〇	六〇，六七三，〇〇〇

（单位：卢布）

外蒙货币以产下为单位，由蒙古银行铸造，一单位重二十瓦，含银九成，从来流行中洋已绝迹。一九二八年夏，政府为国际贸易曾有改金本位之议，但终作罢。

蒙古银行之出现于蒙古，为于一九一四年之事，当时为蒙古国家银行，设于库伦，资本大部为俄人所投，至大战爆发，经营困难，终于倒闭。民国七年陈毅赴库伦，鉴于外蒙经济困难，事业衰微，曾与自治政府商议，设中国银行分行于库伦。后徐树铮入蒙，更设边业银行于库伦，努力经营之结果，使中国在外蒙之经营遂臻极盛时代。

民国十三年蒙古银行成立，外蒙政府对于该银行以整理金融、发行货币之权，信用甚为安定，故其银行流通券额，几占全蒙通货之半额以上。

银行业务亦甚发达，该银行初设立时，资金仅为二十五万蒙币，三年后增至百二十五万。

蒙古银行与中央合作社已为今日外蒙金融与经济中心，唯经营多受苏联之控制，又因资本多为苏联所投，故实质苏联已占重要位置。

《西北杂志》（月刊）
北京西北协进会
1935 年 1 卷 1 期
（朱宪　整理）

绥远各县概况

龚致林　撰

前　言

绥远东连热、察，以附〔拊〕满洲，北控朔漠，而临内蒙，南与秦、晋相依，作中原之屏藩，西与甘、宁相接，为筹边之要地；自古北族肆扰，大多凭陵于此，驰骋中原，进退裕如，其地势之重要，有如此也。汉、唐以还，备置州郡，设官分治，由来已久，虽其疆域、官制，代有变更，而其地位之重要如故也。民国三年，画为特别区域，十七年九月，乃置行省，设省政府于归绥，辖县一十有六，设治局二（安北、沃野二局），其余两盟十三旗暨一总管（土默特总管）仍留诸蒙旗治理焉。因其地近大漠，位偏西北，国人未察，辄以边外荒嗷〔徼〕目之；实则本省负山带河，沃野千里，物产丰殷，蕴藏至富，徒以国人未知注意，不克积极经营，遂至草昧未开，货弃于地耳。方今邦家多难，国际风云紧急，举国上下已知开发西北为目前救亡图存之要着，中央倡导，全国风从，朝野视线，咸集于是。顾西北范围甚广，新、青、甘、宁，远于绥远，为增进工作效能计，似不能舍近以求远，且本省有河套灌溉之利，铁路运输之便，一切进行，较易着手，故开发绥远实为开发西北最便利之第一步，亦即目前开发西北之切要工作也。是则绥远之一切实际情形，当亦国人之所乐闻欤。今岁本会西北考察团诸同仁不辞劳悴，溽暑长征，深入察、绥，实地调察，功成南归，以所获材料见示，乃择要整理，草成是篇，以供关心绥远及有志西北诸同志之参考焉。惟篇中仅及十八县局，其余蒙旗各地，以材料缺乏，未敢滥竽；至各项统计数字，大多得诸实际，虽非如何精确，大抵离事实亦不远也。

一 绥远各县之面积与人口

绥远全省土地面积，计共一百一十二万三千九百方里，除五十八万九千一百四十方里尚留蒙旗治理外，其分属于十八县局者，计五十三万四千七百六十方里，有如下表。

绥远省各县面积统计表

县别	面积（方里）
丰镇	30，600
兴和	11，200
集宁	27，200
凉城	36，000
陶林	36，000
绥归	26，650
包头	47，400
武川	80，000
萨拉齐	30，600
托克托	31，400
和林	28，800
清水河	27，700
固阳	35，200
东胜	14，650
五原	22，100
临河	22，500
安北	25，800
沃野	960
总计	534，760

绥远全省，人口除蒙族约十五六万分属各蒙旗外，十八县局辖境内计共三十万六千零九十六户，一百七十七万零七百八十五口，其分布情形如下。

绥远省各县户口统计表

县别	户数	口数
丰镇	44，375	254，335
兴和	16，937	93，681
集宁	11，432	69，114
凉城	38，500	192，600
陶林	9，066	42，239
绥归	47，359	253，097
包头	29，183	139，950
武川	3，800	156，490
萨拉齐	29，836	153，848
托克托	11，771	98，500
和林	19，874	920，56
清水河	10，525	46，467
固阳	6，983	34，855
东胜	4，120	31，554
五原	5，259	25，515
临河	12，580	56，593
安北	4，049	28，016
沃野	465	1，860
总计	306，096	1，770，785

根据以上两表所示，则绥省各县人口之平均密度，每方里仅三人稍强，较之东南各省之每方里达六百余人者，相去甚远，如以蒙地及蒙族人口合并平均，则相去更远矣。至各县人口之分布状况，以丰镇、归绥等县为较密，每方里平均约八九人，五原、安北等县局为最稀，每方里平均仅一人稍强，尚不足二人也。

二 绥远各县之农业

甲、耕地面积 绥远各县之耕地面积，据十九年之调查，升科粮地计共二十四万二千二百八十二顷。据最近调查，其实际耕种者，仅一十四万九千一百五十七顷，其分布如下。

绥远省各县农地面积统计表

县别	升科粮地	实际耕种地
丰镇	34，600	27，731
兴和	18，000	12，000
集宁	10，481	6，400
凉城	23，325	16，000
陶林	8，809	67，540
绥归	14，600	13，000
包头	11，000	5，500
武川	24，200	8，000
萨拉齐	15，351	12，000
托克托	7，000	4，000
和林	4，800	4，000
清水河	10，885	10，292
固阳	24，100	7，800
东胜	11，200	4，480
五原	4，800	2，700
临河	12，000	4，000
安北	4，731	4，000
沃野	600	500
总计	242，282	149，157

根据上表，绥远各县已垦而荒废之地，约有十万顷左右，如与各县总面积五十余万方里相较（全省面积折合二，〇〇五，三五〇顷）仅及百分之八稍强。广地自荒，良可慨也。且绥省位于河套，沟渠纵横，土地肥沃，适于耕植，如移东南有余之民，托绥省有用之地，国计民生，获益非浅，岂特充实国防、调剂盈虚也哉。

乙、农地价值 绥远地旷人稀，农地之低贱可知。至各县农地之价值，则视地势之优劣以为标准，水地较贵，旱地较贱。水地最高价值，有每亩二百余元者，如归绥大黑河附近之膏腴地是，普通则高至四五十元，低则十元左右。旱地至高每亩二十元，低则一二元不等，甚有每顷仅值四十元左右者，如沃野设治局境内之旱地是也。

丙、租田制度 本省租田制度，有“出资承租”及“分粮”二种，其出资承租者，每亩每年最高租金七八元，低者尚不足一元也；其分粮办法，有大伴种、小伴种之别。大伴种则农具、牲畜、肥料，皆由地主负责，佃农仅效劳力。收获后，普通系地主六成，佃户四成，间有各得其半者；小伴种则农具、牲畜、肥料悉由佃户自备。收获后，地主至少二成，佃户至高八成，但仅集宁一县有之。普通则地主四成，佃户六成，间亦有对分者，以耕地之优劣而临时约定之。

丁、农人及工资 本省各县农人，以自耕农为最多，约占全数百分之七十，半自耕农约百分之十，佃农约百分之五，雇农约百分之十五。至雇农工资，普通每年三十元左右，每日工资约一角，其农忙时临时雇用，则三五角不等，各县情形均如是也。

三 绥远各县之物产

本省土地肥沃，水草茂繁，耕种、牧畜，各适其用，故各县产品，为数至夥。动物中以牛、马、羊、骡为大宗，皮革、毛绒输出亦巨；植物则以粮食、药材为较丰；矿物中之煤、铁、食盐，亦所在多有，惜未开采耳。至手工业中之绒毛、皮革制品以及绒毯、毛布等，出产亦众，归绥、包头织造之栽〔栽〕绒毯，尤得省外人士之赞赏。兹将廿一年度各县政府调查之各县输出入物品总价比较表，及二十年度各县主要物产种类产量调查分列于后。

绥远省各县物产种类及产量总计表

种类 单位 县制	马（头）	牛（头）	羊（只）	骡（头）	驴（头）	猪（口）	羊毛（斤）	羊绒（斤）	粮（石）	油（斤）	毡子（方尺）	裁〔栽〕绒毯（方尺）	大黄（斤）	甘草（斤）
归绥	4,286	5,312	40,257	1,689	3,504	3,899	676,450	23,207	568,600	115,000	600,000	150,000	26,000	24,000
包头	428	4,360	8,217	69	2,348	3,251	3,604	1,291	86,410	500,000	420,000	44,000		716,375
萨县	1,273	8,445	15,212	697	1,587	7,145	14,568	3,257	1,168.448	320,000		15,000	11,000	22,000
丰镇	3,421	7,753	31,454	994	1,269	4,268	18,726	942	231,935	56,000	80,000		25,000	5,000
集宁	1,211	1,487	3,322	180	229	893	3,468	390	142,350		5,300		4,000	
五原	1,205	14,743	59,449	279	2,833	1,145	102,914	12,961	73,947	150,000	29,000	30,000	10,000	300,000
临河	1,194	5,080	26,292	661	2,631	7,226	12,154	4,996	139,435	155,000	24,000	11,000	5,000	
凉城	1,477	1,429	21,682	618	1,570	10,217	101,094	18,353	594,743	55,000	199,000		72,000	10,000
陶林	2,028	3,091	16,675	144	226	3,287	20,882	2,249	319.446	85,000	12,000		1,000	
固阳	844	5,110	134,160	126	1,115	7.530	110,500	68,950	48,278	130,000	5,400	1,000		8,000
兴和	1,141	3,067	11,108	1,075	927	3,873	7,478	2,050	120,470	15,000	52,000		37,000	10,000
清水河	10	8,693	59,462	115	9,738	3,634	40,626	27,220	175,746	100,000	60,000			
和林	143	14,814	23,079	980	3,051	2.170	21,904	1,209	397,880	7,500	35,000			200,000
东胜	966	1,975	19,671	35	3,499	1,811	7,814	3,842	56,750	8,000	6,000			
安北	534	10,826	147,093	150	3,713	5,340	145,712	62,063	93,495	47,000		3,500		6,000
托县	132	1,890	4,840	430	1,117	6,305	7,257	1,453	302,839	67,000	4,000	2,600	1,100	24,000
武川	12,211	37,814	96,694	945	4,517	27605	89,884	9,728	1,030,350		25,000		100	8,000
总计	32,504	135,889	718,667	9,187	43,874	99,590	1,385,035	244,161	5,551,119	1,763,200	1,556,700	257,100	193,200	1,333,375

本表所列，因篇幅所限，仅就产量较多及性质重要者略举一二，其余为牛、羊、马、骡皮，毡帽、毡鞋，毛布、毛毯，粉面、粉条，酒以及药材中之黄芪、防风、柴胡等项，差额亦颇巨也。又沃野一局，设治未久（民国十九年八月十三日成立沃野设治局），不及调查，故未列入。

绥远省各县局输出入物品总价比较表

类别	全年输出物总值	全年输入物总值	出入相较		输出入之主要物品	
			出超数	入超数	输出品	输入品
归绥	六六六，五〇〇	三，四〇七，五五〇		二，七四一，〇五〇	牛、马、皮毛	绸缎、呢布、花茶、糖、牲畜毛皮、火柴、生烟等
包头	三四〇，二四一	三五，三一八，一九二		三四，九七七，九五一	粮食、甘草	绸缎、呢布、茶、糖、磁器、烟、花、铁、煤油、果食等
萨县	二，七一〇，八七一	八二五，八五二	一，八八五，〇二四		毡毯、皮衣、粮食、药材	绸缎、布、葛、花、糖、烟、茶、火柴等
托县	一〇八，七一五	一五九，二四五		五〇，五三〇	皮毛、药材、粮食	绸缎、葛布、铁、席、枣、烟、糖、花椒等
五原	一二九，三二三	六七，三三一	六一，九九二		皮毛	布、花、磁器、糖、烟、茶、盐等

续表

类别	全年输出物总值	全年输入物总值	出入相较		输出入之主要物品	
			出超数	入超数	输出品	输入品
临河	一，三二四，五二七	七八七，八四八	五三六，六七九		牲畜、皮毛、粮食	绸缎、布、花、烟、茶、糖及日用品等
固阳	三五九，三一二	七〇，二五二	六九，〇六〇		粮食、煤炭及羊毛	花、皮、糖、帛、煤油、烟及日用品等
安北	九一八，〇九〇	三五，三一八	八八二，七七二		粮食、牲畜、皮、药材、鱼、煤炭	花、布、烟、茶、糖、火柴、煤油等
和林	一一八，九九二	五四，二二〇	六四，七七二		药材、粮食、油、酒、粉条、毛、鸡蛋	布、花、线、茶、糖及日用品等
东胜	五九，七二一				牲畜、皮毛、药材、煨炭、红柳等	
武川	一，〇一二，八九七	三三四，七四五	六七八，一五二		粮食、皮毛及油	布、花、线、呢、烟、茶、酒、糖及日用品等
丰镇	四七七，二一〇	三二七，二三一	一四九，九七九		药材、粮食、皮毛	绸缎、布、花、火柴、糖、烟、毛、布等

续表

类别	全年输出物总值	全年输入物总值	出入相较		输出入之主要物品	
			出超数	入超数	输出品	输入品
陶林	二一三，二八三	二〇七，七七〇	五，五一三		毡毯、皮毛、牲畜、粮食	布、花、烟、茶、煤油、糖及日用品等
集宁	五三〇，四六八	一七六，七〇九	三五三，七五九		皮毛、粮食、鸡蛋	绸缎、花布、烟、茶、纸、糖等
凉城	四九六，〇九九	六四〇，〇八三		一四三，九八四	粮食、皮毛、盐、药材	绸缎、花、布、糖、茶及日用品等
清水河	九四，二五〇	一四，四三四	七九，八一六		磁器、粮食、毡帽、粉条	花、布、线、糖、盐等
沃野	五，二六五	二，三六〇	二，九〇五		粮食、皮毛、甘草	布、火柴、盐等
兴和	一七九，七二一	一五四，六八一	二四，〇四〇		皮毛、粮食、药材	布、花、茶、烟、糖、盐、油等

据第一表所示，则本省物产每年之产量，已属可观，如与东南各省相较，固不可同日而语。但以本省人口之寡以为比例，则其生活之便易，又非东南人民所能望其项背者。且本省风气闭塞，其工农事业尚停滞于前几世纪之状态中，其物产已如此其丰，今后如能运用近代之科学方法，使人尽其力，地尽其利，则其产量之陡增，诚意中事。取彼之所余，济此之不足，东南众多之人口，受惠良多，是绥远将成吾国物资之绝大源泉也。

又据第二表所示，则本省各县之商业概况，多为出超，其入超者仅归绥、包头、凉城三县而已，为数亦甚少，是各县人民自给自足之概况，可以想见。且输出多为生货，为日用必需品，输入多为熟货，为奢侈消耗品，又足使关心绥远经济状况者深切注意也。

四　绥远各县之财政

本省地旷人稀，交通不便，地未尽其利，货不畅其流，赋税所入，本极有限，盖以灾变频仍，收入更受打击。各县困于财力，百废莫举，无为而治，于量入微〔为〕出极端节约之下，尚不能勉强支持，是诚开发绥远之重大困难也。兹将二十一年度各县局收支概况列表于后：

绥远省各县财政收支比较表

县别	收入	支出		
丰镇	151，589	127，083	24，506	盈
兴和	91，293	95，228	3，935	亏
集宁	49，632	49，632		相符
凉城	64，156	56，412	7，744	盈
陶林	23，633	26，324	2，691	亏
归绥	85，201	103，324	18，122	亏
包头	70，201	88，781	18，580	亏
武川	134，861	135，259	398	亏
萨拉齐	27，347	38，795	11，448	亏
托克托	20，328	20，328		相符
和林	52，454	51，043	1，411	盈
清水河	39，200	39，000	200	盈
固阳	74，155	76，138	1，983	亏

续表

县别	收入	支出		
东胜	8，753	10，562	1，809	亏
五原	75，118.8	70，044	5074.8	盈
临河	103，463	103，463		相符
安北	27，406	28，626	1，220	亏
总计	1，098，790.8	1，120，042	21251.2	不敷

据上表所示，本省十七县局（沃野未列入）全年之收入为一〇九八七九〇元八角，全年之支出为一一二〇〇四二元，每年亏空约二万余元。各县个别情形，年有盈余者有丰镇、凉城、和林、清水河、五原等五县，收支相符者有集宁、托克托、临河三县，其余九县局均年有亏空。按诸实际，各县局支出一项，仅列经常费用，其支出浩繁之兵差一项临时费用，多未列入，故事实上，各县局财政未有不亏空者，仅亏空数目之多寡耳。各县局财政紊乱、亟待整理者半数以上。左支右拙〔绌〕，无米难炊，而欲责以开发绥远之巨大工作，希望未免太奢。财政亏空本各省普遍之现象，无足怪异，果能举办事业，立百年之大计，虽亏空，亦何害，似绥省各县之百废莫举，无为而治，纵能勉强支持，亦岂社会人民之福利哉？当非吾人之所希冀者也。故今日不欲开发绥远则已，如欲建设之，繁荣之，为民族国家谋基础之巩固起见，乃有待于中央之大批协款及国人之财力集中，乃克有济也。

五　绥远各县之交通

绥省一切落后，交通事业亦不例外。境内幸有平绥路之敷设，商旅便利甚多，本省交通史上亦生色不少。汽车路之已通车者，本有二千余里，惟因建筑不固，时虞毁损，益以灾变时闻，土匪蜂起，商旅裹足，势同虚设。迄于今日，其实际通行者，常在半数以下也。其在计画建筑中者，尚有三千二百余里，果能逐一实现，诚绥省交通事业前途之福音。惟工程方面，务须力避敷掩，矫正前愆，通行而后，尤应绥靖地方，保护商旅，乃有实效之可言也。至于邮电事业，尤为贫乏，今后实有积极扩充之必要。水上交通，更谈不到。本省虽有黄河横贯，而河水涨落不常，时大时小，水高尚有一部分可通民船，水低则小木船亦不能通行矣。兹将本省铁道、汽车道及邮电三项分述于后。

甲、铁道　本省唯一之铁道，即平绥路是也。是路原分三段：第一段由北平至张家口（原名京张铁路），光绪三十一年九月兴工，宣统元年八月工竣；第二段由张家口至绥远（原名张绥铁路），于宣统元年九月兴工，时作时辍，至民国十年五月一日始抵归绥；第三段由归绥至包头，民国十年九月兴工，十二年一月二日工竣。其在本省之一段，长凡七百余里，由北平起行经张家口、大同以至得胜口而入本省之丰镇县境；其由北平西直门车站至丰镇车站之一段，长凡七百五十三里，入省而后，分两大段：

由丰镇至绥远之一段为丰镇、新安庄、红沙坝、官村、苏集、平地泉（即集宁）、三岔口、八苏木、十八台、马盖图、卓资山、福生庄、三道营、旗下营、陶卜齐、白塔、归绥等十六站，计长四百三十九里。

由归绥至包头之一段，为归绥、台各木、毕克齐、察素齐、陶思浩、麦旦台、板神气、公积板、磴口、包头等站，长三百余里。

总计通行于本省境内者，计共七百余里，为本省最便利之交通机关也。

乙、汽车道　本省汽车道之已筑成、曾通车者，有下列六线，共长约二千余里。

1. 丰镇县城至隆盛庄（丰镇县属）线，长八十里（现因土匪蜂起，汽车常不通行）。

2. 集宁至陶林线（亦因土匪关系，时有阻塞）。

3. 集宁至商都线（亦因土匪关系，时有阻碍）。

4. 归绥至包头线（此线现有铁道之便，效力已失）。

5. 归绥至白灵庙线，长一百一十三又百分之七十九公里（现仍通车）。

6. 包头至宁夏线，本线共长一千二百八十里，其在本省境内者，长六百三十三里，名包乌路（乌拉河岸），由乌拉河入宁夏之一段，为六百四十七里。全线均系土路，坎坷不平。现仅包头至五原之一段常通汽车；五原至临河县之一段，不常通车；临河以下抵宁夏之一段，通行之时更少矣。

绥远省政府建设厅为发展本省交通计，于本省计画兴筑汽车路十线，共长三千二百二十八里，或经测量完竣，或已动工兴筑，总计全部工料费用一百十余万元，其路线名称如下。

1. 绥清线——归绥至清水河，长三三五里。

2. 归武线——归绥至武川，长九〇里。

3. 隆武线——隆盛庄（丰镇县属）至武川，长五六〇里。

4. 绥托线——归绥至托克托县，长一六〇里。

5. 包武线——包头至武川，长二八〇里。

6. 陶卓线——陶林至卓资山（凉城县属），长九〇里。

7. 绥兴线——归绥至兴和，长五四〇里。

8. 卓凉线——卓资山至凉城县城，长一七〇里。

9. 包东及东天线——包头至东胜，东胜至天和，长三七〇里。

10. 包乌线——包头至乌拉河，长六三三里。

丙、邮电　本省邮务，因环境关系，问〔向〕不发达。十八县局中，仅归绥因省会所在，设有一等邮局一所，归北平邮务管理局直辖。境内并有支局二，代办所二，其余包头、武川、丰镇、集宁、兴和、凉城、五原、临河、萨拉齐、陶林等十县，各设有三等邮局（间有二等邮局）一所，至托克托、和林、清水河、固阳、东胜、安北等六县局则仅有代办所各一所，沃野设治局则并代办所而无之。邮务机关之简陋如此，人民通信之烦难可知。所幸人民生活简朴，社交关系较为单纯，通信机会较少。在整个之社会状况未改进以前，需要尚非如何急切也。

本省电报机关尤为简陋，其能与省外通电者，为归绥县内之归化电报局。各县局之与省外通电者，大抵由该局转出。省内电讯则于归绥设有电信总局，十八县局中除包头设有三等电报局，萨拉齐设有二等电报局，五原设有四等电报局，及托克托、东胜、沃野三县局无电务机关之设立外，其余各县局均各设有电信分局一所，军用者居多，人民用者甚少。

本省电话除固阳、东胜、沃野三县局外，均有电话局之设立，惟大多规模狭小，附设于电报局或电信分局内，能独立设局者，除归绥县外，尚未多睹。其中仅归绥、包头、萨拉齐、丰镇、凉城、和林等六县能于城内互通电话，余均为长途电话，城内不能运用。长途电话之通话费，大多取费甚昂，人民用者颇少。至城内互通电话之六县，亦多系军政机关及大商店所用，住户装置者寥寥无几。归绥城内之用户，连同各机关计算，亦仅二百余家，其余五县则均不足百户，故各电话局营业不振，赔累颇巨。

六 远绥各县之教育

绥省各县风气闭塞，文化落后，其教育之幼稚不问可知，兹将各县教育概况列表于后。

绥远省各县教育概况调查表

县别	学龄儿童		入学儿童		失学儿童		全年经费	学校		社会教育		
	男	女	男	女	男	女		小学	中学	补习学校	书报所	周刊
丰镇	28342	4306	5107	730	23235	3576	31827	221		4	3	2
兴和	2908	1312	1235	144	1673	1168	6549	7			3	1
集宁	6850	3900	650	200	6200	3700	11800	14			3	
凉城	13000	8584	1850	164	11150	8420	17526.9	75		59	3	1
陶林	2748	839	748	39	2000	800	12289	29				
归绥	6662	3939	2652	547	4010	3392	76141	137	2			
包头	18270	5267	3586	587	14684	4980	13000	24	1		1	
武川	3760	2730	266	63	3494	2667	23534	17		2		
萨拉齐	17500	8430	1129	146	16371	8284	12400	115			3	1
托克托	14322	5252	2822	173	11500	5079	19480	51		2	1	
和林	12038	2791	1762	74	10276	2717	9945	81			2	1
清水河	7046	4183	1725	23	5321	4160	8442	30		41	2	
固阳	1800	1650	560	25	1240	1925	10210	15				
东胜	650	740	59	0	891	740	348	2				
五原	4303	2682	652	74	3651	2608	15688	28			1	
临河	3506	2504	650	20	2856	2484	17324	24			1	
安北	2899	1981	172	21	2727	1960	5634	5				
沃野	121	78	0	0	121	78	120	1				
总计	147025	61168	25625	2730	121300	58488	292257.9	874	3	108	23	6

据上表所示，本省各县局学龄儿童二一八〇九三人中，已就学者，仅二三八五五人，估〔占〕全数百分之十三左右（男生就学者百分之十七，女生就学者百分之五），其余一七九七八八人（全数百分之七十七），尚未获得求学机会。全省仅有中等学校三所，高、初两级小学校合计八百七十四所。此项学校数目，亦系各县局现行填报，按诸实际，尚不及此。其中时办时停者有之，

形同私塾者亦有之也。至于各县局之教育经费，全年合计二十九万余元（包头之省立第二中学，每月经费八四三元，由省府财、教两厅发给，未列入）。最多之县（归绥）年仅七万六千余元，其少者（沃野）年仅一百二十元。经费之支拙〔绌〕如此，学校之稀少又如此，则失学儿童之众多，殆为必然之结果。各校限于经费，一切设备，均极简陋，是又急待设法改进者也。

至于社会教育方面，毫无基础之可言。全省平民学校及补习学校计共一〇八所，其中清水河县之五十所及凉城县之四十所，均系乡村中之识字处、问字处，尚不足以言补习学校，故实际上全省之平民学校及补习学校仅一十八所也。所谓书报室，系包括小规模之图书馆及阅报处而言，全省亦不过二十三所耳。至于宣传刊物，均各县党务机关所办，全省亦仅有周刊六种而已，其余未之见也。归绥有《民国日报》一种，乃省党部所办，本省最大之报馆也。

各校教职委〔员〕之待遇，中等学校最高者百元，低者三十元；高级小学校教职员之待遇，最高者三十元（包头），最低者十八元（兴林〔和〕），普通则在二十元至二十四元之间，初级小学之教职员，待遇最高者二十四元（集宁），最低者十元（凉城），普通均在十五元左右。如此薪给，以省外人士观之，或以为太薄，实则本省生活程度较为低廉。二十元之收入，小家庭之需要，已足温饱矣。

七　绥远各县之譬〔警〕卫

本省人口稀少，财政困难，前已言之。人口少，则壮丁之补充不易，财政难，则军实之来源困乏，职是之故，本省之自卫能力，乃极脆弱。兹将本省公安局及保卫团之实际概况列表于后。

绥远省各县公安局及保卫团概况调查表

县别	公安局					保卫团			
	警官	警兵	枪	马	每月经费	团丁	枪	马	每月经费
丰镇	3	77	92		900	284	238	216	7405
兴和	2	30	38		348	1047	1119	105	786
集宁	3	30	21	10	462	462	296	197	698
凉城	2	33	22	6	440	322	99	100	1481
陶林	3	60	50	31	830	162	142	98	869
归绥	99	744	345	30	16852	230	634	160	2299.5
包头	29	269	62	9	4287	217	103	103	266
武川	2	30	16	10	440	330	347	342	3163.5
萨拉齐	2	40	36		483	624	655	20	6553
托克托	2	17	8		880	130	110	110	1699
和林	2	22	24		290	110	102	110	8085
清水河	2	22	2	6	344	60	62	32	434
固阳	3	23	4		340	140	190	140	2435
东胜	2	19	11	19	185	50	41	54	430
五原	4	50	41	10	628	96	55	81	1125
临河	5	60	36	30	690	213	159	215	836
安北	6	25	10	12	320	52	83	62	564
沃野	2	12	4	2	150	40			
总计	166	1563	822	175	28339	4569	4435	2284	31831.5

据上表计算，全省团警枪械，共仅五千二百五十七枝，其实际能用者，约在四分之三左右。全省团警官兵共仅六千二百七十八人，每月经费总计六万数百元，全省之自卫武力如是而已！甚有全县仅备枪四枝者，可谓毫无自卫力量之可言矣！如此实力而欲平时肃清散匪，战时巩卫后方，已不可能，遑论固国防御外侮哉？夫以绥远地势之重要，本有待于国防军队之驻屯，吾人之希

冀于绥省团警者，亦不过肃清匪类、维持治安而已。即此最低度之工作，亦非绥省目前所据之武力所能完成，必待积极之整理与改善，乃能收实际之效用也。

八　绥远各县之自治

本省自治工作，举办未久。各级自治机关，仅具刍形。其组织尚能依法办理，除沃野设治局外，各县局所属之区、乡、镇，经已画分清楚，区、乡、镇公所，亦已设治就绪。区公所由区长一人主持之，另设助理员四五人为之辅；乡镇公所则由乡镇长各一人暨乡镇附各一人主持，视事务之繁简，得酌设办事员一二人、警兵二三人助理之。各县所属区长均系委任职，尚未选任；乡镇长委任者居多，仅五原县及安北设治局之乡镇长系由民选，乡镇公所之设有监察委员会、调解委员会者，亦仅此二县局也。区公所之经费，每月大抵在一百三十元至一百八十元之间，各县各区之规定不同，其来源均由田亩摊派，由乡长直接收取之。各区自设保卫团，受区长之指挥，惟实力有限，维持治安，尤虞不足。

各级自治机关之日常工作，大抵偏重于应付支差及调解纠纷二事，亦即各公所权威之所寄也。对于地方自治应办之下层工作，均未着手进行，自治机关殆将变为土劣之御用机关矣。假区长、乡长之地位以济其私而鱼肉乡里者，时有所闻，诚地方自治前途之大障碍也。即以经费一项而论，由田亩摊派，乡长收取，不肖者遂得上下其手，通同作弊，一乡公所之经费，有半年支用千余元者（据包头县之调查报告），其为人民之所诟病也宜矣。总之，教育尚未普及，人民知识低落，各级自治机关遂为土劣所据，各畅其欲，使中央苦心孤诣所倡导之自治事业，一变而为扰民之工具，良可慨也！

九 绥远各县之社会

甲、语言宗教 各县居民大多汉、满、蒙、回四族杂处，汉人最多，蒙人次之，满、回两族则更次之。汉人以山西、陕西两省为最夥，河北、河南、山东等省次之。汉人多事农商，忠勤敦厚，崇尚道义；蒙人则事牧畜，精于骑射，以强悍著；满人多无恒业，游手好闲，依赖好逸；回人亦多营商，习性狡诈，以虚伪著。民族特性，各不同也。本省宗教，回人奉回教，蒙人奉喇嘛教，满、汉两族以奉天主教者为最多，耶稣教次之，佛教又次之，故天主教在绥省之势力甚大也。本省语言仍以汉语为主，各族多被同化，习用汉语者甚众，惟以民族较杂之故，遂形成本省通行之一种土语，与内地各省均有相同、相异之点。

乙、生活状况 本省人民生活，简陋异常，其前几世纪之生活方式，如与现今之都会生活相较，诚有霄壤之别。以言其衣，则土布、羊皮（老羊皮袄不加布面），但求御寒，中流以下，男子概衣短褐，即婚丧大事，御长衫者亦少，布鞋线袜、瓜皮小帽，贫者则蓝布包头而已。妇女概不系裙，裤脚紧缚，短衫半身，金莲三寸，缠足穿耳之风，仍甚普遍，即城镇妇女，解放者亦甚少。男女所御，均以布类居多，洋缎线呢，已为无上珍品，非中上之家，无力购用也。以言其食，则莜麦、蒿〔荞〕面，但求充饥，白面及肉，非座有嘉宾，不具也，中下之家，肉食之机会更不可多得矣。更言其住，则土舍矮屋，仅避风雨，城镇间有瓦屋，亦极低狭，绝无楼房。屋之形式，前低后高，前檐大抵在四五尺左右。窗户既少，复以牛矢、马粪作燃料，故空气光线，极不讲求。绥省人民之简陋生活，大抵如是。

丙、风俗习惯 本省各族人民，大抵均尚古风，任自然，思想顽固，一切守旧，迷信之风，极为普遍。室有病人，则求仙问卜，不事医药。婚丧仪式，各族不同。汉人尊崇古礼，与内地无异，与燕、赵之风尤相近也。男女婚娶，悉父母之命、媒妁之言是听，女子十四五岁而嫁，男子婚期，亦在二十岁以前。贫苦之家，无力具礼，亦有至二十余岁始结婚者。本省男子多嗜汉烟，染此癖者约百分之七十；女子无事，多喜聚赌。男女多有芙蓉之癖，鸦片已成敬客上品。娱乐场所甚少，除婚丧之日外，仅旧历元宵等节，祷神演戏，平时颇少娱乐之机会。民俗敦厚，交接以礼，外客来访，无论识与不识，即请之登堂，款以烟茶，备膳留宿，略无难色，别则致谢而已，酬之以金，多不受也。古道热肠，至足钦仰，视乎都市群众之尔诈我贻〔绐〕，不禁感慨系之。

十 结论

吾人由上述事实，对于绥远各县局所得之概念，要不外：人口稀少，亟待充实；土地荒废，亟待开垦；物产虽丰，尚待改进；财政竭蹶，亟待整理；交通未便，亟待发展；教育幼稚，亟待普及；警卫薄弱，亟待扩充；自治散漫，亟待健全；生活简陋，亟待调济。凡此数者，均有赖于中央之倡导与协助，国人之人力与财力，非贫瘠之绥省所能独力胜任者也。惟事有缓急，业有先后，见仁见智，未必一律，通盘筹画，责在专家。作者不敏，窃以今日之中国，急待解决之问题固多，而东南之人未尽其用，西北之地未尽其利，实为重要问题之一，亦为许多问题之根本问题也。以此之所余，济彼之不足，盈虚互济，彼此有益。诚能移东南有余之民，托西北有余之地，既可增进资源、充实国防，更可救济失业、安定社会，一举而数善备，诚今日开发西北，安定东南之对症良药也。所有内地各省之灾黎、罪犯、散兵、游民，以及社会上之一切流荡分子，均可大批移殖绥省，帅之以军事人才，导之以农科学生，生活力求军事化、纪律化，作业务期科学化、现代化，由中央界以新式农具，资以优良种籽，如是则土著农民咸知弃旧从新，智识分子多一正当出路矣。倘移民绥远稍见成效，则绥省之一切事业，息息相关，在在均易着手矣。至于普及教育一项，亦为当务之急，应由中央征集大学毕业之失业分子，予以相当之生活费，在整个计画支配之下，分起〔赴〕各县，实际工作，如是则数年之后，绥省教育事业必有相当之进展，其他事业亦可获意外之收获也。故今日而言开发绥远，应先从移民、普及教育两项着手，乃能事半而功倍。且绥省非如其它边区之窎远，工作人员及移民往来较易，自所乐从。经费所需，本非过巨，未必遂无筹措之方，果能从此着手，则一切障碍，均能设法避免也。至于交通之发展，实业之改进，则应在全国统筹之下，中央、地方各尽其力，衡其缓急，分头进行，非能一蹴而就也。惟一切方案之实施与促进，仍有待于中央之决心与毅力，是为一切问题之先决条件，坐而言，不如起而行，徒托空言，于事何补？果能决心苦干，实事求是，事无巨细，量力而行，绥省之繁荣，正不难计日而待也。

《西北问题季刊》
上海西北问题研究会
1935 年 1 卷 2 期
（王芳　整理）

绥西政治经济鸟瞰

朱霁青　撰

这篇简单而扼要的报告书，是朱霁青先生所领导的西北移垦委员会诸同仁实地调查得来的。关于绥西的包头、安北、五原、临河各县交通事业、经济建设、政治概况、风土人情、文化与教育各端，读完这一部分简短的报告书，都可得到一种明确的概念，特为撮要披露于此。

编者

一　政治概况

绥西政治，概分县政、市政、司法、治安、垦政、水利、赋税数种，惟以地处边远，蒙、汉人民杂聚而居，游动无定，习惯不同，良莠不齐，知识低下，多不务正业。关于行政管理上，组织既欠完备，指导上自难收良好效果，加以内乱匪患，荒旱频仍，对地方上各种供给输将，已超最高限度。各种政治工作，除苛捐杂税之征收，军匪过往之摊派外，几别无所事。所以地方行政官吏之优劣，专视支应过往军匪周到与否为评判。近年来良好垦民，不堪蹂躏，弃业逃走者，络绎于途，比比皆是也。

（甲）县政　包、安、五、临四县县政，以地带荒僻，大致相同。惟包头县，以商业繁盛，比较复杂，但已设市政处。此外安北系设治局，尚较县政府组织简单。至于行政，皆以县长监督地方自治，并督饬县政府各科协同财政、建设、教育、公安各局，分别办理公产管理与农林、交通各建设事宜，以及教育、地方治安等事项。此外各县均已设有党部，指导一切县党政。

（乙）市政　绥西惟有包头县工商业较为发达，堪称西北商埠。现已设市政筹备处，由县长兼办。惟以创办伊始，尚无若何成绩。所有对于修整市容，建筑马路、水沟，及筹办市场，添设路灯、消防、卫生、自来水，划分市区，以及开辟公园，修筑包头南海子码头等事项，仅见诸计划，距实行尚远。

（丙）司法及治安　绥西仅包头设有司法公署，其他安、五、临三县，皆由县承审员办理之。至于治安，各县均设有公安局办理，乡村则有区长指导保卫团施行之。不过以历受兵匪摧残，各县公安队，训练、装、械，均欠齐整，仅可供地方差遣之用，如谓可负地方治安全责，则不敢必也。

（丁）垦政　绥远全省，设有垦务总局，以统辖全省垦务，各县则酌设分局，计包头垦务，由县设垦务科办理，安北由设治局兼办，五原则属于垦务第五分局，临河则属于垦务第六分局，其关于军垦地，则由绥区屯垦办事处统辖办理之。

（戊）水利　关于包、安、五、临四县水利，因属西北要政，故划归建设厅。设有包西水利局，专责办理，并协同各渠水利社表里进行之。

（己）赋税　各县赋税，计分统税、烟酒特税及塞北关税（系绥远省一种特别征收机关）。惟以地方田赋如官租、水利、杂捐各项及摊派为最复杂。所以绥西到处民不聊生者，此也。

二 风俗习惯

河套自秦、汉以来，忽夷忽华。夷则游牧为生，好骑射；华则灌田治产，习稼穑。彼此熏陶，观感互异，风俗杂而不纯。一般崇信佛教及天主教（由光绪十二年以后，天主教、耶稣教同入西北，及庚子之役，以地赔教款，故五、临各旗地最先垦权操于天主教者最大，后虽收回地权，但至今在西北仍有相当势力）。信教程度，蒙民甚于汉人（蒙人多信喇嘛教，汉人多信天主教及道教，道教以奉吕祖为盛。此外，后套入哥老会风亦颇盛）。惟边远荒僻，男女不尚修饰，婚丧礼仪，较为简单。人死，往往弃尸于野。晋、陕人多运葬原籍（当地坟墓甚少）。贫富皆喜移动，无在此久安之心。吸食鸦片者，占十分之六七。无业游民多为匪，或以卖鸦片为生。

（甲）农商习惯　往时交易，以生银为本位，纳价者探囊而予，收价者启椟而藏。民间通行货物，以烟、茶、香、纸、糖、布为大宗。近年经济转变，纸币充斥，贸易日渐衰退。农民以渠水为命脉，谚云“地随水走，人随地走”，是以因水择地，今岁南阡成聚，明年北陌列廛，几乎民无恒业，人无定居。秋收篝满车盈，粮如粪土，春耕则借牛力，贷籽种，重价籴粮，缓急可恃。昔日物产丰收，风俗敦厚，近年天灾人祸，风俗日形浇薄，环境使然，由来渐矣。

（乙）社会交际与婚丧酬酢　居民散漫，向无旅邸，过客息装，辄投大户，莫不鸡黍欢迎，刍秣罗供。有时赠衣助钱，毫无吝色。边风尚义，久游其地，皆感西顾何忧，东道可托。惟以礼典阙略，嫁女必索重聘，兼金束帛，娶妻惟盼厚奁，牛、羊随嫁。丧则练裳柳椁，足以饰终，简陋有古风焉。

（丙）衣食住沿习　习俗服御，由来简陋，衣则羊裘一袭，食则酸粥一瓯，土屋而居，室无垣牖。子女形同乞儿，缠足之风甚盛。妇女出行，凤头、弓鞋，满面铅粉，银簪、铜环，足为品题之资。居恒内外之辨不严，下帷娣则姒同幕出入，不避男女之嫌。灭烛则宾主联床。每闻跳神、跳鬼，趋观若狂。贫户养子，时有弃婴于野，诚惨无人道，野人之生活也。

三　教育现况

包、安、五、临各县，文化晚开，教育幼稚。除五原县设有河套中学一处外（该校现已停办，校长方君尚在计划复活，拟继续招生），余均系小学教育及私塾，且多以经费支绌，有欠完备，计包头蒙民、回民学校各一处。此外各地天主教堂所办男女各小学，设备［置］比较完善，不过其所持教育方针，不外帝国主义之文化政策。将来西北开发，对于教育，非彻底扩充不为功也。

包西各县小学校调查表

县别	学校数	全年经费	教职员数		学生数		备考
		元	男	女	男	女	
包头县	一三	一五，七二八	○○○	五	五	七一一	一五五
五原县	一三	一七，六七一	○○○	三六	二	五八七	九七
安北县	一二	三一六	○○○	一五	一	二六三	四五
临河县	三三	二，三六五	○○○	六二	一	一，○九六	二○七

包西各县私塾调查表

县别	私塾数	学生数	备考
包头县	三四	五三五	
五原县	七	一五五	
安北县	二	六五	
临河县	五	五二	

（丁）民生现状　包西人民，除蒙民外，汉人以陕、晋北部

河曲一带来者为多，次则甘肃、宁夏、河北、山东四省，以湖南移民为最少。朔自民国十五年以来，先由国民军西开，继则王英匪部盘踞，与当地土匪赵半吊子、杨小猴等相继为乱。迄去秋孙殿英全军西进，至今春由宁溃退，对地方粮草马车，一年征发数次。以致各地岁无宁日，人民苦于军匪资应之供给，非逃归原籍，辄投奔远方，其贫不能去者，皆无衣无食，坐以待毙。据云，农民除种鸦片可以侥幸获利，种农产物，尚不足苛税之征。如今春籽种已被军匪食尽，迤带农户，皆仰屋兴嗟，既无食料，又无籽种。民生现状，危不堪言。愿国人对西北开发及西北民生，特注意焉。

四　经济概况

西北整个经济操于晋、绥最高当道统制之下，在晋省则有山西省银行，在绥远则有平市官钱局及垦业银行等机关。考绥区在有明之世，完全为蒙民游牧地带，几无农、商业之可言。关于社会经济事业，非常简单。至金融方面，除动用银两而外，尽属以有易无性质。至废清中叶以后，蒙、汉通商日繁，由现银一变而用谱银拨兑（系由银行互相转账，并不动实质）二种，来往交易，亦可畅行无阻，迄后各商发行帖子，不时发生倒闭及不能兑现之弊。鼎革以还，兴用现洋，市面遂成谱银、现洋二种周转之地。后平绥路西通包头，银行纸币，因渐次流入。如平津中、交、丰业各行，皆逐渐向西北发展。惟于民十四以后，西北迭遭政变，社会经济，时起恐慌，金融业跌涨无时，紊乱已极。近年来似略较平稳，不过各地形成割据，非实施统制经济，不足把持一切，如是边僻一般贫困工商业者，自难免受其剥削榨取也。兹分述各种情况如下。

（甲）包头县　包头为安北、五原、临河三县经济中心。金融机关，有平市官钱局、垦业银行及中、交、丰业三行。平市包头分局，设于民国九年，每年营业，存款约五六万元，放款约十五万元，汇划数目，每年平均百万至百五十万。中国支行系于二十年重新整理，主要业务，提倡堆栈货物押款及火车邮包垫款押汇等项，凡面粉、杂粮货物，皆可押借款项。交行成立于民七，除汇划一项外，其他事业不甚经营，每年平均汇划数目，在百五十万以上。丰业二十一年复业（以前曾停办），年存款三万元，放款十万元，汇划约七十万元。至绥西垦业银行，系二十一年创办，以扶植绥西垦牧事业为宗旨，由太原绥靖公署组织经营，资本四十万元，名义为银号，但其性质实同银行，且兼有发行特权。自开始截至二十二年六月，计存款已达四十四万八千元，放款计八十九万元，汇划计三百八十九万六千元。钞票由太原发行者，计三十五万五千元，由包发行者，计八万三千元。其他包市银钱号营业，略如左表。

名生渠工程一览表

钱庄名称	性质	开设年度	已收资本	民国十九年盈余	十九年营业总额
宝昌玉	合资	光绪二十三年	一万两	一千五百两	一百余万元
懋和允	独资	光绪二十二年	三万两	七千两	八九十万两
正义银号	股份有限	民国十六年	八万两	七千两	一百余万元
德中庸	独资	光绪十九年	三万两	一万五千两	二百余万元
晋泉源	独资	民国十五年	三万两	六千两	一百余万元
复兴全	独资	同治三年	五万两		一百余万元
广顺恒	独资	光绪三年	三万两	二千五百两	三四百万两
复兴恒	独资	光绪十八年	一万两	七千四百两	二百余万元
兴隆永	合资	民国五年	二万两	三千七百两	一百余万元
宏远银号	股份有限	民国十九年	五万两		七八十万元

（乙）安北　当地无金融机关，商号与包头来往，均用现款。

货币有现洋、交票，但以平市票为最普通。

（丙）五原　县城设有平市分局及丰业支所，市面货币，以平市新旧票为最多，垦业票次之。关于存放款，只平市一家，除公家稍有存款、不起息外，农、商无存款，放款则收百分之一利息，农、商贷款，则收百分之三利息。至于汇兑，分邮政、平市及商货拨兑三种：邮政年约汇出额九千余元，汇入额六千余元，平市每年汇兑额约十五万元以上，商货拨兑多系平洋，购买皮毛商贩以互相拨兑免除危险，其他杂货商，皆以货来售，购粮而归，不动现款。

（丁）临河　县城仅有平市分局一家，通行货币，以现洋、平市、垦业三种为大宗，中、交票次之，既无钱业，故亦无存放款。乡村借贷，月息三分以上，当地汇兑拨款，均较困难。

五　交通事业

分陆路、水路二种。陆路包头以西，直通安北、五原、临河至乌拉河（即包兰路），均有汽车路，各渠渡口皆设有桥梁，惟路面时有被飞沙堆塞及经冬塌陷之处。其桥梁亦多失修，又常被匪拆毁。故现在汽车通行，甚为勉强。水路则由宁夏沿黄河东下，有七站船、高梆船及木筏、毛筏各种（每船可载三四万斤，修造费二百元上下，前冯玉祥驻军西北，曾试用汽船，惜未成功）。木筏系于甘肃兰州用建筑木材编制，抵包后，将所载货物卸下，其筏即可出卖与建筑用材者，此当地木材大宗之来源也。此外关于邮电虽已通达，仍在建设时期。兹将各项交通分述于后。

（甲）陆路　关于陆路，在包宁铁路未通车以前，只有完包成兰汽车路包乌（包头至乌拉河）、乌宁（中抹河至宁夏）二段，与包、安、五、临四县互通汽车路及大路，大致如左列数表。

包、安、五、临四县应修互通大路调查表

县别	路线	起讫点	里程	备考
包头县	包安	由包头市至安北大佘太	二四〇里	
	包五	由包头市至五原县城	四八〇里	
	包东	由包头市至东胜县城	三五〇里	
	包固	由包头市至固阳县城	一二〇里	
	包萨	由包头市至萨县，现已通平绥路	九〇里	
北安县	〈安五〉	由安北至五原县界	一九〇里	
	安固	由安北至固阳县界	一五三里	
五原县	五乌	由五原至乌兰脑包	五五里	
	五新	由五原至新公中	五三里	
	五天	由县城至天吉太	五五里	
临河县	临河	由临河至五原县城	一九〇里	
	山〔临〕陕	由临河至陕坝	六〇里	
	山〔临〕黄	由临河至黄羊木头	七〇里	
	山〔临〕杨	由临河至杨家河子	四〇里	
	临永	由临河与由陕坝至永安堡同一里程	七〇里	

包乌汽车路调查事项：

一、包乌路由包头起，至临西、乌拉河、宁夏交界止。

一、由临河永济渠口起，至包头，共计木桥三十七座，需加料重修者十五座，堪用者二十二座，今春孙军溃退，焚毁各桥未计。

一、自临河至五原有木桥二十二座，未修方孔。

一、公庙子附近深沟应添修三米木桥二座。

一、西山嘴子一段，长约三里许，地势低湿，须用砂砾垫高。五加、地雄、万库间二十余里，须间断垫修。临河城西永济渠附近四里许，路基须筑高一米以上。临东至五原一带，飞砂塞途，须掘修之。

一、包乌汽车路管理局，虽经计划，尚未成立，其章程略而未载。

（乙）水路　由包头至宁夏黄河航运，以往仅可用木船及筏运，试用汽船者，皆归失败。但据民国二十一年定县段君承泽及江南造船所大监王君平轩，与水道测量专家李君纫庵等实地勘测经过，始知过去汽船失败，非河流不能驶行，乃船之构造不适当也。兹将关于黄河航运各事项，分列于后。

（一）水程及水道情形　黄河自包头至宁夏，计一千五百零八里。除石嘴子至河拐子七十里，两山挟水，河底乱石嶙峋，称为石河底，其余河底，均系松沙，统称沙河。又因水流情形之不同，自永济渠口自〔至〕西山嘴子一段，河面宽泛，水流散漫，称为破河。自西山嘴子至南海子（包头码头），河岸束水，水流归槽，谓之槽河。石河一段，水流如奔，最大流速达一·八七公尺。破河一段，河面宽有达十里者，支流纷岐〔歧〕，普通流速在〇·九六公尺上下，惟破河与石河为难行，以糟〔槽〕河为最顺利。

（一）船筏种类　分七站船、高梆船、盐碱船、小五站船、木筏、毛筏六种。七站长四丈，宽二丈，头宽一丈，船高六尺，分三舱，舵尾长三丈余，系用厚一寸以上柳板钉成。高梆长三丈至四丈，宽一丈六七尺，深四尺五六寸，两头尖形，亦系柳板钉成。盐碱船即专载盐碱用，较他船均大，长五丈余，构造与七站同。小五站长二丈，宽一丈，载重八千斤，行短路用之。木筏系编木为筏，附载课〔货〕物，到包后将木材、货物一并出卖。毛筏系用牛皮连贯而成，皮面涂油，使之柔软，内装羊皮、皮毛或麦梗等浮水之物，将口扎紧，以木连缀，每三十个牛皮袋为一排，四排缀成一筏，前后有桨三对，六人驾之，上载皮毛、药材、水烟等货，以载毛最多，故称毛筏。

（丙）电政　包头本市有电话八十余户，市内设有电灯。系面粉公司兼办，此外设有无线电台及有线电报局。五原无电灯、电话之设置，仅设有无线电台及有线电报局二种。至临河设有无线电一台，有线电系一电报事务所，报件甚少，安北因未到县城，未详。

（丁）邮政　包头、五原均设有邮局，可以通汇兑，临河系邮务代办所，不通汇兑，安北未详。

六　建设事业

包头、五原、临河一般之建设，现已在停顿时期，因过去如市政之繁荣，汽车路之修筑，渠道之疏浚，农场、工厂之建设及黄河提〔堤〕堰之堆筑与包宁路线之测绘，皆曾有相当之设施。近以外患内争，地方匪祸，以致百业凋敝，已建设之原状，尚难维持，至新的建设，仅有晋绥军垦区与萨县民生渠及新农村试验场，尚在进行中。民生渠系华洋义赈会与绥省府合组水利社所疏浚，由包头东磴口车站附近，导入萨县，长百二十余里，已投资八十万元，设置比较完备，规模亦属宏大，不过各支渠闸口，尚须改良。据称，将来达到完全适用目的时，仍须百万投资云。关于萨县新农村，系绥远省主办，直属建设厅，地距萨县城址二十里，创办五年中，已耗经费六万元，复由省府续拨经费贷款，已达十万之数，其中以火犁二架，占用金额最多（尚不适用，以汽油太贵，与人工比较，相差三倍）。内设垦殖、工业、牧畜、教育、事务各股，大致规模尚可，惟秩序欠整，又乏朝气。盖社会秩序不良，经费不充足，势使然也。

（甲）民生渠　民生渠之兴修，以绥西频遭荒旱，在民国十年以前，曾有提倡于萨、托两县地方开渠灌田，仿河套水利之法，并特请后套渠道专家王同春先生实地勘测。后以连年政变，终未果行。会民国十六、十七、十八三年，萨、托两县亢旱为灾，赤地千里，饿殍遍野，遂于十七年拨赈款四分之一，作为工赈，由磴口向萨县以东从事开挖。嗣以工程浩大，需款太巨，复由绥省府及建设厅与华洋义赈救灾总会订立合同，双方集资，所有未完工程，于十八年七月由华洋义赈救灾总会接办兴修，计至二十一年冬月，为时三载，工程大部告成。前后兴工五六年，用费八十余万元，共修干渠一百二十余里（渠口宽九十五尺，深十二尺，底宽五十六尺，渠尾宽四十尺，深一尺，底宽三十七尺，桥梁十二座，闸门五座），支渠十道，长约一百四十里（桥梁七座，闸门十五座），约可灌田七千顷。当以华洋义赈会工程告一段落，遂于二十二年一月，由绥省府义赈会，及萨、托两县，三方面组成民生渠水利社接收办理。

一、民生渠自归水利社办理，关于二十二年经常工程各费，计由华洋义赈总会借洋五万元，及天津、中、交、金城、大陆、保商五行借洋五万元（绥省担保），加绥省平市、丰业各借款四千元，共计借款十万八千元。

一、民生渠水利社二十二年收支概算

A 收入方面

a. 水租　每亩按二角征收（以灌田三千八百顷计），共计征收七万六千元。

b. 一次渠捐　原定每亩征洋五角，第一年（二十三年）先收一角（其余第二、第三两年征齐），共计三万八千元。

B 支出方面

a. 工程费　五万元

b. 农事试验场开办费　一万元

c. 本会经费　三万六千元

d. 预备贷借籽种费　四千元

按民生渠水租每亩二毛加渠捐一毛，每顷年需三十元，较包西水利征收（十二元至十五元）超过二分之一以上，且第二、第三两年加渠捐为数尤巨。

一、民生渠工程一览表

工程 期别 渠道	开渠公里		木桥座数			闸门道数				说明
	工程时期	公会时期	共	工程时期	公会时期	共	工程时期	公会时期	共	
干渠	五五	一五	七〇	八	四	一二	三	三	五	渠已开通，桥闸齐备，惟渠口渠尾被淤，进水尚待改良
第一支渠							一		一	地势太高，无法上水
第二支渠	三·六		三·六				一		一	地势太高，暂作废渠
第三支渠			四·八				一		一	地势太高，无法上水
第四支渠	八三		八三	一		一	一		一	地势太高，无法上水
第五支渠	九·八		九·八	一		一	一		一	约可浇地三分之一，渠背太低，急须加高
第六支渠	一四·二		一四·二	一		一	一		一	非改善干木桥，闸口不易灌水

续表

工程 期别 渠道	开渠公里		木桥座数			闸门道数				说明
	工程时期	公会时期	共	工程时期	公会时期	共	工程时期	公会时期	共	
第七支渠	一七		一七	三		三	一	一	二	渠背太低，须增高
第八支渠	一八·八		一八·八	二		二	一	一	二	下游闸门太低
第九支渠	二·六		二·六				一		一	下游闸门太低
其他支渠							二	二	四	由民自挖
共	一三四	一五	一四九	一六	四	二〇	一四	六	二〇	

一、民生渠资产一览表

期别 价值 项目	工程时期		水利公会时期		共计	
	银元		银元		银元	
干渠	五五五，六一七	二一	六七，二九四	七七	六二二，九一一	九八
第一支渠	六一三	五二			六一三	五二
第二支渠	五，〇九四	四六	二〇二	七一	五，二九七	三五
第三支渠	六，四〇八	一六	一，〇三三	〇九	七，四四一	二五
第四支渠	一三，三四四	〇四	一，一三一	六六	一四，四七五	七〇
第五支渠	一六，七一一	六四	三，一〇二	八九	一九，八一四	五八
第六支渠	二一，五九二	七六	一，七三六	六四	二三，三二九	四〇
第七支渠	三四，一五〇	九八	三，六六四	七二	三七，八一五	七〇
第八支渠	三〇，五六九	一九	三，六五八	三〇	三四，二二七	四九
第九支渠	八，三六五	七二	三六四	四七	八，七三〇	一九
其他支渠			四，一五六	七六	四，一五六	七六
黄河石堤	六六，六五四	一八			六六，六五四	一六
会所			一二，六九七	四〇	一二，六九七	四〇
农事试验场			三，七〇五	六五	三，七〇五	五三
存货	九，一九一	二四	四，八四〇	五九	一四，〇三一	八三
共计	七六八，三一三	二八	一〇七，五八九	六五	八七五，九〇二	九三

（乙）萨县新农村农事试验场　该场原系晋绥绥靖主任阎锡

山先生于民国十八年四月捐资六万元兴办，至十九年阎曾一度下野，［下］该场遂交由绥远省政府办理，全场土地面积三百七十余顷，场内工作，分建设、垦殖、牧畜、农务、事务、教育各股，其大致情形如左。

一、建设事项　（a）场内共建筑新农村及农庄各项房屋三百一十九间。（b）开掘灌田干渠长五十四里（宽一丈，深三尺），支渠九千余丈，退水渠五百七十余丈。（c）修大马路八条，计五千五百余丈。（d）场内造木桥三座：计六丈长、二丈宽一座，一丈长、丈二宽一座，丈五长、一丈宽者一座。（e）凿水井十四眼，内有洋井一眼，深二十丈。（f）筑土坝四十五丈，系防水用。

一、垦殖事项　（a）附近各农庄租种该场土地一百四十余顷。（b）民垦队已垦荒地十六顷。（c）兵垦队已垦荒地六顷。

一、农具购置事项　（a）十五至三十马力（带三行犁一付）火犁一架，原价五千零六十五元，日可耕地六十五亩。（b）十至二十马力（带二行犁一付）火犁一架，原价三千四百一十八元，日可耕地四十亩。（c）圆盘耙一架，原价四百六十八元，日可耙地一顷二亩。（d）条播耧一架，原价七百零七元，日可播地一顷五十亩。（e）割捆机一架，原价一千四百零三元，日可割地一顷。（f）打场机一架，原价五千一百九十五元，日可打一顷地之禾稼，此外有马拉小洋犁一张、四马拉圆盘耙四架、凉铁嘴犁八件、开荒犁三件、钉齿耙四架（以上价未详），加本地各式农具共价八百余元，约计共需洋二万元左右。

一、牧畜事项　（a）全场马群大小计九十二匹。（b）美国种马牡牝各一匹，本地种马牡者三匹。（c）驴四头。（d）牛共计一百一十八头。（e）羊共计六百九十八只，内纯美利奴羊种二十头，杂种五百八十头，其余本地蒙古种。（f）猪大小十一口。（g）鸡大小十八只。（h）狗二条，随羊群。

一、其他事项　关于该场其他教育事务，毛织工厂等事项，草创未列入。

（丙）晋绥屯垦办事处　民国十九年晋绥阎主任东山再起，首重国家生产事业，遂倡办晋绥军于绥区屯垦之议，并于民国二十一年春开始进行。同年秋，在包头设晋绥军屯垦办事处，阎自兼督办，以师长王靖国为总办，傅作义、张荫梧为会办，绥远垦务总办石华岩为坐办，先于临河县属之祥泰魁觅地三千余顷，分别建设新农村及筑堡，并开掘渠道，灌田以耕，计开渠一道，长六十余里，名曰百川渠，可灌田千余顷，又筑长百五十丈、宽百三十丈土堡一所，名曰百川堡。垦区内计分军官垦地与士兵垦地二种：军官每人授田百五十亩，士兵授田百亩，共择定五原蒙古屹坦地一百五十顷、临河永安堡（距祥泰魁甚近，系军官垦地）地五百四十顷，及临河、纳林脑包、哈达脑、协成桥等处地一千二百顷，为官兵之垦区，并分别建设农村，贮备答〔农〕具、种籽等项。晋绥军经营垦区情形，大致如斯耳。

《西北问题研究会会刊》
上海西部问题研究会
1935 年 1 卷 2 期
（李红权　整理）

河北移民村鸟瞰

水　草　撰

本年春假，作者到西北游览，曾经参观在包头的河北移民村，现在把当昔的经过和所得描写出来，以供留心移民垦荒事业者的参考。

那天是四月十三号，我们几十个人，沿着从包头东南去的平绥路，向距包头十五里的南海子进发，因为河北村就在该村的东面。

太阳光是那般地和暖，使我们脱去了外衣，复脱毛衣，沿着铁道一条一条地踏着枕木，步骤很均匀的，所以达到目的地以后，并不觉得怎样疲劳。

南海子，是个沿黄河的小码头，我们穿过这村落，便看见一所悬有“河北村”木牌的门，村中的负责人，一位体格魁梧，态度和蔼的老者，迎了出来，他便〈是〉领导我们参观的张合春先生。以下便是我个人参观之所得。

（一）缘起

自从河北省南部遭着黄河泛滥的水灾，像长垣、濮阳等县的人民，受害真是不浅。于是一般慈善家，若段承泽、郑大章等，就打〈算〉捐款移灾民到西北屯垦，同时河北省政府，也觉得责无旁贷，由官民合组了一个“河北移民协会”，其中理事，如前河北民政厅长魏鉴等都在内，下设干事会，负责执行或办理移民事项。他们在南海子附近购地二百顷，拟移民二百户，后来因为暂时不欲张大的缘故，又定为百户。

移民条件，即（1）灾民年在二十至四十岁之间，勤俭安分，愿来西北垦荒，而有保证人的；（2）对于土地耕种确有独立经营的能力。因为有了那样的规定，所以各个移民，才都是生产的分子。

移民经费，原定筹八万元，先由河北省府协款二万元，虽系移民，将来分期归还，如果作不到的话，可另想办法。

（二）建筑物

他们现在的住所，本是暂时的，去年十一月初，他们才到南海子，当时因陋就简，建造村民大礼堂一所，住房七十间，马厂、厨房、炮楼等各一所。所有建筑物，多用高梁〔粱〕为心，谷草、荆条作盖，外涂泥土。地基更就地面掘下数尺，想来是塞外风劲，如此可稍能耐寒的缘故。

村民大礼堂，〈日〉间为该村国民小学上课的所在，夜间是没有家眷的移民的住所，内中还设有煤炉，又是冬季村民睡眠前取暖的地方。

住房很狭隘，土坑上铺稻草或谷草，一户或两户一室，都是亲友或邻居。

厨房、马厩，更觉简陋，支竿，架木，上覆高梁〔粱〕秸，或苇麻，冷风呼呼地吹进来。

此外，炮楼，建在该村的中央，是一个方形的角楼，地势垫高，遇有意外，可鸣警号，该村备快枪十多杆，足够防范一切。

（三）纺织业

该村建有毛织工厂，是为女工预备的，因为她们在本乡，颇惯于纺织棉纱，如今来到包头，正好利用该地的羊毛，作弹毛和纺织毛线的工作。纺织机系旧式，用老法，每一女工没有小孩的，每天可纺毛线二斤，有小孩的纺一斤。工资每斤洋一角五分，所以每天每人能得洋两三角，足够家庭零用。他们还纺棉线，织棉布，以备自用，或者出售。布的种类，分条布、合股线布，质地结实。

她们的纺织成品，在包头均有销售所在，人家且表示欢迎呢。

（四）组织

该村有河北移民协会的干事会，总理一切事务，而村的编制，为五家一邻，四邻一闾，共有二十邻，四闾，一村。村长、闾长，由干事会的干事兼任。邻长由村民互选，这都是暂时的办法。

“村民良心省查会”，那是每天要举行的，当聚村民在礼堂之内，由负责人为之讲解各种做人道理，并使之自行省查，有没有对弗起大家或自己的事情。

消费合作社，虽然规模小得很，对于村民的必需品，像土布、洋火、煤油……都是完备的。

（五）教育

该村因有儿童五十余，所以成立国民小学校一所，校址就在村民大礼堂，上缀万国旗，有板凳，没桌子，当日所看到的儿童，仅三十余，据说年长些的，都到田间帮忙去了。

该校每天上五小时的课，教师三人，由孙棣生君总其成。所授功课，也是暂定性质，不过有的稍差，计所抄功课表如下：

1	纪念周	算　术	读　经	公　民	劳　作
2	算　术	弟子规	百家姓	讲　话	自　习
3	算　术	读　经	公　民	音　乐	劳　作
4	算　术	弟子规	读　经	体　操	自　习
5	算　术	公　民	弟子规	读　经	劳　作
6	算　术	读　经	百家姓	弟子规	讲　话

（六）集团生活

该村居民，因为第一二〈年〉先行集团垦荒，所以现在实行着集团生活，大家有一个公共厨房，派出几个人，担任烧饭，所用的是粟米，多蒸糕，每饭击钟，由各户按人口多少来领。

他们的养用骡马和大车，也是采用合伙的原则，计有大车十几辆，骡马近八十匹，约每三户使用两匹骡马，每邻使用一辆大车。

（七）卫生

讲到真正的卫生，现时尚不可能，所叙的不过是疾病的医治。他们初到该地，尤其是妇孺，因为水土不服，多疾病，在小病，就用成药医治，遇大病，则打电话给包头的耶稣会家庭职业社，由该社医师前来诊治，只收车费、药费，不收诊费。

（八）工作一斑

去冬他们除建房外，女人纺织毛、棉线，男人用所买的大车，拉包头、南海子之间的车脚，因为南海子是个码头，所以生意还不错。今年，他们便打井的打井，做水车的做水车，开地基、垦地、运木料，真是忙得不亦乐乎。

他们的购地，是在平绥路两旁，离黄河又近，所以他们造水车，利用河水来灌溉，同时在地势低下的地方，打算种水稻，高地种粳子（即旱稻），这还是第一次的尝试呢。

（九）未来计划

该村第一二年先行集团垦荒，每户先拨地三十亩，公有菜园三顷，工作终了，再按户授田。同时协会贷给移民的款项，也由第三年起，按五年分期偿清。此项贷款，每户约四百元。

本年拟在购地建房二百间，暂供应用。

将来村民自治，是以村民大会为最高机关的，村民有选举、罢免诸权，现在由移民协会代行职权。

卫生设备，拟有运动场、保健所；合作组织，拟有粉房、牧畜等。

此外，在教育上、公安上，均将有周密的设施。

总之，该协会的人员都肯吃苦、负责，像村长段承泽氏，曾任师长，现在包头，设有电灯面粉公司、生活改进社；他的夫人，居住村中，指导女工。至于招待我们的张先生，全村民有呼之为司令的，可见也任过军职的。

《国衡》（半月刊）
南京国衡半月刊社
1935年1卷3期
（李红权　整理）

宁夏定远营调查记

调查科　述

一　定远营之碑记

宁夏北贺兰山，乃朔方之保障，沙漠之咽喉，圣心轸念山后一带，切近宁城。额鲁特郡王阿宝部落，于西海渡阿尔多斯七佐领于河东，险要尽归内地。命侍郎通智细行踏勘复命，会同督臣岳钟琪详议具奏。嗣命通智暨光禄寺卿史在甲，督理工务，修浚惠农、昌润二渠，建设新渠、宝丰二县，安插二万余户，耕凿遍野。而贺兰山后葡萄泉等处，水甘土肥，引导诸泉，亦可耕种。兼之山阴挺生松柏，滩中多产红盐，且形势扼瀚海往来之捷路，控兰塞七十二处之隘口，奉旨特设一营，名曰定远。爰相地形高下，因山筑成，气势轩昂，设武弁，置屯兵，西接平羌，遥通哈密、巴里坤等处，东接威镇，远连三受降城、两狼山要地，内外连络，边疆宁谧。良由赞谟广运，神武远施，亿万斯年，咸戴帝德之高深矣。特记盛事而镌之石。雍正八年，岁在庚戌，秋八月之吉日立。

二　达亲王之略史

清时，青海之根登固实汗有侄，为清室驸马。因青海距京师路途遥远，往来不便，清帝乃命居于阿拉善旗，赐封为贝子。将阿拉善全旗，悉划归于该王管辖，并将旧有古城，重新建修。贝子之子为阿郡王，再传洛亲王、旺亲王、马亲王、襄亲王、贡亲王、多亲王、唐亲王等，历代传递，以至于现在之札萨克达亲王。

三　政治组织及职权

该旗政治机关，有政务处、典仪处、理事官厅等，管理全旗一切政治事宜。其组织及职权，述之如下：

（1）政务处　除札萨克达亲王外，有护印协理台吉（掌印官）一员、记名协理台吉一员、正副管旗章京二员、正副梅林章京二员、正副参领四员、佐领八员，管理政务。并在政务处内设骁骑校八员，管理军事。

（2）典仪处　有三品排坛达一员、四品排坛达一员、五品排坛达一员，三品典仪员一员、四品典仪员一员、五品典仪员一员，管理一切典礼用品。以下又设三十六巴各（即区或部落长之意），并有协理一人或三人不等，管理各索木（即区、部落）一切事宜。

（3）理事官厅　设总管达拉古十人或十一人不等，管理各族间一切诉讼等事务。此外有书记等职员。

四　物产概况

（1）农产物　有麦、青科〔稞〕、豆、麻、粟、荞麦等。

(2) 矿产物　有金、银、煤、炭、石棉、食盐等。著名盐池有四，产量最丰富者有二，每年能运出食盐五万驮，产量较少者有二，每年能运出食盐五千驮有奇。

(3) 植物　有沉香、红白阿噶肉（即丁香）、甘草、枸杞、苁蓉等各种药草，及各种木料。

(4) 动物　有豹、狐、狼、鹿、马、骆驼、牛、羊及其他耐寒等动物。

(5) 商业　该旗所产驼毛、羊毛、肉、黑油以及各种皮货、毛毡、盐等，年由商人运销内省各地，内地各种货物，亦有畅销于此地者，大小商店约有二百余家。

五　职业及教育

此地各族人民，多以畜牧为业，农业次之，小手工业又次之。前清光绪二十九年，有苏锡文者，在该处鲁伯庙设一私塾，有学生四十余人。又有李永强者，在该处龙王庙设一私塾，有学生二十余人。现达亲王拟于不久期内，在该地设立一蒙汉学校。

六　各寺院情形

在阿拉善共有八个大寺院、三十六个小寺院，总共有喇嘛五千余人。今将已调查之寺院情形列下：

(1) 延福寺　清乾隆三十三年八月十六日，阿拉善王在城内建修一寺，名曰延福寺。后第六世班禅典叶锡（此处为藏文一整理者）晋京，经过此地，住锡于寺内。将寺务加以整理，并制定规则，更选一名前曲登伯坚赞之佛，主持寺务。此佛故后，由阿旺曲家继而主持，现年七十四岁。该寺内有喇嘛二百八十余人。

（2）光宗寺　乾隆十八年，有活佛名楚王鲁君阿旺夺吉者，在八也好地方，因见该地风景秀丽，乃建一寺，名光宗寺。此佛逝后，转生三四世，皆于年轻时圆寂。现在住持名散节坚错，年六十五岁，自彼主持后，寺务日有起色。在此寺内，现另有一名加善经美坚错，系楚王鲁君阿旺夺吉佛转生。但其势力远不如散节坚错之大，一般人也不十分信仰他，故彼现移住于五台山而未返寺。寺内有喇嘛六百余人，现在人皆称此寺为南寺。附属之小寺，有蒙泽林、图丹太吉林、哲系前伯林、布丹爱尔林等。

（3）福延寺　在一百二十四年前，阿拉善王有一子，皈依班禅班典业锡作喇嘛，取名仲吉格兰，由班禅给以大堪布名义，在阿拉善王府之北巴以呼息地方，修建一寺，名福延寺。由仲吉转生之呼图克图吉仲加木样，对寺的供献很多，清帝给以呼图克图名号。死后转生为罗桑图丹路热坚错，其名在二十四年为班禅所赐与。该寺现有喇嘛五百余人，一般人通称为北寺。

（4）寺院经费来源　寺内各大喇嘛及外来之各王公，与本地之有钱阶级，皆有供给寺内经费之责任。寺院将所得之钱，储蓄起来，或放债生息，以所得利润，为每年寺内之用度。且有各处所送骆驼，用以作为运输货物之用，其所得之钱，为每年过会之资，以及其他临时费用。

《西陲宣化使公署月刊》
南京西陲宣化使公署
1935年1卷3期
（朱宪　整理）

内蒙古之面面观

邱怀瑾　撰

一　最近之内蒙古

内蒙古在热河、察哈尔、绥远之各特区行政之下，由前清以至民国，皆为蒙古人之特别地带，依旧用蒙古王公所主宰之盟旗行政区划。其范围原有六盟六十一旗，除哲里木、卓索图、昭乌达三盟，已为暴日侵占外，现属察哈尔管辖者，计有锡林果勒盟十旗，即乌珠穆沁右翼旗及左翼旗，浩旗特右翼旗及左翼旗，苏尼特右翼旗及左翼旗，阿巴噶右翼旗及左翼旗，阿巴哈那尔右翼旗及左翼旗，并附霍硕特。属绥远管辖者，计有二盟：乌兰察布盟下分六旗，四子部落旗，茂明安旗，乌喇特中旗及前翼旗、后翼旗，喀尔喀右翼旗；伊克昭盟下分七旗：鄂尔多斯左翼中旗，鄂尔多斯鄂多克右翼中旗，鄂尔多斯准噶尔左翼前旗，鄂尔多斯连〔达〕拉特左翼后旗，鄂尔多斯五盛右翼前旗，鄂尔多斯左翼后旗，鄂尔多斯右翼前末旗，附归化城土默特。考民国〈以〉来，我政府对于蒙古王公及僧侣之待遇均极优厚，兹观其待遇条件可见一班〔斑〕。

蒙古待遇条件

第一条，尔后各蒙古均不视以藩属，与内地一律待遇，中央对蒙古行政机关，不使用理藩、殖民、拓殖等字句。

第二条，各蒙古王公，所有从来管辖统治权如旧。

第三条，内外蒙古汗、王公、台吉，世爵各称号，承袭如旧，于本旗享有之特权，亦如旧。

四、五等条略。

第六条，各蒙古对外交涉及边防事务，归中央政府办理之，中央政府，认为有关地方之重要事件，该地方行政机关得参议施行之。

第七条，蒙古王公世爵俸饷，照旧优待支给。

第八条，在察哈尔上部牧群、牛羊群地方，除开拓地如旧，得供蒙古王公筹画生计之用。

第九条，通汉文之蒙古人，并认为有法定资格者，得任用为京内外文武各职。

如上项规定管理之范围，虽与前清无别，至规定蒙古人之资格及权利，则较前清相差甚巨，诚本五族一家之旨，固不能不如是也。在苏俄主动外蒙军侵入内蒙，发生呼伦贝尔与内蒙之扰乱，及民元东蒙独立运动，蒙古皆因军事上设备薄弱，王公不得阻止此等革命运动。其后民国五年，政府许设蒙古地方各旗蒙古兵，并许各旗五百名巡察队，此即现在内蒙之蒙古兵制。其负担为各地王公，指导干部将校为国人。因新锐外蒙赤军之驻防，被扰于外蒙军者屡矣。如内蒙达里岗崖牧地之大半被其侵略，苏尼特部及土谢图部时时发生冲突。

内蒙西部为戈壁、沙汉〔漠〕之荒芜地，国人极少移民，但东蒙古之大半已有开拓。此等地，蒙古人少与混居。近年东蒙古每年移民约二十万，迄现在止已约数八百万。十九年，东蒙热河省内二县（鲁北县、林东县）并设为天山县。

年前外蒙古赤军曾袭击苏尼特左旗之王府，且外蒙国民会议数度诱惑王公，而外蒙政府寄书内蒙王公盟长，极尽挑拨离间之能事，其大要如次。

一、中国政府不顾地方官吏之苛虐，与蒙古生业之萎缩。

二、近十余年间，许多扰乱，蒙古人未受何等保护。

三、中国政府，提倡五族共和，只知利己，不顾其他。

四、以对外关系观之，中国之位置是如何之失政。

五、外蒙对俄关系极占优位，帝俄政府当时之不平等条约，已不存在。

六、恰克图中、俄、蒙三国协约，于中国政府之态度，毫无介意之理由。

七、今次蒙古民族，全体会议，完全在享受蒙古民族自治之目的。

总之，在既成之事态中，蒙古青年比老年之感想锐速，故内蒙各旗内之青年，亦不免受其波动，而其所取之形态大致如次：

一、急进的，希望内蒙民族自决，及旧特权阶级之撤废。

二、渐进的，对于中央政府要求增加出席国民会议之议员及改正本地之选技主义①。

民国十七年，废止从来之特别区域，改行省制度，成为新的蒙古行政组织。二十年国民会议，遂有蒙古代表之参加，其应负义务与应享权利，与内地国民固毫无等差也。

乃二十二年十月二十日，德王领衔发出通电，要求内蒙高度自治，当时曾引起政府及舆论界极端之注意，原电略云：

（前略）十年以来，外蒙剥夺于苏俄，哲盟、呼伦贝尔沦亡于日本，近日昭、察等盟，亦相继覆没，西蒙牵动，华北震

① 原文如此。——整理者注

撼，千钧一发，举国忧心。吾蒙积弱民族，坐受宰割，亦固其所。中央虽负扶植救济之责，顾内乱频仍，事势分异，当局尚不暇自救，吾蒙抑何忍以协助责望之中央。（中略）凡我同胞，设身处地，试为蒙民三思，舍自决自治，复有何法。伏念我孙总理艰难定国，以人民自治为基础，以扶植弱小为职志，煌煌遗训，万世法守。中央军事鞅掌，既不遑忧远，吾蒙敢不投袂而起，遵奉总理遗训，自任自决，以自策励。盟长札萨克等，谨查民国二十年国民会议议决等，已有特许外蒙自治之先例，乃于今年七月二十六日，在乌盟百灵庙，招集内蒙全体长官会议，佥曰采用高度自治，建设内蒙自治政府，急谋团结促进，以补中央所不及。凡事自决自治，庶几危急可挽，国疆可守（余略）云云。

又自治会议通电云：

（前略）乃政府始而开荒屯垦，继而设县置省，每念执政之所谓富强之术，直如吾蒙古致命之伤。（中略）尚希望中央政府善自思量，以建设新蒙古矣。无如苏俄之播种于外蒙者十年，日本兹又为贯彻其传统侵略之大陆政策，度必以统一满蒙为其先决，是利［是］害之分，祸福已迫于眉睫。（中略）十余年来，外蒙尚无收复之策，东蒙既失，亦无退敌之方，此不能不置虑也。强邻压境，在中央政府放任之下，哲里木、昭乌达、卓索图及呼伦贝〈尔〉诸盟部，转瞬非我所有矣。西部各盟旗，势蹙力弱，将更何以御强敌耶。（中略）爰于本年上月间，特集西蒙各盟旗盟长、札萨克、王公等于乌盟百灵庙会商之下，一致决议，施行高度自治权责，为实行救亡要图（余略）云云。

观以上二电，可以知蒙古大半之原因，而究其实际，则尚有内幕存也。盖中央与蒙古地方隔阂，日人从而挑拨离间，又益以蒙古王公年俸之减少，德王得利用机会，借自治为名，博王公之欢心。至青年方面，纷纷失业，故当时德王稍加罗致，即得其死力，乐为之用。而最堪注意者，为当时自治政府之方略，兹志如下，以见其用心矣。

1. 主张与日本亲善，以谋械弹之进口，但在外交形式上不订立任何条约。2. 实行政教分离，允可人民信仰自由，不许班禅参加自治，并积极反对章嘉入蒙。3. 允许青年组党，并以德王为领袖，积极健全平民革命党之组织。4. 占据百灵庙一切税收，该地为口外甘、青、宁、新、察、绥、冀、热八省骆驼交通孔道，每月可收入八百万元。5. 实行货币使用，原有金银不能流通，致失其交换价值，自治政府积极提倡货币，使其发生交换价值。6. 实行全蒙皆兵主义，加紧军事训练，强制喇嘛结婚，实施生聚政策。7. 积极扩展军事学校，训练蒙军，购置机械制造枪弹。8. 于必要时行使现有力量，征服不服从自治政府之部落，以巩其基础。

以上各项方略，吾人实未有不应予以赞同之理，何况西蒙为我国防最前线，北受苏俄之压迫，东有日本之窥伺，在此种情形之下，应如何防患未然，使日人之计无形消弭，是则所望于蒙政会之当局者也。本年三月，蒙政会又将开第二次大会矣。吾人不希望徒托空言、不切实际之议案多而不能行，甚望于蒙古民众有切身利害之事，努力迈进，例如蒙民最所痛心之土匪，须如何清剿使之安定。其次，最失蒙民人心者，莫过于重重之关税，应如何使之减轻，并应如何指导其生计，使知垦地布税诸法，并应如何复兴赛马会，以恢复其牧畜社会之旧业。总之，吾人是希望今后之蒙政会，在中央指导之下，取积极态度，为蒙民谋福利，为国家纾边患，斯则计之上者矣。

二　内蒙行政机关

以言行政区划之沿革，内蒙东部在唐时为靺鞨、契丹、奚之一部，属唐之饶乐府、荣州府，辽时，为上京、西京、中京之地，金时为上京路、北京路、抚州、秦州之北境，元时为辽王、鲁王之分地，属开元路、上都路、上京路之管辖。明时为科尔沁、兀良哈族及固有蒙古族游牧之土地。

前清满洲族与蒙古族同系，言语风俗亦相似。蒙古族因内乱曾求满清之援助，而与清协调之蒙古族，仿满洲八旗编成同样的军制，而协力侵入于明之北边。因如此关系，满清乃以蒙古之土地、人民委之蒙旗长官札萨克之自主，使管理蒙古衙门，后即为理藩院，统辖西域及西藏。渐次蒙古部落内附，增加旗数，遂成今日之内蒙，东四盟三十八旗，西二盟十四旗，成一种行政上之区划也。

东四盟

一、哲里木盟（十旗，在东三省）

科尔沁右翼前旗（札萨克图王旗）、中旗（图什业图王旗）、后旗（苏鄂公旗）

科尔沁左翼前旗（宾图旗）、中旗（达尔罕旗）、后旗（博王旗）（以上在辽宁）

札赉特旗（在黑龙江）

杜尔伯特旗（在黑龙江）

郭尔罗斯前旗、后旗（前在吉林，后在黑龙江）

二、卓索图盟（五旗，附牧一旗，在热河）

喀喇沁左旗、中旗、右旗（在河北喜峰口东北，为内蒙各盟最大者）

土默特左旗、右旗（在河北喜峰口东北）
附牧喀尔喀旗（唐克图喀喇旗）
三、昭乌达盟（十二旗）
敖汉左旗、右旗（在河北喜峰口东北六百里）
奈爱〔曼〕旗（在河北喜峰口东北七百里）
巴林左旗（在河北古北口北）
翁牛特左旗、右旗（在河北古北口东北）
札鲁特左旗（在河北喜峰口北）
克什克腾旗（在河北古北口东北）
阿鲁科尔沁旗（在古北口）
喀尔喀左翼旗（在喜峰口东北）
四、锡林郭勒盟（十旗）
乌珠穆沁左旗、右旗（在古北口东北）
浩齐特左旗、右旗（在河北独石口）
苏尼特左旗、右旗（在张家口北）
阿巴哈纳尔左旗、右旗（在张家口东北）
阿巴噶左旗、右旗（在张家口东北）
西二盟
一、乌兰察布盟（六旗）
四子王旗（在张家口西北）
茂盟〔明〕安旗（在张家口西北）
喀尔喀右翼旗（在张家口西北）
乌喇特前旗、中旗、后旗（在绥远城西）
二、伊克昭盟（八旗）
鄂尔多斯右翼前旗、中旗、后旗　位于陕西、甘肃长城之北、东、西，环以黄河，所谓河套是也。

鄂尔多斯左翼前旗、中旗、后旗、后末旗

达尔哈特旗

(别有察哈尔八旗、归化城之土默特二旗)

后来西二盟属绥远特别区域，锡林果勒盟则为前清直辖牧场，与察哈尔八旗之蒙古人共成察哈尔特别区域，昭乌达、卓索图二盟属热河特别区域，锡林果勒盟之东三盟，属东三省。

蒙古行政区旗之数个成盟，司盟之官为盟长，实际则为有力者兼任。一旗之长官名札萨克，各旗札萨克下，辅佐有文武二官之协理。其下管旗章京，文武兼官一人。再其下梅伦辅务协理五六人。梅伦之下有札兰（参领）之文武官四五名，外有任书记事务之笔帖式。旗之最小单位为牛禄，长官名佐领，一般人民选任之，骁骑校、领催、什长、屯达则更在其下，屯达为一村之管事人。

大概旗之组织为军事编制，乃人的结合体。在前清之制度，旗内之男子，年十八岁以上、六十五岁以下者，为兵丁，百五十之兵丁为一牛禄，置佐领一人，由数十个而成一旗。

蒙古王公大抵出之元太祖成吉思汗之子孙。内蒙科尔沁、札赉特、杜尔伯特、郭尔罗斯、阿鲁科尔沁、四子部落、茂明安、乌喇特之八部，与天山北路之和硕特、青海阿拉善之和硕特，皆太祖仲弟哈布图哈萨尔之后裔。阿巴噶、阿巴哈纳尔之二部则太祖之季弟布格博勒格图之裔。翁中〔牛〕特一部，亦太祖之弟谔楚因之末叶也。太祖十五世之孙达延车臣汗之子孙尤为繁盛，外蒙四汗部及内蒙喀尔喀左右翼，及浩齐特、唐尼特、乌珠穆沁、敖汉、奈曼、鄂尔多斯、札鲁特、巴林、克什克腾之十一部，一部入青海成喀尔喀一旗。又太祖十七世之孙阿尔坦汗居归化城，为今之归化城土默特。其支流东移成土默特右翼，皆博尔济吉特氏。其土默特左翼为异族，由喀喇沁与太祖之臣济拉马之所出，为乌梁罕氏。

如以上之家系，蒙古王公现在之实爵，亲王、郡王、贝勒、贝子、公（辅国公、镇国公）之六等，王公之子曾授以台吉，分四级，依级使任旗役。

亲王、郡王之妻称福晋，贝勒、贝子之妻称夫人，旗长以下世袭。札萨克实际由亲王、郡王、贝勒等任之，例之现在锡林果勒盟。

盟长　兼乌珠穆沁右旗札萨克　和硕车臣亲王　索拉木拉布坦

副盟长　兼苏尼特右旗札萨克　和硕杜陵亲王　德穆楚克栋鲁〈普〉

苏尼特左旗札萨克　和硕亲王　林沁旺都特

阿巴噶左旗札萨克　和硕亲王　布德巴拉

浩齐特左旗札萨克　多罗额尔德尔郡王　杜津旺楚克

浩齐特右旗札萨克　多罗郡王　桑都克多尔济

阿巴噶右旗札萨克　多罗卓克图郡王　雄诺敦都布

乌珠穆沁左旗札萨克　多罗额宾德尼郡王　多尔济

阿巴哈纳尔右旗札萨克　多罗贝勒　巴拉贡苏龙

阿巴哈纳尔左旗札萨克　多罗贝勒　索特讷木诺布

民国〈以〉来仍袭前清之制度，理藩院改名蒙藏院，蒙藏专门学校事务，及喇嘛教之管理，同样继承掌管之。

现今蒙藏之管理，属于行政院直接之蒙藏委员会，民国十九年六月，改变蒙古行政组织，大要如下。

一、管理权如旧。

二、旗内居住之蒙古人为盟旗之属民，其权利义务一律平等。

三、蒙古各盟旗直隶于中央（但关涉省务事件发生之时，由该省政府会商处理之）。

四、蒙古地方之军事、外交、国家行政，均由中央统一之。

五、蒙古地方事件，关系省县时，盟旗与省县会商处理之，盟长处理盟政，统盟旗所属职员及机关。

六、蒙古兵备及札萨克一如从前。

行政事务为合议制，盟长公署内设总务、政务二处，盟长得用随行秘书一二名，副盟长辅佐之。各盟设盟民代表会议，大旗选出代表三人，小旗一人，互选常任代表五人至九人，任期一年，盟民代表会议之职权如次。

一、盟务立法。

二、盟务计划。

三、召集盟务会议。

四、盟务监察。

五、关于其他特别规定事件。

各旗札萨克，由协理章京辅佐旗务之总理，及监督所属职员与各机关，重要机务附〔付〕之会议，会议以旗务员及札萨克组织之。旗设总务、政务二科，以科长一名总辖之。旗务由旗务员选出常任代表五人至九人，任期一年，旗务会议，参与旗务立法、旗务计划、旗务会议、旗务监督等事，其旗务员由旗民选出之。

十七年，察哈尔特别区域，经中央政治会议决议，改为察哈尔省，锡林果勒盟及察哈尔部东四盟，编入其中，以万全县为省城。

同年热河区域昭乌达盟八部，卓索图盟二部，市县十六，编入热河省，以承德为首都。

民国二十年五月五日之国民会议，蒙古选出代表十二名。五月十三日第七次会议有如左之决议案：

一、关于蒙古之教育案。

二、特许外蒙自治通告内外案。

三、维持蒙古盟旗案。

二十一年满逆僭号后，东三省及热河被日伪强占，东三盟

（除锡林果勒盟）及呼伦贝尔地，成为伪满之一部。

三 内蒙文化机关

内蒙蒙古人之受教育者，多系王公子弟及官吏，但大概受家庭式教育，在中流以下，不受何等之教育，因时势之推移，亦有计划设置家塾或学校。家塾科目以蒙文为主，次如蒙藏关系法规、圣谕广训、古代英雄传、赋歌之类。又或聘汉人为教师，读内地小〈学〉教科书、《千文字》、《小学》、四书五经之类。

东方内蒙古接触内地，曾设崇正学堂，有中学、小学、师范三科，更设毓正学堂，教育女子，守正武学堂，施以军事教育，现仅存崇正学堂一处。其它博王旗有东蒙古官学堂，宾图旗有蒙汉学堂，其成绩皆平常。因是蒙古人之教育，依然在家塾或往内地留学。

前清理藩院时代，办有蒙藏专门学校。在民国二年，该校章程第一条规定："本校以开发蒙、藏、青海人民之学识，增进文化为宗旨。"本科教授汉文、藏文、中国史地志、算术、博物、生理、卫生、物理、化学、图画、唱歌、体操、手工各课，本科卒业生，教以补习科、法学通论、汉文、各国地理、历史、外交史、经济学、交通政策、殖民政策、簿记，废以来之所谓蒙学托忒学（唐古特学）、占星学，代以新式教育。该校不征收学费，仅取宿费，其学校经营费用全由中央支领。

现南京中央政治学校，在晓庄附设蒙藏学校，蒙藏委员会则办有蒙藏政治训练班，参谋本部则成立边务讲习所等。

其他新闻杂志，关于蒙事者不少，如《蒙文周报》（中央党部办）、《蒙古旬刊》（蒙古各盟旗驻京办事处发行）、《新蒙古》（北平蒙古学生会之会员杂志），发表蒙古人意志之机关。

蒙古文化，大半因缺蒙文活字之印刷器，教育资料困难，故进化甚迟。北平蒙文书社与班禅额尔德尼喇嘛教之经文印刷所，共同出版经书。该社各种经典之外，有《蒙古源流》、《成吉思汗传》、《金史记〔纪〕事本末》、《辽史纪事本末》，或《西汉演义》、《聊斋志异》，辞书之《蒙汉合璧五方元音》、《蒙汉字典》、《蒙文分类辞典》，教科书之《汉蒙合璧教科书》、《蒙汉合璧四书》，又或蒙古人教师施云卿之《蒙古语会话篇》，及其他出版物发行。

四　内蒙古之商业

内蒙未开拓地之买卖，多以蒙古产羊毛、牛皮、兽皮、牛骨、自然曹达、岩盐为主要者。

商业起点在西方张家口及东方通辽，由此等地至多伦、经棚，或林西、林东、开鲁、赤峰设卖店及组行商队，或以喇嘛庙为中心，向各支店供给商品，其他由古北口出东蒙古，经洮南入西方商人之经路。

贾人多在寺庙之附近，造定住的蒙古家宅。运输机关则有马车、汽车，并备有堆栈。

吾人一入蒙古商家之门口，壁横立桌置二三脚之椅子。商人大都通蒙古语，非常谦恭，在天井陈列蒙古帽子或布类。右方壁棚零碎品，头饰、火链容器、嗅烟草袋、蒙古刀、木碗、蒙古长靴皆有之。左方日用器具类，玻璃、洋碗、蜡烛、皿类、西洋茶碗、洗面器、马穴①、牙刷、牙粉、石碱等。正面果子、砂糖、洋烟、

① 原文如此。——整理者注

仁丹，其他药品、茶、火柴、布片、帛纸类。此间堆栈得交换羊毛、羊皮、兽皮，并收入而保存之。店员起居店床，大概一店铺居二三商人。商店决不开于寺院之西方，大多三四家聚落，互相连络，彼等深恐输送中之货物，被夺于土匪也。

店铺及行商队之蒙古商馆，如张家口及通辽或北平、天津均有本店，多拥巨资，通常以家畜担保通融多额之现金，在蒙古以家畜担保做现金买卖，确极有利。

蒙古王公，在前清时代每年参觐兼游京洛，近年犹有其余风。蒙古王公有御用的国内商人，特为备各种商品，得融通其资金。彼等对之〔王〕公所买商品之价格，惟答之以廉价，其后手上无钱，提出账项，彼等则以家畜偿却负债，如收买王公用人，更可获得良质之家畜。

以家畜担保之场合，其家畜比市价约贱三分之一，且得计算元金之利子，金元不回收而贷付之利益为家畜时，且得无限膨胀。例之蒙古人以毛担保买砖茶，砖茶一枚零两八分，翌春一岁之羊二头约二两，设使翌春无法交付，其翌春不可不交二岁之白羊二头，约三两，如斯三年四两，四年之春六两，即可得百分之二十六之利益。

吾人若在夏季之夜，步行于蒙古内地，远闻铁铃鸣声之牛车五十台或百台，彼等即家畜或牛皮、牛骨、盐、曹达、羊毛等之买出之运输队也。蒙古自然产之盐与曹达，皆在湖中干燥，使之固结。岩盐供蒙古之食用，内地谓之青盐。蒙古盐与曹达之产地俱多，为输出且年达非常之巨额。

对蒙古商品由日本输入者，食料、茶、砂糖、酒精、饮料、精制皮革、农具、丝织物、粗洋布、塔连布、磷寸、纸、药品、杂货等。

由内地输入者，食料、燃料（即煤炭、木炭）、薪、谷物、茶、砂糖、干物、酒类、野菜、植物油、粮秣、建材（即石灰、木材）、精制皮革、石油、挥发油、丝织物、麻袋、铁器、杂货、烟草、佛具、木制品等。

五　内蒙贸易要地张家口

张家口对西方之归化城，俗称东口，内蒙贸易之要地也。由北平之北西部，经平绥铁道趋河北之平野，过南口侧，通万里长城之内廓，一时现平坦尽边之处，即在于是。由北平乘火车约八小时，在阴山山脉之一角。上堡在北方北南部，沿清水河绕山麓，划万里城，从大境门外通口外，有山西茶庄之聚落。大境门外称外馆，蒙古以物易物之市场。在元宝山之谷中，蒙古王公之庄馆，及蒙古留学生公塾，大抵在上堡之北方。下堡最殷盛，有银行、布商、布庄、皮货，其他〈有〉外国商、电影院、餐馆。停车场旁有邮政局，其边呼怡安大街，停车场之反面有各国领事馆。人口约六万。万全县为察哈尔之省城。夏期与蒙古同样凉爽，最高温九十三度，最低达零下二十度。出张家口，越阴山，接内蒙坦坦之平原，内地农民移居，由此地距北约五十里，与察哈尔八旗之人混住，随时集中地方之农产物。

由张家口有通多伦、库伦、归化城之大道，行库伦之汽车，约三日可以横断外蒙，一周二回，行多伦之公共汽车亦有之，以苏尼特右旗王爷之后援之蒙古转运公司，蒙古内地之通信，可依次送达。蒙古内地之汽车路，因有阴山山脉与察哈尔之沙漠地带，大概经库伦街道由西北出万全县，从滂江通东路，向多伦出库伦街道，分入张北县。

张家口之商会，关于蒙古贸易种种运输事务，可以代办托照及纳税等事。

外蒙实行国营合作制度以来，到外蒙之茶、烟草、棉布、磷寸、砂糖、杂货，几乎减半，原为三千万两之贸易额，现少至一千五六百万两，尤其因年来土匪横行，兵队征发，更觉非常衰微。现在贸易以内蒙察哈尔及热河大半及西二盟为主，近年亦课重税，英国曹达之输入，蒙古自然曹达之价格，乃受压迫，数年间当地商人曾受三千〈万〉两之损失。

贸易物中，蒙古开拓地方，因有农产物之输入，亦值得注意者。兹将由张家口至蒙古及由蒙古至张家口之商品分述如后。

由张家口至蒙古之商品

一、食料品：茶、砂糖、麦粉、各种谷类。

二、织物：粗洋布、塔连布、绸缎、土布。

三、日用品：杂货、国纸、日用器具、药材、洋火、系类①。

四、其他：纸烟、植物油、木材。

由蒙古至张家口之商品

一、畜产：牧羊②、马、牛、羊毛、山羊、绒、驼毛、狐毛、山羊皮、褥、毛皮、裘。

二、农产物：麻、菜种、麦粉、谷类。

三、其他：甘草、曹达、蒙古茸、盐。

普通贸易之运输，用牛车或骆驼。

蒙古之工商业正在发达，其特殊商店及工厂在户口之一万五千中，大约如次：

---

① 原文如此。——整理者注

② 原文如此。——整理者注

蒙古杂货店	二〇余	鞍匠	二〇余
小杂货店	四〇〇余	织毛局	一三
毡子铺	六	钱庄	一〇余
制酒店	一〇	银行	二
茶庄	二〇余	运货铺	三〇余
皮衣铺	一三〇余	面铺	三〇〇余
药铺	六〇余	曹达制造	八
蒙古靴商	一〇	旅馆	一五〇余

六　内蒙经济要地林西

林西在巴林部河以前，逊清宣统元年始设县衙，在兴安岭四围之中，西方尚残存古战场之遗迹，城外侧筑土城，设东西南北四门，约有三百余家之商店，有杂货商、日用品及食料品、皮革店等，人口约七千，蒙古商之根据地也。

运输路线，则经由赤峰或开鲁，不致受张家口方面之影响，运输工具用马车、牛车、骆驼。到赤峰，马车最近，赁银每百斤三元——五元，经开鲁到通辽，每百斤五元——八元。当地杂货以天津及日本者为主要。

小麦类，由此地输出经棚方面。当方面出产之阿片，热河重要之财源也，集中于此处之蒙古物产，如牛、马、羊之皮革、兽皮、羊毛、曹达、甘草、乳制品等，向天津、奉天输出。

羊毛、兽皮之买卖，有美国人经营之天津瓦剌洋行之支店。

北十八里大营子有比利时天主教堂，使用多数国人，从事开拓牧畜并布教，英人福音堂亦时时由赤峰遣出，从事传教。

住民之中回教徒亦多，蒙民住居郊外者少，山际多尝见之。兹将住民之职业志之如下：

大小杂货铺	一四〇	靴铺	一二
谷物商	一三	大皮革店	三
金属细工业	七	皮袄铺	七
兽医	三	烧酒酿造	二
马具店	四	木匠	二〇
裱铺	一〇	裁缝	一三
铜工	三	小大字栈	七
阿片小卖	七	猪羊肉铺	一二
石版印刷业	三	国医	三
绳店	一〇	钱号	三
旧衣庄	八	大小药铺	七
野菜纸烟小卖	一三	大小餐馆	一〇

其他运输业之车厂，或蒙古物产买卖之商店尚多。

七 察哈尔部

张家口外，旧察哈尔特别区域，其不由札萨克管理而自主之旗有八，如二分之，则为东正蓝、镶白、正白、镶黄之四旗。西正黄、正红、镶红、镶蓝之四旗，为各总管管理。其间直辖各牧场，即大〔太〕仆寺、内务府及八旗之官牧，今察哈尔各省立模范牧场，有各牛羊群，八旗之东正蓝旗，接克什克腾旗，西镶蓝旗在归化城南山西、河北边外，北接苏尼特旗之土地。如斯称察哈尔之总管甚多，例之牧场为牛羊群总管，旗之长官总管，蒙古马巡官，蒙古游击队总官，与札萨克同样待遇，如前〔乾〕清门之侍卫。

冬期达零下三十度，夏季不十分酷热，在牧草茂生之地，前清设围场或牧场甚多，内地移民在各牧场与蒙古人杂混。

行政，与其他各蒙古有几分之不同，无札萨克各总管管理之，属各地地方官衙之统治。察哈尔与浩齐特、乌珠穆沁、鄂尔多斯、苏尼特、奈最〔曼〕、敖汉同族，大概方言亦同。只察哈尔部蒙古人化于汉俗，操国语，蒙古兵与国内兵同样之服饰。

十六年，察哈尔部归入察哈尔省，以前口北道十府地方外之兴和、凉城、丰镇、陶林四县入于绥远省，故察哈尔部西四旗之地归入于绥远。

八　归化城土默特

归化城，为到外蒙、雅苏台、科布多、伊犁、新疆之要冲，乘汽车由张家口经当地西通包头镇，现在绥远省城之所在地也。元来此地为前蒙古活佛哲布宗丹巴呼图克图驻锡之灵地，其后移住库伦，喇嘛庙仍多，计一旗七八十处。

太祖十七世孙阿勒丹汗势强，与明和，结归化城，被赠顺义王，子孙承袭。阿勒丹汗之子僧格在蒙古称澈辰汗，其裔博硕克图败于清，其子俄木布遂降于清。归化城土默特族原在贝加尔湖畔之东，元初被征服，称〔移〕此地方。自属于清，被利用之于屯田或征战。

阿勒坦济农时，得青海接土默特喇嘛教而厚尊之，迎达赖第三［法］世，索诺札木磋为内蒙黄教徒，又尝与明交通马市。近来归化城与内地互市不绝，从而喇嘛教隆盛，商业亦繁兴，最近编入绥远省之归化城（归绥）为省城，大半已开拓。

九　满逆占有之内蒙

满逆占有之内蒙即所谓东蒙，别乎呼伦贝尔地方，东蒙指称内蒙之东四盟，与旧热河都统管理之内蒙无异。

满逆蒙古各部之隶属关系如次。

一、辽宁省所属　哲里木盟之科理（尔）沁部六旗。

二、吉林省所属　哲里木盟之郭尔罗斯前旗。

三、热河省所属　卓索图盟（三部六旗）。

昭乌达盟（八部十二旗）。

四、黑龙江省所属　哲里木盟之札麦〔赉〕特旗、杜尔伯特旗、郭尔罗斯后旗。

以上诸地，从来施行特殊行政。民国二十一年二月十八日，满逆占有以后，以上诸地，改设兴安省，郭尔罗斯后旗辅国公齐莫特散坡勒之哲里木盟长，任兴安局总长。

内地移民在东蒙约八百万，每年约二十万，现在大约开拓地有九十万亩，未开垦地一千万亩，多伦至赤峰，开鲁至郑家屯以南，全化汉俗，其经济的价值达国内本土以上。

农产物东蒙古主要者，有炒米（黍之一种）、粟、高粱、麦、荞麦、豆、大麻、瓜子、白菜等，达非常之量。卓索图盟各部多金银矿、烧酒酿造、毛毡及皮革之制造、榨油等之工业为主。以上之货物，一部销蒙古，其他殆输出。

兹再将日人所谓满铁之包围线，关联于打通线、四洮线、东蒙古未成铁道计划，志之如次：

洮热铁道　七五七粁　洮南——开鲁——赤峰——热河间

京热铁道　二二五粁　北平——热河间

巴连铁道　二四二粁　连山——巴林间

洮索铁道　二一九粁　洮南——索伦间

铁法铁道　四八粁　铁岭——法库门间

一、北京——热河——新民屯线（古北口东北、热河、平泉、建易〔昌〕、朝阳、列龙台、义州、阜新、小库伦、开鲁、新民屯）。

二、热河——赤峰线（热河、围场厅、赤峰、乌丹城、林西、经棚）。

三、新民——洮南——齐齐哈尔线（新民屯、郑家屯、法库门、洮南、通辽、齐齐哈尔）。

吾人看上述之满铁包围线东蒙未成铁道计划，即可知日人之处心积虑为何如也。噫！

《边事研究》（月刊）
南京边事研究会
1935年1卷6期
（王芳　整理）

蒙古杂写

佐　仁　撰

一　成吉思汗命名之传说

成吉思汗，不特为元代一世之英雄，其武力征讨，实开中华史之光荣灿烂纪录。然其所以名成吉思汗者，确有一奇异传说，据云当其生时，家门之南，石上飞来一鸟，栖止长鸣不已，而其声与成吉思音相若，家人以为异，意此儿面目清秀，英姿独具，断将来必非平凡之人，于是乃以成吉思名之。

二　成吉思汗复仇之故事

蒙古种族不一，以游牧生活关系，各民族间时兴争端，昔时如斯，今亦犹是。波拉儿特与鞑靼，为素有世仇之两族，据传成吉思之父也速该，为鞑靼邀宴，置毒于酒，饮之毒发死，其后即由其母执掌政权，当时成吉思年事尚幼也。但成吉思以父为仇杀，报复之心极切，恒以母氏所阻，志未得遂。至十三岁，乘隙佩刀跃马，率随从数人，托词外出游猎，以谎其母，实则乃报父仇。至鞑靼族境，遇一猎者，年亦相等，询以鞑靼族所在地，其人非特傲慢不答，反询成意将何为。成吉思以报父仇，欲杀鞑靼族为答，而其人即自承为鞑靼族人，愿与成比武，一决胜负。当时情势，论武固不相上下，设万一成吉思败而猎者胜，则目的不达，且贻大羞，心中实不无惴惴自危。于是乃急中生计，巧设诡谋，使对方骤不及防以取胜。缘成身躯高大，过于猎者，在相互较长论短之际，仓猝间紧抱猎者，压之下，其人出于不意，双膝下跪。成乃以胜自诩，并道己之真实姓名世系，猎者闻之，即认负而自愿助成，告以鞑靼族之所在地，及该族中之内乱分裂事。引导至一方自鞑靼族分裂迁出之一支系，入其家，适主人出，乃杀其家人四而去。行至半途，适遇被害家之主人返，以其年老未杀放之去，并云如不服者，可来报复。其胆量若是，则又何怪其后武力之遍及欧亚耶？

三　蒙古王公

蒙古王公制度，固为封建产物，当元代隆盛时期，分封其系属于各地为王，授以统治之权，王位世袭，更以历代鉴于宗教势力之大，特别予以优待，施行怀柔政策，因是王公权势更形扩张。同时各王公间都有武力，以为卫护，偶遇发生意见，则相互火并，争斗不已，故蒙古内战，可云极平常之事件。

此等王公，在清均受理藩部管辖，民国改为蒙藏院，今则隶属于蒙藏委员会。月前蒙政会委员长云王，免乌盟西公旗石王之职。石王在包头提出抗议，表示拒绝，谓其王位为世袭，非政委会云王所有权免职，应请示于中央及蒙藏委员会，其间几肇事端，后经中央令傅作义、蒙藏委员会派鄂奇光从中解调，想可不致发生重大事故。

四　蒙古驿站

在昔交通工具未臻发达时，各地通讯、运输，及传达官厅文书，均以驿站递送，借人、畜之力为之。今内地已不多见，而蒙古之地僻之处，犹依然存在。于相隔四十里之距离间，设驿站，每站均备有善走之马若干匹，此外并设供应之所，及旅客寄寓之处，凡彼站送达者，至此站时，即下马由站员招待，进餐休息，行时重于厩中预畜之马，择一骑之而去。如是且行且歇，中途并有交换接替者，一日计之，亦可行三四百里之遥。惟骑者须谙御术，且能耐长途之蹰躇，而于腰际须紧扎，否则颠损腹部，甚且有生命之危险。

近蒙政会计划，拟在蒙古增设驿站管理局，办理未设邮局地方之邮件，请中央核议，并请拨款补助，以资促成，则将来对于文化之传布，政情之构通，当更有一番新气象矣。

《绸缪月刊》
上海绸业银行
1935 年 2 卷 2 期
（朱宪　整理）

乌盟之乌喇特西公旗（前旗）

作者不详

由绥远乘火车至包头，由包出发，沿乌拉山西行一百六七十里，经墨尔根庙、加格尔齐庙等处，即至乌喇特西公旗王府敦都果勒。该旗扎萨克王府，原在乌拉山南二三十里，因匪乱，于民国十五年始迁于此。现王府在乌拉山中十余里，地势极为险要。本旗扎萨克之下，有协理一人，管旗章京一人，梅伦章京二人，扎兰章京三人，佐领十二人，旗公署设在山口，职员轮流办公，每年分为四班，三个月为一班。

旗境东至包头察干敖包，西界阿拉善，北界外蒙墨尔根王旗，南界伊盟达拉特、杭锦两旗，东西四百余里，南北四百余里。山之最大者，即乌拉山，东自包头西四十余里昆都仑河起，西至西山嘴止，计长三百余里，宽七八十里。全山可通者只有口二，在东方〈日〉哈达吗尔，西方曰大坝。蒙地山冬〔多〕童山，惟此山则松柏极多，丛翠可爱。（但成材者寥寥，原山中大树，闻于乾隆年间遭天火一次，均已焚毁。嗣于民国二年，包头驻军，因在乌兰捣包建筑营房，将山中成材之木，所伐不少。而垦地人民，借军队伐木之便，复擅行拾取，损失最多。且近年来后山垦地发达，所有垦民住房木料，咸赖是山。故成材大树，不可多睹。）闻五金矿均有，迄未开采。药材则产党参、赭石、苁蓉。（去岁三公旗两级学校额校长，以校费无着，曾将此山包与某药行，合同一年，得包洋一千元。四月至八月，往山中采药工人，约千余人，足征该山产药之富。）王府西四五十里，有达瓦河，东百余里有昆都仑河。该旗山南之地，均临黄河。山后乌兰摀包一带，垦民王同春，开有八大渠，灌溉田亩。故土质肥沃，实为乌、伊两盟之冠。三湖湾其最著名者也。全旗除山后千里庙留有学田地五六百顷，及沿山前二三十里内尚未报放外，余悉报垦。草场日减，牲畜不多，奶食颇感困难。该旗为包宁汽车大道〈所经〉。庙之最大者为墨尔根召，在包头西九十里，辖庙二十四座，喇嘛百余名。（旧历正月十五、腊月二十九两日跳察木，按察木，系却灾之意，喇嘛戴以二十八宿假面具，穿以花衣，出而跳舞，诵经作乐，为蒙地最大庙会。）吉尔格朗图庙，俗名加格尔齐庙，原在山前旗公署十余里之地方，嗣以匪乱迁移山中。王府迤北山中，尚有德毕斯格庙、西有索博勒嘎庙、达瓦庙、公尼召等寺，均各喇嘛三四十名。公尼召大喇嘛依希达克登，带有蒙兵七八十名，该旗蒙兵共分二团，全旗共兵额约五六百名，均杂色枪，不相统辖，各自为政。旗公署经费，年须万余元，全凭岁租。报垦之地，已占全旗三分之二有强。石扎萨克个人财产，只有马三百余匹，羊百余支，牛二三十头。王府则在山坡上。蒙人饮食起居，诸多简单，因相习已久，毫无痛苦。丧婚礼节，乌盟各旗大略相同。惟地广人稀，进行教育，困难实多，故各旗均无学校，仅有私塾，多在旗公署，授以蒙文，预备将来办公者。乌盟六旗，包头仅设乌喇特三公旗两级学校一处，三旗学生，不过四五十名而已。

《蒙藏月报》
南京蒙藏委员会
1935 年 2 卷 4 期
（丁冉　整理）

绥远的蒙古

姬少峰 撰

绥远是我们中国北方很大的一省，它的面积，比较内地江苏、浙江、安徽三省还大呢。可是开辟的地方，仅仅有十六县、两个设治局，人口亦不过一百五十来万人。比较起来，亦只有内地一县的人口，真可说是地广人稀了。它那已经开辟的地方，全在省的中部，其余南北两大部分，因全在“蒙古”范围，所以没有得开辟。蒙古内部，到现在，仍然是王公制度，汉人势力所有的行政机关，是向来不能过问的。近来蒙古也成立了政务委员会，实行它的自治，可是这也就是蒙古开放的初步吧！

在绥远的蒙古，大概来分晰，是三大部分，这三大部所占的地方成为一个鼎足而三的样子。在东部的，是“土默特部蒙古”，绥远土称，往往呼之为“土默家”。这一部的蒙古，开化很早，现在过着半耕半牧的生活。所住的地方，完全仿效汉人，建筑房屋，亦不住以前的蒙古包了，言语亦纯用汉话。简直说说吧！衣、食、住生活方式，完全汉化，除非四十左右以上的老年人，就都不懂蒙文、蒙语。考察以前“土默特”的历史，原来是二旗，在明朝的宣德年间，就占据了归绥一带，到俺答起来，大为兴盛，尝去侵略明朝的边地。它的游牧地，南至大同，东至哈拉沁，西至鄂尔多斯。以现在地理论之，就占有绥远东部，察哈尔西部，山西北边的沿边，把明朝扰乱得连北京都不得安然。一直到隆庆年间，这位俺答也老了，雄心也息了，又归顺明朝，明朝又封他为“顺义王”，并且封他的妻三娘子为“忠顺夫人”，给他建了一座城，起名为归化。到这时候，明朝的边患始息。不过当时的归化城，不是现在的归化城，那个旧城在大约计算有一百五十里的南面哩。现在的绥远省垣，亦称归化城，是清朝雍正年间修的。在清朝未入关的时候，清太宗天聪年间，征服了插汉儿部，就是现在的察哈尔，那时土默特蒙古亦降了清朝。到了顺治时候，俺答的第六代孙名“俄木布”的又叛了清朝，后来反为清朝给拿获，改分土默特为左右二旗。每旗设一个都统，不设王爷，到民国三年，合并两旗成一部，设一位总管，负责管理他们。

在绥远南部的蒙古，大都在河套以内，称为伊克昭盟。所以称之为盟者，就是蒙古的政治组织，本来以旗为单位，在内蒙古，往往数旗合为一盟，互相扶助。他的盟中，有盟长，是各旗轮流担任，大约三年一换，不是如同旗的王公是世袭的。这伊克昭盟，共分七旗，这七旗分左右翼：右翼四旗，左翼三旗。伊克昭盟的来源，乃是元太祖的第十七代孙，名叫兖弼图墨尔根，号称车臣汗。当明嘉靖年间，把“火筛族”打败，占了此地，名此地为鄂尔多斯，当时服属插汉儿，后来插汉儿为清所灭，在清太宗天聪九年，归顺了清朝。顺治的时候，兖弼图墨尔根的儿子七人，都受封了“札萨克”。蒙古话“札萨克”，就是印玺的意思。蒙古王公的印叫“札萨克”，所以俗话叫蒙古王公，亦称“札萨克”。这兖弼图墨尔根的七个儿子，就联合起来，结成这伊克昭盟。伊克昭的意义，把蒙译汉文来讲，就是太庙的意思。原来元太祖的坟墓，就在这伊克昭盟“杭锦旗”的东北。如今杭锦旗王府东北有“王霭召”，召旁瓦屋三楹，下面就是那横霸欧亚、英雄不可一世的元太祖成吉思可汗停柩的地方。凡久在绥远的，差不多都听见过绥远人唱本地山歌有“上房瞭一瞭，瞭见个王霭召”，那就是指此而言。“王霭召”就是我国大英雄成吉思的太庙。须知我们成吉思可汗，比起他们西洋的拿破仑还要强过十倍。拿翁的武功可连欧洲的一半也没有打过，就被人给囚起来；我们成吉思大可汗的势力横及欧亚二洲，不但自己得终天年，而且传之子孙，还称王称帝，万国来朝的好几辈子呢！伊克昭盟的七旗，就是由此分别，“王霭召”西为右翼，召东为左翼。右翼四旗是：杭锦旗，即右翼后旗；鄂套旗，即右翼中旗；乌生旗，即右翼前旗；加萨旗，即右翼前末旗。左翼三旗是：达拉特旗，即左翼后旗；准格尔旗，即左翼中旗；王子旗，即左翼前旗。

在绥远北部之蒙古，大部在阴山山脉之北。阴山在古时称“燕然山”，就是汉代所说“勒石燕然”的“燕然山”。这个大山脉，自西徂东，把绥远分成了两半。北部的蒙古，称为乌兰察布盟。这盟内有六旗，分为四部，它的名字是：四子部落、茂明安、喀尔喀、乌拉特。这四子部落、茂明安、喀尔喀，各为一旗，乌拉特是一部，包含三旗，所以称四部六旗。乌兰察布盟的地势，跨据阴山，环抱河套，北接瀚海，南临大河，不但地势优良，并且土地肥美。那四子部落，亦称四子王旗，在绥远的全境之东北，属地纵横二百余里，是元太祖之弟哈布图哈沙尔的第十五世孙诺延泰的四个儿子在这里游牧，所以称为四子部落。茂明安旗，在包头的北面，大青山之后，固阳、武川等县，所有地面，横约百里，纵约百九十里，亦是太祖之弟哈布图哈沙尔的后裔，不过茂明安旗是十四代孙。那十代孙锡拉奇特，号称土谢图汗。锡拉有三个儿，原来在黑龙江西部的呼伦贝尔地方游牧。锡拉的长子名叫多尔济，号为布彦图汗。多尔济的儿子车根继位，改号茂明安。在清太宗天聪的七年，车根率着所部千余人归清。车根的儿子叫做僧格，在康熙七年，始被封以札萨克，并且蒙赐牧于此。喀尔喀，亦称喀尔喀右翼旗，又称达尔罕旗，在四子部落之西，茂明安之北，所有的地面东西百二十里，南北百三十里，是元太祖的第十六代孙格埒僧札尔的儿子本塔里的后裔，世为喀尔喀的中路台吉。顺治十年，本塔里率众千余归清，赐牧地于塔尔浑河附近，是为喀尔喀右翼。当时东部内蒙古，还有喀尔喀，所以以右翼别之。待后其他的喀尔喀叛了清朝，被驱逐到青海北部，这个喀尔喀没有叛，所以仍然在这里居住。乌拉特部，在河套的北面，阴山山脉的西部，大青山及狼居胥山的山麓里面。由历史上考究起来，大约就是唐朝的受降城地方。所有的属地，横约二百五十里，纵约三百多里，是元太祖的弟弟哈布沙哈尔的第十五世孙布尔海的后裔，当初同茂明安都游牧于呼伦贝尔地方，号所部为乌拉特，后来分为三旗。清太宗天聪七年，亦归服了清朝。顺治五年，以从征叙功，授以札萨克，并赐给牧地于此。一为前旗，亦称西公旗；一为后旗，亦称东公旗；一为中［公］旗，亦称中公旗。

蒙古的王公，向分汗王、亲王、郡王、贝子、贝勒、镇国公五〔六〕等。汗王多在外蒙，其在绥远者，四子王旗为亲王，达拉特旗为贝子，准格尔旗为贝勒，乌拉特旗为镇国公，余皆为郡王。

《实报半月刊》
北京实报半月刊社
1935 年 10 卷 5 期
（王芳　整理）

乌兰察布盟旅行记

郝重新　撰

引　言

我做这次旅行的动机，是由今年四月间各种报纸及杂志上载之乌兰察布盟乌拉特前旗（西公旗）《秩序不佳》一文而起。我本系是乌兰察布盟乌拉特西公旗的一个分子。一闻“慢头召集共匪入伙”，石王（諿传报告事变原委，西公旗慢头、大喇嘛依锡达格登、梅力更召活佛格格等自四月十七日率游勇七八十名围攻旗公署，及石王私邸，并有田树梅部参谋长等前往调解等等，当时并以为实有其事。所以予在当时准备起程，然因课程之忙碌，诸多不便，以致延到七月九日，决定非去不可。

所以予在七月九号从南京渡江，至浦口，乘平浦联运车，经徐州、泰安、济南，而至天津，换票至北平正阳门，在平停两日。乘平绥路〈车〉向西北行，又经南口、八达岭山洞。此路为我国工程最大而又系国人自造之铁路。尤其是在青龙桥车站上有詹天佑先生之铜像，塑立于很高而宏大之英雄气概之台上，到此予实感先总理之教“为人以〔要〕作大事，而不要作大官”是对的。詹先生是一位工程师啊?！何以生后有这样伟大呢？袁世凯是一个大总统，而今无人不痛恨耶！又经张家口、大同、绥辽〔远〕，而至包头。在包头亦停四日，便乘包乌汽车至三丁长房，到此因途中雨水较大，车道泥泞，不易行。以到此就算达到目的地，遂开始工作。这一带完全是乌兰察布盟之乌拉特前旗之区域，予亦感觉比任何外人明了一点，可是我的行程是这样长，使命亦是很重要的……，最近西公旗事件发生，其真实而确当的究竟是如何?!不妨述一述。未谈西公旗事变之前，将西公旗之全部谈论一下子。

西公旗之位置，在乌拉山前中央山麓南部，东大沟口、小庙子东，家克尔齐庙西北，水沟子西麓岸上。王府亦在水沟内山谷中。西山麓上，建有宏大之王宫。本旗的土地面积十五万平方里，已开垦的地，有七千九百三十一顷。有五千余人，一千二百五十户。本旗东邻昆独伦沟，西之杨家台庙为止，东南直达黄河以南伊克昭盟达拉特旗北沙霸子止，南至乌升、鄂托克旗北境为止，西经畜亥滩西直达五原、临河、善霸止，北接外蒙古梅力更王府旗境，中惯〔贯〕一条乌拉山，蒙语叫“蒙那乌拉”，此山系三公旗公有，因为从前三公旗是一家弟兄云。在清政府时代，东公（乌拉特后旗）据东部，中公（乌拉特中旗）据北部，西公旗（乌拉特前旗）居西南部。虽说三公旗分界于其间，然而当时乌拉山（大阴山脉），中间树木及野禽等无法统计之故，未得分界划山。可是除山以外，各旗界均有，各旗界都是以脑包及石牌为之。

现在将西公旗情形为予所见到的及记得的种种谈一谈。

（A）旗制的组织　旗制组织极简单，计有札萨克镇国公一人，为一旗之长，行政首领；下有图斯拉齐二人，合少札克尔齐一人，梅令二人，札兰三员，各苏木章盖暨孔督，共十二员，均轮次服务，不支薪俸。现时，札萨克，名石拉布多尔济；图斯拉齐二人（即协理合〔台〕吉），一名额勒克多尔济，一名巴图白彦尔；合少札克尔齐（即总理一切旗务），名孟海；梅令二（箭令官），一名三介甲布，一名七劳；札兰三（军务及管理庶务），一名松兑甲布，一名江楚布多尔济，一名色林报，管理军务及监狱；各苏木章盖、孔督（查户官），办理各苏木（箭子）民事，共十二个，不备录。其次笔帖士（书记）办理文书；各职员每月轮次到府办公，完全不支薪金，火食由公家供给，人民公摊。

（B）军队之训练　西公旗，旗内有游击队三百名，保安队二百名，游击队枪枝杂色不一，保安队枪弹齐全，士兵均不支薪，皆勇敢善战，前后山护送商旅者二百名，供应地方差使者一百名，共计杂色军队八百人。凡旗内男丁，除老幼及喇嘛外，皆有当兵的义务，亦与各旗同。其游击队之在前山盐河境内者，均以小梅令、甲浪为之长。

（C）召庙之建设　西公旗横跨乌拉山（阴山）南北，所以西公旗山前有梅力更庙，其庙所管辖召庙二十四处。此梅力更庙建筑宏大，系满清康熙年间建造。本庙东西五里，南北六里，位置在梅力更沟内，由北至南一条水之西岸，自然的形式非常美观，建筑之庙宇，如诵经堂、讲经堂等等，殊为雅观。喇嘛私宅及寺院共有八百九十家，可称“蒙古佛市”。此庙并有七个仓、七个活佛、二个甲寺：一名哥哥仓，为全庙最高之政治权者，其活佛名梅力更哥哥；二名巴格试仓，其活佛叫曲儿济；三名钓锡仓，其活佛名叫钓锡；四名席连仓，其活佛叫席连图；五名喇嘛亥仓，其活佛叫喇嘛亥佛；六名乃木其仓，其活佛叫依木期；七名大把扢什仓，其活佛叫达霸格西。除此七仓、七活佛外，还有二甲寺：一叫依恳甲寺，是喇嘛之行政院；一叫玛呢甲寺，是王公及数千里而来拜佛者之招待所，亦是全庙之外交部。本庙之经费，各有各的私庙田，并在各处邻近蒙古牧场内养有较多牛、羊、马、驼等。以此变买、使用，并无其他生产之品。兹将梅力更庙所辖二十四庙，一一分述于下。（1）札克尔庙，在王府之东南。（2）苏不尔扢庙，在王府之西，乌拉山南麓。（3）塔不扢庙，即在前庙西二里。(4)可可哈达庙，亦在塔不圪庙西，西山嘴南山谷内。(5)得不三庙，在梅力更庙之北山北口内。昔利圪庙，在乌拉山北，锡钠干山沟内。(6)额尔得尼补洛圪庙，在安北县东北，乌腰图河西岸。(7)佘太庙，在安北设治局境大佘太是也。(8)察汉补洛圪庙，距佘太五十里之西北山谷中。(9)阿落苏不尔圪庙，在狼山南麓，白彦沟之内。(10)木乃图庙，亦在狼山距前庙八十里之地（地名不详)。(11)哈留图庙，在北小草地距安北九十里处，依早木参滩内。(12)木怪图庙，在乌拉山前，昆独伦庙东北三十里山谷内。(13)刀落图庙，亦在木怪图前五里山腰中。(14)乌特补落圪庙，在东公旗境内，距包头北三十九里处。(15)七劳忽德特庙，在山前中公旗境，距昆独伦北山北五十里处。(16)千里庙，在五原北临河境千里沟内。(17)黑沙图庙，在东北固阳县境，黑沙图滩上。(18)巴勒呼庙，在本旗西北沙英苏沟内。(19)图美庙，在台梁北，即推末庙。(20)阿落昔利圪庙，在本旗山北，昔落图山谷中。(21)长汉庙，在哈达门沟南三十里处滩内。(22)贡诺庙，在山前，距王府西南九十里，包乌汽车道止。(23)嘉克尔齐庙，在王府东五里谷中。(24)玛呢图庙，现归并于塔不圪庙。各庙喇嘛，合计六百三十七名。以上所举各庙名称，皆据民国十九年《乌拉特三公旗调查表》所记，和本人亲身游历而见者。

(D)财政之收入　西公旗，该旗衙门，及旗王的收入，以地租银为最多，以水草银次之，每年统计约三千余元。旗一切费用，如不足时，由旗下人民公摊之。除地租银和水草银之外，并有人口税和人头税两种：1. 人口税，是旗王以每家贫富而课税，不分奴隶和贵族制，一律征收，但极贫者亦免纳；2. 人头税，是一种异常税，只征收贵族，世袭官制一律有之，平民不在此例，抽法亦分两种：(甲)凡男子年龄到十六岁而发育成熟时，不问是否结婚，每名抽银一两；（乙）凡男子到结婚和世袭官职时，亦抽税五两，以次类推，每年增加银三钱至三两，以贫富为转移，并无一定，但喇嘛不在此例。此非予之过论矣，事实如此。不知其他各旗如何，不敢下肯定词啊！大概是一样的。

（E）牧畜之蕃殖　西公旗之牧畜，以马、牛、羊、驼为大宗。马每每千百成群，山谷山麓、平坦滩皆有之；其次是羊，千万成群，滔滔如洋海之巨浪一般，一片片的，任何平地、山川，皆有之；再次者是牛，牛之种类如同荷兰牛，甚至于比荷兰质精产良，因自然环境区之故，塞北数百万人民赖此种牛之耕种力，以维持生活，其肉乳皆系饮料之极佳品，含有淀粉、脂肪、糖类百分之八十以上，并没有疾痃痒瘀的种种病；更次是骆驼，骆驼是陆地排行之第二种巨物，能任重致远，耐寒冷，并能在沙漠之中旅行，这是它的特长，因此有“沙漠搬”之称。除此以外，任何动物不及它的特长，其特长有两个：一、不分寒暖，不吃草，不饮水，亦能生活二月以上，其精神毫不衰弱；二、蒙古各旗之交通要具，驼其体格包含有十二相云。虽然是巨物，而对人和善，有人击时，嘴内吐出一种自卫草渣子，但是它在极寒时，公驼有寒潮之病，这时人避之。现在将西公旗户口调查及牲畜统计例〔列〕表列〔如〕下，以一千二百五十家，十二苏木（箭子）每家平均数计之：

畜别	年度	数量	畜别	年度	数量	总数
牛	二十二年	16	牛	二十三年	20	牛 25，000 头
马	二十二年	27	马	二十三年	30	马 37，500 匹
羊	二十二年	300	羊	二十三年	350	羊 437，500 只
驼	二十二年	3	驼	二十三年	4	驼 4，020 个

以上表系乌拉特西公旗公置〔署〕参领（那牲乌尔图）之《全旗二十三年度统计册》上录来的。乌拉特西公旗横跨乌拉山

(Vral Mountains)，前临黄河，沃野宽衍，气候温和，牧草丰美，颇适牧畜，故牲〔牲〕畜之蕃殖甚速，马、牛、羊、驼之属，每当夕阳西下，奔逐鸣号袅袅，天赋乐园，殊为美鸦。

(F) 教育之设施　西公旗，僻处塞外，逼近边圉，自元明迄清，徒有宗教之信仰，缺乏教育之启迪，而无异原始状态。民国以来，强邻侵略日急，危机四伏。挽救之道，莫要于开通蒙民知识，一日〔旦〕民知开通，定可固边陲，绝［无］异患。〈无〉如历代愚民政策，流毒已深，蒙民性质，习保守。在民国十五年，本旗梅领〔楞〕章京、三级甲布贺公（级之〔三〕），幸行奔走各旗，创设乌拉特三公旗学校，一面呈请中央，一面努力经营建立。三旗同意，并每旗各供校田五百顷，一切经费由此田开支。贺公轰轰烈烈的创立之后，东公旗和中公旗不但没有校田的供给，而且，没有送学生入校，校田始终未指何地，亦未拨相当的经费。西公旗划学田五百顷于通义隆河套内。当然蒙民生计困窘，素以游牧为业，哪里能谈到经济呢?！但西公旗选送学生，帮办校务，在贺级三领导之下，前后学生达一百五十人之多，在民国十八九年间曾有一度的停办，并有一批的学生毕业，当民十八九年北方遭旱灾、兵匪，校费无法筹措。然至民二十一年复开学，二十二年间曾亦有一期学生毕业，同年贺公亦殁。学校亦随而倒闭，迄今尤未回复……。其次是梅力更小学，梅力更小学以庙名而定之，是三公旗共尊之一位最大的活佛所立。闻此人尚有学术，蒙、藏文字皆通，并有维新的思想，曾游历西藏数次，外蒙二次，并在北平、山西五台等各大城市均游历过。所以此人对蒙汉的隔阂早已打破，对国家，对党的主义，确有相当的认识，对于民族国家的概念，非常注重。所以私费创设梅力更小学校于其庙内，并聘有汉文教员六人，蒙、藏文教员各一人。每年经费八百元，由庙田和庙产供给之。但今年西公旗事变后，到今未开学，本校之主任闻被西公旗石王逐走云。此外，尚有十一处私人设立之小书房，均系讲述极简单之蒙文、适用环境书籍而已。至西公旗家庭教育，儿童自五六岁，教以各种礼仪，及敬佛跪拜等仪式；关于知识方面，教以日常习见各种事务，如五官四肢，及天干地支；于卫生方面，使练习节食耐寒，至十岁以上，乃入私塾读书（蒙文），塾师率皆笔帖式充之。凡受教育之青年，皆系蒙旗中坚分子，亦有相当的效果。此系西公旗之教育概况。

（G）交通及贸易　乌拉特前旗（西公旗），交通以合少公中（旗公署）为中心，其达各地的主要路线如下（分做水陆二路）：陆路，旗公署——包头（一百四十华里），旗公署——安北县（一百华里），旗公署——达拉特旗（一百八十华里），旗公署——东公旗（一百四十华里），旗公署——中公旗（三百二十华里），旗公署——达尔罕旗（三百九十华里），旗公署——百灵庙（亦是三百九十华里），旗公署——五原、临河（三百二十余华里），旗公署——绥远省城（四百十华里），旗公署——宁夏（九百六十余华里）。以上皆能通汽车和无线电，惟有绥远通火车，亦能通汽车。除此汽车路外，并有水路，由包头起船，上至甘肃、宁夏。由甘、宁下游至三湖河旗公署之公中河岸。关于贸易现势，现在，除完全由自己供给之外，尚有包、绥一部分，有一比三之比例，不过现今由内地运去茶丝之外，完全由本处自给。羊毛如〔皮〕革等均系自制，但输入包头和其他市场发卖者较少。俄商有极少数之石油输入包、绥。

（H）森林之丛生　森林之丛生，首推塞外，除东北四省，即是西北了。西北万山重叠，山脉蜿蜒，然巨林寥若晨星，当我亲身游乌拉山（阴山脉）中，尚见有苍翠蓊郁、蔽日凌云之广大森林，在西公旗山，森林面积，约在五千平方粁以上，每株之距离，仅在二三尺，有时山径崎岖，树林纵横，常有行不得之叹。树木可分为五种如下：（1）圆叶树类　以杨、柳、榆三种，杨树占全山百分之六十五以上，高达数丈，直径约十四五英吋。次为柳，生长之茂盛，如同杨树一样占百分之三十五以上，质精材优。再次为榆，其形多弯曲，不适于巨石林峰中生长。其他如楸、槐、枹、栎、刺楸、黄栌等，无不丛生，莫克详述。（2）尖叶树　以马尾松、黄花松、五须松、青松、金松、针柏、扁柏、侧柏、唐桧、黑桧、姫小松、椴、杉、榧、楷、白楷之属，径逾数抱，耸入云霄，尤其是梅力更庙北大花背山麓，尽系松柏，面积约占三万六千平方丈之巨，其生长之状态均甚优良。（3）果木类　果类皆天然之产物，非由人工栽成，出于野生，山查、山杏、酸枣、野山葡萄、山桃、梨、枣、苦核桃、栗子等，均产之，且适口可食。乌拉山（阴山脉）中之木材，虽然丛生，而一般人民禁止砍伐。惟有达拉亥、背锅窑子，及安北、台梁一带汉民窃伐者不在少数，盖恃此木材为生活也。

（I）矿产及药材　矿产首推乌拉山，以石棉、砚石、铜矿、煤矿、石绿松矿。其次是石灰、食盐等矿。石棉产于本山的大花贝东南高峰间之巨石中，其下有砚石，可制造石板、砚台等，大花贝北下麓有铜矿，含有百分之七十以上铜质，并其各山谷中，由雨水冲出之自然煤为最多，附近居民知识简陋，尚不知利用。石灰，在梅力更沟内东山麓上有窑四座，土法烧炼。一在西山嘴五毛界有窑七八座，亦用土法烧炼，但质均不佳，梅力更召包乌汽车站等处，多取于此处。再次是食盐，以三丁张房南五哩之处，住民用土法掘土练制，每掘一斗，可练食盐七八升。其质洁白，类似官盐，销售于附近一带。本旗之药材，可分两种：（A）植物，（B）动物，均产于乌拉山。植物的以大黄为大宗，其次甘草，亦最多，为西北大宗特产，再次为人参，不特盛产，且其效力甚宏。至其他如明党参、潞党参、本党参（山参）、红花等，皆系珍贵之药品，莫不产于此处也。再次为黄芩、防风、薄荷、车前子、莸〔苁〕蓉、麻黄、柴胡、蒲公英、山榔等等，遍地皆有。以上所述，各种药材之大略也。然旗王对此药材禁止采取，产量无由得确实统计。动物以大鹿、獐鹿为多，不时可见，即名贵妙品，鹿茸、麝香之属，此处亦产，自不待言，惟西公旗一般之人民扭〔狃〕于迷信，称为神畜，不知利用，即有少数猎夫窃射，一被察觉，旗王反处以重大之罪。

（J）水利　西公旗惟有山前，包头西，三湖湾东，三湖河之北岸，孔独伦河附近，有本旗蒙人贺级三所开挖之山水渠。此渠用孔独伦河之水和小河之水灌田，灌域约六百余顷。或用中滩之大西渠灌溉之，此大西渠亦系本旗蒙民自开。引用三湖河之水，灌田约八百顷。除此以外，在梅力更沟之水，以引小渠，能灌溉梁上之旱田约十数顷。然以源流未畅，不能广事灌溉。以上种种，皆系考查和身亲其境之实在情况。若有实业家，前往计划开发，实为蒙古一大利源也。

（K）旗民之生计　西公旗人民略同各旗，向来游牧为业，逐水草而迁徙，食肉衣皮之风气，迄今未改。其间虽有新式制毛革厂，又因限于习惯，不知改进。一般人民仍赖牧畜为生，然亦有从事农耕，以维生活者，如遇天灾疫疠或气候骤变时，牧畜倒毙，损失不资，惟敬神拜佛颇重视。至于人民，质朴无华，体壮耐劳，实为汉人所不及，尤其特长者，则团体坚，情谊厚；惟该旗民性优良，蒙汉不隔阂，此其特殊之点。又一般青年，极少数从军者，与有吸食鸦片者。因极少从军，故到处蒙军中常见吸食鸦片，大概系习染于汉民。其次住居，蒙民所住，普通均有房屋院墙，并有一部分为毡幕，圆形尖顶，上有穴以流通烟气，内不设床，席地坐卧，垫有毛毡之类。其毡幕曰“蒙古包”，式有两种：在耕地所设者固定式；在游牧区域所设者，为移转式。故蒙古社会之组织，可分三阶级，即王公、喇嘛、平民是也，王公势力最大，喇嘛次之。王公为元室之后裔，政权多为其所握。平民在蒙语叫为黑人，多系蒙族奴隶之子孙，或旧时土著。

（L）礼制　礼制是各旗一律同样的，现在以西公旗礼为标准，分四种。（1）婚礼　蒙人多早婚，女子由二三岁至四五岁时定婚，其婚姻概依父母及媒妁之言而定之；凡十六岁以上之男子，未婚者绝少。女子较男子恒长二三岁或四五岁不等。聘礼由双方承认，以马二匹、牛三头、羊二十只为最普通。婚约既成，女父同其近亲，访于男家，入室礼佛，佛前供全羊、牛乳油、哈达（绢）、布匹等物外，点乳油灯，焚香。男家此时并设宴款待。其合卺之日，由喇嘛选定吉期，在一相当地方，另设帐幕（蒙古包），是日由新郎家，派人迎迓新妇，新妇家族及戚友，均鹄立幕前，作圆形如拒迎娶之状。新妇出，即乘马绕幕三匝（开通地方亦有乘轿的），乃引导疾驱至新郎家。近邻暨双方戚友皆来与宴，赠新妇以物。于是先〈拜〉翁姑，〈再〉礼拜佛像。喇嘛诵经，新妇拜灶。新郎父母答亲戚礼，新郎亦礼拜新妇之亲戚。礼成，设盛宴款客，有连续七八日者。其休妻、离婚、纳妾、姘夫之事，时有所闻。离婚无一定形式，若出自夫意，径达其意于妻家，妻即大归。若出自女子之意，则女家当还其聘礼之一部。离婚后，可随意再婚。大率男子有室后，或有外缘，不容妇人置喙，正妻而外，得自由纳妾，惟家政由正妻处理，妾不得过问。这真正是适合现代男女平等啊！（2）葬礼　葬礼大别可分为三种：（甲）土葬，纳尸于棺，营坟墓而葬之，其葬礼和汉人略同；（乙）火葬，蒙人稍有资产者，请喇嘛诵经，即举火焚尸，检其骨烬，得喇嘛之许可，将粉骨制成饼形佛像，而存于灵塔，或储于五台山之灵城；（丙）野葬，即将尸弃于野，或置之深山空谷中，任狐、狼、野鸟之啄食。若过三日未经兽食，即请喇嘛诵经追忏。此不特乌拉特西公旗如此，即乌兰察布盟亦有行此种葬式。（3）祭礼　蒙人恒月祭哀金（即主，所谓主者，系成吉斯汗），岁祭鄂博，以祈福利，日常供佛，尤其普通，并时有祭天之举。（4）相见礼　蒙人有客入蒙古包或屋后，先换鼻烟壶，彼此问候各种情形及新闻，后问牲畜，最后则敬以炒米、乳茶。二人晤面时，即以互换鼻烟壶为礼。初见面时，首问牲畜之平安，后问一切。

总之，大好西北，应为吾人注意之点，东北既亡，国人对于西北益加重视，本不足怪。况西北亦夙称天府，今日果能积极开发，善为防守，使不为东北续，则失之东隅，不难得之桑榆。全国领袖中，如戴季陶诸氏既数有西北之巡游，而东南滨海之金融业，亦渐次注意于西北业务之推广，此皆风气转变之象征，可引以为所慰者也。又如最近陕西省与国内金融业，有合力从事于引渭灌田之举，此举果成事实，不可谓非西北人民之福也。惟过去谈开发西北者，往往仅注意物质，甚且抱开发荒岛之见解，对西北民性，则又忽略。按西北民性，不知则已，知之则一意趋赴，绝不游移，未决心则已，既决心，则艰难困苦，皆所不避，若能将此民性用之于建设事业，力量必极伟大。而其弱点则为持重过甚，独行踽踽，缺乏群力，教育落后，智识不充，若不设法革除，则足为开发西北之大障碍。故尤须开导民智，培养民力，果人才与生产相并进，始有收获实效之望。关于乌兰察布盟六旗之中，西公旗之大概情形，已如上述，其余五旗，容后陆续说明，俾国人明了乌盟之实在情况焉。

二十四年十月一日，于晓庄中政蒙校

《边事研究》（月刊）
南京边事研究会
1935 年 2 卷 6 期
（李红权　苏日娜　整理）